股市操练大全

国际金融理财师：陈 容

企业管理出版社

图书在版编目(CIP)数据

股市操练大全/陈容编著. - 北京：企业管理出版社，
2009.8

ISBN 978 - 7 - 80255 - 248 - 7

Ⅰ. 股… Ⅱ. 陈… Ⅲ. 股票 - 证券投资 - 基本知识
Ⅳ. F830.91

中国版本图书馆 CIP 数据核字(2009)第 140030 号

书　　名：股市操练大全

作　　者：陈　容

责任编辑：力　锋

书　　号：ISBN 978 - 7 - 80255 - 248 - 7

出版发行：企业管理出版社

地　　址：北京市海淀区紫竹院南路 17 号　　　邮编：100048

网　　址：http://www.emph.cn

电　　话：出版部 68414643　发行部 68414644　编辑部 68428387

电子信箱：80147@sina.com　zbs@emph.cn

印　　刷：北京东海印刷有限公司

经　　销：新华书店

规　　格：170 毫米×230 毫米　16 开本　27.5 印张　350 千字

版　　次：2010 年 1 月第 2 版　2010 年 1 月第 1 次印刷

定　　价：58.00 元

前　言

　　有人说股市受政策影响、变化；有人说股市里投机太多、摇摆不定；还有人说股市是个大赌场，风险诡谲。没有一个只涨不跌的股市，而且越是中小散户疯狂的股市越危险，况且与"虎狼"之间的博弈，风险常常找寻那些后知后觉的中小投资者。在这种情况下，如果你已经入市成为新股民，理应尽早补充一下投资常识和风险防范课程，认识风险，规避风险；如果你正筹备入市，希望你最好做足基本功课、做好风险承担和防患的准备后再行考虑，切勿盲目行事。

　　书中全面系统地介绍了学看K线图、技术图形分析、移动平均线分析、走势图分析、成交量分析、寻找买卖股票的最佳时机、上网买卖股票、投资操作风险、炒股疑难问题精解等内容，把技术分析知识要点讲解与技术分析技巧训练相结合，让读者在学中练、在练中学，真正兼顾了学习、运用的双重用途，使读者能精通技术分析，读懂市场语言，提高操作水平。

　　本书不是简单地谈炒股技巧，而是将投资者在实战中碰到的疑难问题，入木三分地加以分析解决，启发投资者思考，让投资者能从根本上理解和掌握炒股技巧。本书将炒股视为一个系统工程，将基本面、心理面、市场面、技术面融为一体，多层次、多角度、全方位来介绍炒股技巧。

　　股市就这么简单，低买高卖，就赢利了。但哪里是低，哪里是高，要用你的技术去判断。可是，当投资者真的运用这些股市技术分析理论来判断股市走势和决定个股买卖时，往往又觉得用处不大或判断失误太多。究其原因，不外乎两个方面：一是这些理论本身体系严密、博大精深，运用它们来研判我国股市的走势需要不断地用实践来检验；二是这些理论的创立都是建立在国外成熟的股市运行基础之上，想在我国年轻的股市上成功地运用它们，要有一个比较长的灵活改造并消化吸收的过程。

有收益就有风险，炒股票当然也不例外。本书所提供的操作方法仅仅是作为您投资理财的参考，不构成投资建议。对于书所涉及的具体股票投资，还需要读者根据市场变化而定，切不可机械套用。在本书编写过程中，编者参考并吸收了多位学者的相关研究成果，在此，对这些书籍的作者和为本书出版给予帮助和支持的朋友们表示衷心的感谢。由于作者水平有限，书中难免会有不足之处，敬请读者批评指正。

编 者

目　录

第1章　初学者如何学会看K线图

1.1　什么是K线 …………………………………………………（3）

1.2　各类K线的应用 ……………………………………………（4）

1.3　红三兵与黑三兵 ……………………………………………（13）

1.4　锤子线与吊颈线 ……………………………………………（15）

1.5　上升抵抗形与下降抵抗形 …………………………………（17）

1.6　塔形底 ………………………………………………………（19）

1.7　早晨之星与黄昏之星 ………………………………………（21）

1.8　上升三部曲与下跌三部曲 …………………………………（23）

1.9　身怀六甲、穿头破脚与十字星 ……………………………（25）

1.10　大阳线与大阴线的识别 ……………………………………（28）

1.11　曙光初现与乌云盖顶的识别 ………………………………（30）

1.12　旭日东升与倾盆大雨的识别 ………………………………（32）

1.13　稳步上涨形与下跌不止形的识别 …………………………（34）

　　　实战操练：K线应用演练 ………………………………（36）

第2章　走势图的分析

2.1　什么是趋势线 ………………………………………………（49）

2.2　趋势线的作用 ………………………………………………（49）

2.3　趋势线的分类 ………………………………………………（50）

2.4 趋势线的基本图形 ·························· (52)

2.5 趋势线的运用 ·························· (56)

实战操作：趋势线图形的识别及运用 ·············· (57)

第3章 移动平均线的分析

3.1 什么是移动平均线 ·························· (63)

3.2 移动平均线的种类 ·························· (63)

3.3 移动平均线的作用 ·························· (72)

3.4 移动平均线的基本图形 ·························· (73)

3.5 移动平均线的运用 ·························· (80)

实战操作：移动平均线实用技术演练 ·············· (88)

平滑异同移动平均线运用演练 ·············· (97)

第4章 寻找买卖股票的最佳时机

4.1 各种政治因素对股市的影响 ·············· (103)

4.2 从行业角度寻找买卖股票的时机 ·············· (106)

4.3 从上市公司业绩角度分析股价 ·············· (110)

4.4 从常用指标分析买卖时机 ·············· (118)

4.5 从技术角度分析买卖时机 ·············· (127)

实战操作：股票涨升习惯 ·············· (148)

第5章 成交量的分析

5.1 什么是成交量 ·························· (153)

5.2 成交量的分类 ·························· (154)

5.3 成交量的作用 ·························· (160)

5.4 成交量的基本图形 ·························· (162)

5.5 成交量的运用 ·························· (165)

第6章 上网买卖股票从入门到精通

6.1 上网申购新股 ·························· (173)

6.2 证券公司网上交易软件简介 ················ (176)

6.3 证券公司网上开户流程 ···················· (187)

6.4 权威证券公司交易软件使用入门 ·············· (192)

6.5 网上交易常见问题解答 ···················· (264)

实战操练：钱龙短线精灵——实时盯盘的法宝 ········· (278)

第7章 技术图形分析

7.1 头肩形态分析 ·························· (285)

7.2 双顶、双底和三重顶形态分析 ··············· (291)

7.3 喇叭形态与菱形形态分析 ·················· (294)

7.4 三角整理形态分析 ······················ (297)

7.5 旗形、楔型和矩形形态分析 ················· (300)

7.6 杯柄形、圆底和价格通道形态分析 ············· (305)

7.7 缺口与岛形形态分析 ····················· (308)

实战操练：技术图形应用演练 ················· (312)

第8章 投资操作风险警示

8.1 投资心理的警示 ························ (319)

8.2 投资策略的警示 ························ (324)

8.3 市场在调整时期的警示 ···················· (329)

8.4 企业价值判断的警示 ····················· (332)

8.5 老股民深套问题的警示 ···················· (336)

实战操练：广发证券网上交易软件使用入门 ········· (344)

第9章 炒股疑难问题精解

9.1 炒股涉及税费问题 ······················ (357)

9.2 分红派息问题 ························· (365)

9.3 K线运用疑难问题解答 ··················· (374)

9.4 走势形态分析及趋势线运用疑难问题解答 ········· (377)

9.5　牛市选股疑难问题解答 ……………………………………（380）

9.6　其他技术类问题解答 ………………………………………（405）

附录　投资新手法：股指期货 …………………………………（415）

第1章

初学者如何学会看 K 线图

Chapter1

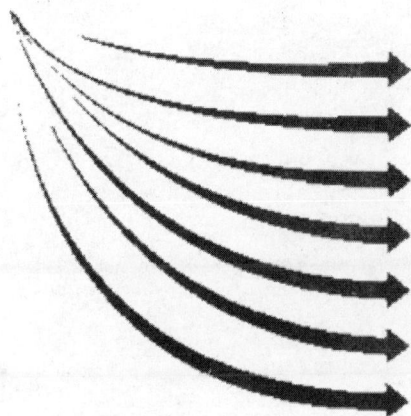

1.1 什么是 K 线

K 线是价格运行轨迹的综合体现，无论是开盘价还是收盘价，甚至是上下影线都代表着深刻的含义，但是运用 K 线绝对不能机械地使用，趋势运行的不同阶段出现的 K 线或者 K 线组合代表的含义不尽相同。我们认为，研究 K 线首先要明白如下几个要素：

（1）同样的 K 线组合，月线的可信度最大，周线次之，然后才是日线。有的投资者喜欢分析年线或者分钟线来对期货市场和股票市场进行研究，我们认为参考意义不大。月线出现看涨的组合上涨的概率最大，周线上涨的组合可信度也很高，而日线骗线的概率较大，但是很常用。因此，在运用 K 线组合预测后市行情时，日线必须配合周线和月线使用效果才能更佳。

（2）股价运行的不同阶段出现同样的 K 线组合代表的含义不相同。比如，同样是孕线，在下跌阶段尾声出现就比震荡阶段出现的见底信号更可信。所以，我们不能一见到孕线或者启明星线就认为是底部到来，必须结合整个趋势综合来看。

（3）K 线组合必须配合成交量来看。成交量代表的是力量的消耗，是多空双方博弈的激烈程度，而 K 线是博弈的结果。只看 K 线组合，不看成交量，其效果要减半。所以成交量是动因，K 线形态是结果。

以上这三个要素是研究阴阳 K 线的前提，只有重视这三点才能去研究 K 线。

K 线图是由日本的大米商人本间商久最早发明的，被日本人推崇为技术分析的先驱，过去仅有极少数人知晓，称之为商人的秘密武器，后传入美国用于期市、股市分析。

K 线图由其实体部分和上、下拖尾部分构成，它们分别用来表示出股价在一段交易期间内的起始价、最高价、最低价和收尾价的变化范围。K 线图的交易期间选择有分时 K 线图、日 K 线图、周 K 线图、月 K 线图及年 K 线图。当用 K 线图表示一日的交易价，K 线图的实体表示出的是开盘价、收盘价，拖尾（上、下影线）分别示出的是最高价、最低价。当 K 线图以彩色示出时，通常将 K 线图设计成红、绿两种颜色。当收盘价高于开盘价时，K 线图用红色显示，表示为日收红盘，为阳线。反之，当收盘价低于开盘价时，K线图用绿色显示，表示当日收绿盘，为阴线。在K线图的实体上、下方，各有一条竖线，称之为上、下影线或上、下拖尾线。这两条竖线分别出示在K线所表示的期间内，股价曾达到过的最高值和最低值，阴阳线如图1-1所示。

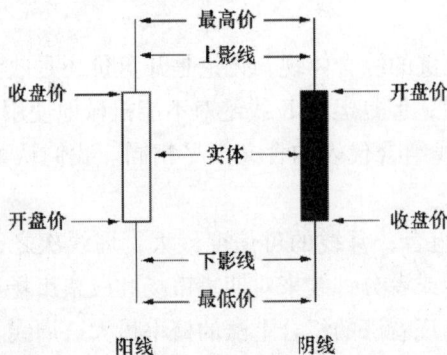

图1-1　K线图示意

根据K线的计算周期可将其分为日K线、周K线、月K线、年K线。

日K线是根据股价（指数）一天的走势中形成的四个价位，即：开盘价、收盘价、最高价、最低价绘制而成的。周K线是指以周一的开盘价，周五的收盘价，全周最高价和全周最低价来画K线图。月K线则以一个月的第一个交易日的开盘价，最后一个交易日的收盘价和全月最高价与全月最低价来画的K线图，同理可以推得年K线定义。周K线、月K线常用于分析中期行情。对于短线操作者来说，众多分析软件提供的5分钟K线、15分钟K线、30分钟K线和60分钟K线也具有重要的参考价值。

1.2　各类K线的应用

1. K线图的形态
K线图的基本形态见表1-1：

表 1-1   K 线基本形态

阳线（红 K 线） 阴线（黑 K 线）								
阳线基本图形			阴线基本图形			字线基本图形		
图形	名称	应用说明	图形	名称	应用说明	图形	名称	应用说明
	大阳线	强烈涨势		大阴线	表示大跌		吊人线	跳空方式出现，属反转的形态
	大阳下影线	低档超强		长上下影线小黑实体	多空交战跌后若有支撑，可能反弹		大十字线	多空势均力敌将变盘
	大阳上影线	高档换手		大阴上影线	多空交战空方较强		长下影线十字线	多方较有利
	上影阳线	卖压渐重而行情即将走软		大阴下影线	卖压渐重而行情即将走软		长上影线十字线	空方较有利
	小阳线	方向不明多方稍强		倒锤头小阴线	方向不定空方稍强		T 字线	多方有利转机
	上下影阳线	多方主导但需谨慎		实体长于上下影线	空方主导但属于极弱线		倒 T 字线	高档小心

续表

阳线（红K线） 阴线（黑K线）								
阳线基本图形			阴线基本图形			字线基本图形		
图形	名称	应用说明	图形	名称	应用说明	图形	名称	应用说明
	下影阳线	多方强势线		下影线短上影线长	多方弱势线	—	一字线	飙涨或飙跌
	铁锤线	高档差低档		小阴线（短黑线）	行情混乱，涨跌难以估计			

2. 各类阳线的意义与应用

表1—2 各类阳线的意义与应用

1. 没有上下影线的长红（阳）K线

开盘价即是最低价，最高价即是收盘价，形成没有上下影线的长红线。
收盘价最高价
开盘价与最低价

长红线或大阳线，表示强烈涨升，气势如虹。若出现在跌势刚反转上涨时，代表空方失守，多方将获胜。

2. 上下影红（阳）K线

最高
收盘
开盘
最低
开盘后上下震荡，比开盘价更低，也涨至最高价拉回后，于开盘价以上收盘，形成上下影线的红K线。

大多发生在多空激战，多方仍胜于空方。如在大涨后出现，未来可能下跌；如在大跌后出现，未来可能出现反弹。若上影线长于下影线，则空方出现顽强抵抗，但多方仍略胜一筹；而上影线短于下影线，则空方无力抵抗，多方胜利。当出现长上下影线小红实体K线时，多头稍占上风，但欲震乏力，未来可能下跌。当出现短上下影线小红实体K线时，则陷入窄幅震荡盘坚。

续表

3. 有下影线的红（阳）K线	
← 收盘/最高 开盘后曾经拉回，后来多头势强，一路涨高，以最高价收盘。 ← 开盘 ← 最低	多头转强，买方占上风，下档买盘强劲。 如在整理盘或长期跌势后，出现留下影线的红K线，可能为上涨之前兆，而下影线越长，则反弹力道越强。

4. 短上影线的红（阳）K线	
← 最高 ← 收盘 开盘即是最低，一路涨高后遭遇压力拉回收盘。 ← 开盘/最低	多头格局，但上涨卖压沉重，未来可能下跌。 若在上涨末波段出现，宜注意是否留了一根长长的"上影线"，那是准备要反转的信号。

5. 长上影线（阳）K线	
← 最高 开低收次高，留有2/3上影线。其表示，上档卖压沉重，行情即将走软，宜注意次日开盘走势。 ← 收盘 ← 开盘/最低	有上影线的红（阳）K线，大多发生在多空激战，多方仍胜于空方。如在大涨后出现，未来可能下跌；如在大跌后出现，上影线长于实体的线，这代表多方空方之实力尚未定论，所以是观望气氛浓厚的K线，以盘整区居多。

6. 变盘十字线（阳）K线	
← 最高 ← 收盘 ← 开盘 小阴线和小阳线的波动的范围一般在0.6%~1.5%，表明：行情发展扑朔迷离。 ← 最低	小阳线，（变盘十字线）多方短线仍占有较大优势，在连续的下跌行情中出现小阳线，隔日即刻出现包容的大阴线，此代表筑底完成，行情即将反弹。 阳线孕育在较长阳线内股价连续数天扬升之后，隔天出现一根小阳线，并完全孕育在前日之大阳线之中，表示上升乏力，是暴跌的前兆。

7. 长上短下影（阳）K线	
← 最高 ← 收盘 多方主导，上影阳线，但需谨慎行情反转。 ← 开盘 ← 最低	实体短于上影长于下影阳线，此阳线往往说明多方心有余而力不足，逢高的获利卖压盘较重，多方虽然略占上风，但卖方的力量正在酝酿，对于实体短于上影长于下影周阳线，在大多数情况下这是一个明确的卖出信号。

续表

8. 短上长下影（阳）K线	
最高 收盘 下影线，多方反攻强势线， 开盘　大阳上影线，高档换手。 最低	这是一种上下都带影线的红实体。开盘后价位下跌，遇买方支撑，双方争斗之后，买方增强，价格一路上推，临收盘前，部分买者获利回吐，在最高价之下收盘。这是一种反转信号。如在大涨之后出现，表示高档震荡，如成交量大增，后市可能会下跌。如在大跌后出现，后市可能会反弹。
9. 铁锤线	
最高 收盘 开盘　在低档区出现锤子线，代表下降趋势即将结束，系"止跌讯号"。若隔日K线能收红线，且能突破前一日锤子线的高点，则涨势更加确立。 最低	铁锤线出现后市或止跌趋升，持股可静待反弹，隔日开盘若能站上铁锤线收盘之上，则说明涨势已确立。

3. 各类阴线的意义与运用

表1–3　　　　　　　　　各类阴线的意义与运用

1. 无上下影线的长黑（阴）K线	
开盘/最高 开盘价等于最高价，开盘后一路下杀，最后以最低价收盘。 收盘/最低	长黑线或大阴线，表示空方极为强势。 在上涨一段后出现长黑线，多方将告失守，通常将陷入盘跌或直转急下。 在跌势时期出现长黑线，通常会加深盘势的弱势，需防股价暴跌。
2. 有上下影线的黑（阴）K线	
最高 开盘　盘后上下震荡，开盘价低于最高价，收盘价高于最低价，形成上下影线的黑K线。 收盘 最低	大多发生在多空激战，空方胜于多方。如在大跌后出现，未来可能出现反弹；如在大涨后出现，未来可能出现盘跌格局。 若下影线长于上影线，则多方出现顽强抵抗，但空方仍略胜一筹；而下影线短于上影线，则多方无力抵抗，空方胜利。 当出现长上下影线小黑实体K线时，空头稍占上风，未来可能下跌。 当出现短上下影线小黑实体K线时，则陷入窄幅震荡盘软。

续表

3. 有上影线的黑（阴）K线

最高 — 盘中曾上涨至开盘价以上形成最高价，后来拉回在最低价收盘。 开盘 收盘/最低	空方强势，上涨卖压沉重，未来可能下跌。 若在上涨末波段出现，是要反转下跌的信号。

4. 有下影线的黑（阴）K线

开盘/最高 — 开盘价等于最高价，开盘后一路下跌，下跌时多方抵抗，在最低价以上收盘。 收盘 最低	空方占上风，但下档有买盘支撑。 如在跌势盘，出现留下影线的黑K线，可能为反弹前兆，而下影线越长，则反弹力就越强。 在上涨高档出现，有可能转趋盘整或下跌，宜密切注意后势发展。

5. 倒锤头（阴）K线

最高 — 这是一种带上影线的黑实体。收盘价即是最低价。 开盘/最低 收盘 — （先涨后跌型）行情先涨后跌，卖方势强，行情看跌。	上影线较长（一般为实体的2倍以上）而无下影线，像一把倒转的锤头，故俗称"倒锤头"。上影线极长的倒锤线，是强烈卖出信号。上影线部分往往构成下一阶段的上档阻力，股价向下，调整的几率居大，若同时伴随着较大的成交量，股价往往当日反转向下，宜快速卖出。

6. 实体长于上下影的黑（阴）K线

最高 开盘 — 行情结束，多方转折走跌，大阴实体大于上下影线。 收盘 最低	带有上下影线的阴线，分为实体长于上下影的阴线、实体短于上下影线的阴线，此阴线往往说明多方虽有心上攻，但遭到空方的强大卖压，多方下档的抵抗十分微弱，出现（上涨后跌型）先涨后跌，底部支撑力不大，在涨势中出现有可能是行情结束。

续表

7. 上影黑（阴）K 线	
最高 开盘 收盘　多方主导，上下影阴线， 　　　级弱线需谨慎行情反转。 最低	下影线短，上影线长表示多空交战，空头略胜一筹，反弹无力，实体部分比上影线短，卖压沉重，开盘后虽有往上攻的企图，但上档遇到沉重卖压，买方与卖方发生激战，上影线部分较长，说明买方无法把价位往上推，说明：卖方占了比较大的优势，后市不利。

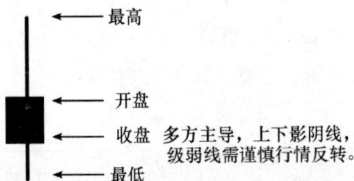

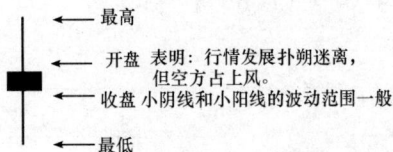

8. 小阴线	
最高 开盘　表明：行情发展扑朔迷离， 　　　但空方占上风。 收盘　小阴线和小阳线的波动范围一般 最低	小阴线表示空方呈打压态势，但力度不大。小阴线（短黑线）行情混乱，涨跌难以估计。如果出现在持续上升之后，表示高位震荡，可能是下跌的先兆。若隔日小阴线孕育阳线在下跌行情中，出现大阳线行情呈现一条完全包容在小阴线内的阳线，显示卖盘出尽，有转盘的迹象，股价将反弹。

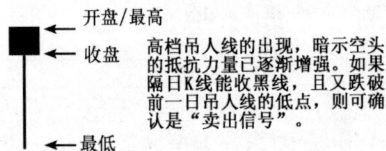

9. 吊人线	
开盘/最高 收盘　高档吊人线的出现，暗示空头 　　　的抵抗力量已逐渐增强。如果 　　　隔日K线能收黑线，且又跌破 　　　前一日吊人线的低点，则可确 　　　认是"卖出信号"。 最低	K 线出现"吊人线"，表示上档潜藏卖压出笼，但在多方一搏之下，股价未收在当日低点，因此 K 线形成"吊人线"，此"吊人线"可为红体或黑体，隔日若再次出现"吊人线"，且收盘价比前一日更低，此"吊人线"不论是红体或黑体，应该卖出。

续表

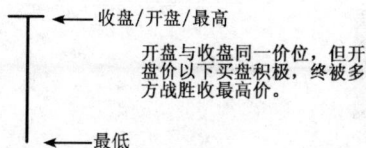

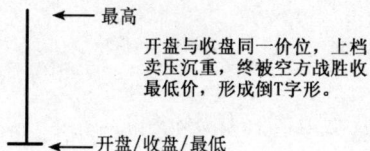

10. "十"字形（变盘）K线	
最高 收盘/开盘 开盘与收盘同一价位，表示 多空双方互相对抗留下上下 影线，不分上下。 最低	多空势均力敌，通常为反转或趋于盘整的前兆。如果上下影线长，表示多空双方对抗激烈，未来可能会有变化，如果上下影线短，表示未来可能陷入盘整。 若出现在近期波段的高点，则多方力量减弱，股价有可能下跌。 十字线出现在近期波段的低点，则空方力量转弱，股价有上涨的可能。 当出现在盘整时，多空双方则必须再较量，才能分出高下，应密切注意后势发展。
11. "T"字形 K线	
收盘/开盘/最高 开盘与收盘同一价位，但开 盘价以下买盘积极，终被多 方战胜收最高价 最低	T字形，表明机构资金的分歧开始加重，但开盘价以下买盘积极，次日若卖方不强，则股价有可能反转向上。在连涨数日后出现，多方出现疲态，可能开始转弱；但在暴涨的格局中出现，则有可能继续往上攻坚。 在跌势的盘局中出现，则可能是反转的信号，但应特别注意盘势是否已经止跌向上，还是下跌波中的小反弹。
12. "⊥"字形 K线	
最高 开盘与收盘同一价位，上档 卖压沉重，终被空方战胜收 最低价，形成倒T字形。 开盘/收盘/最低	买方虽强，但上档压力更沉重，若次日买方不强，则股价有可能反转向下。 在连续上涨中发生，则有可能开始转弱，所留上影线越长，则卖压越沉重。 在连续下跌中出现，应特别注意次日所产生的变化，否则还是有可能继续往下跌。

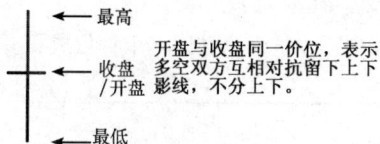

续表

13. "一"字型（K）线		
—— 开盘/最高 收盘/最低	开盘与收盘同一价位，形成开盘、收盘、最高、最低、四价合一的一字线。	属于非常极端型，不是多头最强势、空头最强势就是极度的冷门股。 开盘跳空涨停板一价到收盘。 开盘跳空跌停板一价到收盘。 非常冷门的股票，一整天只在同一个价位成交一两笔。

根据开盘价与收盘价的波动范围，可将K线分为极阴、极阳，小阴、小阳、中阴、中阳和大阴、大阳等线性。它们一般的波动范围如图1-2所示。

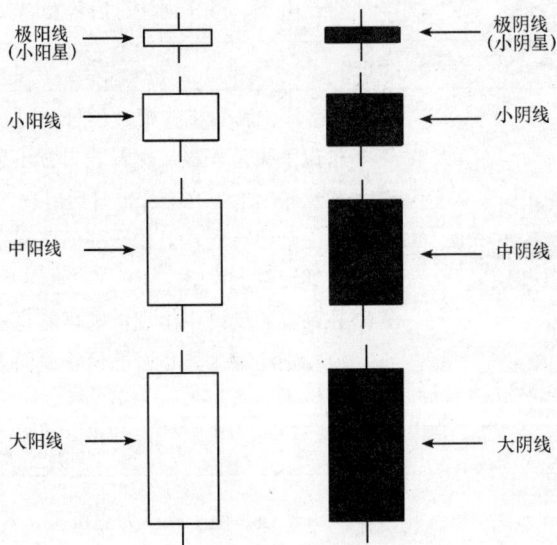

图1-2　不同类型的K线

极阴线（小阴星）和极阳线（小阳星）的波动范围在0.5%左右。

小阴线和小阳线的波动范围一般在0.6%～1.5%。

中阴线和中阳线的波动范围一般在1.6%～3.5%。

大阴线和大阳线的波动范围在3.6%以上。

1.3 红三兵与黑三兵

1. 红三兵

红三兵是反映股价将出现上升可能的一种K线组合，它由三根连续创新高的小阳线组成，其基本图形及变化图形如图1-3所示。图1-4是某股票出现红三兵后的K线图。

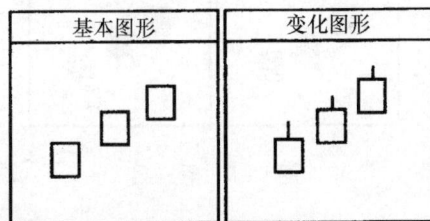

图1-3 红三兵

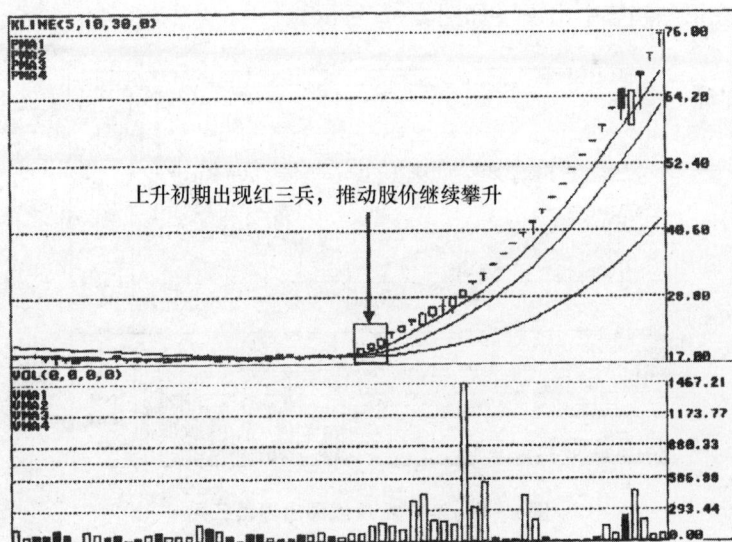

图1-4 某股票K线图出现红三兵

说明：

（1）股价见底开始回升，或在横盘后出现红三兵，表明多方正在积蓄能量，准备发力上攻。

（2）红三兵出现后，股价上升时，成交量能同步放大，则升势更为可靠。

（3）投资者见此 K 线组合可以分批建仓。

2. 黑三兵

黑三兵的基本形态和变化图形如图 1 - 5 所示。

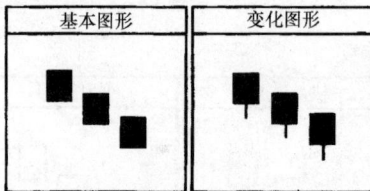

图 1 - 5　黑三兵

黑三兵是由三根小阴线组成，且最低一根比第一根低，既可在上涨趋势中出现，也可在下跌趋势中出现（如图 1 - 6 所示）。

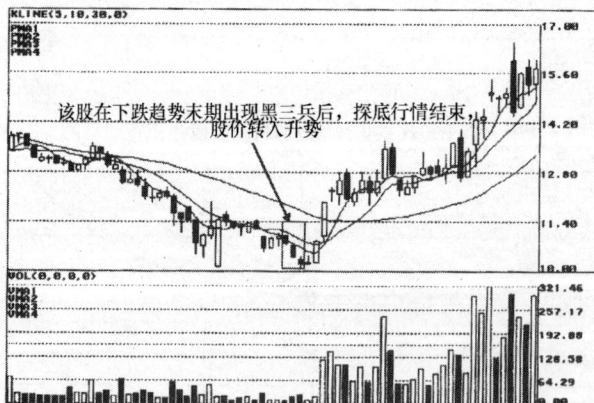

图 1 - 6　某股票 K 线图出现黑三兵

说明：

它出现在股价有了较大升幅之后，行情发生反转的可能性很大；如果它出现在股价已有一段较大跌幅或连续急跌之后，则暗示着探底行情短期内即将结束，并有可能转为一轮升势。

1.4　锤子线与吊颈线

1. 锤子线

锤子线的基本形态如图 1－7 所示。

图 1－7　锤子线

锤子线出现在连续下跌或超卖下，代表行情即将转为多头买进信号。如图 1－8 所示。

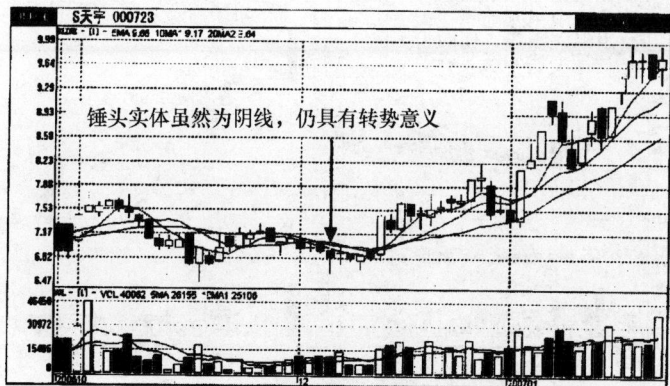

图 1－8　某股票 K 线图出现锤子线

说明：

（1）锤子线为买进信号。

（2）股价的趋势向下，时间越长，跌势越久，则行情容易确认反转。

（3）下影线很长，通常为实体的3倍，上影线很短或应该不存在。

（4）锤子线所发动的攻势可能遭遇反压，拉回再重新测试锤子的低点不破，底部更坚实，涨势更稳。

（5）次日，若跳空向上收盘长红，形成岛状反转，涨势更确立。

2. 吊颈线

吊颈线的基本形态如图1－9所示。

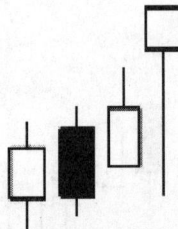

图1－9　吊颈线

高档震荡出货的形态。好像具有上升能力，以为会强势上涨，实为有气无力，有形无势，就此买进就要套牢。如图1－10所示。

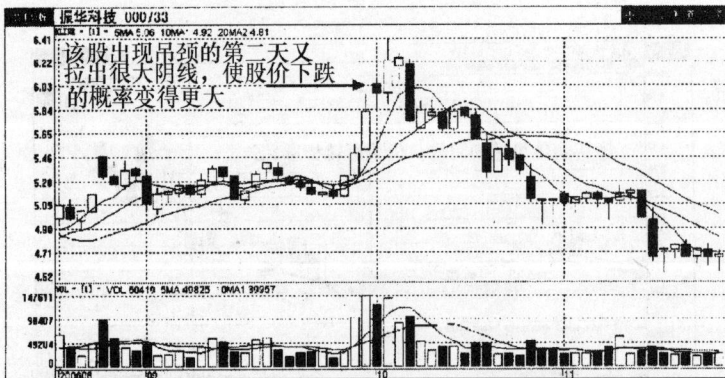

图1－10　某股票K线图出现吊颈线

说明：

（1）当吊颈线在上升趋势中获头部的反转信号时，为卖出信号。

（2）实体的部分很小，估值已相对偏高。

（3）下影线很长，为实体部分的 2~3 倍以上。

（4）隔天收盘价低于吊颈线的下方，则可确认空头反转走势。

（5）形成岛状头部反转。

（6）整个上升趋势被破坏，并产生快速下跌。

1.5 上升抵抗形与下降抵抗形

1. 上升抵抗形

上升抵抗形的基本形态如图 1－11 所示。

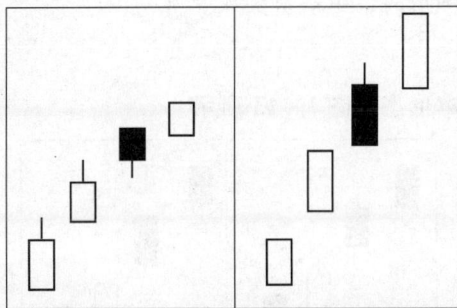

图 1－11

上升抵抗形出现在股市上升的过程中，股市连续跳高开盘，收出众多阳线，其中夹着少量阴线，投资者可将其视为买进的信号，如图 1－12 所示。

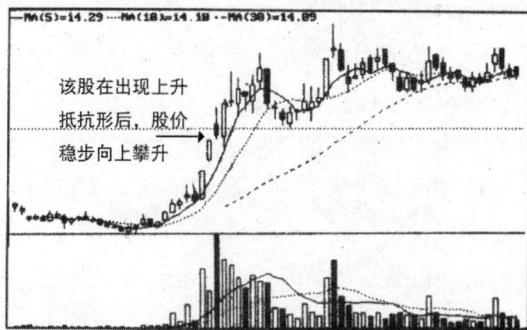

图1-12 某股K线图出现上升抵抗形

说明：

（1）上升抵抗形的K线组合中所夹阴线的收盘价要比前一根K线的收盘价高。

（2）股价上升时出现该组合，表示买方力量逐渐增强，日后会持续上涨。

（3）投资者见此图形时，可适量买入。

2. 下降抵抗形

下降抵抗形的基本形态如图1-13所示。

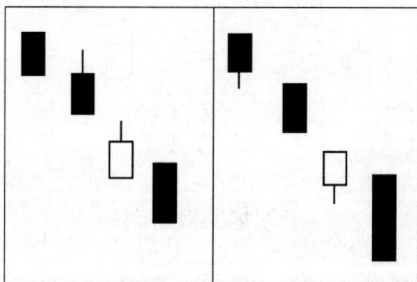

图1-13

下降抵抗形出现在股市下降的过程中，股市连续跳低开盘，收出众多阴线，其中夹着少量阳线，投资者可将其视为做空的信号，如图1-14所示。

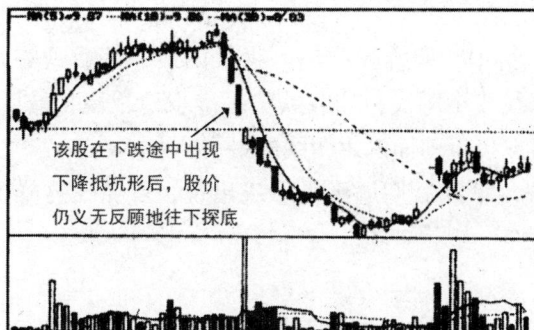

图 1 - 14　某股 K 线图出现下降抵抗形

说明：

（1）下降抵抗形的 K 线组合中所夹阳线的收盘价要比前一根 K 线的收盘价低。

（2）股价下跌时出现该组合，这是多方力量反抗的一种表现，但终因大势所趋，回天乏力，股价终会出现惯性下滑。

（3）投资者见此图形时，应冷静观察，以做空为主。

1.6　塔形底

塔形底的基本形态如图 1 - 15 所示。

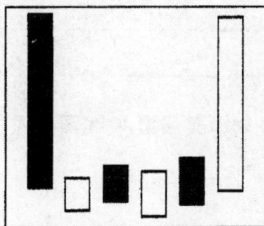

图 1 - 15　塔形底

塔形底是一种表示股价见底回升信号的 K 线组合，一般出现在股价下跌趋势中，如图1-16所示。

（1）在下跌行情中，股价先拉出一根长阴线，然后跌势开始减缓，随之又出现一系列的小阳线或小阴线，随着跌势一步步地减慢，最后窜出一根长阳线，阳线的收盘价超过或接近前面的大阴线的最高价。

（2）如果在股价下跌后期遇到塔形底出现，可抓住这样的好机会，适量跟进做多。

说明：

（1）逆袭线若出现在底部，代表趋势将被扭转，虽然后市不明，但空头宜暂且观望。

（2）在下跌趋势中，因前期跌幅较大，加上消息面的大利多，空头回补，形成利多长红，容易形成底部反弹或是V形反转。

（3）在空头的末跌段，可视为底部第一只脚，不可躁进，以免形成一日行情的骗线，可待隔日再进。

（4）隔日，若收盘价未能创新高，则代表攻击力道减弱，应为跌破逆袭线的最低为停损价。

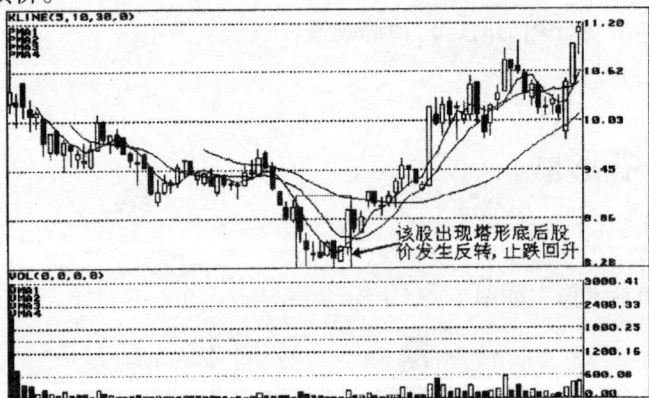

图1-16 某股票K线图出现逆袭线

1.7　早晨之星与黄昏之星

1. 早晨之星

早晨之星的基本形态和变化图形如图 1 – 17 所示。

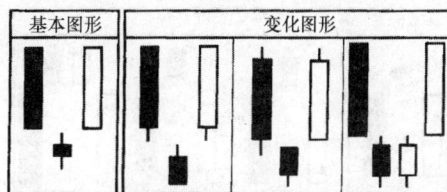

图 1 – 17　早晨之星

早晨之星又称为"希望之星"，是一种股价见底回升信号，它由三根 K 线组合而成，如图 1 – 18 所示。

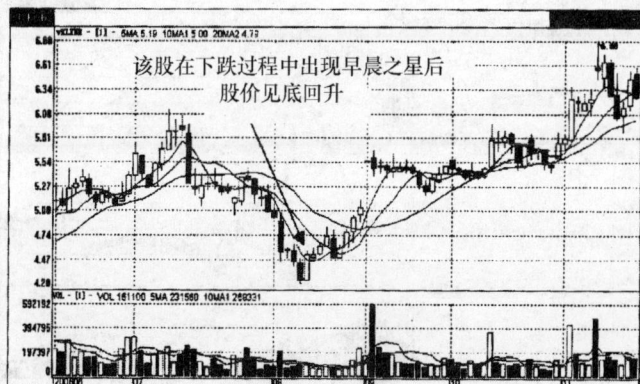

图 1 – 18　某股票 K 线图出现早晨之星

说明：

(1)出现在下跌过程中,先出现一根中阴线或大阴线,第二天出现了一根低开的小阳线或小阴线,随后市场行情转跌为升,第三天出现一根中阳线或大阳线。

（2）早晨之星出现在股价有了较大跌幅之后预示着跌势将尽,大盘或个股处于拉升的前夜,行情开始摆脱下跌的阴影,逐步走向光明。

（3）投资者见此信号,可考虑适量买进,另外要提醒大家,在实战中还应注意早晨之星的变化图形。

2. 黄昏之星

黄昏之星的基本形态和变化图形如图1-19所示。

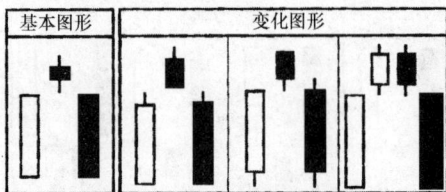

图1-19 黄昏之星

黄昏之星是一种表示股价见顶回落的信号,它也有三根K线组合而成,如图1-20所示。

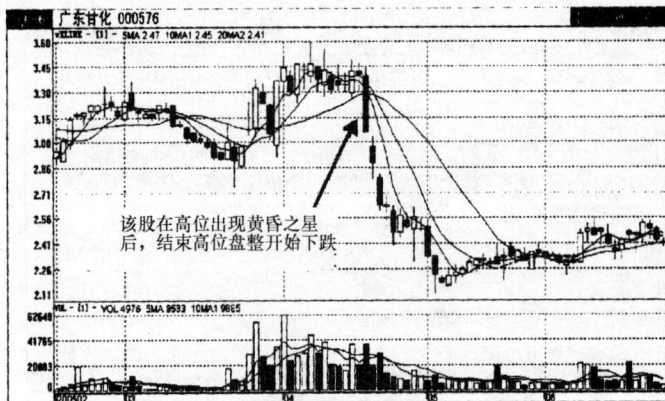

图1-20 某股票K线图出现黄昏之星

说明：

（1）在股价有了较大涨幅后出现黄昏之星,后市下跌的概率极高,因此,投资者遇此K线组合,应考虑及时减仓,并随时准备抛空退场。

（2）黄昏之星中间的K线既可以是小阴线也可以是小阳线，二者市场意义相似，但小阴线的下跌力度要强于小阳线。

（3）黄昏之星充当顶部的几率非常之高，在牛市后期，要特别警惕这种反转信号。

1.8 上升三部曲与下跌三部曲

1. 上升三部曲

上升三部曲的基本形态如图1-21所示。

上升三部曲是一组反映股价持续上涨的信号，它出现在上升途中，由一根大阳线接三根小阴线，再接大阳线组合而成。其基本形态及变化图形如图1-22所示。

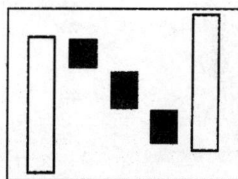

图1-21 上升三部曲

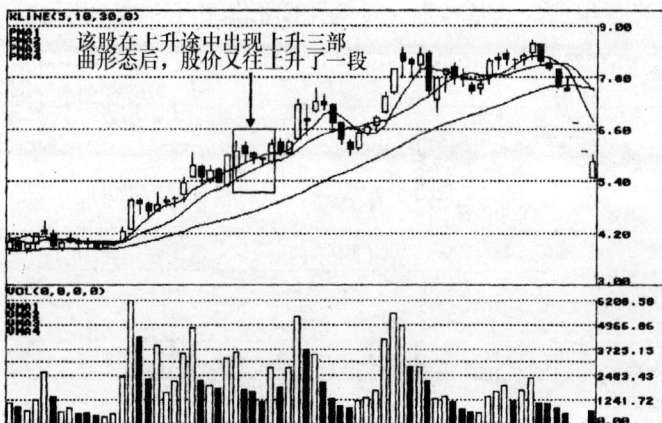

图1-22 股票走势图

说明：

（1）股价在上升途中，出现一条大阳线，随后连续出现三条下降的小阴线，但三条阴线的总跌幅未破前面大阳线价格范围，第四天，收出一条大阳线，拉回了前三天下调的价格。

（2）多方在上升途中，经过短暂的小憩，重新蓄积力量，继续上攻。

（3）上升三部曲是上升途中的一次买入良机，如果三根小阴线的总跌幅未超过前阳线的价格范围时，可在第四天上午开盘前集合竞价的时间内买入，将会买到较低的价格。

2. 下跌三部曲

下跌三部曲的基本形态如图1-23所示。

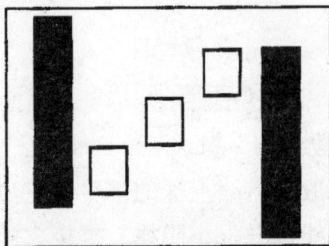

图1-23　下跌三部曲

下跌三部曲是一种表示股价将继续下跌的信号，它出现在下跌趋势中，由五根大小不同的K线组成。其基本形态及变化图形如图1-24所示。

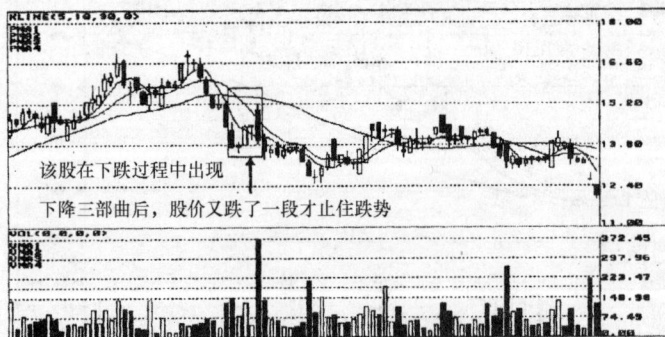

图1-24　股票后继走势图

说明：

（1）下跌三部曲是继续下跌的信号，它是股价在下跌过程中，经过短暂的休整后，继续下跌的一种K线组合。

（2）投资者在下跌趋势中见到它出现时，首先应想到股价仍有下跌空间，千万不要轻易介入抢反弹。

1.9　身怀六甲、穿头破脚与十字星

1. 身怀六甲

身怀六甲的基本形态如图 1 - 25 所示。

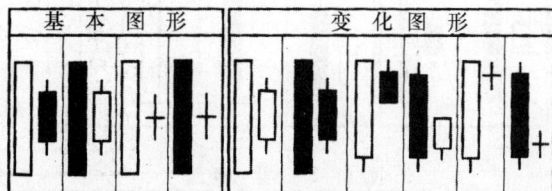

图 1 - 25　流星线

身怀六甲在高位出现是见顶信号，股价有可能见顶回落；在下降途中出现，是续跌信号，股价还会继续下跌；若在低位出现，是见底信号，股价有可能见底回升；在上升途中出现，是续涨信号，股价仍会上升。图 1 - 26 表示见底回升的趋势。

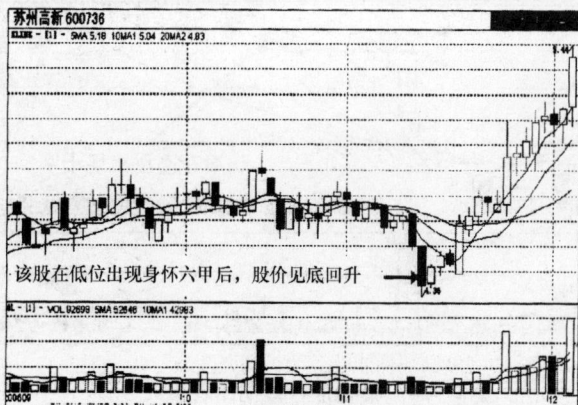

该股在低位出现身怀六甲后，股价见底回升

图 1 - 26　某股票 K 线图出现流星线

说明：

（1）身怀六甲出现在股价下跌了较大幅度的地位，因而具有见底意义。

（2）分析身怀六甲形态时应注意成交量的变化，在放量之后成交量突然大幅度萎缩，市场趋势改变的可能性甚大。

（3）投资者在出现见底信号时可适量介入做多。

2. 穿头破脚

穿头破脚的基本形态如图 1 – 27 所示。

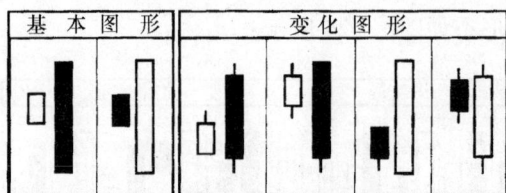

图 1 – 27　穿头破脚

底部穿头破脚是股价止跌回升的信号；顶部穿头破脚是见顶回落信号。总之，穿头破脚是一种附加转势信号，即由原来的升势转为跌势，或由跌势转为升势。下面举例在股价高位出现穿头破脚的操作方法。（如图 1 – 28 所示）

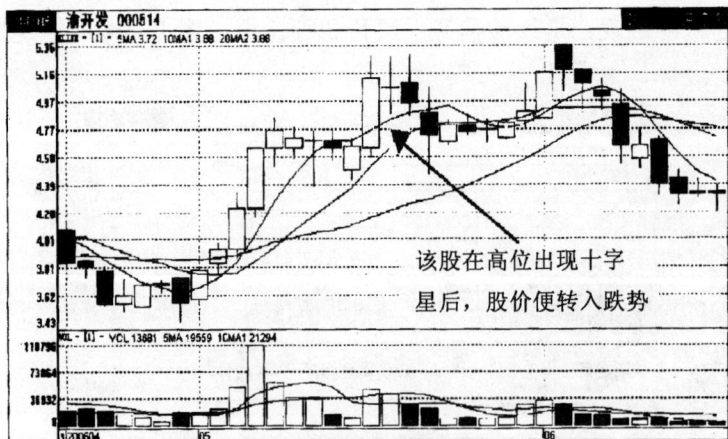

该股在高位出现十字星后，股价便转入跌势

图 1 – 28　某股票 K 线图出现穿头破脚

说明：

（1）穿头破脚分析股市大盘的可靠程度要高于个股。因为个股中出现这种形态不排除市场主力的刻意而为，并非市场逻辑的必然。

（2）形成穿头破脚形态必须在事先有明显的上升或下跌趋势。

（3）穿头破脚后一根K线的实体部分必须完全包容前一根K线的实体部分，而上下影线可以不考虑。

（4）穿头破脚后一根K线包含前面的K线数目越多，意味反转越强烈。

3. 十字星

十字星的基本形态如图1-29所示。

图1-29 十字星

十字星就是当日的开盘价等于收盘价，其线形就是十字，代表犹豫和不确定以及趋势变化的一个重要信号。下面举例说明在高位出现十字星的操作方法，如图1-30所示。

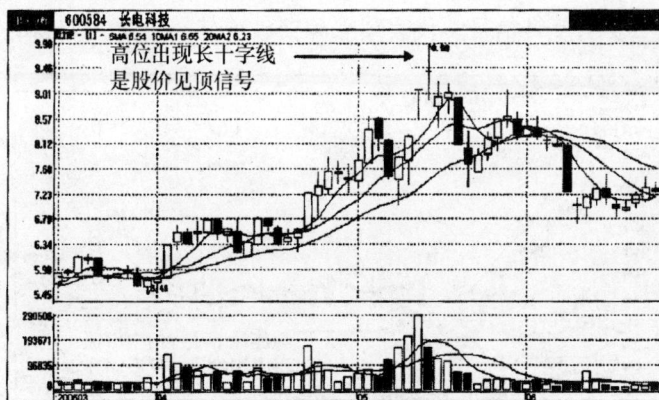

图1-30 某股票K线图出现十字星

说明：

（1）出现十字星是多空转折的前兆。

（2）在高价圈出现十字星就叫夜明星，在低价圈出现就叫启明星，代表形成头部和底部信号。

（3）属于一种变盘线。

（4）十字星应以整体趋势形态的关系来判断。

1.10　大阳线与大阴线的识别

1. 大阳线

大阳线的基本形态如图 1－31 所示。

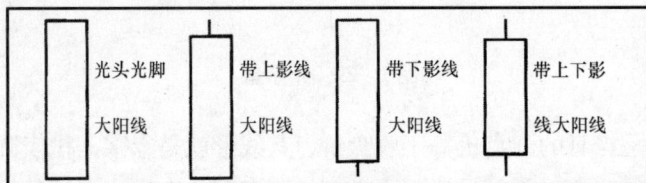

光头光脚
大阳线

带上影线
大阳线

带下影线
大阳线

带上下影
线大阳线

图 1－31　大阳线

大阳线是重要的反转信号。代表续涨和突破或轧空行情，如图 1－32 所示。

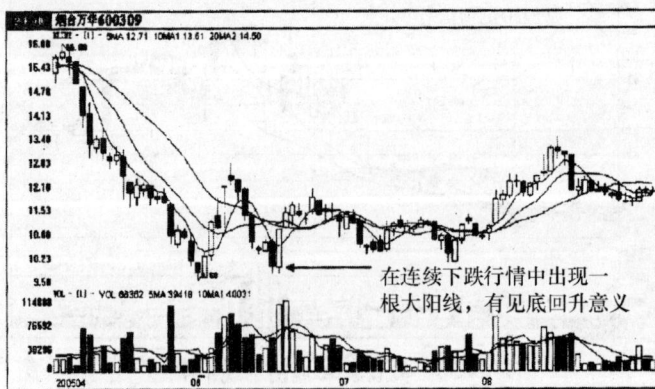

在连续下跌行情中出现一
根大阳线，有见底回升意义

图 1－32　股票走势图

说明：

（1）大阳线的力度大小，与其实体长短成正比，即阳线实体越长则多方力量越强。

（2）图中的大阳线出现在股价有了很大跌幅之后，其见底回升的可能性很大。

（3）投资者可适量买入该股票。

2. 大阴线

大阴线的基本形态如图 1 – 33 所示。

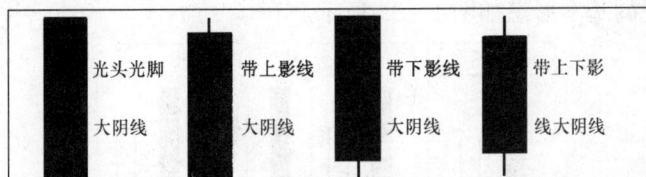

图 1 – 33

大阴线是重要的反转信号。代表行情结束或产生关键性扭转，如图 1 – 34 所示。

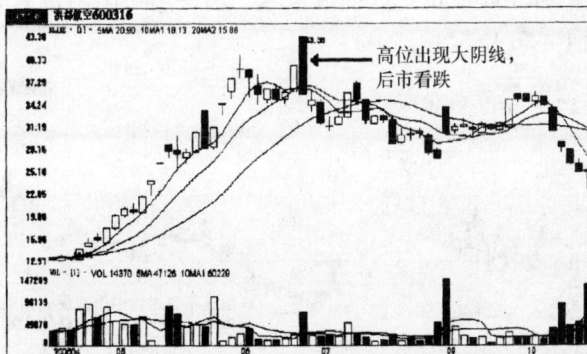

图 1 – 34　某股票 K 线图出现大阴线

说明：

（1）以长黑线确认上档反压。

（2）长黑跌破下档支撑，代表另一段跌势开始。

（3）往往在重要形态完成时的颈线或顶点产生，对行情有决定性的影响，扭转整个多空趋势。

（4）在恐慌下跌的赶底行情出现长黑容易形成空头陷阱，造成反弹或回升。

1.11　曙光初现与乌云盖顶的识别

1. 曙光初现

曙光初现的基本形态如图 1－35 所示。

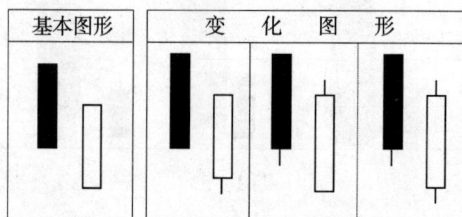

图 1－35

曙光初现是一种反映股价见底回升信号，由一阴一阳两根 K 根组成，其基本图形及变形如图 1－36 所示。

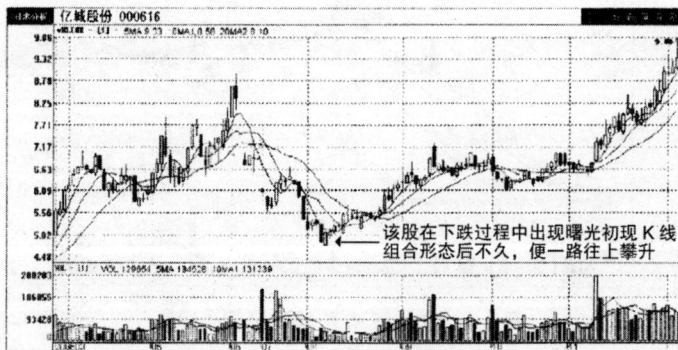

该股在下跌过程中出现曙光初现 K 线组合形态后不久，便一路往上攀升

图 1－36　某股票 K 线图出现曙光初现

说明：

（1）出现在下跌趋势中。

（2）由一阴一阳两根K根组成，第一根是大阴线或中阴线，第二根是低开的大阳线或中阳线，并且阳线实体部分已开始深入到前面阴线实体部分的二分之一以上处。

（3）曙光初现预示黑暗已经过去，光明即将来临。

（4）该K线组合形态出现在股价下跌后期，表明股价已经到了底部或者阶段性底部，后市回升的可能性很大，投资者此时可考虑买进一些股票，适量做多。

2. 乌云盖顶

乌云盖顶的形态如图1-37所示。

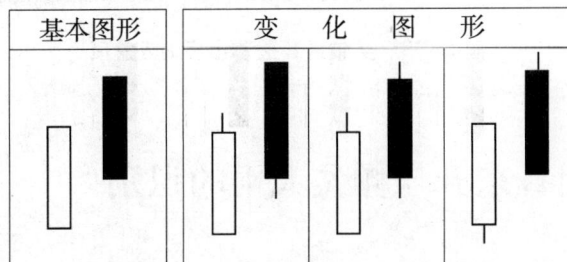

图1-37 乌云盖顶

乌云盖顶是一种预示股价在某一阶段已上升至顶点而即将回落的信号，它由一阳一阴两根K线组合而成。其基本图形及变化图形如图1-38所示。

说明：

（1）出现在涨势中。

（2）由两根K线组成，前一根K线为中阳线或大阳线，第二根K线为高开低走的中阴线或大阴线，并且阴线实体已深入到阳线实体的1/2以下处。

（3）该K线组合往往预示着股价上涨势头已尽，一轮跌势即将开始，投资者若见此K线图形，应注意回避头部风险。

（4）遇到该种K线组合，应该减仓操作。

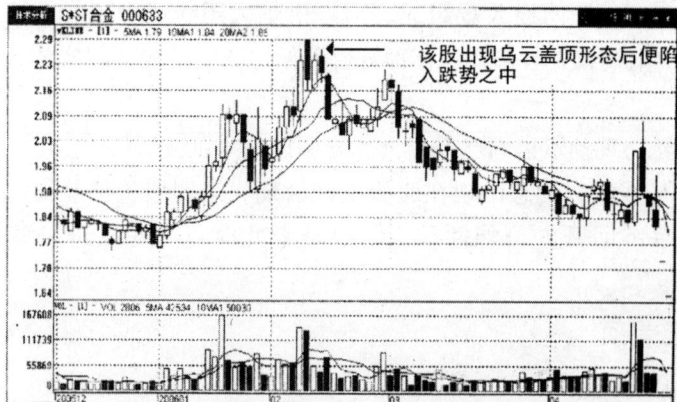

图 1-38　某股票 K 线图出现乌云盖顶

1.12　旭日东升与倾盆大雨的识别

1. 旭日东升

旭日东升的基本形态如图 1-39 所示。

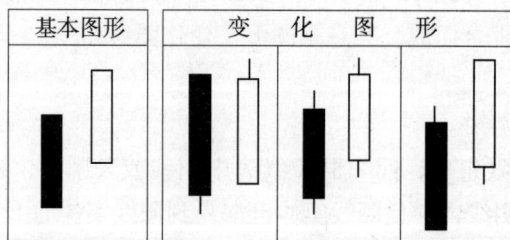

图 1-39　旭日东升

旭日东升是一种股价见底信号，它由一阴一阳两根 K 线组合而成。其基本图形及变化图形如图 1-40 所示。

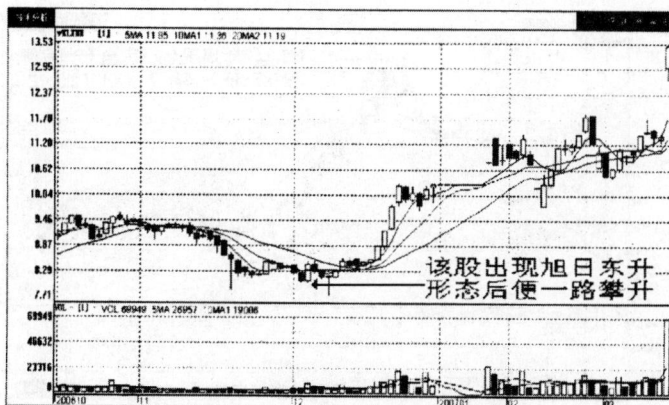

图 1-40　某股 K 线图出现旭日东升

说明：

（1）出现在下跌趋势中。

（2）由两根 K 线组合而成，在连续下跌的行情中先出现一根大阴线（或中阴线），随后又出现一根高开高收的大阳线（或中阳线），阳线的收盘价已高于前一根阴线的开盘价。

（3）投资者在实战中发现股价在下跌了较大幅度出现旭日东升 K 线组合时，应该转变思维，逢低买入，适时做多。

2. 倾盆大雨

倾盆大雨的基本形态如图 1-41 所示。

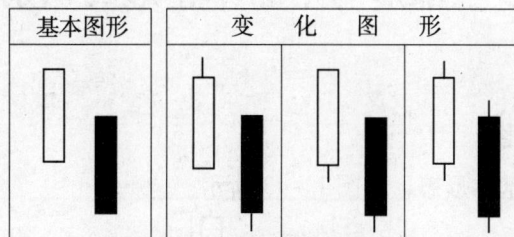

图 1-41　倾盆大雨

倾盆大雨是股价见顶信号，由一阳一阴两根 K 线组成。其基本形态及变化形态如图 1-42 所示。

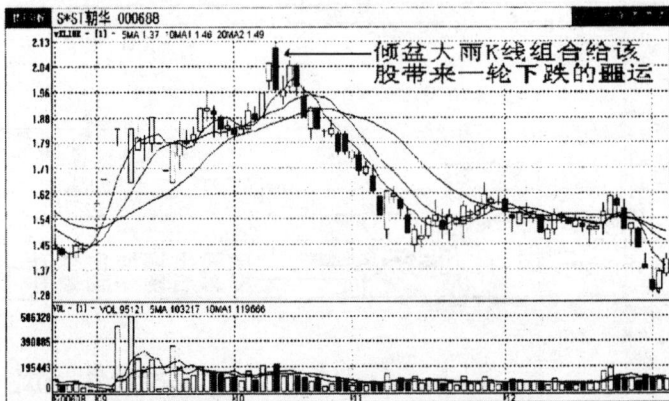

图1-42 某股K线图出现倾盆大雨

说明：

（1）出现在上涨趋势中。

（2）由一阳一阴两根K线组成，第一根为大阳线或中阳线，第二根为低开的大阴线或中阴线，且阴线的收盘价已低于前一段阳线的开盘价。

（3）投资者如发现这种图形出现之后，股价重心不断下移，应坚决出货离场。

1.13 稳步上涨形与下跌不止形的识别

1. 稳步上涨形

稳步上涨形的基本形态，如图1-43所示。

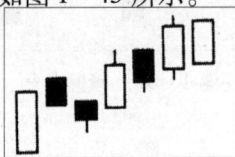

图1-43

稳步上涨形是股市上涨的信号，它是指上涨过程中众多阳线中夹着较少的小阴线，如图 1-44 所示。

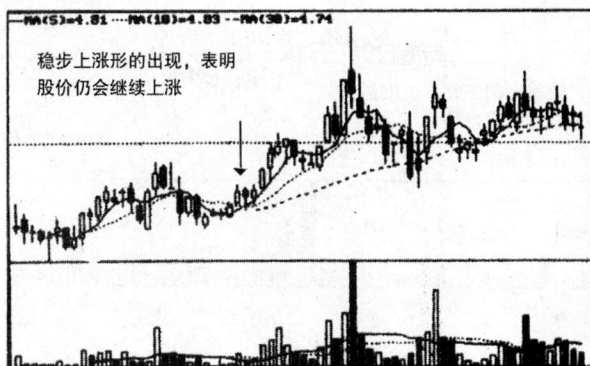

稳步上涨形的出现，表明股价仍会继续上涨

图 1-44　某股 K 线出现稳步上升

说明：

（1）稳步上涨形的出现，表明股价仍会继续上涨，这是一个做多信号。

（2）投资者应以持股为主，不要轻易卖出股票。

2. 下跌不止形

下跌不止形的基本形态如图 1-45 所示。

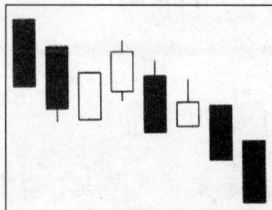

图 1-45

下跌不止形是股市下跌的信号，它是指在下跌过程中，众多阴线中夹着较少的小阳线，如图 1-46 所示。

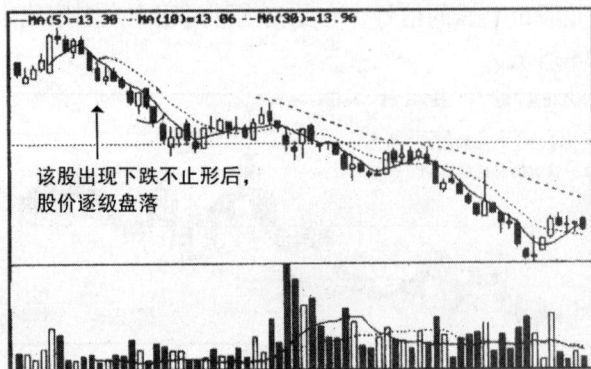

图1-46

说明：

（1）下跌不止形形成于下跌过程中，虽然出现少量上涨的K线，但仍然止不住下跌的趋势，这表明空头的力量在盘中占了上风。

（2）投资者若遇到此种K线组合，应极早卖出股票。

▶▶实战操练：K线应用演练

1. K线组合应用

K线图谱中蕴涵着丰富的东方哲学思想，以阴阳之变表现出了多空双方"势"的相互转换。单一的K线代表的是多空双方一天之内的战斗结果，不足以反映连续的市场变化，多条K线的组合图谱才可能更详尽地表述多空双方一段时间内"势"的转化。多空双方中任何一方突破盘局获得优势，都将形成一段上涨或下跌的行情，这也就是所谓的"势在必行"。而随着这种行情的不断发展，又为对方积攒着反攻的能量，也就是"盛极而衰"。研究K线组合图谱的目的，就是通过观察多空势力强弱盛衰的变化，感受双方"势"的转化，顺势而为，寻找并参与蓄势待发的底部，抓住大势所趋的上涨股票，规避强弩之末的顶部风险。K 线图谱要结合成交量和移动平均线共同使用。成交量是多空双方博杀过程中能量损耗的表述，移动平均线则是双方进攻与退守的一道道防线。这种图形组合是东方哲学与西方统计学的完美结合。以下结合图例分别介绍。

（1）圆弧底（如图 1－47 所示）。

图 1－47　股票走势

随着股价逐渐被打低，空方能量消耗极大，多空双方进入对峙阶段，此时股价走势平稳，成交量萎缩。继而多方逐步反攻，伴随着成交量的放大，股价逐步上升，连续突破三条移动平均线的压力，并创出近期新高，说明多方已占据主导优势，股价后市必将上涨。

（2）"V" 字形底部（如图 1－48 所示）。

当空方连续将股价打低作空能量耗竭时，多方立即发起反攻，不给空方喘息的机会，在成交量的配合下，将股价逐步推高，形成 "V" 字形上升趋势。

图1-48 股票走势

（3）反转十字星（如图1-49所示）。

在下跌行情中出现十字星，说明下档承接力较强，随着后面阳线的出现，表明多方不仅在十字星处有效阻挡住空方的进攻，并发起了反攻，此时可以确认这是"反攻十字星"，后市将被多方控制逐渐走高。

图1-49 股票走势

（4）"W"底（双重底）（如图 1-50 所示）。

图 1-50　股票走势

空方连续三根阴线，打压能量殆尽，多方发起反攻，在前期密集成交区的高度受阻回落，但股价却未跌破前期低点，接着多方再次发起反攻，一举突破前期阻力位，逐步走高。当股价从第二谷底上升超过顶点价格的 3%，可视为有效突破。股价的这种走势形成双底，为后市上升打下伏笔。

（5）头肩底（如图 1-51 所示）。

图 1-51　股票走势

>>>> ▶ ▶ ▶

股价经过长期下跌后，成交量明显减少，股价走缓并略有反弹，成交量略有增加，形成左肩。紧接着继续下跌探底，遇到多方反攻，成交量迅速放大，股价回升超过左肩低价位，形成头肩底，又再次回档下探，形成另一个底部即右肩，此底部不低于头肩底。此后多方反攻，在大成交量的配合下将股价拉起，如股价上升超过颈线位3%则可确认后市的上升走势，其股价上升的最小幅度为底至颈线的股价垂直距离。

（6）低档位五阳线（如图1-52所示）。

在低价区连续出现五条或五条以上的小阳线，说明逢低吸纳者众多，买盘强劲，底部已经形成，多方蓄积的能量即将爆发，后市上涨的可能性极大。

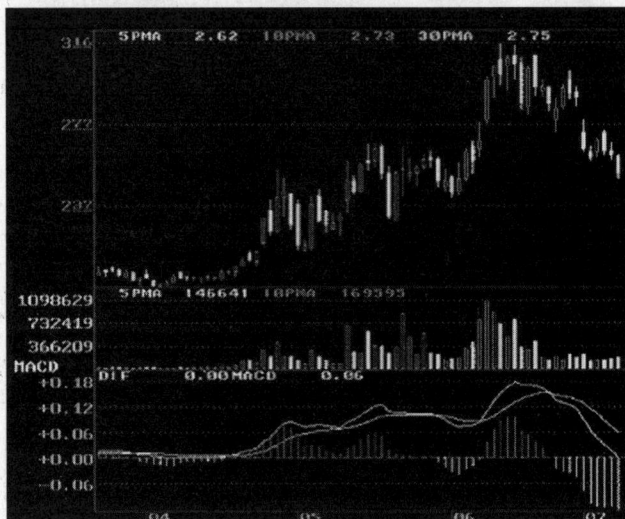

图1-52 股票走势

2.① 地量小K线横盘实战案例

【例】某股票的几个走势如图1-53、图1-54、图1-55所示。

---

① 注：在股市中的地量或地量的量化标准是指低于0.2%的换手可以看作是地量。在一个区域多次或连续出现地量就是地量区。强势背景下的地量有很高的参考价值，而长期弱势的冷门股则参考意义不大。在少数情况下，从高换手快速萎缩的成交量可以高于这个标准。这关系到成交量萎缩的速率（包含空间和时间）。

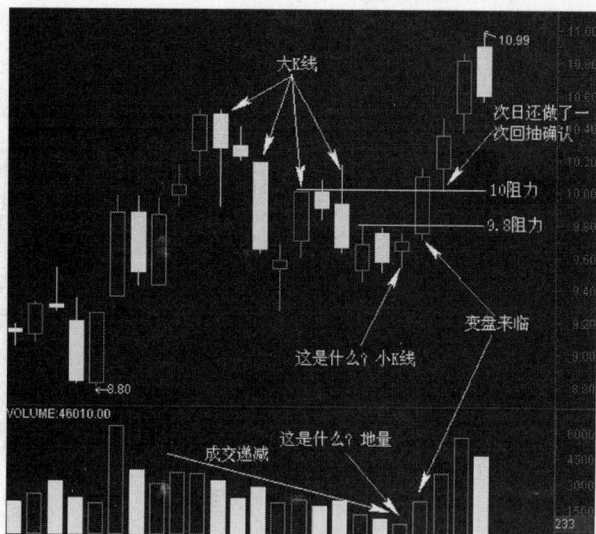

图1-53 股票走势

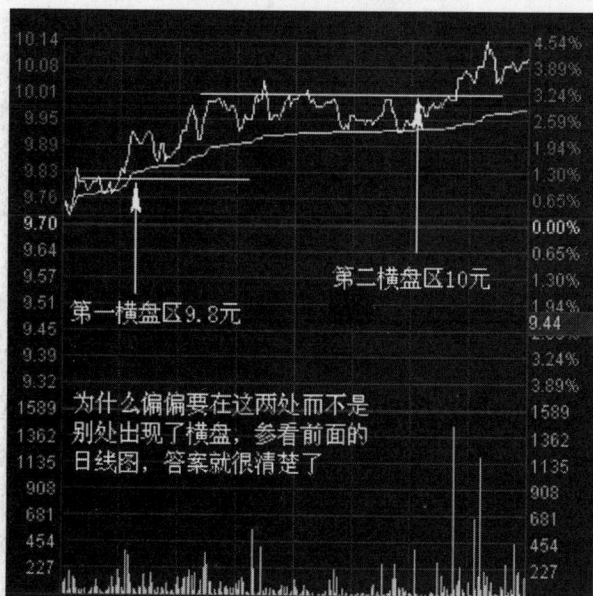

图1-54 股票走势

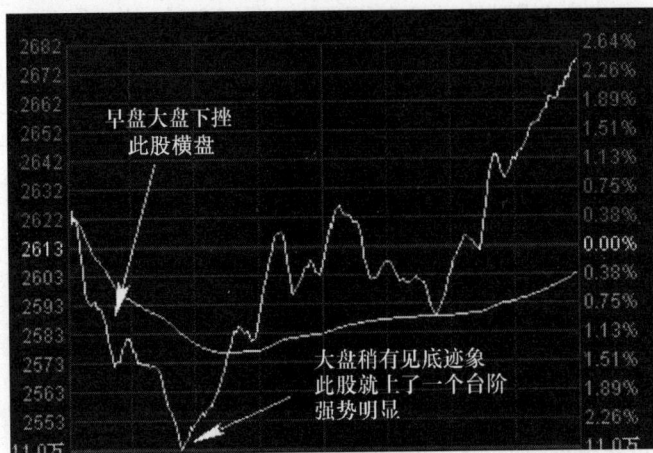

图1-55 股票走势

该股早盘在大盘下挫的情况下，逆势小幅走高（如图1-53所示），在9.8元附近短暂横盘抗跌（9.8元为前三日小箱体上沿），10点左右，大盘第一波下挫稍有企稳，该股就突破盘区，快速拉高。在10:30的位置（如图1-54所示），大盘第二波下挫见底，该股再次快速拉高，到10元短期阻力位开始横盘整理。下午2点左右（如图1-55所示），经过长时间横盘整理的该股借着大盘的再次企稳，冲高到全天高点。

整个走势中每次大盘下挫，该股都以横盘相抗，大盘稍有企稳便快速拉高。可见走势之强，买盘信心之足。

我们知道3+1讲的是地量+小K线+5、10均线低乖戾，这分别是1、2、3，还有一个4就是分时的各种横盘走势了。

在以上的案例中，主要用到了地量、小K线和分时横盘抗跌。也就是1、2、4。这三点是这个实例中我们最该着眼的地方。

为了能在实战中顺利地抓住机会，除了经验之外，最主要的就是平静的心态和快速的反应。没有平静的心态，就没法对发现的机会安安静静地分析，很明显，心里乱糟糟的烦躁不安，怎么可能还有心思考虑问题？但只是安静地分析也不行，还要讲效率和速度，就像这个例子中，短暂的横盘机会稍纵即逝，如果到中午才把这些想明白、看清楚，股价已经上去一大块了。

对分时走势横盘大家情有独钟，常常在分时走势中出现横盘抗跌的走势，横盘的目的是什么？为什么要在这个位置而不是别的某个位置横盘呢？对这个问题的解释，如图 1－56 所示：

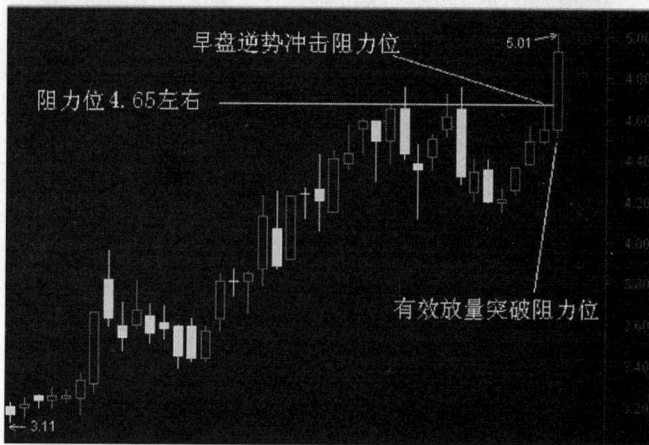

图 1－56　股票分时走势

图 1－56 和图 1－57 是某股的日线和分时图，图 1－58 是该股和大盘的分时对照图。

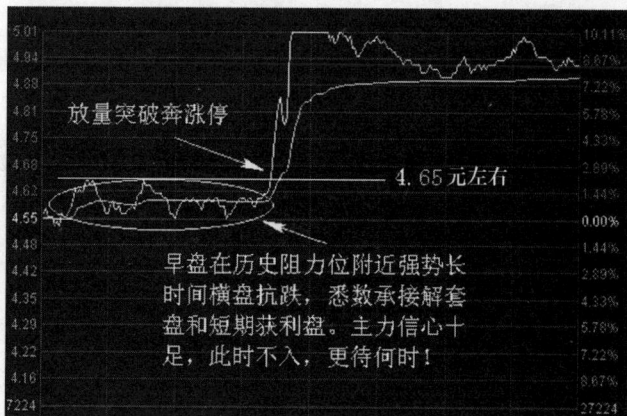

图 1－57　股票分时走势

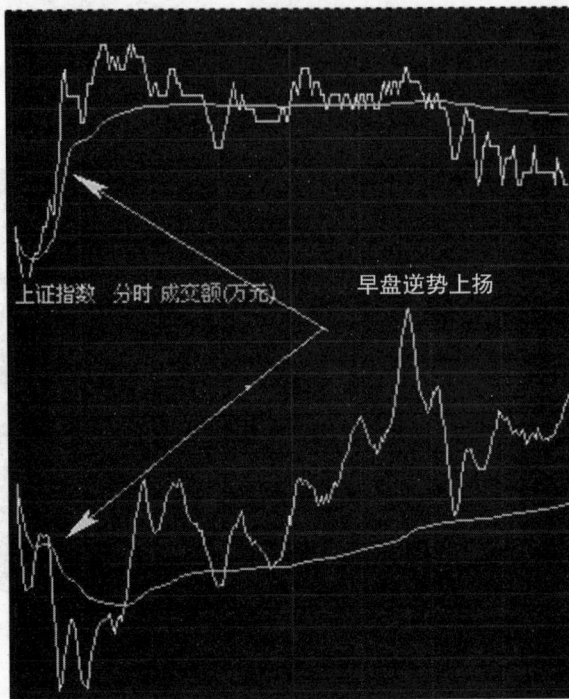

图1-58　股票分时走势

该股前期在4.6~4.7元一带有很多套牢筹码需要消化，同时，短线也有了一定涨幅，因此在4.6元一带抛压还是比较重的。但是，在第二张图中，我们却发现，该股早盘有一个明显的长时间横盘走势，早盘大盘略显疲弱，但该股却非常抗跌，要知道，它可是面临很大的抛压的。这说明什么，说明主力信心十足，不管多少抛压，不管大盘强弱，出来的筹码通吃。

如果还不放心，我们可以参考一下图1-58，该日早盘该股票就曾放量逆势拉高冲击过一次4.67元的高点，次日主力再次强硬地卷土重来，势在必得。这种时候不进还等什么？此后大盘稍稍企稳，直奔涨停。

一般来说，在上升趋势中，一些关键点位出现的分时横盘，往往是主力为了观察盘面情况或者洗盘整理。这种关键位置的横盘才是我们应该特别关注的。如果单单一个横盘不足以让我们下决心入场，那么我们还可以参考一下近期的一些盘口动向辅助我们决策。分时横盘就这样让我们获得了短线厚利。

前边为了谈一下分时横盘的意义，提到了一个涨停股票，该股的例子，投资者可能觉得是个特例，是碰巧赶上的。这里再举一个例子。

某股最近表现比较好，看看它是如何借助分时横盘来发威的。如图1-59、图1-60所示。

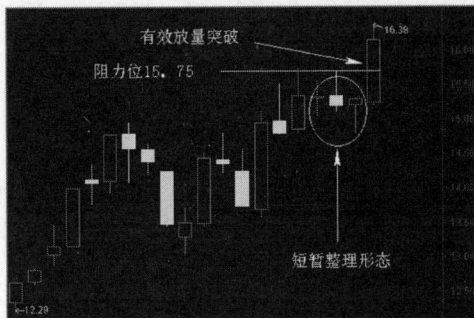

图1-59　股票走势

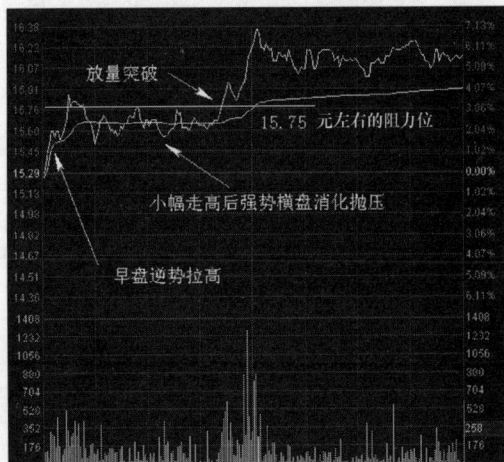

图1-60　股票走势

第 2 章

走势图的分析

Chapter2

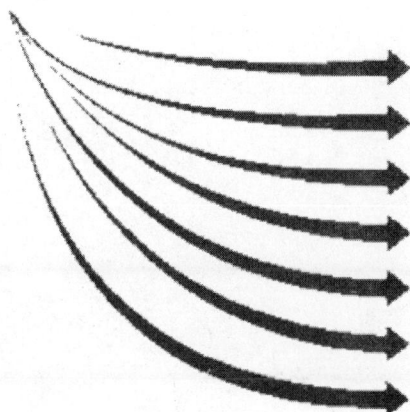

2.1　什么是趋势线

趋势线是图形分析上最基本的技巧，趋势线是在图形上每一个波浪顶部最高点间，或每一谷底最低点间的直切线。

在上升趋势中，将两个低点连成一条直线，就得到上升趋势线。

在下降趋势中，将两个高点连成一条直线，就得到下降趋势线。如图 2 - 1 所示：

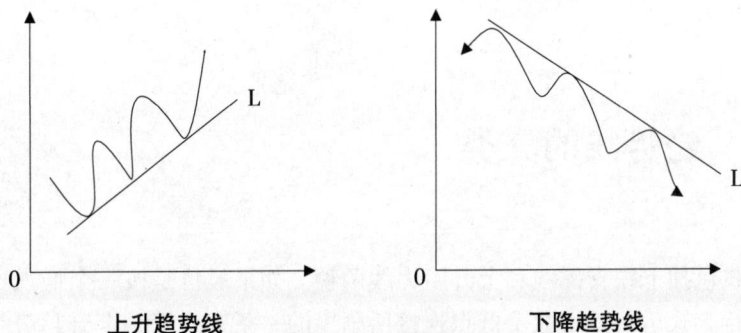

上升趋势线　　　　　　　　　　　下降趋势线

图 2 - 1　趋势线

由图中看出上升趋势线起支撑作用，下降趋势线起压力作用，也就是说，上升趋势线是支撑线的一种，下降趋势线是压力线的一种。

2.2　趋势线的作用

趋势线表明，当价格向某固定方向移动时，它非常有可能沿着这条线继续移动。

（1）当上升趋势线跌破时，为出货信号。在没有跌破前，上升趋势线就是每一次回落的支撑。

（2）当下降趋势线穿破时，为入货信号。

（3）一种股票或商品价格随着固定的趋势移动时间越久，该趋势越可靠。因此，周线图和月线图的趋势线较日线图更值得信赖。太短时间所形成的趋势线的分析意义不大。

（4）在形成上升趋势线的过程中，短期上升底部越多，这条线的技术性意义也就越大。例如行情第三次回落到趋势线上，在那里获得支撑，形成第三个短期低点后又复上升，其后又第四次在趋势线上再获支撑上升，那么这趋势线的技术性意义越来越大，日后出现信号可靠性也越来越高。下降趋势线形成的过程，原理也一样。

（5）平缓的趋势线，技术性分析意义较大，太陡峭的趋势线不能持久，分析意义也不大。

2.3　趋势线的分类

趋势线包括下跌支撑线和上升阻力线两种。如果股价是按一个低点比一个低点高的运行方式运行，将数个低点连接所画出的一条直线就是上升趋势线；如果股价是按一个高点比一个高点低的运行方式运行，将下降的数个高点连接而成的一条直线就是下降趋势线。

上升趋势线对股价起强烈支撑作用，支持股价继续向上涨；下跌趋势线对股价起阻力作用，阻止股价上涨。

趋势线按时间跨度来说，有长、中、短之分。跨度在半年以上的为长期趋势线，跨度在1~6月之内的为中期趋势线，跨度在1个月之内的为短期趋势线。

一个长期趋势线要由若干个中期趋势线组成，而一个中期趋势线要由若干个短期趋势线组成。一个长期的上涨趋势中，可以存在着数个中期上涨趋势和中期下跌趋势，上涨趋势的时间长于下跌趋势的时间。一个长期的下跌趋势，由数个中期下跌趋势和中期上涨趋势组成，下跌趋势的时间长于上涨趋势的时间。如图2-2所示。

图2-2 趋势线

在确定股价变化的趋势线时，如果股价暂时跌破原有的趋势线，就必须将早期的底（或顶）和新近的底（或顶）连在一起，做成新的趋势线，图2-3就是做成新趋势线的一个例子。

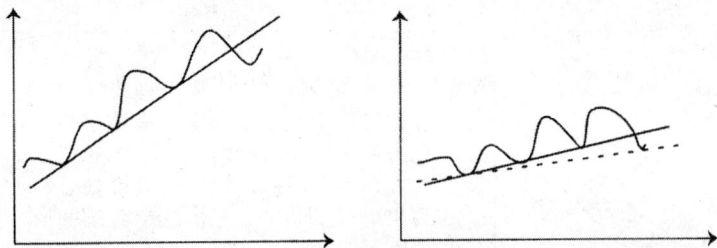

图2-3 趋势线

由于投资者要依靠趋势线进行投资，因此趋势线的准确与否关系着投资人在股市上的赚钱与赔钱。投资者要用如下三项标准来判断趋势线的可靠性：

（1）趋势线被触及的次数越多，说明趋势线越可靠。

（2）趋势线的倾斜度越大，说明市场交易价变动越大，其可靠性越低。以图2-4为例，图中A'B'的可靠性比AB高。

（3）趋势线所跨越的时间越长，其可靠性越高。图2-4中的A'B'就是一条跨越时间比AB长的新趋势线，其可靠性也比AB高。

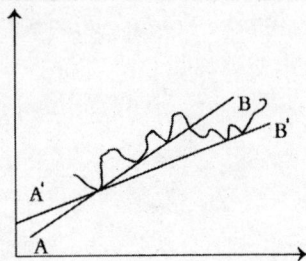

图2-4 趋势线的倾斜度比较

2.4 趋势线的基本图形

表2-1   趋势线图形一览表

序号	名称	图　形	特　征	技术含义	操作建议	备　注
1	快速上升趋势线		（1）既可出现在以慢速上升趋势线为主的快慢趋势线组合中，又可出现在以慢速下降趋势线为主的快慢趋势线组合中。 （2）维持时间比慢速趋势线短。	（1）揭示股价运行的短期趋势。 （2）可以短期支持股价上升。	（1）在以慢速上升趋势线为主的快慢趋势线组合中，投资者在股价处于快速趋势线的上方时，可看多、做多。 （2）在慢速下降趋势线为主的快慢趋势线组合中，投资者在股价（指数）处于快速趋势线的上方时，可在设好止损的前提下，用少量资金适时做多。	

续表

序号	名称	图　形	特　征	技术含义	操作建议	备　注
2	快速下降趋势线	快速下降趋势线　快速下降趋势线	(1)既可出现在以慢速上升趋势线为主的快慢趋势线组合中，又可出现在以慢速下降趋势线为主的快慢趋势线组合。(2)维持时间比慢速趋势线短。	(1)揭示股价运行的短期趋势。(2)短期压制股价上升。	(1)在以慢速上升趋势线为主的快慢趋势线组合中投资者可在总体看多的前提下，在股价处于快速下降趋势线的下方时，可暂时做空。(2)在以慢速下降趋势线为主的快慢趋势线组合中，投资者在股价处于快速下降趋势线的下方时，应坚持看空、做空。	
3	新的上升趋势线	原上升趋势线　新的上升趋势线	(1)出现在涨势中。(2)上升趋势线向下破位后，不是反转向下，而是继续上升且收盘创出新高。	(1)表示多方经过休整后发动了新一轮攻势。(2)反映市场正处于强盛的多头氛围之中。	(1)持股投资者可继续做多。(2)持币投资者可适量跟进做多。	新的上升趋势线形成后，投资者应依据新的上升趋势线进行操作。

序号	名称	图　形	特　征	技术含义	操作建议	备　注
4	新的下降趋势线		（1）出现在跌势中。（2）下降趋势线被有效突破后，不是反转向上，而是继续下降且收盘创出新低。	（1）表示新一轮的反击开始。（2）反映市场正处于浓厚的空头氛围之中。	（1）持股投资者应极时出局，以免更大的损失。（2）持币投资者应坚持看空。	新的下降趋势线形成后，投资者应依据新的下降趋势线进行操作。
5	慢速上升趋势线		（1）出现在以慢速上升趋势线为主的快慢趋势线组合中。（2）维持时间比快速趋势线长。	（1）揭示股价运行的中长期趋势是向上的。（2）中长期支持股价上升。	（1）投资者在股价处于慢速上升趋势线的上方时，应看多。（2）投资者在股价处于慢速上升趋势线的上方时，可以做多。	（1）慢速上升趋势线是投资者看多的依据。（2）在慢速趋势线向上时，投资者可在看多、做多的大前提下做多。
6	慢速下降趋势线		（1）出现在以慢速下降趋势线为主的快慢趋势线组合中。（2）维持时间比快速趋势线长。	（1）揭示股价（指数）运行的中长期趋势。（2）维持时间比快速趋势线长。	投资者在股价处于慢速下降趋势线的下方时，应坚持看空，以做空为主。	（1）慢速下降趋势线是投资者看空的重要依据。（2）在慢速趋势线向下时，投资者可在看空、做空的大前提下，见短期趋势向好，进行适时做多。

续表

序号	名称	图 形	特 征	技术含义	操作建议	备 注
7	上升趋势线，又称上升支撑线		（1）出现在涨势中。（2）将最先形成或最具有代表意义的低点联结而成的一条向上的斜线。	（1）揭示股价（指数）运行的方向。（2）支持股价上升。	股价（指数）在上升趋势线的上方运行，投资应以做多为主。	（1）上升趋势线被触及的次数越多，其可靠性越高。（2）上升趋势线越往上倾斜，其支撑作用越弱，也就越容易被突破。
8	下降趋势线，又称下降压力线		（1）出现在跌势中。（2）将最先形成或最具有代表意义的高点联结而成的一条向下的斜线。	（1）揭示股价（指数）运行的方向。（2）压制股价上升。	股价（指数）在下降趋势线的下方运行，投资应做空。	（1）下降趋势线被触及的次数越多，其可靠性越高。（2）下降趋势线越往下倾斜，其压制作用越弱，也就越容易被突破。
9	上升趋势线被有效突破	跌幅超过3%　时间超过3天	（1）出现在涨势中。（2）股价或指数的收盘与上升趋势线破位处的下跌差幅至少有3%。（3）指数或股价在上升趋势线下方收盘的时间在3天以上。	（1）失去了支撑作用。（2）由支撑改为压力压制着股价或指数的再度上升。	（1）持股投资者应及时止损出局。（2）持币投资者应坚持看空观望。	上升趋势线被有效突破后，形势对多方非常不利，投资者应先果断退出。

续表

序号	名称	图　形	特　征	技术含义	操作建议	备　注
10	下降趋势线被有效突破	时间超过3 涨幅超过3%	（1）出现在跌势中。 （2）股价或指数的收盘与下降趋势线破位处的上涨差幅至少有3%。 （3）指数或股价在下降趋势线上方收盘的时间在3天以上。	（1）失去了压力作用。 （2）由压力转为支撑，阻止股价或指数的再度下降。	（1）持股投资者可继续持股观望。 （2）持币投资者在上升趋势线形成之前应谨慎看多，不宜盲目买进。	下降趋势线被突破后，形势开始对多方有利，所以投资者应作好做多的准备。

2.5　趋势线的运用

1. 趋势线的应用法则之一

在上升行情中，股价回落到上升趋势线附近获得支撑，股价可能反转向上；而在下跌行情中，股价反弹到下跌趋势线附近将受到阻力，股价可能再次回落。也就是说：在上升趋势线的触点附近将形成支撑位，而在下跌趋势线的触点附近将形成阻力位。

2. 趋势线的应用法则之二

如果下跌趋势线维持时间较长，而且股价的跌幅较大时，股价放量突破趋势线，是下跌趋势开始反转的信号。该法则有以下三个主要特征：

（1）下跌趋势线维持的时间较长。

（2）股价的跌幅较大。

（3）股价向上突破下跌趋势线时一般都呈现出放量的状态。

趋势线的应用法则之二在实战应用中要注意的是：所确认的反转突破点与下跌趋势线的幅度不能过大，一般不能超过 5%。否则，这个突破的高度和可靠性是要大打折扣的。

3. 趋势线的应用法则之三

股价突破趋势线时，股价经常会反弹或者回落。该法则也有以下三个主要特征需要我们注意：

（1）只适用于上升或者下跌趋势；对于横向趋势没有指导意义。

（2）原来的趋势线被确认有效突破时，该法则才可以适用。

（3）与原来的趋势线作用性质将成为反向对应，即：支撑变阻力，阻力变支撑。

4. 趋势线的应用法则之四

在上升行情初期，趋势线的斜率往往较大，回落跌破原趋势线时，通常会再沿着较缓和的趋势线上升，原趋势线将形成阻力，当股价跌破第二条修正趋势线时，行情将反转。该法则也有以下三个主要特征：

（1）股价总是沿着新的趋势线运行。

（2）原有的趋势线将形成阻力。

（3）第二条修正趋势线被有效击穿时行情将反转。

◎◎实战操练：趋势线图形的识别及运用

1. 如图 2-5，投资者应该做多还是做空？

该股在前期跌破上升趋势线，股价在其下方徘徊了一段时间后，又返身向上，并创了新高。这时，图中的这根上升趋势线的作用就失效了。此时，投资者就应该及时对上升趋势线进行修正，重新画出 1 根新的上升趋势线，见图 2-6。

从图中看，现在股价正在新的上升趋势线之上运行。虽说近几天股价从高点往下回落，但幅度不深，又未放量。它整体向上的走势并没有破坏，那又为何要停损

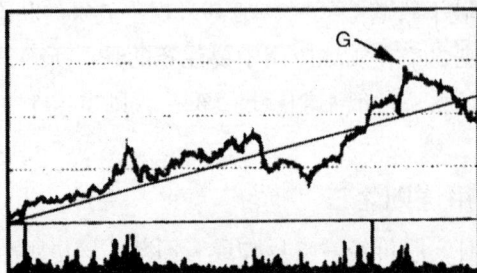

图 2－5

离场呢？这时如果画1根趋势线的话，该股走势就会看得十分清楚。此时应该是停损离场，还是继续持股做多，相信你对此一定会做出一个正确选择。

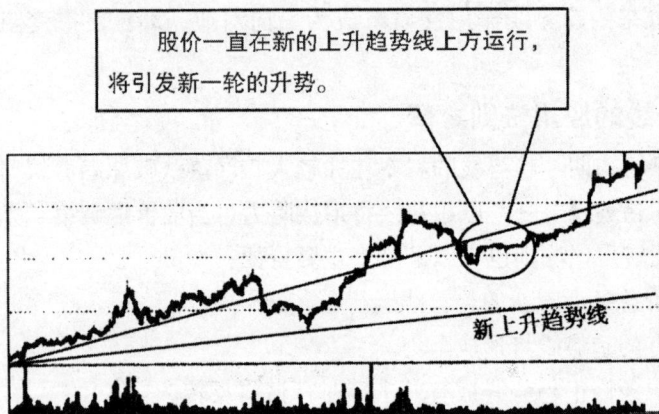

股价一直在新的上升趋势线上方运行，将引发新一轮的升势。

新上升趋势线

图 2－6

2. 如图 2－7 所示，投资者后市应做多还是做空？

（1）斜线 L_1 是上升趋势线，斜线 L_2 是新的上升趋势线。

（2）有人认为，为了防止主力诱空，在股价有效击穿上升趋势线时应加码跟进。这种观点是错误的。

在股价（指数）有效跌破上升趋势线后就应该清仓离场。绝不能因为担心股价（指数）跌破趋势线后再反身向上，就不再遵循趋势线操作规则，而跟它反着做。要知道，股价（指数）有效跌破上升趋势线，继续下跌的比例占总数

80%以上，而股价（指数）有效跌破上升趋势线，不跌反涨的比例不足20%。当我们明白这个道理后，就知道当股价（指数）有效跌破上升趋势线后是停损离场好，还是继续守仓，甚至加码跟进好。当然，主力操盘有时会故意让股价（指数）有效击穿上升趋势线，以此来吓出广大中小散户手中的筹码。这也就是平常所说的诱空行为。假如股价（指数）击穿上升趋势线是主力的一种诱空行

股价在 H 点处形成新高，形成了一条新的趋势线；此时应跟进做多，仍有利润可赚。

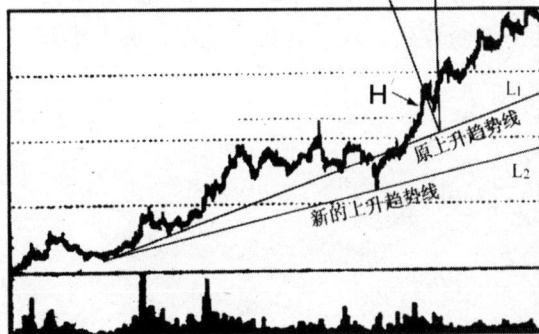

H

L₁

原上升趋势线

新的上升趋势线

L₂

图 2－7

为。那么，这种下跌幅度一般不会很深，时间也不会很长，且过后不久，股价（指数）就会掉头向上，甚至创出新高。按照趋势线操作规则，只要股价（指数）有效击穿上升趋势线，再反身向上，在收盘时并创出新高，这时就可画出一条新的上升趋势线（如图2－7所示）。这时投资者就可按趋势线技术分析提供的公开方法，依照新的上升趋势线再次做多，如及时加入仍然会有利可获。其次，主力击穿上升趋势线是诱空还是杀跌，还要看当时股价（指数）涨幅有多大。一般来说，如股价（指数）上升幅度不大，下跌时成交量显著萎缩，那么，主力诱空的可能性就很大。做出这一估计的根据是：因为主力炒作一个股票，吸筹、拉升、出货要有一个适当的空间。反之，当股价已有相当大的涨幅后，出现击穿上升趋势线，尤其是出现下跌放量，这时主力出货的可能性就很大。总之，坚持按照趋势线规则操作，就不用担心股价有效击穿上升趋势线是主力在诱空，

还是在杀跌，该离场时还得离场，该跟进做多时还得跟进做多。

3. 如何利用趋势线，把握股市方向

第一，在多头市场中，指数回档至长期上升趋势线附近，即可买进。在多头市场中长期上升趋势线对指数有重要支撑作用，一般不会轻易击穿。多头市场与基本面趋好有着密切联系。因此，观察经济形势在向好时，即使指数回落至长期上升趋势线附近也可以大胆买进。

第二，在空头市场中，指数上升到长期下降趋势线附近，即可卖出。在空头市场中长期下降趋势线对指数上升有强大的压制作用，一般不会被轻易突破。空头市场与基本面向淡有着密切联系。因此，在宏观经济形势尚未根本好转前，当指数上冲接近长期下降趋势线，就可以反手做空，卖出股票。

第 3 章
移动平均线的分析
Chapter3

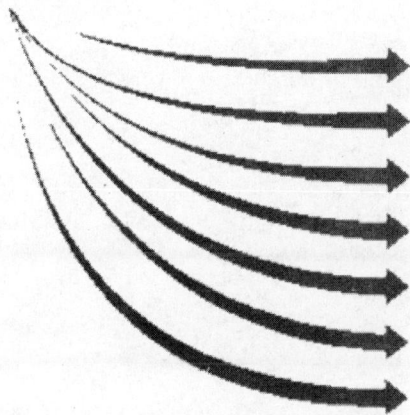

3.1 什么是移动平均线

1. 移动平均线定义

是以道·琼斯的"平均成本概念"为理论基础，采用统计学中移动平均的原理，将一段时期内的股票价格平均值连成曲线，用来显示股价的历史波动情况，进而反映股价指数未来发展趋势的技术分析方法，它是道斯理论的形象化表述。

2. 计算方法

$$N 日移动平均线 = N 日收市价之和/N$$

以时间的长短划分，移动平均线可分为短期、中期、长期几种，一般短期移动平均线为 5 天与 10 天；中期有 30 天、65 天；长期有 200 天及 280 天。可单独使用，也可多条同时使用。综合观察长、中、短期移动平均线，可以研判市场的多重倾向。如果三种移动平均线并列上涨，该市场呈多头排列；如果三种移动平均线并列下跌，该市场呈空头排列。

移动平均线说到底是一种趋势追踪的工具，便于识别趋势已经终结或反转，新的趋势正在形成或延续的契机。它不会领先于市场，只是忠实地追随市场，所以它具有滞后的特点，然而却无法造假。

3.2 移动平均线的种类

1. 简单移动平均线

最基本的移动平均线是所谓简单移动平均线。计算出有关价格数据的算术平均值，就得到了这样的平均线。

在"移动平均线"术语中，"移动"的意思是，当我们计算新的平均值时，一般先从前一个移动平均值中减去最早的那个价格数据，然后再把最新的价格数据加到这个数值上。如此一来，随着新的数据的不断加入，平均值也就向前移动了。

移动平均线的时间参数越大，则单个的价格数据对平均值的影响越小。

移动平均线的时间参数越短，则移动平均线越"贴近"价格图线。这类平均线对当前的价格变化更为敏感，从这个意义说，这是其有利的一面。它也有不利的一面，那就是引发"拉锯现象"的可能性也同时加大了。长期的移动平均线提供了较强的平滑效果，但是它们对当前的价格变化较为迟钝。

2. 加权移动平均线

在加权移动平均线的计算方法中，先对每一个有关的价格数据分配一个不同的权重，再计算它们的平均值。几乎所有的加权移动平均线都采取"前沿加重"的方式。这就是说，最近价格数据的权重显著大于过去价格数据的权重。分配权重的具体做法，取决于研究者个人的偏好。

3. 指数加权移动平均线与 MACD 摆动指数

指数加权移动平均线是一种特殊的加权移动平均线。与一般的加权移动平均线一样，指数加权移动平均线也采取前沿加重方式。不过，与其它移动平均方法不同的是，在指数加权移动平均值的计算方法中，包括的不是一段数据，而是所有历史数据。在这种移动平均方法中，对全部历史价格数据分配了逐步减少的权重。每一个价格数据的权重都对后来的一个价格数据的权重按照指数形式递减，因此，这种方法就得到了所谓指数加权移动平均线的名称。

指数加权移动平均线最常见的用处之一，是应用在 MACD 方法中（移动平均线相互验证/相互背离交易法）。MACD 方法由两条曲线组成。第一条曲线，表示的是两条指数加权移动平均线的差（通常采用 26 个时间单位和 12 个时间单位的两条指数加权移动平均线）。第二条曲线，是第一条曲线的指数加权移动平均线（通常采用 9 个时间单位作为时间参数），即第一根曲线所表示的两根指数加权平均线之差的指数加权平均线。第二条曲线称为信号线。

4. 移动平均线的用法

移动平均线能够为我们提供客观的交易策略，其中包括定义明确的交易规则。许多计算机化的技术型交易系统主要建筑在移动平均线的基础之上。怎样应用移动平均线呢？这个问题的答案多种多样，从不同的交易风格和交易哲学出发，就有不同的取舍。以下，我们列出了移动平均线的一些常见的用法。

（1）利用移动平均线构成支撑水平或阻挡水平。当收市价向上超越某一条特定的移动平均线时，可能构成看涨的信号。而当收市价向下低于某个移动平均线时，构成看跌的信号。

（2）跟踪移动平均线波幅带（也称为包络线）。这些波幅带是将移动平均线向上或向下平移一定的百分比后形成的，它们也起到支撑或阻挡作用。

（3）观察移动平均线的斜率。举例来讲，如果移动平均线在一段持续稳步的上升之后转向水平发展，乃至开始下降，那么可能构成了一个看跌信号。在移动平均线上作趋势线，是监测其斜率变化的一个简单易行的办法。

（4）利用双移动平均线系统来交易。在下面介绍的实例中，我们采用了各种移动平均线。它们的时间参数并不是按照最优化的要求选择的。今天最优的移动平均线，明天未必还是最优的移动平均线。

如图 3-1 所示，这是一条移动平均线。在①、②、③这几处，除了该移动平均线为市场提供了支撑作用以外，我们在点①处看到了一个看涨吞没形态，在点②处还看到了一根锤子线和一个孕线形态，在点③处则是另一个锤子线。

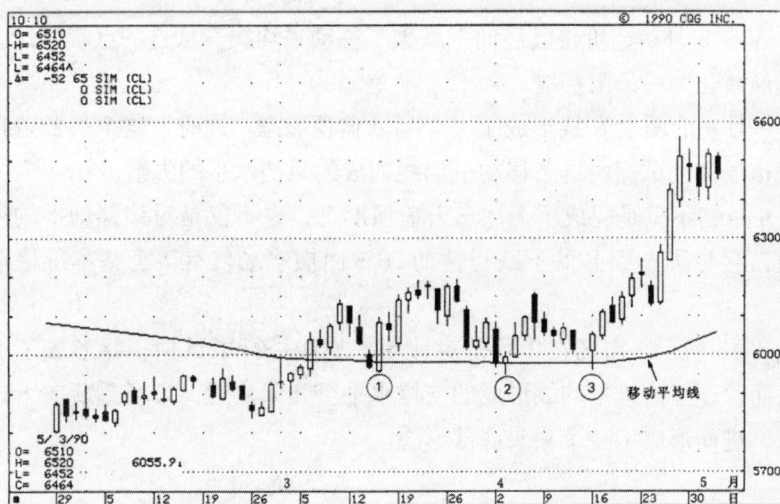

图 3-1　简单移动平均线

如图 3-2 所示，结合市场分析，若干技术因素汇集在一起。明眼的投资者由此可以得到一个警告信号：危机就在眼前。我们不妨具体分析一下这些技术因素。

图 3-2　简单移动平均线

（1）早在 3 月初，价格已经向下跌破了移动平均线。从这一点看，这条移动平均线已经转化为一条阻挡线。

（2）4 月初的两根 K 线形成了一个乌云盖顶形态。同时，这个乌云盖顶形态也标志着市场向上试探由这条移动平均线构成的阻挡水平的失败。

（3）4 月初不只是完成了上述乌云盖顶形态，也不仅是对该移动平均线的试探的失败，它与从 A 到 B 的下跌行情的 50% 回撤水平仅有 7 个基本价格单位的差距。

如图 3-3 所示，市场在 2 月份对移动平均线进行了试探，并形成了一根锤子线，从而验证了由该平均线形成的支撑水平。几天之后，市场重新向下试探了这些低点，进而形成了一个平头底部形态。

图3-3　简单移动平均线

5. 双移动平均线

两根移动平均线组合在一起的用法有很多种类。其中之一，是将它们构造成一个超买/超卖指标，也就是摆动指数。把较短期的移动平均线减去较长期的移动平均线，就得到了这个摆动指数的值。该指数既可以是正值，也可以为负值。当它的数值大于0时，就意味着较短期的移动平均线处在较长期的移动平均线的上方。当它的数值小于0时，就意味着较短期的移动平均线处在较长期的移动平均线的下方。这类做法的实质，是将短期的市场力度同长期的市场力度进行比较。正如我们前面所讨论的，因为短期移动平均线对最近的价格变化更加敏感，如果短期移动平均线相对来说较大幅度地高于（或低于）长期移动平均线，那么我们就认为市场处于超买状态（或超卖状态）。

双移动平均线的第二种用法是，通过观察短期移动平均线与长期移动平均线的交叉，获得交易信号。如果短期的移动平均线向上或向下穿越了长期移动平均线，可能就是趋势变化的一个早期警告信号。举例来说，如果短期移动平均线向上穿越了长期移动平均线，这就是一个看涨信号。这样的移动平均线交叉信号称为黄金交叉。于是，如果3天移动平均线向上穿越了9天移动平均线，则构成了一个黄金交叉。与上述相反的情形，术语中称作死亡交叉。当短期移动平均线向下穿越长期移动平均线时，就构成了一个看跌的死亡交叉信号。

图3-4中，在点①所示的期间，下图的数值处于超买状态，同时上图有一个孕线形态。在点②所示的期间，下图的超买状态撞上了另一个孕线形态；在点③所示的期间，超买状态碰到了一根十字线；在点④处，超买状态又遇到了一个孕线形态。市场既可以通过下跌行情，也可以通过横向伸展行情来释放其超买状态。在本例中，在点①和③所示的期间，超买状态是通过横向伸展行情而得以释放的。在点②和④所示的期间，则分别借助了两段下跌行情。通常，当市场处于超买状态时，不应当卖出做空。当然，多头面对这种市场状态，应当采取保护性措施。在超卖的市场上，则应当采取与上述相反的应对措施。

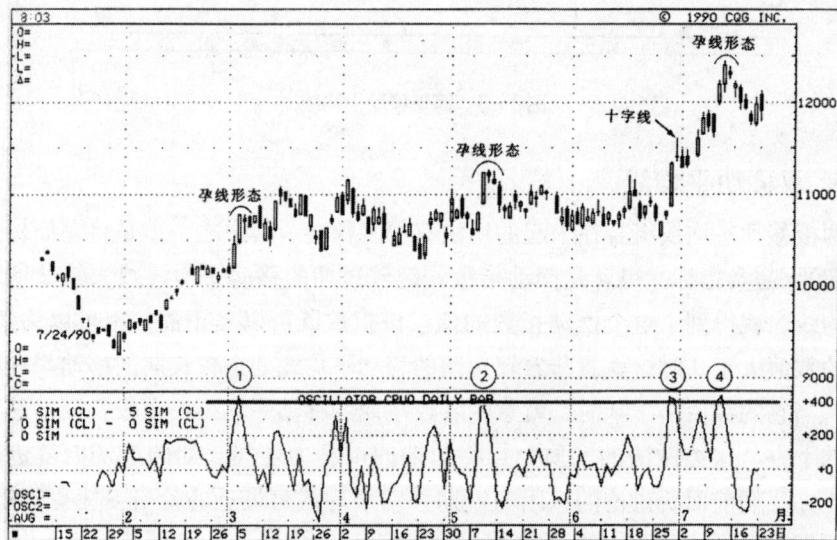

图3-4 双移动平均线

我们也可以把两条移动平均线同时绘制在相应的价格图表上。正如前面所说的，当较短期的移动平均线向上穿越了较长期的移动平均线时，构成了一个看涨信号，称为黄金交叉。在图3-5中，既有一个看涨的黄金交叉，也有一个平底锅底部形态。这个平底锅底部形态得到了 7 月 2 日的窗口的验证。请注意，这个窗口在 7 月上半个月是如何起到支撑作用的，还请注意，图示的较短期移动平均线是如何在市场的上涨行情中起到支撑作用的。我们还可以利用两条移动平均线之差作为寻找相互验证/相互背离信号的工具。当价格上升时，短期移动平均线与长期移动平均线之间的距离也不断地扩大。这就意味着，表示两条移动平均线之差的曲线处于正值区内，并且其数值逐步增大。如果价格上涨，而短期移动平均线与长期移动平均线之间的差距却在缩小，那就表明，短期的市场力度正难以为继。这个迹象暗示上涨行情可能行将结束。

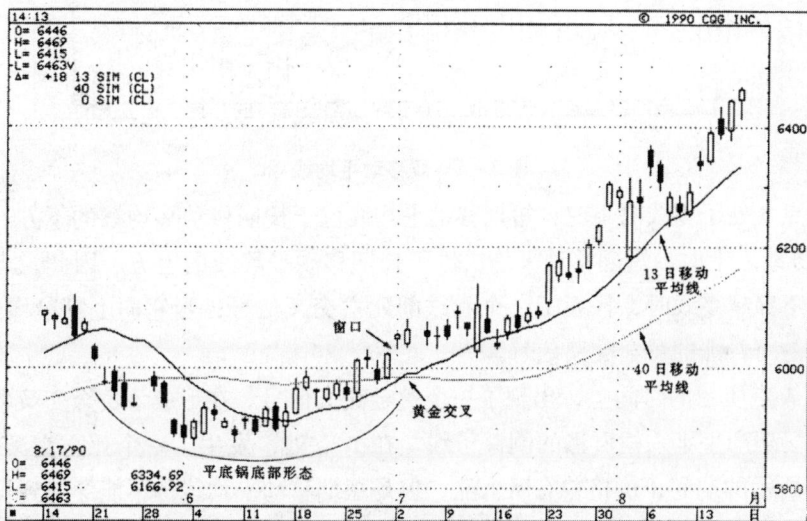

图 3-5　双移动平均线

在图 3-6 中，显示了两条移动平均线之差。在点 1 和 2 所示的期间里，一方面价格在上涨，另一方面短、长期移动平均线的差距也在扩张，从而呼应了市场趋势。这就说明，较短期的移动平均线比较长期的移动平均线上升得更快。这是个好的征兆，显示当前的上升趋势仍将持续。在点 3 所示的期间内，市场碰到了问题。此处还形成了一个乌云盖顶形态，因此市场已经较为脆弱，容易酿成价格回抽行情。

这张图也能够揭示短期移动平均线向上或向下穿越长期移动平均线的交叉信

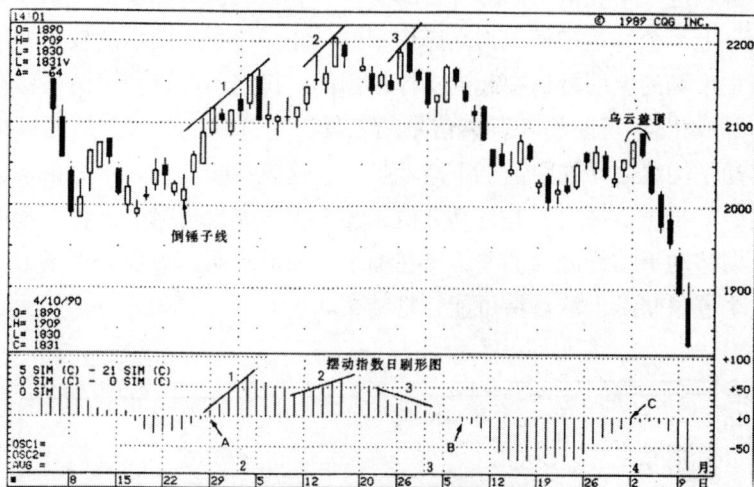

图 3-6 双移动平均线

号。当点 3 处于零线之下时，短期移动平均线位于长期移动平均线的下方。当点 1 处于零线之上时，短期移动平均线位于长期移动平均线的上方。因此，当摆动指数向下穿越零线时，代表了一个看跌的死亡交叉信号；当它向上穿越零线时，代表了一个看涨的黄金交叉信号。

在 A 点所示的时间上，出现了一个黄金交叉信号。在形成该黄金交叉数日之前，市场还产生了一根看涨的倒锤子线。在 B 点处，发生了一个死亡交叉信号。在点 C 所示的期间，价格曾有所上涨，但是短期移动平均线却不能穿越到长期移动平均线的上方（这就是说，该摆动指数维持在零线之下）。另外，4 月 2 日和 3 日，还形成了一个乌云盖顶形态，它也发出了看跌信号。

在 MACD 方法中，也用到两条曲线。在图 3-7 的下半图上，显示了这样的两条曲线。其中的实线起伏较为频繁，这是信号线。当这条信号线向下穿越图示的较平缓的虚线时，构成卖出信号。在这一实例中，有两个看跌的吞没形态，它们的看跌意义都得到了对应的 MACD 指标看跌交叉信号的进一步印证（请看箭头所指之处）。

如图 3-8 所示，在这张 MACD 图上，7 月初（请看箭头所指之处），信号线向上推过了另一条较平缓的曲线。这就给出了一条引人注目的线索，说明市场也

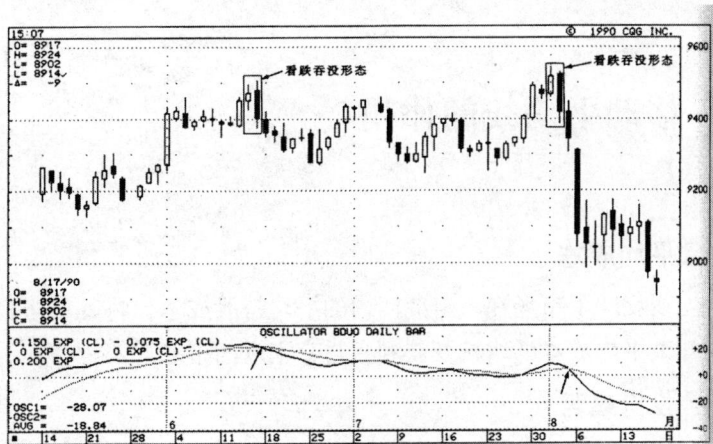

图 3-7　移动平均线

许正形成一个底部。再看看 K 线图。第一个启明星形态的看涨意义被之后的乌云盖顶形态抵销了。由该乌云盖顶形态开始的下跌过程终止于另一个启明星形态。后来，虽然由于图示的上吊线的出现，市场形成了短暂的回落，但是市场的上升力度很快就恢复了。

图 3-8　移动平均线

3.3 移动平均线的作用

1. 揭示平均成本

移动平均线反映了市场在一定期间内的平均持股成本，将其与当日股价作一比较，则可知道平均成本的增减及获利盘与套牢盘的多寡。

2. 揭示股价趋势

移动平均线向上，表明趋势向上；移动平均线向下，表明趋势向下。投资者通过分析短、中、长期移动平均线，就可知道股价的主要趋势、次级运动和日常波动的情况。

3. 助涨，助跌

当移动平均线处于上升阶段时，其对股价有助涨功能，即当股价从移动平均线上方回落至移动平均线附近时，移动平均线对股价有支撑作用，促使股价回升。因为移动平均线代表着平均成本，当股价在移动平均线之上时，表明大多筹码为获利盘，当股价回落至移动平均线附近时，获利盘减少，抛压自然就减轻了。同样，当移动平均线处于下降阶段时，它对股价有助跌的功能，当股价从移动平均线下方反弹到移动平均线附近时，移动平均线会对股价形成阻力作用，迫使股价回落。因为当股价从下方反弹到移动平均线附近时，大量套牢盘要求解套形成的抛压就很重。

4. 揭示买卖时机

短、中、长期移动平均线在趋势改变时发生交叉，也会发出买卖信号，交叉分黄金交叉和死亡交叉两种。当短期平均线从下方向上突破中长期平均线时，是黄金交叉，此为买入信号；当短期平均线从上方向下跌破中长期平均线时，是死亡交叉，此为卖出信号。

5. 揭示多头市场与空头市场

股价和中、短、长期移动平均线的排列次序是辨别多头市场和空头市场的一个依据。当股价和短、中、长期移动平均线自上而下排列时，称为"多头排列"，意即处于多头市场；反之则称"空头排列"，意即处于空头市场。

6. 吸附功能

当股价上升远离平均线，或中长期平均线向上移动，而短期平均线向下移动时，说明上升趋势并未改变，由于获利盘的打压，股价将会出现回档；当股价下跌远离平均线，或中长期平均线向下移动，而短期平均线向上移动时，说明下跌走势并未改变，由于抢反弹买盘的介入，股价将会出现反弹。

应该注意的是，移动平均线只关注股价的突破，而没有考虑成交量的配合，因而有时会出现假突破的"陷阱"，诱使投资者上当，故应与成交量分析相配合。同时，移动平均线分析并未指出在股价偏离移动平均线达到多大程度时会回档或反弹，这也是一大缺憾，幸好可用乖离率补救。

3.4 移动平均线的基本图形

说明：表 3 - 1 短期移动平均线用"——"表示，中期移动平均线用"……"表示，长期移动平均线用"－－－"表示，加速移动平均线用"－·－·－·"表示。

表 3 - 1

序号	名称	图　形	特　征	技术含义	操作建议	备　注
1	粘合向上发散形		(1) 既可出现在下跌后横盘末期，又可出现在上涨后横盘末期。 (2) 短期、中期、长期均线同时向上发散。 (3) 几根均线发散前曾粘合在一起。	这是买进信号，后市看涨。	投资者可在发散的初始点买进。	(1) 粘合时间越长，向上发散的力度就越大。 (2) 向上发散时，如成交量同步放大，信号可靠性就越强。

序号	名称	图 形	特 征	技术含义	操作建议	备 注
2	粘合向下发散形		(1)既可出现在上涨后横盘末期,又可出现在下跌后横盘末期。(2)短期、中期、长期均线同时向下发散。(3)几根均线发散前曾粘合在一起。	这是卖出信号,后市看跌。	投资者见此信号应及时止损。	(1)粘合时间越长,向下发散的力度就越大。(2)向下发散时,如成交量同步放大,则后市跌幅更为可怕。
3	再次交叉向上发散形		(1)出现在涨势中。(2)几根均线在这一次交叉向上发散前曾出现过一次向上发散,但不久向上发散的均线又逐渐开始收敛,收敛后再次向上发散。	这是买进信号,后市看涨。	均线再次向上发散对投资者是一个较好的买点。投资者可在向上发散的第一时间买进,风险较小。	离上一次向上发散时间越长,继续上涨的可能性就越大。
4	再次交叉向下发散形		(1)出现在跌势中。(2)几根均线在这之前曾有过一次向下发散,但不久发散的均线又逐渐开始收敛,在收敛后再次向下发散。	这是卖出信号,后市看跌。	股价在大幅下跌后,均线出现再次交叉向下发散,只可适度做空,以防空头陷阱。	第一次向下发散时卖出成功概率最高,越到后面成功概率越小。
5	逐浪上升形		(1)出现在涨势中。(2)短期、中期均线上移时出现多次交叉,长期均线以斜线状托着短期、中期均线往上攀升。(3)一浪一浪往上,浪形十分清晰。	这是做多信号,后市看涨。	只要股价不过分上涨,持股者可持股待涨,持币者可在股价回落时,触及长期均线处买入。	浪形越有规则,上涨势头越强。

续表

序号	名称	图形	特征	技术含义	操作建议	备注
6	逐浪下降形		(1)出现在跌势中。 (2)短期、中期均线下降时,出现多次交叉,长期均线压着它们往下走。 (3)一浪一浪往下,浪形十分清晰。	这是做空信号,后市看跌。	只要股价不过分下跌,可在股价触及长期均线处卖出。	下跌时,浪形越有规则,表明下跌信号越强。
7	蛟龙出海		(1)出现在下跌后期或盘整期。 (2)一根阳线,一下子把短期、中期、长期均线吞吃干净,收盘价已收在这几根均线之上。	这是反转信号,后市看好。	投资者可大胆跟进。	(1)阳线实体越长,信号越可靠。 (2)一般需得到大成交量的支持,如成交量没有同步放大,其可信度就较差。
8	多头排列		(1)出现在涨势中。 (2)由三根移动平均线组成,最上面一根是短期均线,中间一根是中期均线,最下面一根是长期均线。三根均线呈向上圆弧状。	这是做多信号,后市继续看涨。	在初期和中期,可积极做多,在其后期应谨慎做多。	逐浪上升形、上山爬坡形、快速上涨形均属多头排列的范畴。
9	空头排列		(1)出现在跌势中。 (2)由三根移动平均线组成,最上面一根是长期均线,中间一根是中期均线,最下面一根是短期均线。三根均线呈向下圆弧状。	这是做空信号,后市继续看跌。	在初期和中期,应以做空为主,在其后期应谨慎做空。	逐浪下降形、下山滑坡形、快速下跌形、加速下跌形等均属空头排列的范畴。

续表

序号	名称	图形	特征	技术含义	操作建议	备注
10	断头铡刀		(1)出现在上涨后期或高位盘整期。 (2)一根阴线一下子把短期、中期、长期均线切断,收盘价已收在这几根均线之下。	这是反转信号,后市看跌。	不宜做多,应设法尽快退出。	如下跌时成交量放大,日后下跌空间较大。
11	快速上涨形		(1)出现在涨势中。 (2)短期单根均线快速上升,与中期、长期均线距离迅速拉大。	这是转势信号。	有股票者可持筹待变,在短期均线没有弯头前可先不卖出,或作一些减磅操作,短期均线一旦向下弯头,应及时退出,持币者不要盲目追涨。	(1)上升速度越快,转向的可能性越大。 (2)5日均线一出现弯头,股价常会迅速回落。
12	快速下跌形		(1)既可出现在跌势初期,也可出现在跌势后期。 (2)短期均线快速下滑,并与中期、长期均线距离迅速拉开。	暂时止跌,或转势信号。	投资者可趁低买进做一轮短差。持股者可等股价反弹时退出。	(1)短线止跌回升,反弹后继续下跌。 (2)形成 V 形反转。其中,以(1)为多见,(2)很少出现。
13	黄金交叉	① ② ③	(1)出现在上涨初期。 (2)由两根移动平均线组成,一根时间短的均线由下向上穿过一根时间长的均线,且时间长的均线在向上移动。	这是见底信号,后市看涨。	股价大幅下跌后,出现该信号,可积极做多,在周 K 线或月 K 线中出现该信号时买进。	(1)两线交叉的角度越大,表示上升信号越强。 (2)上涨信号 ③ > ② > ①。

续表

序号	名称	图　形	特　征	技术含义	操作建议	备　注
14	死亡交叉		(1)出现在下跌初期。(2)由两根移动平均线组成，一根时间短的均线由上向下穿过时间长的均线，且时间长的均线在向下移动。	这是见顶信号，后市看跌。	股价大幅上涨后，出现该信号可积极做空。在周K线出现该信号时卖出。	下跌信号③＞②＞①。
15	上山爬坡形		(1)出现在涨势中。(2)三条均线基本上沿着一定的坡度往上移动。	这是做多信号，后市看涨。	只要股价没有过分上涨，持股者可守候待涨，持币者可逢低吸纳。	坡度越小，上升势头越强。
16	下山滑坡形		(1)出现在跌势中。(2)三条均线基本上沿着一定的坡度往下移动。	这是做空信号，后市看跌。	持股者应及时做空，退出观望。	坡度越小，下跌势头越猛。
17	加速上涨形		(1)出现在上涨后期。(2)加速上扬前，均线系统呈缓慢或匀速上升状态。(3)在加速上升时，短期均线与中期、长期均线距离越拉越大。	这是见顶信号，后市看跌。	持股者可分批逢高卖出，如发现短期、中期均线弯头，应及时抛空出局。持币者不可盲目追涨。	出现加速上涨之前，股价或指数上涨幅度越大，信号越可靠。
18	加速下跌形		(1)出现在下跌后期。(2)加速下跌前，均线系统呈缓慢或匀速下跌状态。(3)在加速下跌时，短期均线与中期、长期均线距离越拉越大。	这是见底信号，后市看涨。	持股者不宜再卖出股票；持币者可先趁股价加速下跌时买进一些股票，待日后股价见底回升时，再加码跟进。	出现加速下跌之前，股价或指数下跌幅度越大，信号越可靠。

续表

序号	名称	图 形	特 征	技术含义	操作建议	备 注
19	烘云托月形		(1)出现在盘整期。 (2)股价沿着短期、中期均线略向上往前移动,长期均线在下面托着短期、中期均线保持着一定均衡距离。	这是看涨信号,后市看好。	可分批买进,待日后股价往上拉升时加码追进。	周K线、月K线出现这种信号,日后股价上涨潜力更大。
20	乌云密布形		(1)出现在盘整期; (2)股价沿着短期、中期均线向上往前移动,长期均线紧紧地在上面压着。	这是看跌信号,后市看淡。	只要股价不是过分下跌,见此图形都应该尽早退出。	周K线、月K线出现这种信号,日后股价下跌空间更大。
21	银山谷		(1)出现在上涨初期。 (2)由三根移动平均线交叉组成,形成一个尖头向上的不规则三角形。	这是见底信号,后市看涨。	一般可作为激进型投资者的买入点。	
22	金山谷	银山谷 金山谷	(1)出现在银山谷之后。 (2)金山谷不规则三角形构成方式和银山谷不规则三角形构成方式相同。 (3)金山谷既可处于银山谷相近的位置,也可高于银山谷。	这是买进信号,后市看涨。	一般可作为稳健型投资者的买入点。	两谷相隔时间越长,所处的位置越高,表示日后股价的上升潜力就越大。
23	死亡谷		(1)出现在下跌初期。 (2)由三根移动平均线交叉组成,形成一个尖头向下的不规则三角形。	这是见顶信号,后市看跌。	见此信号应积极做空,尤其是在股价大幅上扬后出现该图形则更要及时止损。	卖出信号极强。

续表

序号	名称	图 形	特 征	技术含义	操作建议	备 注
24	交叉向上发散形		(1)出现在下跌后期。 (2)短期、中期、长期均线向下发散后逐渐收敛再向上发散。	这是买进信号,后市看涨。	投资者可在向上发散的初始点买进。	(1)向上发散的角度越大,后市上涨的潜力就越大。 (2)向上发散时得到成交量支持,则信号就越可靠。
25	交叉向下发散形		(1)出现在涨势后期。 (2)短期、中期、长期均线向上发散后逐渐收敛再向下发散。	这是卖出信号,后市看跌。	投资者见此信号应及时做空,退出为宜。	一旦出现这种图形,常会出现较大跌幅。
26	再次粘合向上发散形		(1)出现在涨势中。 (2)几根均线在这次向上发散前曾有过一次向上发散(可以是粘合向上发散,也可以是交叉向上发散),但不久向上发散的均线又重新粘合在一起。 (3)短期、中期、长期均线再次向上发散。	这是买进信号,后市看涨。	最佳买入点应在第二次向上发散处,如均线出现第三次、第四次向上发散,力度不如第二次向上发散,买进要谨慎。	粘合时间越长,继续上涨的潜力就越大。
27	再次粘合向下发散形		(1)出现在跌势中。 (2)几根均线在这次向下发散前曾有过一次向下发散(可以是粘合向下发散,也可以是交叉向下发散),但不久向下发散的均线又重新粘合在一起。 (3)短期、中期、长期均线再次向下发散。	这是卖出信号,后市看跌。	股价在大幅下跌后,均线出现再次粘合向下发散,只可适度做空,以防空头陷阱。	粘合时间越长,继续下跌的潜力就越大。

3.5　移动平均线的运用

1. 移动平均线的重要性

（1）30 日均线是沪、深股市大盘的中期生命线，每当一轮中期下跌结束，指数向上突破 30 日均线，往往会有一轮中期上升。对于个股来说，30 日均线是判断有庄无庄、庄家出没出货以及其走势强弱的标准。这是因为 30 日均线有着很强的趋势性，无论是上升趋势还是下跌趋势，一旦形成均很难改变。

（2）股价的大涨都是在股价向上突破 30 日均线开始的，30 日均线之下的股票就像麻雀，不可能远走高飞，30 日均线之上的股票像雄鹰才可能展翅高飞。

（3）股价向上突破 30 日均线时必须要有成交量放大的配合，否则可靠性降低。有时股价向上突破 30 日均线后又回抽确认，但不应再收盘在此 30 日线之下，且成交量必须较突破时显著萎缩，此时是最佳买入时机。无论是在突破当日买入还是回抽时买入，万一不涨反跌，而股价重新跌破 30 日均线走势疲软，特别是股价创新低继续下跌时，应止损出局。因为前期的上涨很可能是下跌中途的一次中级反弹，真正的跌势尚未结束。

（4）30 日均线是中长线投资者的保护神和回避风险的有利武器。对于短线投资者来说，30 日均线是选择强势股的标准。当然，投资者也可根据自己的习惯和需要，将 30 日均线变通为 20 日、25 日、35 日或 40 日均线等等，但不管您用哪一条中期均线，都应坚持不懈地长期运用，切忌来回换。

（5）30 日均线与 5 日、10 日均线等配合使用效果更好，如股价突破 30 日均线时，5 日、10 日均线也上穿 30 日均线形成黄金交叉，甚至形成多头排列，可以互相印证。

2. 上升趋势中股价回档不破 30 日均线是较佳买入时机

在上升中，由于股价的快速上涨，致使短线客获利丰厚，抛压自然出现，庄家也会借势洗盘，股价回落并相继跌破 5 日和 10 日均线，但却在 30 日均线附近获得支撑且成交量明显萎缩，30 日均线仍上行，说明是中期的强势调整，庄家并未出局，上升远未结束，是较佳的买入时机。特别是股价在 30 日均线附近获得支撑并调头上行时更是明确的买入信号，这常常是新的上升浪的开始。

（1）30 日均线是庄家的护盘线。当股价向上突破 30 日均线时，一般有庄家入场，一旦进入上升，只要股价回调不破 30 日均线就说明庄家尚未出局，上升并未结束，庄家往往会在股价下跌时守护 30 日均线。当然，根据庄家操盘手法和习惯的不同，有的庄家守护 20 日或 40 日等不同的中期均线。

（2）股价由上升时的高点回落至 30 日均线的时间至少应在 1 周以上，有的是横向整理，股价并不出现大幅回落，而是等待 30 日均线上行靠近股价，有的是股价出现大幅回落主动接近 30 日均线。因此，对买入时机的把握应有耐心，并关注 30 日均线的支撑。

（3）股价在回调至 30 日均线的过程中，成交量应明显地萎缩，而上升时成交量应放大。

（4）在股价回落至 30 日均线附近买入后，如股价不涨反跌，有效向下跌破 30 日均线，特别是放量破位时，应坚决止损离场，哪怕等待股价重回 30 日均线之上时再买入。

3. 上升趋势中股价跌破 30 日均线后很快又重回 30 日均线上方是新的买入时机

30 日均线本是上升趋势中股价深幅调整时的强有力支撑线，但有时本来上升并未结束，庄家也没出局，股价却跌破 30 日线，没过几天股价又重新站上 30 日均线时，是新的一次买入时机，这对于始终跟踪一支股票做波段操作的投资者来说是相当重要的。

（1）股价总是按趋势方向运行，其趋势一旦形成就不会轻易改变，而 30 日均线是最佳的中期趋势判断标准之一。在上升趋势中，庄家有时就有意将股价击穿 30 日均线，让不坚定的投资者出局，然后再重拾升势，这是长线庄家常用的洗盘手法之一。

（2）股价跌破 30 日均线时，成交量往往缩减，股价也不深跌，K 线图常为小阴小阳线或有长下影线且股价在 30 日均线之下停留的时间较短，然后股价干净利落地快速回升至 30 日均线之上，成交量也明显放大。如果在股价跌破 30 日均线时，30 日均线仍是上升趋势，更为有效和可靠。

（3）股价回升至 30 日均线之上时买入股票后，万一股价很快再次回落至 30 日均线之下，并且放量下跌，应小心头部的出现，应止损出局。

4. 30 日负乖离率过大是中短线买入时机

一般来说，股价在 30 日均线之上运行的股票属于强势股，在 30 日均线之下运行的股票是弱势股。对于多数投资者来说，都有极强的中短线投机心理，都希望买了股票就上涨或买入上升趋势中即在 30 日均线之上的强势股。强势股是由弱势股转变而来的，弱势股也是由于前期涨幅过大而下跌所形成的。因此，在下跌趋势中，股价在 30 日均线的反压下持续下跌，远离 30 日均线致使 30 日负乖离率过大时，必然会产生中级反弹而向 30 日均线靠近。一般来说，阴跌之后再急跌或暴跌，30 日均线负乖离率达 20% 左右，特别是 25% 以上时，是较佳的中短线买入时机。

（1）通常，股价在 30 日均线之下运行属于弱势，很难产生较大的上涨，除非向上突破 30 日均线。股价远离 30 日均线一般只可能产生中级反弹，这是在实际操作中应注意的问题。

（2）对于大盘来说，30 日负乖离率达到 15% 左右即是较佳的买点，如果有重大利空会超过 20%，更是最佳买点，而个股往往要高些，甚至能达到 25% 以上。

（3）30 日负乖离率时常出现底背离，也就是说 30 日负乖离率创出新低后，股价并不一定马上就上涨，甚至还先下跌，然后再涨，但不管怎么说也是底部或底部区域。

（4）弱势市场抢反弹或所谓的抄底，要注意止损位的设立，以回避风险。

5. 股价向上突破 5 日、10 日、30 日三条均线是最佳买入时机

在中期下跌趋势中，5 日、10 日、30 日均线自下而上顺序一般呈空头排列，即股价、5 日、10 日、30 日均线自下而上顺序排列且均以不同的速率下行，股价的反弹往往会受到 5 日、10 日均线的阻力，较难站上 30 日均线。但是，在中期下跌趋势的末期，空方抛压减轻，先知先觉者逢低试探性买入，5 日、10 日均线先是走平，然后 5 日均线上穿 10 日均线形成黄金交叉。买盘逐步增强，成交量放大，股价继续上涨并向上突破 30 日均线，5 日、10 日均线先后上穿 30 日均线形成黄金交叉并呈多头排列，三条均线成为股价回调时的强有力支撑线，从而

确认中期下跌结束，上涨正式启动。一般来说，当股价向上突破 5 日、10 日、30 日三条均线，特别是三条均线呈多头排列时是最佳买入时机。

（1）5 日、10 日、30 日三条均线组合，是投资者最为常用的组合之一，具有极强的实用性和可靠性。其中，5 日、10 日均线可用于判断短期的趋势，而 30 日均线则用于中期趋势的判断。当股价向上突破 5 日、10 日均线时，说明该股短期趋势转强，再突破 30 日均线，一般可确认庄家建仓完毕，即将拉升，而三条均线的黄金交叉点更是股价回档时的强有力支撑。

（2）股价在 5 日、10 日、30 日三条均线先后形成黄金交叉之后的上涨，成交量应逐步放大，回调时成交量应明显萎缩，特别是在突破 30 日均线时应有量的配合。否则，其可靠性降低，至少其上涨幅度会有限。

（3）一般来说，5 日、10 日、30 日三条均线形成黄金交叉后都是在中期底部，后市应有中期上升，特别是底部反转形态，如双重低、头肩底突破时伴随三条均线形成黄金交叉可靠性更高。万一在下降趋势中途三条均线形成黄金交叉后误认为是中期底部，买入后涨幅并不大，股价却很快跌破三条均线且三条均线再形成死亡交叉发散下行，说明前期仅是反弹而已，跌势尚未结束，在股价跌破 30 日均线时应止损出局。

6. 横向趋势中 5 日、10 日、30 日均线由粘合状发散上行是最佳买入时机

股价运行的趋势有：上升趋势、下跌趋势和横向趋势，其中上升趋势和下跌趋势由于方向明确，移动平均线呈现多头或空头排列较易判断，而横向趋势由于移动平均线多呈粘合状互相缠绕，则较难判断它以后的突破方向。再说，横向趋势既可出现在下跌趋势中途和底部，也可出现在上升趋势中途和顶部，更增强了判断的难度。因此，应对横向趋势的最佳办法是在股价突破而趋势明确后才采取行动，从移动平均线的角度来说就是当其由粘合缠绕状发散上行或下行时才买入或卖出。一般来说，下跌趋势中急跌后形成的横向趋势往往向下突破，而长期下跌之后形成的横向趋势应是底部。相反，上升趋势中急升之后形成的横向趋势往往向上突破性且多是长庄股，累计涨幅大或上涨时间持续太久后的横向趋势形成顶部的可能性大，有时即使向上突破也是多头陷阱。因此，在上升趋势中途和长期下跌后的低价区形成的横向趋势一旦向上突破，而 5 日、10 日、30 日均线由

粘合状发散上行，是明确的中短线买入时机。

（1）股价之所以形成横向趋势，要么是下跌趋势中已到达相对的低价区，股价下跌动力不足，而多方又暂时找不到买进的理由，多空双方在较长时间里达成平衡，或者是低位有庄家在逢底耐心吸纳建仓，要么是上升趋势中，股价上涨太快，但庄家又无出货或打压的意图，股价在不大的空间内上下波动所形成。

（2）横向趋势运行的时间往往较长，少则 1~2 个月，多则半年以上。因此，横向趋势需要投资者具有十足的耐心且向上突破后的上升往往与横盘一样持久，上升空间是可观的。

（3）横向趋势向上突破和 5 日、10 日、30 日均线发散上行应有成交量的配合，回调时成交量应明显缩小。

（4）横向趋势向上突破后，发散上行的 5 日、10 日、30 日均线是股价回调的支撑线，而不应很快跌破 3 条均线回到横盘区域内，否则是假突破，仍应止损。

7. 股价向上突破 30 日、60 日、120 日均线是中长期最佳买入时机

在长期的空头市场中，股价往往大跌小涨，下跌中途的反弹虽能向上突破 5 日、10 日均线的阻力，甚至能突破 30 日均线，但却会受到上档 60 日、120 日等长期均线的阻力，股价的上涨幅度有限。这是因为 30 日、60 日、120 日中长期均线仍继续下行，呈空头排列，空方能量尚未释放完毕。在经过长期（半年以上，甚至 1 年以上）的下跌之后，股价跌无可跌，中长线投资者或者庄家入场买进建仓，股价在一定区域内横向波动构筑底部，30 日、60 日、120 日均线的下降速率趋缓，甚至有走平的迹象，股价也逐渐向 3 条均线靠近。最终，股价在成交量放大的配合下，一举向上突破 30 日、60 日、120 日 3 条平均线，就意味着长期下跌趋势的结束和中长期上升趋势的开始。当股价放量突破 3 条均线时或回档不破 30 日均线时，便是中长线最佳的买入时机。

（1）投资者大多喜欢用 5 日、10 日、30 日等中短期均线分析趋势和指导操作，实际上 30 日、60 日、120 日等中长期均线的组合对于中长线投资者更具有指导意义，它可以使我们看到更长远的趋势。股谚道：看大势者赚大钱，看小势者挣小钱，不看势者尽赔钱，而 30 日、60 日、120 日均线的组合正是对大的趋势的一种有效判断方法。

（2）当股价向上突破 30 日、60 日、120 日均线时，就意味着最近 30 日、60 日和 120 个交易日买进该股的投资者都已解套或有盈利，多方占有绝对优势，后市上涨就是自然的事了，且肯定有庄家进场。

（3）股价向上突破 30 日、60 日、120 日 3 条均线时必须要有量的配合，而且量的大小将决定股价的上涨动力和上升空间。

（4）本条买入时机特别适用于股价长期下跌，30 日、60 日、120 日均线呈典型空头排列而后股价向上放量突破的股票，对于股价按箱形规律运行的股票，股价来回围绕 30 日、60 日、120 日均线上下波动，倒不如运用 5 日、10 日、30 日均线组合波段操作更有效。

8. 案例分析

（1）如图 3-9 为某股的走势图，请分析出现该种图形，后市应如何操作？

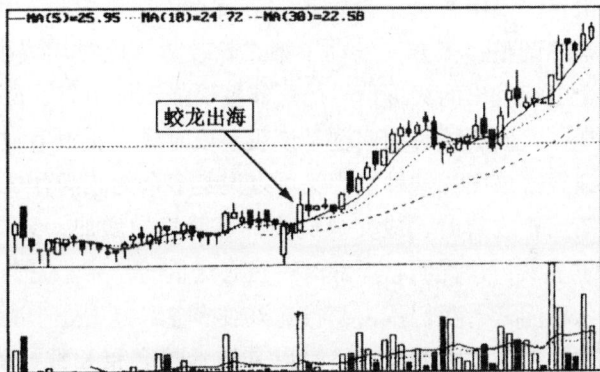

图 3-9　该股出现蛟龙出海的长阳线后的走势图

应该积极做多。理由是：①该股拉出了 1 根蛟龙出海的长阳线，并吞没了 5 日、10 日、30 日 3 根均线，这是一个明显的买进信号。②随后几日虽然拉出了一些小阴小阳线，但它们基本上在蛟龙出海的长阳线的上半部位运动，成交量也大幅减少，这说明目前的 K 线走势是在消化短线筹码，调整的目的是为了稳定股价，为日后的拉升打好基础。③该股均线系统已呈向上发散态势，这是投资者积极做多的最主要依据。

（2）面对图中个股走势，投资者下一步该如何操作？如图 3-10 所示。

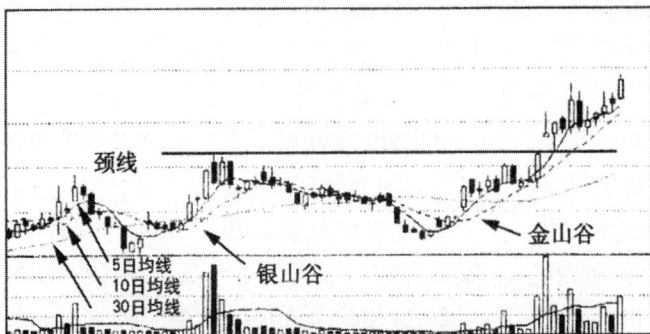

图3-10　该股在拉出倒T字线后的走势图

首先要看它的均线形态如何？从图中看，该股在发动第一轮攻势时，均线曾经出现过一个银山谷。银山谷属于投资者的进货点。在该股第一轮攻势受挫后，经过一段时期的蓄势调整，多方又发动了第二轮攻势，此时均线出现了金山谷。按照均线理论，金山谷发出的买进信号的可靠性要强于银山谷，所以，人们常把它作为买进点。现在人们所担心的问题是该股上攻时成交量没有放大，K线形态不佳。但如果仔细观察该图，这种担心又可以说是多余的。为什么这样说呢？从图中看，该股在第二轮攻势时，成交量比往日有明显的增加，只是股价回落时，成交量很快萎缩了下来，这说明它上涨时还是有点量的，并非完全是无量空涨。

现综合上述各种因素，我们认为，目前该股多空双方正处于决战前夕的沉寂阶段，多方和空方的动作都不明显。不过以其技术图形和K线、均线走势而言，主动权还是掌握在多方主力手中。因此，投资者经过审时度势后应该以做多为主。具体可以这样操作：持股的可按兵不动，持币的可先买一些股票。然后，看盘面变化再说。如股价继续回落，只要不跌破30日均线就不必斩仓离场，相反，可再逢低补一点筹码；如果股价往上突破，成交量也随之放大的话，就坚决做多，重仓跟进。

（3）图3-11为某股的走势图，后市应如何操作？

在K线和均线上分析，该股从强势转为强势，至少出现过5个明显的卖出点。第一个卖出点为箭头A所指处。把它作为卖出点是因为K线图形上出现了"平顶"走势，而平顶中的一阳一阴2根K线又构成了穿头破脚头部形态。平顶、穿头破脚在这里都是见顶信号。该股就是在这两种卖出信号合力作用下由强

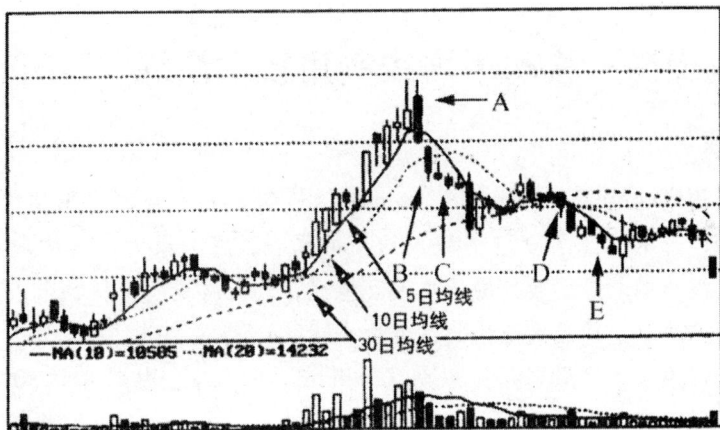

图 3-11　K 线和均线

转弱，掉头下行的。第二个卖出点为箭头 B 所指处。此处 5 日均线已向下弯头。
为什么将 5 日均线向下弯头作为卖出信号呢？这是因为该股前期一直沿着 5 日均
线上升，从未发生过 5 日均线向下弯头现象。按均线理论，原来沿着 5 日均线上
升的强势股，如出现跌破 5 日均线，或 5 日均线向下弯头现象，就应该看空、做
空。第三个卖出点为箭头 C 所指处。把它作为卖出点是因为 5 日均线已向下穿过
10 日均线，5 日均线和 10 日均线在这里形成了死叉。第四个卖出点为箭头 D 所
指处。把它作为卖出点是因为在其左边出现了死亡谷。均线上形成死亡谷，说明
做空能量还没有得到充分释放。第五个卖出点为箭头 E 所指处。把它作为卖出点
是因为几条均线在此交叉向下发散。

　　可见，如果我们对 K 线、均线上的卖出信号耳熟能详，那么，在大盘或个股
由牛转熊时，及早停损离场，保住胜利果实，减少市场风险是完全可以做到的。

▷▷实战操练：移动平均线实用技术演练

移动平均线（MA）：（Moving Average）是以道·琼斯的"平均成本概念"为理论基础，采用统计学中"移动平均"的原理，将一段时期内的股票价格平均值连成曲线，用来显示股价的历史波动情况，进而反映股价指数未来发展趋势的技术分析方法。它是道氏理论的形象化表述。

移动平均线依计算周期分为短期（如5日、10日）、中期（如30日）和长期（如60日、120日）移动平均线。

移动平均线依算法分为算术移动平均线、线型加权移动平均线、阶梯形移动平均线、平滑移动平均线等多种，最为常用的是下面介绍的算术移动平均线。

1. 计算方法

$$MA = (C_1 + C_2 + C_3 + \cdots\cdots + C_n)/n$$

（1）C为每日收盘价。

（2）n为计算周期。一般n定为5、10、30、60。

（3）最常用的是5日、10日和30日的移动平均线。

（4）移动平均线通常与股价线一同使用。

2. 移动平均线所表示的意义

（1）上升行情初期，短期移动平均线从下向上突破中长期移动平均线，形成的交叉叫黄金交叉。预示股价将上涨。如图3-12所示黄色的5日均线上穿紫色的10日均线形成的交叉；10日均线上穿绿色的30日均线形成的交叉均为黄金交叉。

（2）当短期移动平均线向下跌破中长期移动平均线形成的交叉叫做死亡交叉。预示股价将下跌。如图3-12所示，5日均线下穿10日均线形成的交叉；10日均线下穿30日均线形成的交叉均为死亡交叉。

（3）在上升行情进入稳定期，5日、10日、30日移动平均线从上而下依次顺序排列，向右上方移动，称为多头排列。预示股价将大幅上涨。

图 3 – 12　股票走势图

（4）在下跌行情中，5 日、10 日、30 日移动平均线自下而上依次顺序排列，向右下方移动，称为空头排列，预示股价将大幅下跌（如图 3 – 13 所示）。

图 3 – 13　股票走势图

（5）在上升行情中股价位于移动平均线之上，走多头排列的均线可视为多方的防线；当股价回档至移动平均线附近，各条移动平均线依次产生支撑力量，买盘入场推动股价再度上升，这就是移动平均线的助涨作用。

（6）在下跌行情中，股价在移动平均线的下方，呈空头排列的移动平均线可以视为空方的防线，当股价反弹到移动平均线附近时，便会遇到阻力，卖盘涌出，促使股价进一步下跌，这就是移动平均线的助跌作用（如图 3 – 14 所示）。

图 3 – 14　股票走势图

（7）移动平均线由上升转为下降出现最高点，和由下降转为上升出现最低点时，是移动平均线的转折点。预示股价走势将发生反转。

3. 移动平均线八大法则（如图 3 – 15 所示）

（1）移动平均线从下降逐渐走平且略向上方抬头，而股价从移动平均线下方向上方突破，为买进信号。

（2）股价位于移动平均线之上运行，回档时未跌破移动平均线后又再度上升时为买进时机。

（3）股价位于移动平均线之上运行，回档时跌破移动平均线，但短期移动平均线继续呈上升趋势，此时为买进时机。

（4）股价位于移动平均线以下运行，突然暴跌，距离移动平均线太远，极有可能向移动平均线靠近（下跌中的反弹），此时为买进时机。

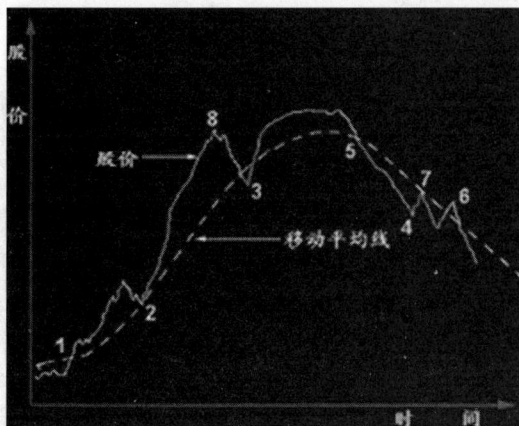

图3-15　股票走势图

（5）股价位于移动平均线之上运行，连续数日大涨，离移动平均线愈来愈远，说明近期内购买股票者获利丰厚，随时都会产生获利回吐的卖压，应暂时卖出持股。

（6）移动平均线从上升逐渐走平，而股价从移动平均线上方向下跌破移动平均线，说明卖压渐重，应卖出所持股票。

（7）股价位于移动平均线下方运行，反弹时未突破移动平均线，且移动平均线跌势减缓，趋于水平后又出现下跌趋势，此时为卖出时机。

（8）股价反弹后在移动平均线上方徘徊，而移动平均线却继续下跌，宜卖出所持股票。

以上八大法则中第（3）条和第（8）条不易掌握，具体运用时风险较大，在未熟练掌握移动平均线的使用法则前可以考虑放弃使用。

第（4）条和第（5）条没有明确股价距离移动平均线多远时才是买卖时机。

4. 移动平均线的买进时机

（1）股价曲线由下向上突破5日、10日移动平均线，且5日均线上穿10日均线形成黄金交叉，显现多方力量增强，已有效突破空方的压力线，后市上涨的可能性很大，是买入时机。

（2）股价曲线由下向上突破5日、10日、30日移动平均线，且三条移动平均线呈多头排列，显现说明多方力量强盛，后市上涨已成定局，此时是极佳的买入时机（如图3－16所示）。

图3－16　股票走势图

（3）在强势股的上升行情中，股价出现盘整，5日移动平均线与10日移动平均线纠缠在一起，当股价突破盘整区，5日、10日、30日移动平均线再次呈多头排列时为买入时机（如图3－17所示）。

图3－17　股票走势图

（4）在多头市场中，股价跌破10日移动平均线而未跌破30日移动平均线，且30日移动平均线仍向右上方挺进，说明股价下跌是技术性回档，跌幅不致太大，此时为买入时机（如图3-18所示）。

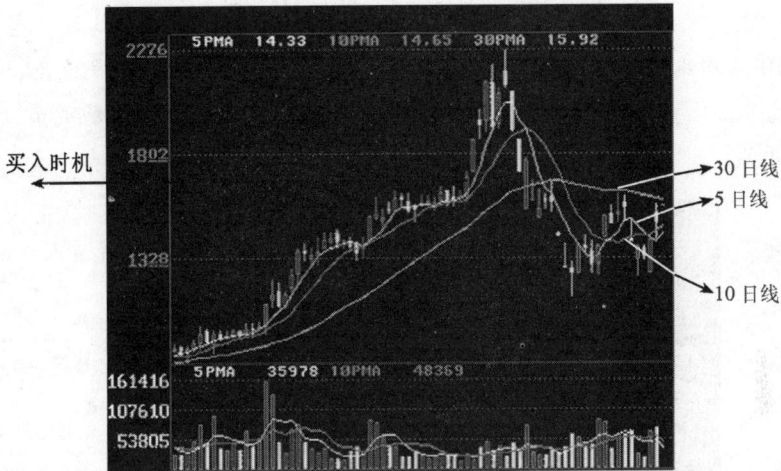

图 3-18 股票走势图

（5）在空头市场中，股价经过长期下跌，股价在5日、10日移动平均线以下运行，恐慌性抛盘不断涌出导致股价大幅下跌，乖离率增大，此时为抢反弹的绝佳时机，应买进股票（如图3-19所示）。

图 3-19 股票走势图

5. 移动平均线的卖出时机

（1）在上升行情中，股价由上向下跌破 5 日、10 日移动平均线，且 5 日均线下穿 10 日线形成死亡交叉，30 日移动平均线上升趋势有走平迹象，说明空方占有优势，已突破多方两道防线，此时应卖出持有的股票，离场观望（如图 3 – 20 所示）。

图 3 – 20　股票走势图

（2）股价在暴跌之后反弹，无力突破 10 日移动平均线的压力，说明股价将继续下跌，此时为卖出时机（如图 3 – 21 所示）。

（3）股价先后跌破 5 日、10 日、30 日移动平均线，且 30 日移动平均线有向右下方移动的趋势，表示后市的跌幅将会很深，应迅速卖出股票（如图 3 – 22 所示）。

（4）股价经过长时间盘局后，5 日、10 日移动平均线开始向下，说明空方力量增强，后市将会下跌，应卖出股票（如图 3 – 23 所示）。

图 3 – 21　股票走势图

图 3 – 22　股票走势图

（5）当 60 日移动平均线由上升趋势转为平缓或向下方转折，预示后市将会有一段中级下跌行情，此时应卖出股票（如图 3 - 24 所示）。

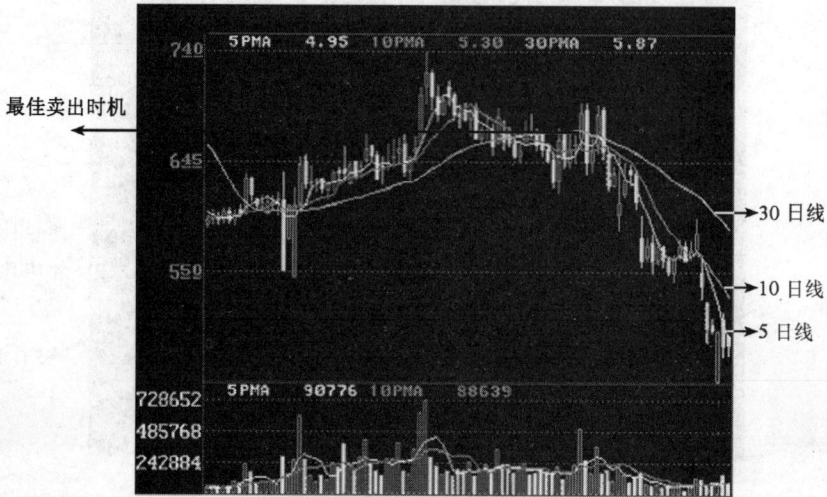

图 3 - 23　股票走势图

图 3 - 24　股票走势图

（6）股价下跌反弹时，股价向上逐次攻破 5 日、10 日、30 日均线，当股价在 10 日移动平均线上方运行，与 10 日移动平均线之间的距离突然拉大，且 K 线出现射击之星,表示近期内获利盘丰厚,多方力量转弱,空方力量增强,反弹将结束,此时应抛出所持股票(如图 3 - 25 所示)。

图 3 - 25　股票走势图

◉◉平滑异同移动平均线运用演练

　　趋向指标——平滑异同移动平均线（MACD）（Moving Average Convergence Divergence）是 Geral Appel 于 1979 年提出的,它是一项利用短期（常用为 12 日）移动平均线与长期（常用为 26 日）移动平均线之间的聚合与分离状况,对买进、卖出时机做出研判的技术指标。

1. 公式

加权平均指数(DI) = (当日最高指数 + 当日收盘指数 + 2 倍的当日最低指数)

十二日平滑系数(L12) = 2/(12 + 1) = 0.1538

二十六日平滑系数(L26) = 2/(26 + 1) = 0.0741

十二日指数平均值(12 日 EMA) = L12 当日收盘指数 + 11/(12 + 1)昨日的 12 日 EMA

二十六日指数平均值(26 日 EMA) = L26 当日收盘指数 + 25/(26 + 1)昨日的 26 日 EMA

差离率(DIF) = 12 日 EMA − 26 日 EMA 9 日 DIF

平均值(DEA) = 最近 9 日的 DIF 之和/9

柱状值(BAR) = DIF − DEA

MACD = (当日的 DIF − 昨日的 DIF) × 0.2 + 昨日的 MACD

2. 应用原则

(1) 当 DIF 由下向上突破 MACD,形成黄金交叉,即白色的 DIF 上穿黄色的 MACD 形成的交叉,同时 BAR(绿柱线)缩短,为买入信号。(如图 3 − 26 所示)

(2) 当 DIF 由上向下突破 MACD,形成死亡交叉,即白色的 DIF 下穿黄色的 MACD 形成的交叉,同时 BAR(红柱线)缩短,为卖出信号。

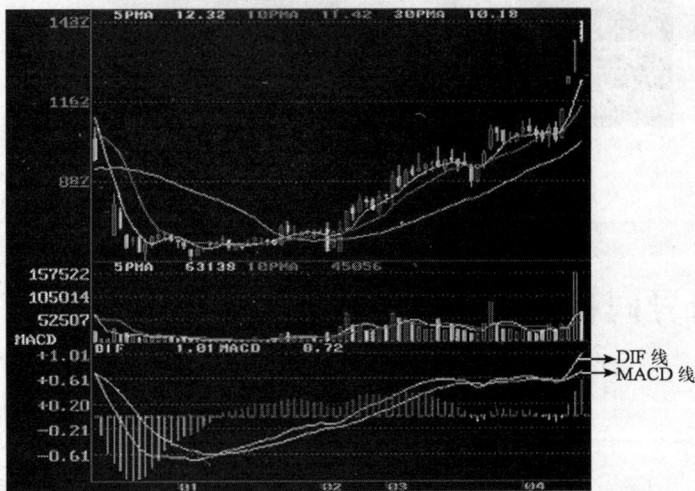

图 3 − 26 DIF 上穿 MACD

(3) 顶背离:当股价指数逐波升高,而 DIF 及 MACD 不是同步上升,而是逐波下降,与股价走势形成顶背离,预示股价即将下跌。如果此时出现 DIF 两次由上向下穿过 MACD,形成两次死亡交叉,则股价将大幅下跌(如图 3 − 27 所示)。

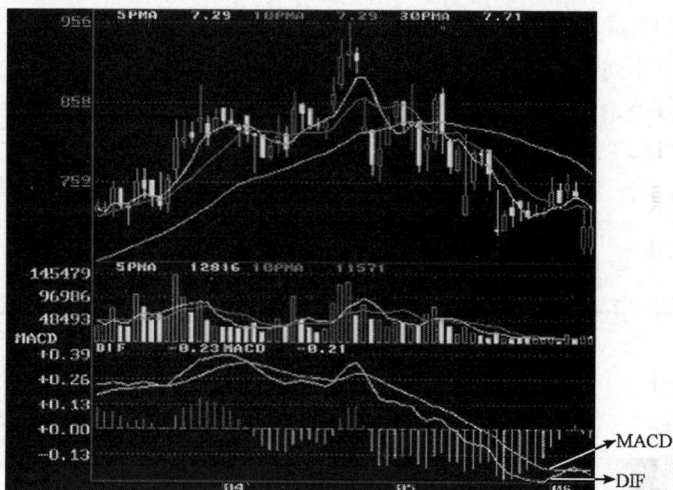

图 3 - 27 股票走势（顶背离）

（4）底背离：当股价指数逐波下行，而 DIF 及 MACD 不是同步下降，而是逐波上升，与股价走势形成底背离，预示着股价即将上涨。如果此时出现 DIF 两次由下向上穿过 MACD，形成两次黄金交叉，则股价即将大幅度上涨（如图 3 - 28 所示）。

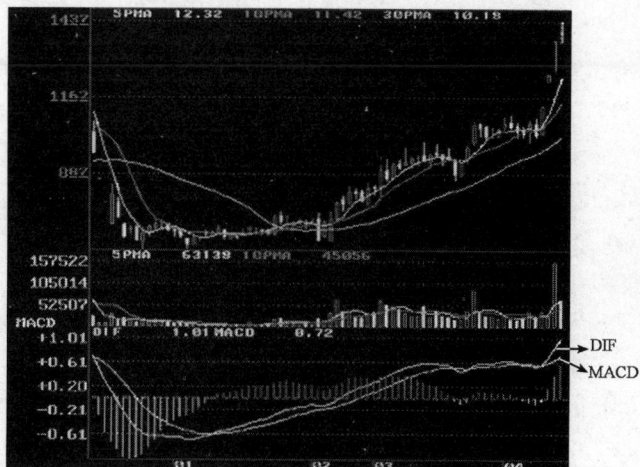

图 3 - 28 股票走势（底背离）

MACD 主要用于对大势中长期的上涨或下跌趋势进行判断，当股价处于盘局或指数波动不明显时，MACD 买卖信号较不明显。当股价在短时间内上下波动较大时，因 MACD 的移动相当缓慢，所以不会立即对股价的变动产生买卖信号。

第 4 章

寻找买卖股票的最佳时机

Chapter4

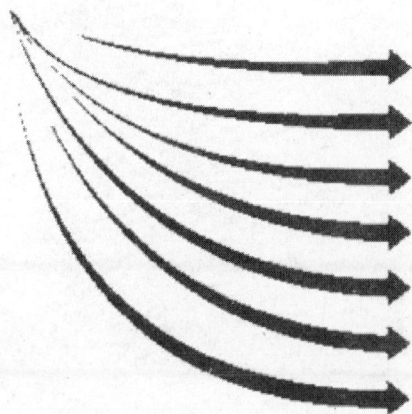

4.1 各种政治因素对股市的影响

1. 通货膨胀是怎样影响股价的，该怎样对待通货膨胀

通货膨胀是困扰一国经济的主要问题，它影响着一国经济的各个方面，包括股市。了解通货膨胀对股价的影响，有利于股民在宏观上把握股票价格走向。

通货膨胀对股价特别是个股的影响，并无永恒的定势，它完全可能同时产生相反方向的影响，对这些影响作具体分析和比较必须从分析该时期通胀的原因和程度、当时的经济结构和形势、政府可能采取的干预措施等入手，其复杂程度可想而知，这里我们只能就一般性的原则作以下几点说明。

（1）温和的、稳定的通货膨胀对股价的影响较小。

（2）如果通货膨胀在一定的可容忍范围内增长，而经济处于景气（扩张）阶段，产量和就业都持续增长，那么股价也将持续上升。

（3）奔腾式的通货膨胀是很危险的，一旦其站稳脚跟，经济将被严重扭曲，货币每年以 −50% 以至更大的幅度贬值，这时人们将会囤积商品，购买房屋以期对资金保值，这可能从两个方面影响股价：其一，资金流出金融市场，引起股价下跌；其二，经济的扭曲和失去效率，企业一方面筹集不到必需的生产资金，同时，原材料、劳务价格等成本飞涨，使公司经营严重受挫，盈利水平下降，甚至倒闭。

（4）政府往往不会长期容忍通货膨胀存在，因而必然会动用某些宏观经济工具来抑制通胀，这些政策必然对经济运行造成影响，这种影响将改变资金流向和企业的经营利润，从而影响股价，政策对股价的具体影响将在后面阐述。

（5）通货膨胀时期，并不是所有价格和工资都按同一比率变动，也就是相对价格发生变化。这种相对价格变化引致财富和收入的再分配，产量和就业的扭曲，因而某些公司可能从中获利，而另一些公司可能蒙受损失。与之相应的是获利公司的股票上涨，相反，受损失的股票下跌。

（6）通货膨胀不仅产生经济影响，还可能产生社会影响，并影响公众之心理和预期，从而对股价产生影响。

(7) 通货膨胀使得各种商品价格具有更大的不确定性，也使得企业未来经营状况具有更大的不确定性，从而影响市场对股息预期，并增大获得预期股息的风险，从而导致股价下跌。

(8) 通货膨胀对企业（公司）的微观影响可以从"税收效应"、"债负效应"、"存货效应"、"波纹效应"对公司作具体的分析。但长期的通货膨胀增长，必然恶化经济环境、社会环境，股价必受大环境驱使下跌，短期效应的表现便不复存在。

比如，石油危机导致世界性的通货膨胀，工业原料、生产物资价格普遍上扬，最初拥有这些原料的厂商极度兴奋，因为库存的原料低价购进，产品价格忽然上涨，意外地提高了他们的利润。待一季盈余公布增加后，自会促使买气增加，股价上扬。待一段急速运行之后，通货膨胀现象不但没有减轻，反而加重，低价原料库存终究有限，等到事实证明此次通胀并不是景气复苏时，有识之士先行卖出股票，又因为股价本已偏高，买气弱，而卖压逐渐加重。当通胀继续恶化，直接影响产品成本和销量时，股价已下跌一段距离。

总之，万事皆有度，过之则无益。适度的通货膨胀下，人们为避免损失，将资金投向股市。而通胀初期，物价上涨，生产受到刺激，企业利润增加，股价因此看涨。在持续增长的通货膨胀下，企业成本增加，且高价格下需求下降，企业经营恶化。特别是政府此时不得已采取严厉的紧缩政策，则犹如雪上加霜，企业资金周转失灵，一些企业甚至倒闭，股市在恐慌中狂跌。

2. 政府财政政策是怎样影响股价的

财政政策对股价影响可从两个方面来看：一方面，财政政策对国民经济的广泛而深远的影响，将间接影响股市；另一方面，财政政策涉及国债和证券交易税等有关内容，将直接影响股价。财政政策的实施主要通过政府支出和税收手段调节经济的总产出和总收入，以期控制通货膨胀和提高就业水平（减少失业）。

一般在经济萧条时期，政府采取扩张型财政政策，即增加政府总支出（政府购买、公共开支），购买物品和劳务或减少征税，或者二者结合，从而激励增加投入，提高产出水平。于是企业利润增加，股价上升，同时居民在经济复苏中增加了个人收入，持有货币增加，景气的趋势更增加了居民的投资信心，买气增强，股市趋于活跃，股价自然也就上扬。相反，政府为了控制通货膨胀，避免经济过热，则会采取紧缩性的财政政策，相应地股价便会下跌。

3. 股民如何在投资中运用财政政策分析

财政政策对股市的影响是十分深刻的，也是十分复杂的，正确地运用财政政策分析为投资决策服务，应把握以下几个方面。

（1）关注有关的统计资料信息，认清经济形势。

（2）从各种媒介中了解非常时期经济界人士的看法，政府官员日常活动、讲话，分析其经济观点、主张、性格，从而预见政府可能采取的经济措施和采取措施的时机。

（3）分析过去类似形势下的政府行为及其经济影响，以作前车之鉴。

（4）关注政府人士的变动，它常常反映政府的政策倾向。

（5）关注年度财政预算，从而把握财政收支总量的变化趋势，更重要的是对财政收支结构及其重点做出分析，以便了解政府的财政投资重点和倾斜政策。受倾斜的产业，必有好的业绩，股价自然上涨。

（6）在非常时期对经济形势进行分析，预见财政政策的调整，结合行业分析做出投资选择，与政府订货密切相关的企业对财政政策极为敏感。

（7）在预见和分析财政政策的基础上，进一步分析相应政策对经济形势的综合影响（比如通货膨胀、利率等），结合上市公司的内部分析，分析个股的变化趋势。

4. 政府公债政策怎样影响股价

公债作为政府弥补财政赤字的主要手段，本身又是证券市场的主要工具之一，其发行量、期限、利率、流动性以及政府部门的吞吐调节状况直接影响证券市场。

（1）从量的角度看，公债发行增加证券的总供给，对股价有负面影响。

（2）从利率看，公债利率越高，越能吸引更多的投资者，从而减少了用于股票和公司债券的数量，需求下降，价格下跌。

（3）政府为顺利发行公债，限制其他债券发行和新股上市，一般证券的供给受到限制，价格有上扬趋势。

5. 利率与股价变动的关系是怎样的

利率政策在各国的差异很大，若采用浮动利率制，利率由市场自由确定，那么供应量对利率有直接影响；若采用固定利率，利率由政府根据经济形势需要确定并调整。一方面货币供应量对利率起间接作用；另一方面，利率也作为直接的宏观调控手段之一。无论如何，利率对股价的影响是直接的，利率上升，股价下跌，利率下降，则股价上涨。具体原因可作如下解释：

（1）利率上升，公司借款成本增加，利润率下降，股价自然下降。对那些主要靠银行贷款从事生产经营的企业，这种影响更是悲惨！

（2）利率上升，吸引部分资金从股市转向银行，需求下降，股价下跌。

（3）利率上升，股票评估价值下降（因为要求收益率上升），从而股票价格下跌。

4.2　从行业角度寻找买卖股票的时机

1. 如何进行行业的生命周期分析

任何行业都要经历一个由成长到衰退的发展演变过程。其生命周期可以分为四个阶段：初创期、成长期、稳定期、衰退期，只不过不同行业发展的各个阶段的时间会有差别，而且这种差别或许会很大。但各个阶段的特征对不同行业一般来讲是类似的，可以归纳为下表（见表4－1）。

表4－1　　　　　　　　　　行业生命周期及其特征

	初创期	成长期	稳定期	衰退期
厂商数量	很少	增多	减少	很少
利润	较低或亏损	增加	无大变化	减少或亏损
风险	较高	较高	减少	较高

下面就各阶段的发展过程和特征作具体的分析。

（1）初创期。

由于社会、经济的发展，科学技术的进步，新技术、新思想、新观念的涌现，随之产生了新的社会需求，或可能是新社会需求激励人们去革新或创造新技术，总之，随着社会的发展，新的行业将不停地代替旧的传统行业。一般地，在行业发展的初期，基于以下诸多原因，行业利润较低甚至亏损，并承担巨大的风险。

①产品研制、开发成本高。

②企业创设成本高。

③开发、技术不完善，功能、质量与消费要求存在差距，甚至有较大的差距，不能激发人们的普遍需求。

④基于技术上和生产经营决策上的原因，人们对新技术、新产品的接受有一个过程，需求亦较低。

⑤社会对新行业了解不多以及习惯定势作用，需求意识不强烈。

⑥新行业的组织、运营机制不完善，尚在摸索之中，效率可能较低。

⑦新行业是否真正反映人们当前的需求取向，是否与人们消费水平相适应等尚待证实。

当然，行业初期的低利润、高风险特征并不是其绝对规律，有些行业一开始可能就具有很高的利润，而且只要筹划周密，经营得当，风险也可能很小。在中国，技术相对落后，经济体制处于转型期，新技术的开发和使用，新行业的产生和发展已有经验可循，对国外业已存在的行业，只要适合当前中国社会、经济、生活发展状况，通过适当的宣传，将会在初期形成较好的群众基础，而这时企业数量从无到有，新行业的商品（或服务）销量在需求推动下迅速增加，并因供不应求带来的高价格为行业带来丰厚的利润。

针对初创行业，投资者要对该行业的性质和社会、经济发展形势做出综合分析，从而预见该行业未来的发展状况和生命力，不要局限于眼前行业的盈利或亏损。初创期，行业的股价因为暂时的低利润、高风险以及人们极少关注和了解而偏低，这时投资，一旦行业发展到下一阶段，将获得高额的股票差价收益。

（2）成长期。

在初创期后期，随着生产技术日趋成熟，市场需求扩大，生产成本不断降低，利润不断上升，新行业便逐步转入成长期。在这一阶段里，市场需求不断扩大，投资厂商数量也在增加，竞争趋于激烈。一方面产品逐步由单一、低质、高价向多样、优质、低价方向发展；另一方面，竞争的结果是优胜劣汰，有些厂商（公司）逐渐占领和控制市场，更多的公司在竞争中被淘汰。因此在成长期，行业的技术进步非常迅速，利润相当可观，但风险也很大，股价往往会出现大起大落。

随着市场需求趋于饱和，产品销量增长速度放缓，赢利机会减少，整个行业便步入一个新的阶段——稳定期。

（3）稳定期。

在这一阶段里，由于前一阶段激烈竞争的结果，只剩下少数几家大企业垄断整个行业的市场，各占一定份额，新企业已难进入。这几家大企业经过前面阶段的资本积累和技术不断完善，已经取得雄厚财力和较高的经济效益，技术更新在平稳地发展，公司利润因为规模的扩大而平稳增长，因而这一阶段里风险相对来讲达到最低限度。平稳时期往往要经历很长一段时间。公司股票在这一时期稳定上升，投资者只要适当选择时机购进股票，则他们将分享公司增长的利益。

（4）衰退期。

由于市场饱和，行业生产规模成长受阻，更有新产品和大量替代品的出现，原行业市场需求和产品销量开始萎缩，行业内部为求生存，竞争较稳定期日益激烈，多数企业免不了因该行业市场总份额缩小而逐渐被淘汰，有些厂商则及时将资金转移到其他行业，因而整个行业厂商数量日益减少，行业利润逐渐下降。衰退行业的股票行市平淡，或者逐渐下跌，某些公司因倒闭而使其股票一文不值，因而投资于衰退行业往往不仅收益低，风险也很大，投资者应在适当时期售出股票，将资金转向其他成长中的行业。

2. 分析行业生命周期时，投资者该怎样判断增长股票

在分析行业生命周期时，投资者应特别注意处于成长期的行业。一般来说，值得投资的行业，其生产和销售的增长至少应与国民生产总值、消费者可支配收入，以及以其他指标表示的经济增长率保持同步。但是仅有高速增长未必能产生即时高收益。早期增长阶段过后，较长的成熟期可能提供稳定的收益。从投资的角度看，增长不仅指销售、资产、雇员等数量，而且要看投资收益率，以及股票市场价值的增长。增长股票的主要特征有：

（1）销售量的持续增长引起收益的持续增长，从而带来较高的投资收益率。

（2）大量利润再投资。

（3）大部分收益投入研制和开发新产品。这些特点使处于行业增长期的公司股票价格以高于平均收益倍数的价格出售。

增长的基本标志有以下几点：就地理位置和产品而言的市场扩展；劳动生产率的增长；以单位成本表示的工作效率的提高；投资持续增长而收益并不减少

等等。

3. 投资者怎样进行行业稳定性的分析

不同行业其销售和收益的稳定性很不相同，行业的稳定性是衡量投资风险的重要尺度。一般而言，工业经济活动易受商业周期波动的影响，而公用事业则相对稳定，后者年收入 10%～20% 的波动已十分罕见，而前者要大得多。波动大的行业，繁荣时期很大的超额收益在衰退期可能减少甚至消失。除公用事业外，有些行业，特别是那些向大众提供低价非耐用消费品的行业因消费需求具有刚性，在繁荣时期销售额和收益不会大幅度上升，而在衰退期则比一般行业情况好得多。而另一些行业，特别是提供资本品的行业，在繁荣时期可以飞速增长，而在衰退期则比一般行业情况糟得多。显示一行业稳定性的主要指标有：销售和收益周期波动的幅度、增长率或所处的行业生命周期阶段，行业内部和行业间的竞争程度、竞争对手、劳资关系和工资政策、价格和存款价值，税收和其他政治影响等。

一个行业其销售量、产量和收益的周期性波动与一般经济状况有关。而引起波动的主要原因有：生产、销售对资本市场的依赖，相对于经营成本其产品价格的不稳定性，以及对其他行业的依赖。

值得一提的是，劳资关系和工资政策在市场经济条件下已成为影响稳定性的重要因素。因为有组织的劳工对工资和利润施加压力的能力不断提高，特别是在那些工资占产品成本很大比重的行业，如钢铁、汽车制造业及采掘业等，能否与劳工间保持和睦友好的劳资关系，使罢工记录降到最低，是决定一个行业能否稳定发展的重要因素，投资者对此应予以特别注意。

存货投资在总资产和流动资产中所占比重亦为衡量一行业是否稳定的指标。不同行业的存货占总资产和流动资产的百分比各不相同。存货投资越大，遭受价格突然下跌的风险也越大，越容易遭受商业衰退的风险损失。而在通货膨胀时期，报告利润的相当大部分是存货价值上升，而非正常经营的结果。与此相关的是在流动资产，特别是存货、应收款和现金上的大量投资，使一些行业资金来源严重依赖银行短期贷款、商业信用和其他流动负债，而短期负债利率的波动远远大于长期债务，从而加大了一个行业净利润的波动。

有些行业因关税保护，可免受国外同行业竞争之苦。但这种保护对利润的保障并不可靠，因为在关税保护方面，各国之间充满激烈的斗争，解除关税保护，发展自由贸易是当代世界的趋势。

政府的防务活动是一国最大的经济活动。与国家防务活动有关行业的情况，取决于一国防务预算的增减及其在整个防务预算中所占份额。而世界各国之间对立的加剧或缓和都会影响到一国防务开支的增减，从而影响该行业收益的稳定性。

4. 影响行业股价变动的其他因素有哪些

（1）当政府的政策法令鼓励某一行业的发展时，就会相应增加该行业的优惠贷款数量，限制该行业的国外进口量，降低该行业的所得税，这些措施将直接刺激该行业股票的上升。相反，政府如果要限制某一行业的发展，就会对该行业的融资进行限制，提高行业的税收，并允许国外同类产品的进口，结果，该行业的股价便会下跌。此外，政府出台控制经济的宏观调控措施，对不同行业也将产生不同的影响。

（2）相关行业变动对股价变动也会产生影响，具体表现在以下几个方面：

①相关行业产品是该行业的生产投入，那么相关行业产品价格上升就会造成该行业的生产成本提高，利润下降，从而股价出现下降，反之则相反。

②相关行业产品如果是该行业产品的替代产品，那么，若相关行业产品价格上升，则会提高该行业产品的需求，从而提高销量，增加盈利，股价便会上升，反之则下跌。

③如果相关行业的产品与该行业产品互补，则相关行业产品价格上升，该行业内部公司的股票会产生利淡反应。

4.3 从上市公司业绩角度分析股价

1. 公司财务分析的基本依据

股份公司一旦成为上市公司，就必须遵守财务公开的原则，即定期公开自己的财务状况，提供有关财务资料，便于投资者查询。上市公司公布的财务资料中，主要是一些财务报表。

财务报表中最为重要的有：资产负债表、损益表或利润及利润分配表、财务状况变动表。

（1）资产负债表。

资产负债表是反映公司在某一特定时点（往往是年末或季末）财务状况的静态报告。资产负债表反映的是公司资产、负债（包括股东权益）之间的平衡关系。

资产负债表由资产和负债两部分组成，每部分各项目的排列一般以流动性的高低为序。资产部分表示公司所拥有或掌握的，以及其他公司所欠的各种资源或财产；负债部分包括负债和股东权益两项。资产负债和股东权益用公式表示如下：

资产 = 负债 + 股东权益

负债表示公司应支付的所有债务；股东权益表示公司的净值，即在清偿各种债务以后，公司股东所拥有的资产价值。

（2）损益表或利润及利润分配表。

公司损益表是一定时期内（通常是一年或一季内）经营成果的反映，是关于收益和损耗情况的财务报表。损益表是一个动态报告，它展示本公司的损益账目，反映公司在一定时期的业务经营状况，直接明了地揭示公司获取利润能力的大小、潜力以及经营趋势。

如果说资产负债表是公司财务状况的瞬时写照，那么损益表就是公司财务状况的一段录像，因为它反映了两个资产负债表编制日之间公司财务盈利或亏损的变动情况。可见，损益表对于了解、分析上市公司的实力和前景具有重要的意义。

损益表主要列示收入和与收入相配比的成本和费用，反映公司经营取得的利润。根据收入和费用在表中的不同排序，可将损益表分成两种格式：单步式和多步式。

①单步式损益表。在没有非常项目的情况下，将本期的所有收益加在一起，然后将所有费用加在一起，两者相减，通过一次计算得出本期盈亏。单步式损益表具有简单、易于理解的优点，但层次不够分明，特别是没有将营业利润及净利润与形成这些利润所产生的费用配比排列，不利于进行成本分析。

②多步式损益表。一般由主营业务收入、主营业务利润、营业利润及利润总额等几个部分组成。它因具有层次分明、收入与费用配比排列的优点而被广泛采用。

有的公司公布财务资料时以利润及利润分配表代替损益表。在实际运用中，前者似乎还更多一些。利润及利润分配表就是在损益表的基础上再加上利润分配的内容。

（3）现金流量表。

现金流量表的编制目的，是为会计报表使用者提供企业一定会计期间内现金和现金等价物流入和流出的信息，以便报表使用者了解和评价企业获取现金和现金等价物的能力，并据以预测企业未来现金流量。

2. 什么是财务比率分析，它包括哪些内容

财务比率分析是同一张财务报表的不同项目之间、不同类别之间，或在两张不同资产负债表、损益表的有关项目之间，用比率来反映它们的相互关系，以求从中发现企业经营中存在的问题并据以评价财务状况。

分析财务报表所使用的比率以及同一比率的解释和评价，因使用者的着眼点、目标和用途不同而异。例如，一家银行在考虑是否给一个企业提供短期贷款时，它关心的是该企业的资产流动性比率。而长期债权人和企业投资者则不然，他们着眼于企业的获利能力和经营效率，对资产的流动性则很少注意。投资者的目的在于考虑企业的获利能力和经营趋势，以便取得理想的报酬；至于企业的管理当局，则需要关心财务分析的一切方面，既要保证企业具有偿还长、短期债务的能力，又要替投资者赢得尽可能多的利润。

不同资料使用者对同一比率的解释和评价基本上应该一致，但有时候可能发生矛盾。例如反映短期偿债能力的流动比率（流动资产/流动负债）对短期债权人来说越大越好，但对企业管理当局来说，可能被认为是没有充分利用资金的浪费现象。

比率分析可以从以下几种标准比较后得出结论：公司过去的最好水平、公司今年的计划预测水平、同行业的先进水平或平均水平。

比率分析涉及到企业管理的各个方面，比率指标也特别多，大致可分为以下五大类：偿债能力分析、资本结构分析、经营效率分析、盈利能力分析和投资收益分析。

3. 如何进行流动比率分析

流动比率是流动资产除以流动负债的比值。其计算公式为：

$$流动比率 = \frac{流动资产}{流动负债}$$

流动比率可以反映短期偿债能力。

企业能否偿还短期债务，要看有多少债务，以及有多少可变现偿债的资产。流动资产越多，短期债务越少，则偿债能力越强。如果用流动资产偿还全部流动负债，企业剩余的是营运资金（流动资产－流动负债＝营运资金），营运资金越多，说明不能偿还的风险越小。因此，营运资金的多少可以反映偿还短期债务的能力。但是，营运资金是流动资产与流动负债之差，是个绝对数，如果企业之间规模相差很大，绝对数相比的意义很有限。而流动比率是流动资产与流动负债的比值，是个相对数，排除了企业规模不同的影响，更适合企业间以及本企业不同历史时期的比较。

一般认为，生产企业合理的最低流动比率是 2，这是因为处在流动资产中变现能力最差的存货金额，约占流动资产总额的一半，剩下的流动性较大的流动资产至少要等于流动负债，企业的短期偿债能力才会有保证。人们长期以来的这种认识，还不能成为一个统一标准，它也未能从理论上得到证明。

计算出来的流动比率，只有和同行业平均流动比率、本企业历史的流动比率进行比较，才能知道这个比率是高还是低。这种比较通常并不能说明流动比率为什么这么高或低，要找出过高或过低的原因还必须分析流动资产与流动负债所包括的内容以及经营上的因素。一般情况下，营业周期、流动资产中的应收账款数额和存货的周转速度是影响流动比率的主要因素。

4. 如何进行速动比率分析

流动比率虽然可以用来评价流动资产总体的变现能力，但人们（特别是短期债权人）还希望获得比流动比率更进一步的有关变现能力的比率指标。这个指标称为速动比率，也称为酸性测试比率。

速动双率是从流动资产中扣除存货部分，再除以流动负债的比值。

速动比率的计算公式为：

$$速动比率 = \frac{流动资产 - 存货}{流动负债}$$

在计算速动比率时要把存货从流动资产中剔除的主要原因是：在流动资产中存货的变现能力最差；由于某种原因，部分存货可能已损失报废还没作处理；部分存货已抵押给某债权人；存货估价还存在着成本与当前市价相差悬殊的问题。综合上述原因，在不希望企业用变卖存货的办法还债，以及排除使人产生种种误解因素的情况下，把存货从流动资产总额中减去计算出的速动比率，反映的短期偿债能力更加令人信服。

通常认为正常的速动比率为1，低于1的速动比率被认为是短期偿债能力偏低。这仅是一般的看法，因为行业不同速动比率会有很大差别，没有统一标准的速动比率。例如，采用大量现金销售的商店，几乎没有应收账款，大大低于1的速动比率是很正常的。相反，一些应收账款较多的企业，速动比率可能要大于1。

影响速动比率可信度的重要因素是应收账款的变现能力。账面上的应收账款不一定都能变成现金，实际坏账可能比计提的准备金要多；季节性的变化，可能使报表的应收账款数额不能反映平均水平。这些情况，外部使用人不易了解，而财务人员却有可能做出估计。

由于行业之间的差别，在计算速动比率时，除扣除存货以外，还可以从流动资产中去掉其他一些可能与当期现金流量无关的项目（如待摊费用等），计算更进一步的变现能力，如采用保守速动比率（或称超速动比率）。保守速动比率计算公式如下：

$$保守速动比率 = \frac{现金 + 短期证券 + 应收账款净额}{流动负债}$$

5. 资本结构分析包括哪些内容

（1）股东权益比率。

股东权益比率是股东权益总额与资产总额的比率。其计算公式如下：

$$股东权益比率 = \frac{股东权益总额}{资产总额} \times 100\%$$

也可以表示为：

$$股东权益比率 = \frac{股东权益总额}{负债总额 + 股东权益总额} \times 100\%$$

这里的股东权益总额即资产负债表中的所有者权益总额。

该项指标反映所有者提供的资本在总资产中的比重，反映企业的基本财务结构是否稳定。一般来说，股东权益比率越大越好，因为所有者出资不像负债存在到期还本的压力，不至陷入债务危机，但也不能一概而论。从股东来看，在通货膨胀加剧时期，企业多借债可以把损失和风险转嫁给债权人；在经济繁荣时期，多借债可以获得额外的利润；在经济萎缩时期，较高的股东权益比率可以减少利息负担和财务风险。

股东权益比率高，是低风险、低报酬的财务结构；股东权益比率低，是高风险、高报酬的财务结构。

（2）资产负债比率。

资产负债比率是负债总额除以资产总额的百分比。它反映在总资产中有多大比例是通过借债来筹资的，也可以衡量企业在清算时保护债权人利益的程度。其计算公式如下：

$$资产负债比率 = \frac{负债总额}{资产总额} \times 100\%$$

公式中的负债总额不仅包括长期负债，还包括短期负债。这是因为，从总体上看，企业总是长期性占用着短期负债，可以视同长期性资本来源的一部分。例如，一个应付账款明细科目可能是短期性的，但企业总是长期性地保持一个相对稳定的应付账款余额。这部分应付账款可以看成企业长期性资本来源的一部分。因此，本着稳健原则，将短期债务包括在用于计算资产负债比率的负债总额中是合适的。

公式中的资产总额则是扣除累计折旧后的净额。

这个指标反映债权人所提供的资本占全部资本的比例。这个指标也被称为举债经营比率。它有以下几个方面的含义。

首先，从债权人的立场看，他们最关心的是贷给企业的款项的安全程度，也就是能否按期收回本金和利息。如果股东提供的资本与企业资本总额相比，只占较小的比例，则企业的风险将主要由债权人负担，这对债权人来讲是不利的。因此，他们希望债务比例越低越好，企业偿债有保证，贷款不会有太大的风险。

其次，从股东的角度看，由于企业通过举债筹措的资金与股东提供的资金在经营中发挥同样的作用，所以，股东所关心的是全部资本利润率是否超过借入款项的利率，即借入资本的代价。在企业全部资本利润率超过因借款而支付的利息率时，股东所得到的利润就会加大。相反，如果运用全部资本所得的利润率，低于借款利息率，则对股东不利，因为借入资本的一部分利息要用股东所得的利润份额来弥补。因此，从股东的立场看，在全部资本利润率高于借款利息率时，负债比例越大越好，否则相反。

最后，从经营者的立场看，如果举债很大，超出债权人心理承受程度，则被认为是不保险的，企业就借不到钱。如果企业不举债，或负债比例很小，说明企业畏缩不前，对前途信心不足，利用债权人资本进行经营活动的能力很差。借款比率越大（当然不是盲目地借款），越是显得企业活力充沛。从账务管理的角度来看，企业应当审时度势，全面考虑，在利用资产负债率制定借入资本决策时，必须充分估计可能增加的风险，在二者之间权衡利害得失，做出正确决策。

（3）长期负债比率。

长期负债比率是从总体上判断企业债务状况的一个指标，它是长期负债与资产总额的比率。用公式表示如下：

$$长期负债比率 = \frac{长期负债}{资产总额} \times 100\%$$

一般来看，对长期负债比率的分析要把握以下两点。

首先，与流动负债相比，长期负债比较稳定，要在将来几个会计年度之后才偿还，所以公司不会面临很大的流动性不足风险，短期内偿债压力不大。公司可以把长期负债筹得的资金用于增加固定资产，扩大经营规模。

其次，与所有者权益相比，长期负债又是有固定偿还期、固定利息支出的资金来源，其稳定性不如所有者权益。如果长期负债比率过高，必须意味着股东权益比率较低，公司的资本结构风险较大，稳定性较差，在经济衰退时期会给公司带来额外风险。

（4）股东权益与固定资产比率。

股东权益与固定资产比率也是衡量公司财务结构稳定性的一个指标，它是股东权益除以固定资产总额的比率。用公式表示为：

$$股东权益与固定资产比率 = \frac{股东权益总额}{固定资产总额} \times 100\%$$

股东权益与固定资产比率反映购买固定资产所需要的资金有多大比例是来自于所有者资本的。由于所有者权益没有偿还期限，它最适于为公司提供长期资金来源，满足长期资金需要。该比例越大，说明资本结构越稳定，即使长期负债到期也不必变卖固定资产等来偿还，保证了企业持续稳定的经营。当然长期负债也可以作为购置固定资产的资金来源，所以并不要求该比率一定大于100%。但如果该比率过低，则说明公司资本结构不尽合理，财务风险较大。

6. 如何进行盈利能力分析

盈利能力分析应从如下几个方面入手。

（1）销售毛利率。

销售毛利率是毛利占销售收入的百分比，简称为毛利率。其中毛利是销售收入与销售成本之差。其计算公式如下：

$$销售毛利率 = \frac{销售收入 - 销售成本}{销售收入} \times 100\%$$

销售毛利率，表示每1元销售收入扣除销售产品或商品成本后，有多少钱可以用于各项期间费用和形成盈利。毛利率是企业销售净利率的最初基础，没有足够大的毛利率便不能盈利。

（2）销售净利率。

销售净利率是指净利与销售收入的百分比。其计算公式为：

$$销售净利率 = \frac{净利}{销售收入} \times 100\%$$

"净利"一词，在我国会计制度中是指税后利润。

销售净利率指标反映每1元销售收入带来的净利润的多少，表示销售收入的收益水平。从销售净利率的指标关系看，净利额与销售净利率成正比关系，而销售收入额与销售净利率成反比关系。企业在增加销售收入额的同时，必须相应地获得更多的净利润，才能使销售净利率保持不变或有所提高。通过分析销售净利率的升降变动，可以促使企业在扩大销售的同时，注意改进经营管理，提高盈利水平。

另外，销售净利率还能够分解为销售毛利率、销售税金率、销售成本率、销售期间费用率等，可作进一步分析。

（3）资产收益率。

资产收益率是企业净利润与平均资产总额的百分比。资产收益率计算公式为：

$$资产收益率 = \frac{净利润}{平均资产总额} \times 100\%$$

式中：
$$平均资产总额 = \frac{期初资产总额 + 期末资产总额}{2}$$

把企业一定期间的净利与企业的资产相比较，表明企业资产利用的综合效果。该指标值越高，表明资产的利用效率越高，说明企业在增加收入和节约资金使用等方面取得了良好的效果，否则相反。同时，企业的资产是由投资者投入或举债形成的，收益的多少与企业资产的多少、资产的结构、经营管理水平有着密切的关系。资产收益率是一个综合指标，为了正确评价企业经济效益的高低，挖掘提高利润水平的潜力，可以用该项指标与本企业前期、与计划、与本行业平均水平和本行业内先进企业进行对比，分析形成差异的原因。影响资产收益率高低的因素主要有：产品的价格、单位成本的高低、产品的产量和销售的数量、资金占用量的大小等。另外，还可以利用资产收益率来分析经营中存在的问题，提高销售利润率，加速资金周转。

（4）股东权益收益率。

股东权益收益率又称净资产收益率，是净利与平均股东权益的百分比。其计算公式为：

$$股东权益收益率 = \frac{净利润}{平均股东权益} \times 100\%$$

该指标反映股东权益的收益水平，指标值越高，说明投资带来的收益越高。

（5）主营业务利润率。

主营业务利润率是主营业务利润与主营业务收入的百分比。其计算公式为：

$$主营业务利润率 = \frac{主营业务利润}{主营业务收入} \times 100\%$$

该指标反映公司的主营业务获利水平，只有当公司主营业务突出，即主营业务利润率较高的情况下，才能在竞争中占据优势地位。

4.4 从常用指标分析买卖时机

1. 指数平滑移动平均线（MACD）

（1）指数平滑移动平均线。

运用两条移动平均线相互背离，相互应证的交易法则，就可以得出指数平滑移动平均线（MACD）。它是运用快速和慢速移动平均线交叉换位、合并分离的特性加以双重平滑运算，来判断买卖时机。该指标在股市中具有重大实践意义。

（2）公式计算。

$$指数平均值\ EMA(n) = n\ 日平滑系数 \times (今日收盘价 - 昨日\ EMA) + 昨日\ EMA$$

$$n\ 日平滑系数 = 2 \div (n+1)$$

$$离差值\ DIF = EMA_1 - EMA_2$$
$$差离平均值\ MACD(n) = n\ 日平滑系数 \times (今日\ DIF - 昨日\ MACD) + 昨日\ MACD$$
$$离差柱线\ BAR = DIF - MACD$$

（3）MACD 分析要领。

运用 MACD 应该综合其他技术指标共同分析。

运用移动平均线（MA）研判买卖时机在趋势明显时收效甚大，但如果碰到盘整形态时，MA 会发出频繁而不准确的信号。根据移动平均线原理发展出来的指数平滑异同移动平均线可以去掉移动平均线发出的虚假信号，同时能够保持平均线的效果。

由于 DIF 是短期移动平均值与长期移动平均值的"离差"，因此，如果行情见涨，短期移动平均值在长期移动平均值之上，此时 DIF 为正值，且离差加大，投资者应适当控制买入速度，防止追涨而被套牢。

如果行情下跌，短期移动平均值在长期移动平均值之下，此时 DIF 值为负，且离差加大，投资者可适当购入股票。

当行情由多头转向空头，或由空头转向多头时，离差值趋近于 0，此时，投资者可观望一段时间，判定走势后，再决定买卖。

离差平均值 MACD 反映的是平均后的离差值，所以，二者应配合分析。当 MACD 和 DIF 都在 0 轴线以上时，说明买方力量强，投资者不可猛追；当 MACD 和 DIF 都在 0 轴线以下时，说明市场抛盘压力大，投资者应适当购入，待股价上涨时再抛出。

如果 DIF 向上突破 MACD 和 0 轴线，说明买盘大，投资者可适当加入多头；如果 DIF 向下跌破 MACD 和 0 轴线，说明卖方多，投资者应适时低价购进股票，待股价上涨后再卖出。

2. 人气指标（AR）

人气指标（AR）和意愿指标（BR）都是以分析历史股价为手段的技术指标，其中人气指标较重视开盘价格，从而反映市场买卖的人气；意愿指标则重视收盘价格，反映的是市场买卖意愿的程度，两项指标分别从不同角度对股价波动进行分析，达到追踪股价未来动向的共同目的。

（1）人气指标概述。

人气指标是以当天开市价为基础，即以当天市价分别比较当天最高、最低价，通过一定时期内开市价在股价中的地位，反映市场买卖人气。人气指标的计算公式为：

$$AR = n\ 日内(H - O)\ 之和/n\ 日内(O - L)\ 之和$$

其中：H = 当日最高价；L = 当日最低价；O = 当日开市价

n 为公式中的设定参数，一般设定为 26 日。

（2）人气指标的基本应用法则。

①AR 值以 100 为中心地带，其 ±20 之间，即 AR 值在 80～120 之间波动时，属盘整行情，股价走势比较平稳，不会出现剧烈波动。

②AR 值走高时表示行情活跃，人气旺盛，过高则表示股价进入高价，应选择时机退出。AR 值的高度没有具体标准，一般情况下，AR 值上升至 150 以上时，股价随时可能回档下跌。

③AR 值走低时表示人气衰退，需要充实，过低则暗示股价可能跌入低谷，可考虑伺机介入。一般 AR 值跌至 70 以下时，股价有可能随时反弹上升。

④从 AR 曲线可以看出一段时期的买卖气势，并具有先于股价到达峰顶或跌入谷底的功能，观图时主要凭借经验，以及与其他技术指标配合使用。

3. 压力支撑指标（CR）

（1）CR 指标。

CR 指标又称为价格动量指标，它能够大体反映出股价的压力带和支撑带，弥补了 AR、BR 指标分析的不足。

（2）计算公式。

$$中间价 = (最高价 + 最低价) \div 2$$
$$上升值 = 今天的最高价 - 昨天的最低价（负值记 0）$$
$$下跌值 = 昨天的中间价 - 今天的最低价（负值记 0）$$
$$多方强度 = 26\ 天的上升值的和$$
$$空方强度 = 26\ 天的下跌值的和$$
$$CR = (多方强度 \div 空方强度) \times 100$$

a 线：CR 的 10 天平均线后移 5 天。

b 线：CR 的 20 天平均线后移 9 天。

c 线：CR 的 40 天平均线后移 17 天。

d 线：CR 的 62 天平均线后移 28 天。

a、b 两线所合成的区域叫做"副地震带"，c、d 两线合成的区域叫做"主地震带"。

（3）CR 分析要领。

运用 CR 指标应该综合其他技术指标共同分析。

当 CR 由下向上穿过"副地震带"时，股价会受到次级压力。反之，当 CR 从上向下穿过"副地震带"时，股价会受到次级支撑。

当 CR 由下向上穿过"主地震带"时，股价会受到相对强大的压力；反之，当 CR 由上自下穿过"主地震带"时，股价会受到相对强大的支撑力。

CR 跌穿 a、b、c、d 四条线，再由低点向上爬升 160 时，为短线获利的一个良机，应适当卖出股票。

CR 跌至 40 以下时，是建仓良机。而 CR 高于 300 ~ 400 时，应注意适当减仓。

（4）买卖原则。

CR 与 BR、AR 最大的不同在于采用中间价作为计算的基准。由于价格虽然收高，但其中一天的能量中心却较前一天为低，这是一个不可忽略的重点。CR 可以和 BR、AR 完全分开独立使用，对于股价何时上涨、何时下跌能提供难得的参考。CR 本身配置 4 条平均线，平均线又较 CR 先行若干天，另一方面，平均线之间又相互构筑一个强弱带，被应用来对股价进行预测。

①CR 平均线周期由短到长分成 a、b、c、d 4 条。

②由 c、d 构成的带状称为主带，a、b 构成的带状称为副带。

③CR 跌至带状以下两日时，买进。

④CR 亦会对股价产生背离现象。

⑤CR 由带状之下上升 160 时，卖出。

⑥CR 跌至 40 以下，重回副带，而 a 线由下转上时，买进。

⑦CR 上升至带状之上时，而 a 线由上转下时，宜卖出。

⑧主带与副带分别代表主要的压力支撑及次要压力支撑区。

⑨CR 在 300 以上，渐入高档区，注意 a 线变化。

4. 相对强弱指标（RSI）

相对强弱指标是通过比较一段时期内的平均收盘涨数和平均收盘跌数来分析

市场买卖盘的意向和实力，从而做出未来市场的走势。

（1）计算公式和方法。

$$RSI = [上升平均数 \div (上升平均数 + 下跌平均数)] \times 100$$

具体方法：

上升平均数是在某一段日子里升幅数的平均，而下跌平均数则是在同一段日子里跌幅数的平均。例如：我们要计算 9 日的 RSI，首先就要找出前九日内的上升平均数及下跌平均数，举例子见表 4 – 2：

表 4 – 2　　　　　　　　　　相对强弱指标测试

日　数	收市价	升	跌
第一天	23.70		
第二天	24.90	1.20	
第三天	26.50	1.60	
第四天	28.60	2.10	
第五天	31.10	2.50	
第六天	29.40		1.70
第七天	26.90		2.50
第八天	28.90	2.00	
第九天	20.50	0.50	
第十天	21.20	0.70	
合　计	–	10.60	4.20

$10.60 \div 9 = 1.18$

$4.20 \div 9 = 0.47$

第一天 RSI $= [1.18 \div (1.18 + 0.47)] \times 100 = 71.52$

第十天上升平均数 $= (1.20 + 1.60 + 2.10 + 2.50 + 2.00 + 0.50 + 0.70)/9 = 1.18$

第十天下降平均数 $= (1.70 + 2.50)/9 = 0.47$

第十天 RSI $= [1.18 \div (1.18 + 0.47)] \times 100 = 63.03$

如果第十一天收市价为 25.30，则：

第十一天上升平均数 = （1. 18 × 8 + 4. 10）÷ 9 = 1. 50

第十一天下跌平均数 = 0. 47 × 8 ÷ 9 = 0. 42

第十一天 RSI = ［1. 50 ÷ （1. 50 + 0. 42）］× 100 = 78. 13

据此可计算以后几天的 RSI。同样，按此方法可计算其他任何日数的 RSI。至于用多少日的 RSI 才合适，最初 RSI 指标提出来时是用 14 天，14 天作为参数则成为默定值。但在实际操作中，分析者常觉得 14 天太长了一点，也有用 5 天和 9 天的。

（2）运用原则。

①受计算公式的限制，不论价位如何变动，强弱指标的值均在 0 ~ 100 之间。

②强弱指标保持若高于 50，则表示为强势市场；反之，若低于 50，则表示为弱势市场。

③强弱指标多在 30 ~ 70 之间波动。当 6 日指标上升到达 80 时，表示股市已有超买现象，如果一旦继续上升，超过 90 以上时，则表示已到严重超买的警戒区，股价极可能在短期内反转回落。

④当 6 日强弱指标下降至 20 时，表示股市有超卖现象，如果一旦继续下降至 10 以下时则表示已到严重超卖区域，股价极可能有止跌回升的机会。

⑤每种类型股票的超卖超买值是不同的。

在牛市时，通常蓝筹股的强弱指数若是 80，便属超买，若是 30 便属超卖，至于二三线股，强弱指数若是 85 ~ 90，便属超买，若是 20 ~ 25，便属超卖。但我们不能硬性地以上述数值确定蓝筹股或二三线股是否属于超买或超卖，主要是由于某些股票有自己的一套超买或卖水平，即是，股价反复的股票，通常超买的数值较高（90 ~ 95），而视作超卖的数值亦较低（10 ~ 15）。至于那些表现较稳定的股票，超买的数值则较低（65 ~ 70），超卖的数值较高（35 ~ 40）。因此，我们对一支股票采取买或卖行动前，一定要先找出该支股票的超买或超卖水平。至于衡量一支股票的超买或超卖水平，我们可以参考该股票过去 12 个月之强弱指标记录。

⑥超买及超卖范围的确定还取决于两个因素。第一是市场的特性，起伏不大的稳定市场一般可以规定 70 以上为超买，30 以下为超卖。变化比较剧烈的市场可以规定 80 以上为超买，20 以下为超卖。第二是计算 RSI 时所取的时间参数。例如：对于 9 日 RSI，可以规定 80 以上为超买，20 以下为超卖。对于 24 日 RSI，

可以规定 70 以上为超买，30 以下为超卖。应当注意的是，超买或超卖本身并不构成入市的讯号。有时行情变化得过于迅速，RSI 会很快地超出正常范围，这时 RSI 的超买或超卖往往就失去了其作为出入市警告讯号的作用。例如：在牛市初期，RSI 往往会很快进入 80 以上的区域，并在此区域内停留相当长一段时间，但这并不表示上升行情将要结束。恰恰相反，它是一种强势的表现。只有在牛市末期或熊市当中，超买才是比较可靠的入市讯号。基于这个原因，一般不宜在 RSI 一旦进入非正常区域就采取买卖行动。最好是价格本身也发出转向信号时再进行交易。这样就可以避免类似于上面提到的 RSI 进入超买区但并不立即回到正常区域那样的"陷阱"。在很多情况下，很好的买卖讯号是：RSI 进入超买超卖区，然后又穿过超买或超卖的界线回到正常区域。不过这里仍然要得到价格方面的确认，才能采取实际的行动。这种确认可以是：

- 趋势线的突破。
- 移动平均线的突破。
- 某种价格形态的完成。

⑦强弱指标与股价或指数比较时，常会产生先行显示未来行情走势的特性，亦即股价或指数未涨而强弱指标先上升，股价或指数未跌而强弱指标先下降，其特性在股价的高峰与谷底反应最明显。

⑧当强弱指标上升而股价反而下跌，或是强弱指标下降而股价反趋上涨，这种情况称之为"背离"。当 RSI 在 70～80 上时，价位破顶而 RSI 不能破顶，这就形成了"顶背离"，而当 RSI 在 20～30 下时，价位破底而 RSI 不能破底就形成了"底背离"。这种强弱指标与股价变动产生的背离现象，通常被认为是市场即将发生重大反转的讯号。

和超买及超卖一样，背离本身并不构成实际的卖出讯号，它只是说明市场的状态。实际的投资决定应当在价格本身也确认转向之后才做出。虽然在行情确实发生反转的情况下，这个确认过程会使投资者损失一部分利润，可是却可以避免在行情后来并未发生反转的情况下投资者可能做出错误的决定。相对地说，这种错误会对投资者造成更大的损失，因为有时候行情会暂时失去动量然后又重新获得动量，而这时价格并不发生大规模的转向。

（3）评价。

①相对强弱指数能显示市场超卖和超买，预期价格将见顶回软或见底回升

等，但 RSI 只能作为一个警告讯号，并不意味着市势必然朝这个方向发展，尤其在市场剧烈震荡时，超卖和超买的信号已不准确，这时须参考其他指标综合分析，不能单独依赖 RSI 的讯号而做出买卖决定。

②背离走势的讯号通常都是事后历史，而且在背离走势发生之后，行情并不一定会反转。有时背离一二次才真正反转，因此，这方面研判须不断分析历史资料以积累经验。

③在牛皮行情时 RSI 徘徊于 40～60 之间，虽有时突破阻力线和压力线，但价位无实际变化。

5. 移动平均线（MA）

移动平均线，是利用统计学上移动平均的方法计算而得。短期的移动平均线可以取自 3～5 天，中期可取 12 天，长期取一个月，超长期为两月以上。平均线可反映股价的上升或下降趋势，且平均日数愈少，趋势反映愈灵敏，但也容易受到股价单日暴涨暴跌的影响。

（1）MA 的意义（见表 4－3）。

表 4－3　　　　　　　　　　从 MA 线看股票趋势

排列状况	趋势
多头排列： 股价 > 短期均线 > 中期均线 > 长期均线	上涨格局
空头排列： 长期均线 > 中期均线 > 短期均线 > 股价	下跌格局
各天期平均线与股价交错	盘整格局/反转走势

从表 4－3 中，我们可以看出采用两条移动平均线组合分析时，天数少的移动平均线升破天数多的移动平均线即为买入信号，反之，跌破天数多的移动平均线即为卖出信号。

（2）MA 的优缺点。

移动平均线的优点在于辨认长期趋势，在移动平均线向自己有利的方面发展时，可继续持股，直到移动平均线掉头转向才平仓，可获巨大利润，在移动平均线对自己不利的方面发展时，可及早抛出，将风险降至最低。

缺点在于：在无趋势（即牛皮市）的期间，重复的亏损将是不可避免的；在实际的操作中，亏损的次数高于盈利的次数，盈利以长线投资为主，如图 4 – 1 所示。

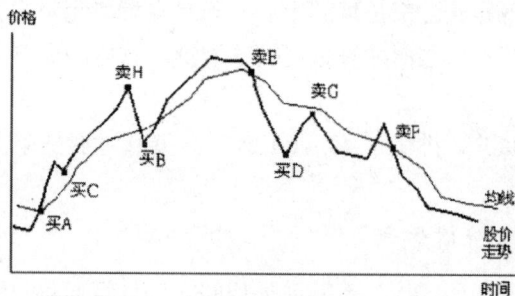

图 4 – 1　均线与股价走势示意图

买点 A　平均线由下降逐渐转为水平且往上趋势，而股价由下往上突破平均线时。

买点 B　股价由均线上方跌至均线下方，但均线仍处于上升趋势阶段。

买点 C　股价趋势线位于均线上方，股价突然下跌，但未跌至均线下方又反弹，此时为加码时机。

买点 D　股价跌至均线下方，且偏离均线很远，此时股价可能会再趋近均线，为买入时机。

卖点 E　平均线由上升逐渐转为水平且往下趋势，而股价由上往下突破平均线时。

卖点 F　股价由下往上穿越均线，但又立刻拉回，且均线仍处于下跌趋势阶段。

卖点 G　股价趋势线位于均线下方，股价突然上涨，但未超越均线又被拉回时。

卖点 H　股价位于平均线上方，且不断上涨偏离均线，表示短期涨幅已高，可逢高出脱。

附注：买点 B 与卖点 F 运用时风险较高，应小心。

6. 震荡量指标（OSC）

震荡量是动量指标的另一表现形式，一般用百分比值来加以计算。其内涵是以当日收盘价除以 n 日前收盘价，再乘以 100。

（1）震荡量试算表（见表 4 – 4）。

表 4 - 4 　　　　　　　　　震荡量试算表

日期	最高价	最低价	收盘价	十天前收盘价	MTM动量值	OSC震荡量
1	36.70	31.80	35.10			
2	35.30	33.70	34.60			
3	37.40	34.00	34.60			
4	35.90	33.50	33.80			
5	34.00	31.00	33.40			
6	35.70	31.00	32.60			
7	34.70	31.80	34.40			
8	35.20	32.60	32.90			
9	36.00	33.10	35.70			
10	35.80	32.40	32.40			
11	33.00	30.30	31.50	35.10	-3.60	0.89
12	33.00	29.80	29.80	34.60	-4.80	0.86
13	29.60	26.90	27.50	34.60	-7.10	0.79
14	27.40	25.00	26.20	33.80	-7.60	0.78
15	23.90	22.00	22.60	33.40	-10.80	0.68

（2）计算公式。

$$OSC = (C_t \div C_{t-n}) \times 100$$

其中：C_t 为当日收市价，C_{t-n} 为 n 日前收市价。

计算出的震荡量，数值在 100 以上时，在绘制图形时，即以 100 为基准横轴。当动量值在 100 以上，是为多头市场倾向，100 以下则为空头市场倾向，运用原则与 MTM 公式一样。

4.5 从技术角度分析买卖时机

1. 选股的时机

（1）选股的策略。

①价值发现。

这是华尔街最传统的投资方法，近几年来也被我国投资者所认同，价值发现方法的基本思路，是运用市盈率、市净率等一些基本指标来发现价值被低估的个股。该方法由于要求分析人具有相当的专业知识，对于非专业投资者具有一定的困难。该方法的理论基础是价格总会向价值回归。

②选择高成长股。

该方法近年来在国内外越来越流行。它关注的是公司未来利润的高增长，而市盈率等传统价值判断标准则显得不那么重要了。采用这一价值取向选股，人们最倾心的是高科技股。

③技术分析选股。

技术分析是基于以下三大假设：

● 市场行为涵盖一切信息。

● 价格沿趋势变动。

● 历史会重演。

在上述假设前提下，以技术分析方法进行选股，一般不必过多关注公司的经营、财务状况等基本面情况，而是运用技术分析理论或技术分析指标，通过对图表的分析来进行选股。该方法的基础是股票的价格波动性，即不管股票的价值是多少，股票价格总是存在周期性的波动，技术分析选股就是从中寻找超跌个股，捕捉获利机会。

④立足于大盘指数的投资组合（指数基金）。

随着股票家数的增加，许多人发现，也许可以准确判断大势，但是要选对股票可就太困难了，要想获取超过平均的收益也越来越困难，往往花费大量的人力物力，取得的效果也就和大盘差不多、甚至还差，与其这样，不如不作任何分析选股，而是完全参照指数的构成做一个投资组合，至少可以取得和大盘同步的投资收益。如果有一个与大盘一致的指数基金，投资者就不需要选股，只需在看好股市的时候买入该基金、在看空股市的时候卖出。

上述策略，主要是以两大证券投资基本分析方法为基础，即基本分析和技术分析。由上述的基本选股策略，可以衍生出各种选股方法，另外随着市场走势和市场热点不同，在股市发展的不同阶段，也会有不同的选股策略和方法。此外，不同的人也会创造出各人独特的选股方法和选股技巧。

（2）寻找真正底部，捕捉潜在黑马运用 MACD 指标选股。

选择股价经深幅下挫、长期横盘的个股，同时伴随成交量的极度萎缩，继尔股价开始小幅扬升，MACD 指标上穿零轴。此时还不是介入时机，还应耐心等待股价回调，待 MACD 指标回至零轴之下，再观察股价是否创下新低。在股价不创新低的前提之下，股价再次上扬，同时 MACD 指标再次向上穿越零轴时，则选定该股，此时为最佳买进时机。

选股原则：

①深幅回调。

股价从前期历史高点回落幅度，就质优股而言，回落 30% 左右；对一般性个股来说，股价折半；而对质劣股，其股价要砍去 2/3 可谓深幅回落。这里必须结合对股票质地的研究，例如对于高成长的绩优股来说，跌去 1/3 就属不易，而对于一支有摘牌危险的 ST 个股，跌去 2/3 也属正常，这里没有绝对的标准。因此必须辩证地看待某支个股的跌幅，当投资者对此把握不住时，建议重点关注股价已跌去 2/3 的个股。

②长期缩量横盘。

一般而言，在控盘机构完成出货过程之后，如果股价没有一个深幅的回调，就很难有再次上扬的空间，这样当然无法吸引新多入场。只有经过股价的长期横盘使 60 日、80 日、120 日等中长期均线基本由下降趋势转平，即股价的下降趋势已改变，中长期投资者平均持股成本已趋于一致，这时股价才对新多头有吸引力。长期横盘时应伴随着成交量的极度萎缩，如果仍然保持大的成交量，说明做空能量依然较强，上升动力不足。

③MACD 第一次上穿零轴时不动。

股价经过大幅下跌后，第一波段行情极有可能是被套机构的解套行情。即使是新多头的建仓动作，绝大多数情况下也还存在一个较残酷的洗盘过程。因此，MACD 指标第一次上穿零轴并非最佳买点。（此处 MACD 取常态指标）

④股价不再创新低。

从趋势角度而言，股价高低点的依次下移意味着整个下降波段没有结束，在一个下降趋势中找底是一种极不明智的行为，因此股价不再创新低是保证投资者只在上升趋势中操作的一个重要原则。在此基础之上，伴随着股价上扬，MACD再次上穿零轴，又一波升浪已起，方可初步确认已到中线建仓良机。

利用上述原则选择并买入潜力个股后，如果股价不涨反跌，MACD 再次回到零轴之下，应密切关注股价动向，一旦股价创下新低，说明下跌趋势未止，应坚决止损出局。否则应视为反复筑底的洗盘行为。

（3）寻找由底部起动的强势股。

①运用 ROC 指标选择经过长期缩量横盘的个股，在开始进入上升趋势后，股价首次出现加速上扬，使得 ROC 指标在常态下，第一次出现连过零轴以上三条天线的现象，显示该股极具黑马相，可于回调时介入。

选股关键：

• 底部区域起动：首先结合上文判明股价处于底部区域。（ROC 取常态值）

• 股价快速拉升：变动速率 ROC 的一个重要功能，就是其在测量极端行情时有着良好的绩效。伴随股价在上扬初期所出现的快速拉升，ROC 指标连续越过三条天线，显示出机构有拉高建仓迹象。而强调这种状况需第一次出现则是为了保证股价仍在底部区域附近。

• 适用范围：该方法不适用于超级大盘股及刚上市新股。ROC 指标连过三条天线，一般股价已有 50% 以上涨幅，对于超级大盘股而言已具有很大风险，涨升空间已经不大。而刚上市新股的市场定位尚未经受时间考验，利用该指标行动缺乏合理性。

②运用量价关系选股。

股价长期在底部缩量横盘的个股，成交量突然放大，股价拔地而起，连续大幅扬升。当第一次冲高之后，股价回调幅度不跌破涨幅的 1/2，而成交量已缩减至前期单日最高成交量的 1/10 左右，此时已到最佳买点。

选股关键：

• 股价突然扬升，成交量急剧放大：与上文底部阶段股价启动的表现有所不同，在无任何先兆的情况下，股价突然扬升，成交量急剧放大。说明个股基本面可能发生很大变化，出现快速拉高的建仓行为。

• 回档幅度不超过 1/2：但这种情况也常发生在前期被套主力的自救行情中，其表现为股价的快速拉高之后又迅速回落。因此，我们要特别强调股价回档幅度不能跌破涨幅的 1/2。

③成交量大幅萎缩：说明跟风盘、解套盘的压力已基本释放，筹码的锁定性良好。洗盘过程接近尾声，股价将重拾升势。

（4）利用技术分析的四要素——量、价、时、空，选择超强势股。

超强势股是股市中的明星，一些超强势股的股价可以在极短的时间内完成大幅飙升，令人惊心动魄。

以下我们从技术分析四要素价、量、时、空来论述超强势股的特征，个股符合下列特征越多者，越有可能成为超强势股。

① 价格。

与许多半路出家的个股不同，超强势股从形态上看底部一般比较扎实，以圆底、W 底和头肩底居多。股价上涨时几乎马不停蹄地从底部以 70 至 80 度的角度直拉，而且 K 线干净利落，很少连续形成较长的上影线。

超强势股股价飙升时，均线呈明显的多头排列。除非股价见顶，它一般不破 5 日价格均线。

②成交量。

超强势股在股价起步前常常是成交量长期低迷，5 日成交量均线被 10 日均线覆盖，或时隐时现，或藏而不露。然而突然某一天 5 日均量线以 45 度以上角度上冲 10 日均量线，并伴随着大幅成交量（一般较上一日高出 1 至 10 倍以上不等），此时往往是该股将要有大行情的信号。此后，一连数天保持在 10% 以上换手率，个股价升量增，量价配合极好。当然，有些超强势股在股价大涨前也有成交量并不大，但行情真正发动之日，成交量仍需很大。

③时间。

一轮跌市接近尾声之时，最先冒头拉涨停板之个股最易成为超强势股。此外，一波短多或次中极行情的初期，也是我们检验超强势股的重要时刻。那些符合市场主流、股本适中并率先领衔上涨者最有希望成为超强势股。

超强势股从行情起动至股价见顶一般只用 6 至 20 个左右交易日不等。由于主力有备而来，股价走势极具爆发性。因此，一旦 5 日价格均线趋平、K 线拉阴，投资者应立即出局。

④空间。

绝大多数超强势股均起自于中低价股，因此有着可观的上升空间。一般而言，如果一档超强势股仅用 6 至 7 个交易日便完成一波行情，那上升空间约为 50% 至 60% 在右。以往的历史数据表明，绝大多数超强势股可以在 10 个以上交易日内完成股价翻倍。

在此提醒广大投资者：超强势股股价运行至庄家成本价的 0.5（或者 1、1.5……）倍时，你要格外小心，以提防股价见顶。

超强势股并非总是可遇而不可求。它要求投资者不但具有极强的看盘能力，而且还要有超人的胆量。在众人徘徊观望之时坚决买进。一个够水平的投资者会在一波行情风声乍起之时从数支率先拉涨停的个股中筛选出一至两个股票。它们必须在流通股本、股价绝对高度、题材、业绩及个股日分时图、股价拉涨停的角度与速度等诸方面占有绝对优势。如果以上条件具备，投资者应在第一个涨停板后勇敢地跟进。运气好的话，极有可能取得成功。

2. 股票的买进和卖出时机

（1）股票买进的时机。

不赌最低点买进、最高点抛出，但求心平气和，买进股票后可定下一个标准，到心理价位后即可抛出，即使离场后还在上涨，也不必懊悔，毕竟你是股海中随波逐流的一叶小舟，根本无法与庄家抗争。

买进时机主要有四个：

①日 K 线显示某股票下跌二浪之后小幅波动，量缩至其流通股的千分之五以下，最好这样缩量盘整三天以上，或者在此区域阴线阳线交错，量能均衡且比前几日有所放大、可介入。

②如某股票跌至两年来的底部，即使跌破历史低价，也只是瞬间，其实是庄家在刻意打压吸筹，应果断买进。

③某股票小阴小阳或中阳一路稳步爬升，且有一段不小的涨幅，某一天（该股没有什么利空）突然出现一根下跌型的中阴或长阴，十有八九是庄家在震荡洗筹，可适当跟进。

④特别注意那些流通股在 3 500 万以下，每股收益在 0.40 元以上的小盘绩优次新股，由于其极强的股本扩张能力，深得主力青睐，只要市盈率在 35 倍以下，当股价回落时，便可吸纳，中长线必有不俗的回报。

表4-5   买进信号重点K线图形一览表

名　称	图　形	特　征	技术含义	备　注
早晨之星，又称希望之星		和早晨十字星相似，区别在于早晨十字星的第二根K线是十字线，而早晨之星的第二根K线是小阴线或小阳线。	此信号显示见底，表示后市看涨。	信号比十字星弱。
早晨十字星，又称希望十字星		(1) 出现在下跌途中。 (2) 由3根K线组成，第一根是阴线，第二根是十字线，第三根是阳线。第三根K线实体深入到第一根K线实体之内。	此信号显示见底，表示后市看涨。	转势信号随十字线的上下影线变强。
徐缓上升形		(1) 多数出现在涨势初期。 (2) 先接连出现几根小阳线，然后才拉出中、大阳线。	此信号可以买进，后市看涨。	大幅上升之后，升势即将结束。

名　称	图　形	特　征	技术含义	备　注
下探上涨形		在上涨途中，突然跳低开盘（甚至以跌停板开盘），当日以涨势收盘，收出一根大阳线（甚至以涨停板收盘）。	此信号可以买进，后市看涨。	（1）将有大升势。（2）升势接近尾声。
大阳线		（1）可出现在任何情况下。（2）阳线实体较长，可略带上、下影线。	在上涨刚开始时出现大阳线，后市看涨；在上涨途中出现大阳线，继续看涨；在连续加速上涨行情中出现大阳线，是见顶信号；在连续下跌的行情中出现大阳线，有见底回升的意义。	信号随阳线实体变长而越发可靠。

表4-6　　　　　　　　　早晨十字星、早晨之星操作策略一览表

大盘走势示意图	个股走势		操作策略	
	早晨十字星示意图	早晨之星示意图	激进型投资者	稳健型投资者
	(1) A	(1) B	图（1）A积极买进	图（1）A分批买进
	(2) A	(2) B	图（2）A积极买进	图（2）A分批买进
	(3) A	(3) B	图（3）B适量买进	图（3）B尝试性少量买进
	(4) A	(4) B	观望	观望
	(5) A	(5) B	图（5）A尝试性少量买进	观望
	(6) A	(6) B	图（6）A尝试性少量买进	观望
	(7) A	(7) B	图（7）B尝试性少量买进	观望
	(8) A	(8) B	观望	观望

注："－－－"表示30日移动平均线

表 4－7　　　　　　　　大阳线操作策略一览表

大盘走势示意图	个股走势		操作策略	
	带有上影线的大阳线示意图	无上影线的大阳线示意图	激进型投资者	稳健型投资者
	(1) A	(1) B	选择图（1）B 积极买进	选择图（1）B 分批买进
	(2) A	(2) B	图（2）A 适量买进	图（2）A 尝试性少量买进
	(3) A	(3) B	图（3）B 积极买进	图（3）B 分批买进
	(4) A	(4) B	观望	观望

续表

大盘走势示意图	个股走势		操作策略	
	带有上影线的大阳线示意图	无上影线的大阳线示意图	激进型投资者	稳健型投资者
	(5) A	(5) B	图（5）B尝试性少量买进	观望
	(6) A	(6) B	图（6）A尝试性少量买进	观望
	(7) A	(7) B	图（7）B尝试性少量买进	观望
	(8) A	(8) B	观望	观望

注："－－－"表示30日移动平均线。

表4-8   大阳线操作策略一览表

大盘走势示意图	个股走势		操作策略	
	下探上涨形示意图		激进型投资者	稳健型投资者
	股价从底部走出，出现下探上涨形		积极买进	分批买进
	股价大幅上升后，出现下探上涨形		适量买进	持股待涨但不追涨
	股价从底部走出，出现下探上涨形		少量买进	观望
	股价大幅上升后出现下探上涨形		持股待涨但不追涨	观望

注："– – –"表示30日移动平均线。

表 4 – 9　　　　　　　　　　　徐缓上升操作策略一览表

大盘走势示意图	个股走势		操作策略	
	徐缓上升形示意图		激进型投资者	稳健型投资者
	股价从底部走出，出现徐缓上升形		积极买进	分批买进
	股价大幅上涨后，出现徐缓上升形		适量买进	持股待涨但不追涨
	股价从底部走出，出现徐缓上升形		少量买进	观望
	股价大幅上涨后，出现徐缓上升形		持股待涨但不追涨	观望

注："－ － －"表示 30 日移动平均线。

表 4－10　　　　　　　　买进信号重点技术图形一览表

名称	技术图形	特　征	技术含义	操作建议	备　注
双底，又称 W 底	颈线	(1)在跌势中出现。 (2)有 2 个低谷，最低点基本相同。 (3)第二个低谷形成时，成交量极度萎缩，但向上突破颈线时成交量迅速放大。 (4)在突破之后常常有回抽，在颈线附近止跌回升，从而确认向上突破有效。	筑底回升，买进信号。	跟进做多。买进方法同头肩底买进方法相同。	(1)上升力度不如头肩底，但如双底形成时间较长，半年甚至一年以上，其上升力度也不可小视。 (2)筑底时间小于 1 个月，其信号较弱。
潜伏底	上边线 下边线	(1)大跌之后出现。 (2)长时期地作狭窄的小幅波动，成交量稀疏，随后放巨量突破上档压力线大幅上扬。	不鸣则已，一鸣惊人，买进信号。	大胆跟进。	(1)潜伏底形成时间一般都比较长，多数发生在被市场长期冷落的个股上。 (2)潜伏底是股价上升潜力最大的一种底部形态。
头肩底	颈线 左肩　右肩 头部	(1)在跌势中出现。 (2)有 3 个低谷，左右两个低谷的低点基本处在同一水平位置上，但当中低谷的低点明显低于左右两个低谷的低点。 (3)前两次反弹高点基本相同，最后一次反弹向上突破了前两次反弹高点的连线(俗称"颈线")，并收于其上方。 (4)成交量出现极度萎缩后，上冲突破颈线时成交量显著放大。 (5)在突破压力线之后，常常有回抽，在颈线附近止跌回升，从而确认向上突破有效。	见底回升，买进信号。	激进型投资者可在右肩形成，放量向上突破颈线时买进。稳健型投资者可在放量突破颈线后，经回探颈线后再次放量创新高时买进。	(1)因筑底时间长，所以可能大涨。 (2)在实际走势中，也可能形成两个右肩、两个左肩、或一个右肩、两个左肩；或两个右肩、一个左肩的图形。都为头肩底。

表 4 – 11 潜伏底操作策略一览表

大盘走势示意图	个股走势		操作策略	
	潜伏底示意图		激进型投资者	稳健型投资者
	(1) 上边线 下边线		适量跟进做多	持股待涨但不追涨
	(2) 上边线 下边线		积极跟进做多	分批买进做多
	(3) 上边线 下边线		少量跟进做多	观望
	(4) 上边线 下边线		少量跟进做多	观望

注:"－ － －"表示30日移动平均线。

表4－12 头肩底操作方法一览表

大盘走势示意图	个股走势	操作策略	
	头肩底示意图	激进型投资者	稳健型投资者
	颈线 买点 左肩 头部 右肩	适量跟进做多	持股待涨但不追涨
	第二买点 颈线 第一买点 左肩 头部 右肩 回抽	积极跟进做多	分批买进做多
	颈线 买点 左肩 头部 右肩	少量跟进做多	观望
	第二买点 颈线 第一买点 左肩 头部 右肩 回抽	少量跟进做多	观望

注:"－－－"表示30日移动平均线。

表 4 – 13　　　　　　　　均线向上发散形操作策略一览表

大盘走势示意图	个股走势示意图		操作策略	
	首次向上发散		激进型投资者	稳健型投资者
			适量买进	有股票者可持股待涨,无股票者持币观望
	再次向上发散		积极买进	分批买进
	首次向上发散		少量买进	观望
	再次向上发散		少量买进	有股票者可持股待涨,无股票者持币观望

注:"——"表示 5 日移动平均线,"……"表示 10 日移动平均线,"－ － －"表示 30 日移动平均线。

表4-14　　　　　　　　　　　银山谷、金山谷操作策略一览表

大盘走势示意图	个股走势示意图	操作策略	
		激进型投资者	稳健型投资者
	↑银山谷	少量买进	观望
	该图金山谷的水平位置比银山谷高 ↑银山谷　↑金山谷	积极买进	分批买进
	该图金山谷和银山谷基本上处于同一水平位置 ↑银山谷　↑金山谷	适量买进	少量买进
	↑银山谷	观望	观望
	该图金山谷的水平位置比银山谷高 ↑银山谷　↑金山谷	少量买进	观望
	该图金山谷和银山谷基本上处于同一水平位置 ↑银山谷　↑金山谷	少量买进	观望

注:"——"表示5日移动平均线,"……"表示10日移动平均线,"－－－"表示30日移动平均线。

（2）股票卖出的时机。

①连续放量冲高，换手率突然放大。

上升行情中股价上涨到一定阶段，累计涨幅超过40%时出现连续放量冲高，有时是连续3~5个交易日连续放量，有时2个交易日放量，每日的换手率都在3%以上，而当最大成交量出现时其换手率往往超过10%，这意味着主力在拉高出货。如果收盘时出现长上影线，表明冲高回落。而次日股价又不能收复前日的上影线，成交开始萎缩，表明后市将调整，遇到此情况要坚决卖出。

②当日放量过急，而次日成交量锐减。

主要指股价出现急拉使得成交量成倍放大，次日成交量急剧减少50%以上。不管是在上升行情还是下跌调整过程中，只要出现这种情况就应坚决卖出。

③击破重要日均线指标。

放量后股价跌破5日均线并且3~5个交易日不能恢复，随后5周线也被击穿，应坚决卖出。对于刚被套的人此时退出特别有利。如果股价击破30或60日均线等重要均线指标就要坚决清仓了，而许多投资者被套后往往漠视，难下决心，从而导致此后的深度被套。

④反弹时冲击重要均线失败。

随着股价下调，逐渐形成了下降通道，日、周均线出现空头排列。如果此后出现反弹，股价上冲30或60日均线没有站稳，则应坚决卖出。若周均线设定为30、60、90周，通过周线观察我们有同样感受。

⑤放量后股价高位滞涨或量价背离。

股价经过较大幅度拉升并伴有放量后，成交量明显萎缩，不支持股价的上涨。

⑥利空突发，应第一时间斩仓。

对于突发的利空消息，决不要有任何的犹豫与幻想，因为后期走势实在难测。遇到此情况时应先果断卖出股票。

⑦第一时间成交急剧放大。

上涨一定阶段后，如果开盘后股价迅速上涨，在30和60分钟图中第一时间成交量超过前一个交易日或与之接近，则应坚决卖出，因为此时机构正在集中出货。

⑧出现"双头"形态。

认清"双头"形态对于把握卖点很有帮助。当股价不再形成新的突破，形成第二个头时，应坚决卖出，因为从第一个头到第二个头都是主力派发阶段。虽然双头之间的距离不一，但只要出现就应该减仓。

⑨卖出股票的信号。

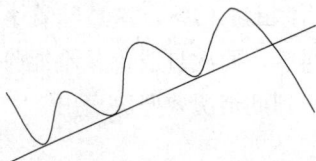 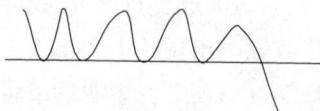

图 4-2   图 4-3

图 4-2：股价原向上运行，随后则跌破上升趋势线之下界线，表示改变上升轨道或反转下跌。

图 4-3：股价变动呈盘局，随后则跌破盘局之下界线。

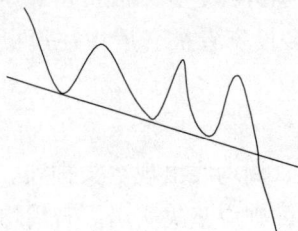 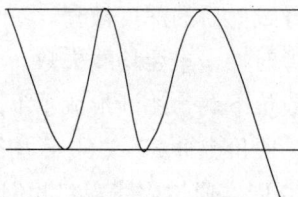

图 4-4   图 4-5

图 4-4：股价随下跌趋势线之下界线向下变动，其后跌破下跌趋势线，股价加速下跌，是暴跌行情之前兆。

图 4-5：股价进入矩形整理，随后跌破平行轨道之下界线，是脱离盘局展开下跌行情之开端。

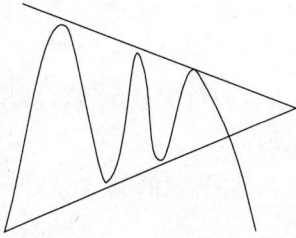

图 4 - 6

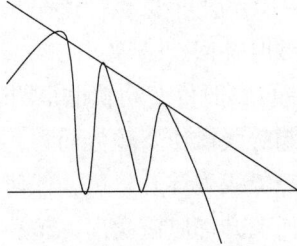

图 4 - 7

图 4 - 6：股价变动呈对称三角形之盘局，虽是一底比一底高，其后却向下界线突破。

图 4 - 7：股价变动进入整理，轨道之下界线呈水平移动，上界线向右下方倾斜，随后跌破轨道之下界线，是有效之突破。

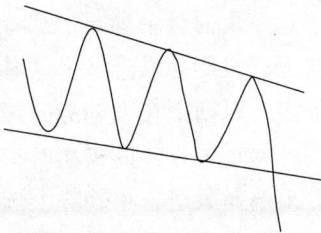

图 4 - 8

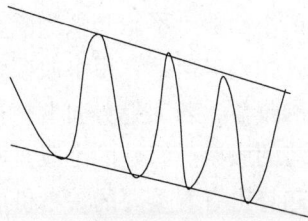

图 4 - 9

图 4 - 8：股价变动进入收敛趋势形态的末端，并向轨道之下界线突破，加速下跌。

图 4 - 9：在下跌行情里，反弹至轨道之上界线附近，是卖出时机。

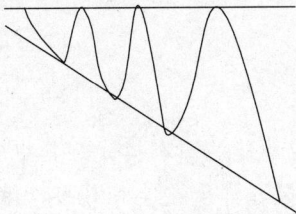

图 4 - 10

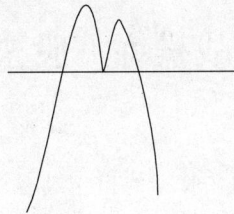

图 4 - 11

图4－10：股价变动轨道呈反散趋势形态，反弹至轨道之上界线附近可卖出，待下跌时补回。

图4－11：股价变动轨道呈明显的"M"形态，股价突破颈线可参与做空。

依据趋势线操作要顺势而为，要掌握两个原则：

①在趋势线确认升势后，任何回落都可买进，趁回档加码；在趋势线确认跌势后，任何上升都应该卖出，趁反弹平仓。

②在趋势线确认升势后，不要轻易地卖出或高抛低吸；在趋势线确认下跌之后，不可轻易买入，因为后市可能跌得更惨。

注意事项：

①趋势线连接的点越多，其作用性越强。

②趋势运行的时间越长，准确率越高。

趋势理论不仅使用于中长期K线图的大趋势，还使用于5分钟的K线图或分时图上的小趋势。不论是从判断大势角度还是短线的盘中参与，都有着较强的参考价值，大趋势向下，很多股票跟随大势向下，股价易跌难涨，这时操作很难赚到理想的收益，若大趋势向上，投资机会较多，原则上在大趋势向好时参与形成上升趋势的股票。看好的个股盘中在分时图把握短线具体的买卖时机时，分时图上的小趋势也有着重要的参考价值。大趋势上选择股票，小趋势上选择短线进出时机，时机把握较好的个股当日就可获得一定收益，这样利于投资者保持一个良好的投资心态。另外不同时间周期的趋势在运行过程中形成同向的买入或卖出作用，形成趋势的共振，这种同向的作用使股价波动加剧，便于投资者把握较大的操作机会和规避风险。

◉◉ 实战操练：股票涨升习惯

我们在长期的操作过程中，找到了一些比较稳健的赢利模式。其中的一种非常值得读者应用，而且学起来很方便，容易掌握。那就是生命线托。我们把24日移动平均线叫做生命线，把股票看成是有生命的事物，主力机构运作在此线上面的就等于该股有生命力，可能茁壮成长；在此线之下就是失去活力的股票，短线暂时不关注此类个股；生命线在 20 日移动平均线和 30 日移动平均线之间，是出色的机构投资者常用的中庸之道。做上涨波段的大盘股很多都是以该生命线作为依托，在此线之上就是有生命的，在此线之下，三天之内不能重上该线上方，那我们则判断为主力出货，后市不看好。在已经走上升通道的股票中找出均线多头的股票精心研究，发现一个相同特征，能够把握最好的赚钱机会，那就是上涨习惯，即股价的上涨总是有个过程。

炒股最重要的就是投资理念、投资心态，还有选好个股。大多投资者在亏损的情况下不知道如何是好。一片茫然之中，涨了还想涨多一点，跌了就想等一会就可能会反弹了！可是错过了机会之后呢，一套就是几块钱，有的甚至套住七八块的。麻木得已经不能再说什么了，偶尔有一个反弹涨停，都看不到投资者脸上有一丝笑容！离解套的价格还远着呢！下面介绍一支股票，了解一下主力机构运作的一些习惯。

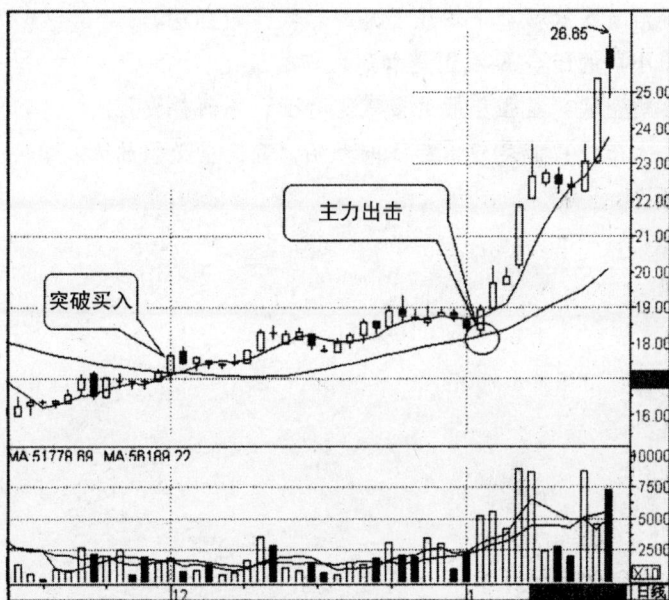

图 4 - 12

该股行业分类属于通信及相关设备制造业，主营范围：生产程控交换系统，多媒体通讯系统，通讯传输系统及电子设备，计算机系统的软硬件、微电子器件。属于高科技板块当中的高速增长企业，一直以蓝筹股的形象出现在投资者面前。该公司的业绩也一直很不错，高送配一直给投资者好的收益。这种上涨习惯一直没有改变，那就是送配之前上涨或者送配之后填权。该股上涨最大的特征就是股价越是上涨得快反而是最好的短线快进快出的时机。赚钱的人总是在它拉出大阳线连续上涨的时候介入，短期就获利非常丰厚了。我们的操作也应该有自己的习惯，就是在上涨过程中受到支持就要有勇气大胆介入，在疯狂的时候却逃命最快，这也是使我们没有能够卖到最高的缘故。通常都是我们卖出之后，股价还继续上涨一段。但是，我们抓住了上涨的特征还是很顺利获利出局了。始终没有后面暴涨之后暴跌的痛苦。习惯自己思考，自己研究，同时利用机构投资者的分析优势，进行快速的运作。短线成功赚钱的能力就是这样长期对股票上涨习惯的研究得到升华的。

针对该股的走势我们总结出以下几点选股经验：

（1）股价沿着 5 日移动平均线上升的时候开始留意。

（2）小阳小阴的组合 K 线图是加速之前的征兆。

（3）向上跳空缺口是强势股的最常见特征，不回补更强。

（4）光头大阳线可能是股价起飞的开始，成交量必须放大。

第 5 章

成交量的分析

Chapter5

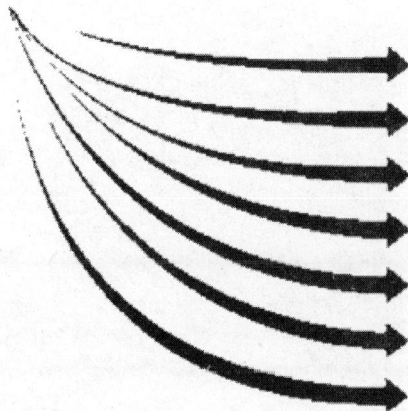

5.1 什么是成交量

成交量——指当天成交的股票数量。一般情况下，成交量大且价格上涨的股票，趋势向好。成交量持续低迷时，一般出现在熊市或股票整理阶段，市场交投不活跃。成交量是判断股票走势的重要依据，对分析主力行为提供了重要的依据。投资者对成交量异常波动的股票应当密切关注。其中总手为到目前为止此股票成交的总数量，现手为刚刚成交的那一笔股票数量。单位为股或手。

成交量可以在分时图中绘制，也可以在日线图、周线图甚至月线图中绘制。一般行情分析软件中，上面的大图是主图，下面的两个小图，其中一个就是成交量或成交额。国内 A 股市场是资金推动的市场，市场成交量的变化反映了资金进出市场的情况，成交量是判断市场走势的重要指标，但在国外成熟市场，成交量主要是用于印证市场走势。

关于成交量的股谚有：量在价先，即天量见天价，地量见地价；底部放量，闭眼买进。据此操作，成功率较高，机会也不少。

由于市场制度的不完善，主力为了达到资金出局的目的，常常采用大单对敲的形式活跃市场，引诱别的资金跟风，因此，成交量指标出现骗量是常有的事，切不可机械地运用成交量理论指导操作。

因为成交量主要用于印证市场走势，在上升趋势中，成交量应在价格上升时增加，而在价格回调时减少。一旦价格超过前一个波峰，而成交量减少，并且还显示出在回调中增加的倾向，此时上升趋势往往会进一步下跌。在下降趋势中，成交量的表现正好相反。

成交量水平代表了价格运动背后多空双方竞争的激烈程度，它能帮助图表分析师很好地估量多空双方的实力。因此带有巨大成交量的交易时段往往代表着重要的意义，如反转日就经常伴随着巨大成交量。

买盘＋卖盘≠成交量

（1）买盘和卖盘相加为何不等于成交量。

目前沪深交易所对买盘和卖盘的揭示，指的是买价最高前五位揭示和卖价最低前五位揭示，是即时的买盘揭示和卖盘揭示，其成交后纳入成交量，不成交不能纳入成交量，因此，买盘与卖盘之和与成交量没有关系。

怎样看出成交量中哪些是以买方成交或哪些是以卖方成交？这里有一个办法：在目前股票电脑分析系统中有"外盘"和"内盘"的揭示，以卖方成交的纳入"外盘"，以买方成交的纳入"内盘"，这样就可以区分成交量哪些以买方成交、哪些以卖方成交。

（2）外盘、内盘。

在技术分析系统中经常有"外盘"、"内盘"出现。委托以卖方成交的纳入"外盘"，委托以买方成交的纳入"内盘"。"外盘"和"内盘"相加为成交量。由于以卖方成交的委托纳入外盘，如外盘很大，意味着多数卖的价位都有人来接，显示买势强劲；而以买方成交的纳入内盘，如内盘过大，则意味着大多数的买入价都有人愿卖，显示卖方力量较大。如内盘和外盘大体相近，则买卖力量相当。

5.2　成交量的分类

1. 天量与地量

（1）天量。

股票价格持续上涨较长时间之后，成交非常活跃，市场人气相当鼎盛，利好传闻满天飞。此时由于股价上涨幅度巨大，引发理性投资者大规模的获利回吐和恐慌性抛售，成交量出现急剧放大后股价也随之出现深幅的回落，此时的巨大成交量就称为"天量"。

创历史记录的超大成交量产生之后往往就是股价的见顶回落并产生反转，要在之后相当长的时间内对被市场鼎沸人气所推动的已经超出理性的股价进行修正。因此在天量出现之后，应该是中长线退出的最佳时间。

（2）分析天量时应该注意的几个问题。

①如何界定天量。

当翻开历史走势的时候，投资者当然很容易判断出哪些成交量为天量，但在股票投资实战之中要在成交量出现大幅放大之时及时判断成交量水平是否属于天量就是一项很考功力的事情了，因为往往有时候一个历史记录的成交量出现了，可能过不了几天会有更大的成交量。那么怎么判断巨大的成交量是否属于天量呢？这是技术分析者们都非常关心的问题，而且也都试图找出一个较易计算的公式或标准去判断天量，但实际上市场变幻无常，想简单地判断出天量谈何容易！对天量的判断主要依靠分析者本身的市场经验，但从以往经验可以总结出，天量出现时通常都具备以下几个条件：①天量出现之前股价已经出现连续上涨，且上涨的幅度很大，目前价格已经很高；②股价进入飙升末期，连续大幅上扬后出现上涨乏力；③市场人气鼎沸，交投异常活跃，利好传闻到处乱飞；④成交活跃度非常大，换手率连续数日保持在 10% 以上。

②天量出现时应该怎样操作。

一旦出现天量，那么股价离见顶回落就不会很远了。在这个时候，中长线投资者就应该着手抛出手中的股票，但是具有丰富市场经验的投资者都知道由于这段时间股价仍然会有很大的惯性上冲时机，抛得过早将不利于利润的最大化，要怎样抛才能获得尽可能多的利润呢？在这里介绍一种"倒金字塔"卖出方法：在第一次出现巨大成交量时，投资者开始部分抛出手中的股票，以持仓量的 1/4 为宜；当股价继续上涨并创下新高之后再抛出持仓量的 1/4 并加码卖出，加码的幅度为 1/4 的 1/3（即持仓量的 1/12）；第三次则在第二次卖出数量的基础上再加码卖出，将所有股票出清。如此一来，就可以使抛出股票的价格水平与股价顶点接近，从而尽可能地实现利润最大化的目标。在出现天量的时候，往往也是短线好手博取短线超额利润，"在刀口上舔血"的好时机，但一般都应该设定好止损位，一旦判断出现错误就及时"壮士断臂"，以减少损失。设立止损很多人都会，但是在出现天量时博取短差设定止盈点也是相当关键的，因为设立止盈可以帮助投资者克服"贪心"这一心理障碍，从而在最大程度上降低风险。

（3）地量。

股票价格持续下跌较长时间之后，市场人气相当涣散，利空传闻仍然不绝于耳，此时由于股价下跌时间跨度和价格幅度都很大，该抛股票的投资者早已经抛出了，剩下的都是坚定中长线持有的投资者，因此股票的抛售压力越来越轻，但同时买盘也寥寥可数，导致成交量逐步萎缩。当成交量缩到不能再缩的情况下，股价将在此形成谷低并开始向上，此时严重萎缩的成交量就称为"地量"。

地量通常都是原始空头市场结束的标志之一，股票市场上有句股谚是"地量之后是地价"，反映了每当成交量萎缩到地量时通常都预示股价即将见底回升。因为当成交量萎缩到不可能再萎缩的情况下，显示场内持股的投资者十分惜售，不愿意再抛出股票，抛压越来越轻，如果此时买盘稍微放大，则股价就会出现回升。因此在空头市场末段以及多头市场中，地量的出现往往都是市场即将见底的信号，也是中长线投资者开始对股票进行建仓的好时机。

"地量"之所以会见"地价"，通常的解释是沽盘枯竭，做空的动能已释放殆尽，股价跌无可跌，所以大市见底。但这样的解释只要一推敲就不免笼统：在多头市场中，由于大部分投资者对后市较具信心、坚定看好，愿意持股待涨而不为微利所惑；或者获利筹码为机构与庄家所控，高度锁定而不抛出——在这两种情况下，就不存在获利盘枯竭、杀跌动力消耗已尽的问题。市场的惜售（地量），是在多头力量仍掌握大局、支配大市走向的形势下出现的。因此只要"地量"一出现，抛压一显轻，多头就马上转入反攻，"地价"（也就是底）便随之而出。地量出现的几种情况：

①地量在行情清淡的时候出现。当行情长期处于清淡的时候，持股的不想卖股，持币的不愿买股，地量就出现了。这一时期往往是长线买家进场的时机。

②地量在股价即将见底的时候出现得也很多。一支股票在经过一番炒作之后，总有价格向价值回归的过程。在其漫漫下跌途中，虽然偶有地量出现，但很快就会被更多的抛压淹没。而在股价即将见底的时候，该卖的都已经卖了，没有卖的也不想再卖了，于是，地量不断出现，而且持续性较强。一般到连续出现地量的时候，距离真正的底部也不会很远了。

③地量在庄家震仓洗盘的末期也常有出现。庄家如何判断自己震仓是否有效，是否该告一段落呢？方法与手段很多，地量的出现便是技术上的一个重要信号。此时，持股的不愿意再低价抛售，或者说已经没有股票可卖了，而持币的由于对该股后市走向迷茫，也不敢轻易进场抢反弹，于是成交清淡，地量便油然而生，而且一般还具有一定的持续性，这一时期往往是中线进场的时机。

④地量在股票拉升前整理的同时也会间断性地出现。在庄家拉升股价前，都要让大部分筹码保持良好的锁定性，即"锁仓"。为了判断一支股票的锁仓程

度，从技术上来说，地量的间断性出现是一个较好的信号。地量出现到末期往往就是庄家要开始拉升的时候。

⑤高位横盘时也经常出现地量。庄家把股价拉升到一个非常高的位置之后，经常会做横盘整理，同时会经常出现地量，但此时的地量反映了场外投资者不敢介入，因此庄家为了吸引跟风盘以达到出货的目的，必然要进行一定的放量拉升，但在这种情况下买进的风险相对较大，因为如果遇到利空因素，庄家可能会放弃原有的计划而以杀跌的形式出货。

2. 活跃成交量与不活跃成交量

（1）活跃成交量。

股票价格开始上升的时候，投资者因为看好后市而买进股票，而一些早期已经在低位买进的投资者逐步获利回吐，成交活跃起来，成交量逐步放大，通常把这时的成交量称为活跃成交量。

成交量是否活跃没有很明确的范围去规定，许多技术分析方面的教科书在论述成交量是否活跃时也没有清晰的概念，而且对于处于不同发展阶段的股票市场，成交是否活跃也有很多不同的标准。例如成熟、理性的股票市场就比投机性较强的新兴股票市场的标准要低。因此，目前大多数技术分析人士都是根据自己的市场经验来判断成交是否处于活跃水平。目前中国证券市场的活跃成交量的标准是：个股日换手率保持在平均2%以上，就可以认为目前成交比较活跃。

个股换手率如果保持在平均2%以上，说明市场的主力资金已经处于活跃期，股价也开始步入上升，市场逐渐开始留意该股并有部分先知先觉的投资者介入，令成交活跃。在成交活跃的时候，股价波动的幅度也比较大，而且一般来说除非之前已经有大幅的炒作，否则股价上涨的可能性相对较大，因此投资者在观察到个股成交量出现放大趋势的时候，可以适当逢低建仓，等待股价的拉升。

（2）活跃成交量在股价运行不同时期的运用。

①主力资金建仓期。

活跃成交量出现在股价变动初期，显示主力资金对该股正在进行建仓，试图通过小幅拉动股价上涨，使一些持仓投资者有了微小获利就把手中筹码抛出，因此在这个时候往往就是股价开始向上的先兆。投资者在这个时候建仓中线持有的话，一般都有不错的收益。

②股价长期高位横盘时再次出现活跃成交量。很多时候，主力拉升股价到目标位之后，出货会有一定的困难，或者是因为整个市场进入调整，也可能是拉升的幅度过大，投资者对股价不认同，因此主力就被"套"住了，无法达到出货的目的。在这种尴尬情况发生的时候，主力一般就在高位进行长时间的横盘，等市场回暖或者利用时间获得投资者对该股股价的认同，当时机成熟之时，再次通过对倒做大成交量至活跃成交量水平并小幅拉升股价，给投资者做成该股"仍将上涨"的假象，以此吸引跟风盘而达到出货的目的。

（3）不活跃成交量。

当股价经过一段时间的下跌，由于市场低迷导致人气涣散，盘中成交稀疏，投资者不愿意买卖，因此成交量逐步萎缩，从高峰期回落下来。此时较少的成交量可以称为不活跃成交量。

同样的，对于不活跃成交量也没有很明确的定义，在这里只能按照过往市场的实践经验来进行判断。因此，对应以上所提到的活跃成交量，可对不活跃成交量设定一个衡量的标准，也就是个股成交量水平如维持在换手率2%以下就可以称为不活跃成交量。

当换手率大部分时间保持在2%以下时，说明主力资金并没开始在盘口活跃，对该股进行交易的多为中小散户，而市场多数投资者对该股仍没有开始重视，因此此时的行情多为散户行情，或者说仍处于漫长的主力建仓期的初段，股价离大幅上升还有较长的时间，而且很多情况下，股价都会呈现错落的态势。

不活跃成交量出现的几种特殊情况：

①急促拉升后高位构筑平台整理中后期。当股价出现连续的飙升之后，主力为了清洗浮筹，有时会在高位维持小平台或小箱体的整理，开始一段时间，由于短线投资者认为该股在构筑平台略为整理后，仍将继续大幅上行，因此此时成交量仍会保持活跃，但如果高位平台维持了较长的时间之后，短线投资者看短期上升无望，调整结束遥遥无期而开始减少介入，因此成交量也降低到不活跃成交量水平。这样的情况通常反映了主力试图利用盘整把短线投资者"请"出来，避免上升的时候该批资金撤离对拉升的阻碍，因此在调整结束之后股价仍将上行，因为在高位缩量进行调整，庄家要出货是比较困难的，除非是一些已经严重炒高了的"庄股"会以这种方式出货以外，一般庄家都不会在这个时候撤出来的，投资者在量能萎缩到较低水平之后，可以介入并中线持

有，将有一定的获利。

②主力对筹码进行完全控盘后的炒作阶段。在最近几年的市场中，有相当一批个股是被主力完全控盘后进行炒作的，所谓完全控盘就是主力持有了流通筹码的绝大部分，因此上升的时候不需要太大的成交量支持。这类个股在股价上涨的时候，成交量水平有时是持续维持在不活跃成交量水平内的，股价的上升是没有活跃的成交量支持的，投资者如果碰到这样的股票，应该坚定持有，不见大量、不见大平台不出货。

结合以上对活跃成交量与不活跃成交量的说明例证，可以看出，在大多数时间里不活跃的成交量是难以支持股价走强的，因此成交量的活跃通常都是股价上升的原动力，所以在股价运行中关注成交量的活跃水平对于股价运行方向的分析是非常重要的。

3. 阴量与阳量

（1）阴量。

当 K 线为阴线时，所对应的成交量称为阴量。阴量的出现，说明市场的承接力度较差，股价高开低走，空方取得胜利。这种时候一般都预示股价将出现调整。一般成交量水平下的阴量对股价的影响是比较有限的，这种趋势比较容易改变过来，而巨阴量则因为成交量巨大而将对股价运行方向产生较大的影响。

巨阴量的出现显示在多空双方的激烈争战中，空方最后获得胜利，而多方在失败之后将在短期内遭受到空方的打压，因此股价在接下来的一段时间内将有下行的要求，这是很显而易见的道理。既然很多投资者对巨阴量都有相当的戒备，实战中主力往往就采取巨量阴线欺骗投资者，下面介绍几种特殊的巨阴量。

当股价已经出现惊人涨幅后出现巨量阴线，极有可能是主力在为出货做掩护，而非真正的出货。

通常股价拉高到目标区域后主力都急于出货，但主力出货成交量必然增大，这时投资者会很快发觉，并采取行动，那么主力出货就不会顺利。为避免这种状况，主力要想让必然增加的成交量看起来不明显，就会提前做些铺垫，巨量阴线就是常用的一种方法。

（2）阳量。

当 K 线为阳线时，所对应的成交量称为阳量。阳量的出现，说明市场的承接力度强，股价开盘后持续高走，多方取得胜利。这种情况一般都预示股价将继续向上冲击高点。

①一般情况下的巨阳量出现的应对措施。

上升中途出现巨量阳线，说明多空双方进行了激烈的争持，尽管多方最后取得胜利并收出阳线，但是当日（当周、月等）经过如此激烈的对垒之后，多方的实力也有一定的消耗，因此在巨量阳线出现后，一般次日都会出现一定的调整，幅度就视个股主力实力的强弱不同而有差异了。这种情况在股票投资实战中经常会遇到，因此在这里也不再举例说明。

②阳线实体不大，股价波动幅度也不大，但伴随巨大成交量，通常是主力在进行换庄。

5.3 成交量的作用

股谚云：量先价后。意思指成交量是股价涨跌的原动力，其变化对股价的走势具有验证作用，故需分析研究。成交量对股价的涨跌起着十分重要的作用，具体表现在以下几个方面：

1. 成交量的第一个作用是能使股价上升，也能使股价下跌

成交量是股市的灵魂和支柱，没有成交量，就谈不上股市，更谈不上股价。在上升行情里，成交量增加时，股价就上涨，成交量减少时，股价就下跌。在下跌行情里，股价下跌时，成交量却增加，表示供给者增多，接手多为抢反弹的短线客，不会长期持有，一旦股价稍有上升，就赶紧抛出，导致股价大跌，成交量也随之萎缩。当成交量萎缩到极限时，一旦需求增加，股价又会立即上涨。以上事实说明，成交量的多寡，对股价的涨跌影响很大。我们应随时关注成交量的变化，及时调整进出策略。

2. 成交量的第二个作用是能使冷门股变热，热门股变冷

股票如同人类一样，有自己的个性，股票的"个性"，就是股性，股性常以

"冷"或"热"的姿态出现，热络的股票，股性"活"。冷清的股票，股性"死"。股性活的股票，多为热门股，股性死的股票，多为冷门股。股票的冷热是由成交量的增减变化而形成的。成交量增加，股票就热，成交量减少，股票就冷。散户投资者应注意避开冷门，追逐热门。成交量放大时进场，成交量开始萎缩时离开，一年抓住一两次"热点"就够了，没有必要常年"泡"在股市里，应把有限的时间尽量用到对股市行情走势的研判上。

3. 成交量的第三个作用是决定股价上升和下降的速度

我们都有这样的体会，股票有时三五天就暴涨几十点，有时十天半月，在原地一动不动。是什么原因呢？其答案仍是成交量的作用，成交量萎缩时，股价缺乏原动力，自然难以上涨。有成交量，才有股价。成交量的放大与缩小，严重影响股价的升降。

细化起来成交量的作用分为以下 10 个方面：

（1）股价随成交量的递增而上涨，表明价量关系正常，股价仍会继续上涨，并无暗示趋势反转信号。

（2）在波段性的长期下跌后，形成谷底，股价回升，成交量并未随股价的上涨而同步放大，因上行乏力股价再次跌回前低点附近，或略高于前一谷底时，是股价上涨的信号。

（3）股价长期下跌后，出现恐慌性杀跌现象，随着成交量的放大，股价大幅下挫，继恐慌盘涌出后，股价回升，同时因恐慌盘涌出所创的低价，难以跌破，这是大多数空头市场结束的征兆。

（4）在涨势中，股价随着成交量的递增而上涨，而在股价创新高后，成交量却出现递减之势，表明股价即将反转。

（5）股价随成交量的递减而上升（高控盘股除外），由于成交量是股价上涨的原动力，原动力不足，表明趋势有潜在的反转可能。

（6）股价一般随着缓慢递增的成交量而小幅上升，这一格局若变化成垂直上升的喷发行情，且成交量猛增，股价直线暴涨，而后成交量大幅萎缩，同时股价急速下跌，此现象的出现表明涨势将尽，上涨乏力，趋势有反转之嫌。

（7）股价下跌，向下跌破形态趋势线或移动平均线，同时伴随成交量的放大，趋势反转形成空头。

（8）当市场持续上涨，出现成交量猛增的现象，而股价上涨乏力，在高位徘徊，无法再大幅上行，表明股价在高位压力较大，从而诱发股价下跌。

（9）股价走低，在低位放量后，股价有止跌迹象，股价呈小幅震荡之势，表明有资金悄悄入场。

（10）成交量可作为价格形态的确认，若无成交量的确认，价格上的形态将是虚的，可靠性就差。

5.4　成交量的基本图形

表 5－1　　　　　　　　　　　成交量图形一览表

序号	名称	图　形	特　征	技术含义和操作建议	备　注
1	快速放大量		（1）跌势涨势都可能出现。 （2）突然出现很大的成交量。	（1）涨势初期，助涨信号，跟进做多。 （2）上涨途中，信号方向不明，谨慎做多。 （3）涨势后期，见顶信号，不可盲目跟进做多。 （4）跌势初期，助跌信号，及时退出观望。 （5）下跌途中，继续看跌，不可逢低吸纳。 （6）跌势后期出现，转势信号，不必恐慌抛售。	（1）可能是多头陷阱，不宜做多。 （2）可能是空头陷阱，不宜做空。

序号	名称	图　形	特　征	技术含义和操作建议	备　注
2	快速出小量		(1)涨势跌势都有可能。 (2)突然出现很小的成交量。	(1)涨势初期,回档信号,不必急于跟进做多。 (2)上涨途中,信号方向不明。谨慎做多。 (3)涨势后期,转势信号,可分批退出。 (4)跌势初期,助跌信号,及时退出观望。 (5)下跌途中,后市看跌,继续持币观望。 (6)跌势后期,见底信号,不应再继续杀跌。	(1)会出现回档整理。 (2)减磅或观望。
3	逐渐放量		(1)涨势、跌势都可能出现。 (2)成交量总体呈上升态势。	(1)涨势初期,上涨信号,做多。 (2)上涨途中,看涨,继续做多。 (3)涨势后期出现,转势信号,不可盲目做多。 (4)跌势初期,卖出信号,退出观望。 (5)下跌途中,看跌,继续持币做空。 (6)跌势后期,转势信号,不可盲目杀跌。	大盘或个股有较大涨幅,逐渐放量。

续表

序号	名称	图　形	特　征	技术含义和操作建议	备　注
4	逐渐缩量		(1)跌势涨势都可能出现。 (2)成交量总体呈下降态势。	(1)跌势初期,后市看跌,退出观望。 (2)下跌途中,弱势信号,做空。 (3)跌势后期,止跌信号,不可盲目卖出。 (4)涨势初期,信号方向不明,不必急于跟进做多。 (5)上涨途中,有转弱的可能,谨慎做多。 (6)涨势后期出现,滞涨信号,可分批退出。	(1)大盘或个股有跌幅,不要跟着杀跌。 (2)在上涨途中,出现逐渐缩量,回档整理。 (3)看5日均线操作,只要5日均线不破,就可一路持股做多。
5	量平	量小平 量中平 量大平	(1)涨势跌势都有可能。 (2)成交量总体呈基本相同态势。 (3)量平可分为量小平、量中平、量大平。	(1)涨势初期出现量中平、量大平,后市看好,可跟进做多。 (2)上涨途中出现量小平,继续看涨,仍可持股做多。出现量中平,方向不明,谨慎做多。出现量大平,后市看淡,可退出观望。 (3)涨势后期出现量大平,为滞涨信号,可分批退出。 (4)跌势初期无论出现什么样的量平,后市看空,应及时退出观望。 (5)下跌途中无论出现什么样的量平,继续看跌,仍应该币做空。 (6)跌势后期出现量小平,为止跌信号,不应再看空、做空。	所谓量小平、量中平、量大平都是与量平之前的成交量相比较而言的。如果前期成交量一直很小,后来连续几日量放大1倍,或1倍以上,且总体呈基本相同态势,这就是量中平;连续几日量放大2倍,或2倍以上,总体成交量呈基本相同态势,这就是量大平。

5.5　成交量的运用

1. 什么是量价关系

我们对量价原理其实并不陌生，比如"价涨量增行情看好"之类，这些都是量价原理的表现。但如果我们仅仅只是孤立地运用这些原则，势必会发现量价原理在实战中效果很差。原因很简单，传统的量价原理并没有考虑大盘的情况。

每当大盘在上涨的过程中绝大多数的股票都是上涨的，差异主要在于上涨的幅度大小。但从投资者的角度来说，由于大盘的预测难度相当大，因此选择个股的理由就是未来的走势强于大盘。这样即使大盘回落，这种个股也起码可以比大盘跌得少，甚至不跌反涨。

2. 量价关系分析的要点

量价关系分析的要点如下：

（1）量价关系默契的盘势为短线判断根据。

（2）量价极端异动的盘势为中线的判断根据。

（3）与大盘构成明显逆势。

（4）强势时注重价量大的品种，弱势时注重价量小的品种，这既包括相对值，又包括绝对值。

（5）量价分析最好是脱离消息或者反消息。

（6）盘面架势与结果不相称的量价需要逻辑分析。

（7）量价分析要有目的性。

（8）配合量价关系的指标有配合大量的宝塔线、量比、即时成交窗口以及与主流机会同步配合小量的 KDJ、OBV、SSL 及与主流风险异步的 MACD 指标，这些需特别注意。

3. 量价关系组合图形一览表

表 5 – 2 量价关系组合分析

序号	名称	示意图形	特征	市场意义及操作建议	备 注
1	价升量增		股价上涨，成交量总体上相应扩大。	（1）在涨势初期出现，为上涨信号，可跟进做多。 （2）在上涨途中出现，后市看涨，可继续持股做多。 （3）在涨势后期出现，为转势信号，不可盲目跟进做多，持筹者应分批了结。 （4）在跌势初中期出现，是价格反弹现象，如果成交量不能持续放大，反弹行情将告结束，投资者可利用反弹减仓。 （5）在跌势末期出现，多头出击，上涨后仍要回调，应观望。 （6）在整理态势中出现，有量配合，整理形态可能向上突破，应做多。	（1）在大盘或个股有了较大涨幅后，出现逐渐放量的现象，而且量又特别大，极可能是主力在出货。 （2）股价突破上升途中的整理态势，成交量明显放大，突破有效，股价仍将上涨。
2	价升量缩		价格上涨而对应的成交量总体上在逐步缩小。	（1）股价上升初期出现，上升无量配合，可能仍要回档，应观望。 （2）股价持续上涨，成交量萎缩，如果是发生在大盘上，只能说市场买力不足，大盘有转弱的可能，应谨慎做多；如果发生在个股上，说明盘中抛售少，大量的筹码不愿意出来，只有在庄家已控制了大部分筹码并继续买进的情况下才会这样，投资者仍可继续做多。 （3）在涨势后期出现，价量背离，是反转信号，应逢高卖出。 （4）在跌势中出现，反弹行情即将结束，应逢高减仓。 （5）在整理态势中出现，股价将上冲回落，继续整理，应观望。	（1）对一些超强势股缩量后出现大幅上涨的现象，常规的量价分析方法对它已不适用，投资者可看 5 日均线操作，只要 5 日均线不破，就可一路持股做多。 （2）股价在高位横盘后向上突破时，如果成交量不增反减，往往是多头陷阱，此时不宜再继续做多。

续表

序号	名称	示意图形	特征	市场意义及操作建议	备注
3	价跌量增		价格下跌而对应的成交量总体上在逐步增加。	（1）在涨势初中期出现，是主力打压震仓行为，只要股价回档不破30日均线，中长线仍可以继续持筹做多。 （2）在涨势末期出现，表明市势要发生反转，应立即减仓。 （3）在跌势初期出现，是助跌信号，应及时抛空退出。 （4）在跌势中期出现，表明空方能量仍然很强，股价仍需下跌一段时间，投资者不宜介入。 （5）在跌势后期出现，为见底信号，不必恐慌抛售。 （6）在整理态势中出现，一般多是行情突然出现某种较大利空消息或不利因素的影响，市场出现多杀多的悲剧，巨大的抛压会使股价越走越低，应抓紧时机减磅。	（1）一般情况下，高位如出现价跌量增的现象，不管是对大盘还是对个股来说都是坏消息。这意味着庄家在大量出货。投资者此时应抓紧清仓。 （2）个股或大盘长期大幅下跌后，出现快速放大量，往往是空头陷阱，此时不宜再继续做空。
4	价跌量缩		股价下跌而对应的成交量整体在逐步缩小。	（1）在涨势初中期出现，属正常回档，可逢低买入。 （2）在涨势末期出现，如果成交量仅为小幅减少，这是主力出货的迹象，假如股价能够迅速往上涨、创新高的话，则后市仍可看好；但若近日内股价仍继续盘软的话，持股多头则应谨慎为好，尽可能借反弹卖出。 （3）在跌势初期出现，如果成交量急剧萎缩，而在数日内的成交量也未见增加时，表明市场资金已经不足，或主力已经撤退，后市看跌，做多者应该斩仓出局。 （4）在下跌途中出现，为弱势信号，应继续做空。	（1）股价下跌不需要成交量支持，因为在股价下跌过程中，抛盘大，接盘小，急于抛出的人只有等待接盘出现时才能成交，所以很小一点抛售盘就可以把股价砸下来。

序号	名称	示意图形	特征	市场意义及操作建议	备 注
4	价跌量缩		股价下跌而对应的成交量整体在逐步缩小。	（5）在跌势后期出现，行情走势或可望于近期获得反弹，甚至见底回升，应停止做空。 （6）在盘整态势中出现，行情向下突破的可能性不大，继续观望。	（2）无量空跌如果发生在散户行情的股票上，或庄家已经走掉了的股票上，很可能导致股价长期低迷；但如果发生在庄家仍然隐藏其中的股票上，它早晚还得拉起来，因为在这个成交量条件下庄家无法撤离。
5	价平量增		股价变化不大，而成交量整体上在逐步增加。	（1）在涨势初中期出现，是主力在压价吸纳，应逐渐进货。 （2）在涨势末期出现，是主力在托盘出货，应清仓退出。 （3）在跌势初中期出现，下跌后整理，后市仍有下跌压力，应减仓。 （4）在跌势末期出现，有主力介入迹象，后市可望止跌企稳或止跌回升，应做好买入准备。 （5）在盘整态势中出现，买盘增加，后市可能上升，可逐步做多。	价平是指连续两个或几个交易日的股票价格基本处于同一水平，"价平量缩"中的"价平"亦是如此。
6	价平量缩		股价变化不大，而成交量整体上在逐步减少。	（1）在涨势初期出现，市场不振，后市方向和空间不明，应观望。 （2）上升途中出现价平量缩，可能是庄家利用平台整理来消化获利回吐压力和解套压力，后市仍可看涨，投资者可以继续持股做多。 （3）在涨势末期出现，如果此前成交量曾经很大，此时的缩量可能是庄家已完成派发任务，而市场又无新增资金，股价必将下跌，持筹者应全部卖出。	

续表

序号	名称	示意图形	特征	市场意义及操作建议	备　注
6	价平量缩		股价变化不大，而成交量整体上在逐步减少。	（4）在跌势初中期出现，说明投资者惜售，但后市仍要下跌，应减仓。 （5）在跌势末期出现，如果成交量已缩至很小，说明底部已近，投资者应做好买入准备。 （6）在整理态势中出现，说明市道平淡，无获利空间，应继续观望。	
7	价升量平		股价上升而成交量却无增减。	（1）在涨势初期出现量中平、量大平，后市看好可介入做多；出现量小平说明无新增资金介入，上涨无法维持，短期内会回档，应观望。 （2）在上涨途中出现量小平，说明主力控盘较好，继续看涨，仍可持股做多；出现量中平，方向不明，谨慎做多；出现量大平，后市看淡，可暂且退出观望。 （3）在涨势后期出现量大平，为滞涨信号，可分批抛出。 （4）在下跌初中期出现，属正常反弹，成交量不增加，反弹到位后仍要下跌，应观望及反弹减仓。 （5）在下跌末期出现，底部未明，反弹后仍需深底，应观望。	所谓量小平、量中平、量大平都是与量平之前的成交量相比较而言的。如果前期成交量一直很小，后来连续几日量放大1倍，或1倍以上，且总体呈基本相同态势，这就是量中平；连续几日量放大2倍，或2倍以上，总体成交量呈基本相同态势，这就是量大平。"价跌量平"中所指的"量平"也是这几种情况。
8	价跌量平		股价下跌而成交量却无增减。	（1）在上升初中期出现，属正常回档，抛压较大，上升行情将有曲折，应观望或少量买入。 （2）在涨势末期出现，多是控盘主力庄家开始逐渐退出市场的前兆，应全部卖出。	

续表

序号	名称	示意图形	特征	市场意义及操作建议	备 注
8	价跌量平		股价下跌而成交量却无增减。	（3）在跌势初期出现，后市看空，应及时退出观望。 （4）在跌势途中出现，继续看跌，仍应持币观望。 （5）在跌势后期出现，如果量小平，则底部渐近，应密切关注。	

　　说明：本表所说的涨势初期，一般指股价从低点回升后的 5%～20% 范围之内，低于 5% 只能视为小幅波动，参考意义不大；上涨途中，一般指股价涨幅在 30%～50% 范围之内；涨势末期，一般指股价涨幅超过了 70%，少数可能超过 100%；跌势初期，一般指股价从高点回落 5%～15% 范围之内，低于 5% 只能视为小幅波动，参考意义不大；下跌途中，冷门股一般指跌幅在 40%～50% 范围之内，前期强势股或质地较好的股票，一般指跌幅在 25%～35% 范围之内；跌势末期，冷门股跌幅要接近或超过 70%，前期强庄股或质地较好的股票，跌幅接近或超过 50% 就可视为跌势末期。

第6章
上网买卖股票从入门到精通

Chapter6

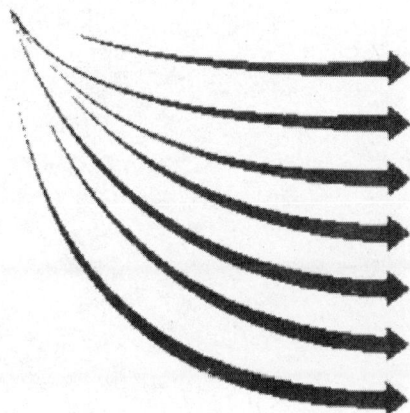

6.1　上网申购新股

1.　如何申购新股

由于新股开盘价 99% 都高于申购价，而申购新股不需要任何交易成本，如果策略得当，每年收益可以超过 10%，因此，申购新股几乎为没有风险的理财投资方式。申购新股的流程如下：

（1）投资者申购（申购当天）：投资者在申购时间内缴足申购款，进行申购委托。

（2）资金冻结（申购后第一天）：由登记结算公司将申购资金冻结。

（3）验资及配号（申购后第二天）：交易所将根据最终的有效申购总量，按每 1 000（深圳 500 股）股配一个号的规则，由交易主机自动对有效申购进行统一连续配号。

（4）摇号抽签（申购后第三天）：公布中签率，并根据总配号量和中签率组织摇号抽签，于次日公布中签结果。

（5）公布中签号、资金解冻（申购后第四天）：对未中签部分的申购款予以解冻。

2.　新股申购常见问题

目前，由于我国一、二级市场存在着较大的差价，并且申购新股的低风险使得每一位新入市的投资者极为关注这一投资方式。作为一位准备进行新股申购的投资者应该了解以下事项：

（1）账户卡丢了，还能配售新股吗？

可以同证券营业部协商，指定的证券营业部向中央登记结算公司申请，要求对挂失的证券账户卡予以暂时解冻，只有这样，才可保证您能用挂失的账户进行新股配售。

（2）新股认购电话委托无效，该如何处理？

可以进行柜面委托或营业部自助委托。

（3）如何查询新股配号情况？

交易所为广大投资者提供新股申购查询声讯电话服务，投资者也可到办理指定交易的证券营业部查询。

（4）某股民完成了新股认购并已中签，而后又遗失了账户怎么办？

可以作为一般的挂失转户处理，新股和配股新上市的数据在上市的第二天自动划入新账户内。

（5）股民在某天申购了新股但又撤销了指定交易，如何查找该股民的新股数据？

股民的新股数据传送给申购席位，可以在申购席位上查询。

（6）重复申购新股资金被双倍冻结，为何不能撤单？

新股发行公告中明确规定申购新股不能撤单。如果投资者因错误操作，导致新股重复申购，上交所的电脑主机除了接受并确认第一次新股申购的委托指令外，也接受新股重复申购委托指令，但不确认此笔委托指令，并在新股申购结束后，将其视作为"无效委托"处理。

因此，绝大多数证券营业部就是这样设置柜面委托系统的：投资者重复申购新股，就重复冻结新股申购款。如果投资者在交易时间内发现错误操作，可以马上找营业部工作人员反映，并要求将重复冻结的新股申购款手工"解冻"。

（7）新股申购以及新股配售结果还未揭晓，可以办理转指定交易吗？

交易所规定：在新股发行期间，不允许投资者办理撤销或转指定交易手续。主要原因有：若投资者配售新股 1 000 股，并且中签了，则原指定营业部由于该投资者已办理撤销或转指定交易，可能无法通知其前来补缴中签款，从而导致投资者错过了中签机会；若投资者申购新股 10 000 股，只中签 1 000 股或者未中签，该投资者仍需要到原指定营业部领取未中签新股申购款。

事实上，投资者无论是进行新股申购还是新股配售，在新股发行期间办理了撤销或转指定交易，投资者仍必须到原指定营业部办理清算交割手续（包括拿申购配号或配售配号、缴纳中签款或未中签申购款返回等）。

（8）撤销指定交易没有办理，怎么参与二级市场新股配售？

虽然撤销了指定交易，但仍拥有二级市场新股配售权，只不过此新股配售权暂时保留在上海证券中央登记结算公司。如果想要参与二级市场新股配售，只需要该日在证券营业部办理指定交易手续，即可参与。

3. 上网申购新股须知

申购新股有网上定价、竞价方式，法人配售方式，认购证方式，储蓄存单方式等多种新股申购形式，其中网上定价、竞价方式是目前大多数新股上市采用的形式，投资者在上网申购新股时，应了解上网申购的基本程序。

首先，投资者要弄清申购新股的几个步骤：

（1）申购之前，根据发行价和申购数缴足申购款，新股发行当天（T日），申购者在指定时间内通过柜台（或电话）委托，申购在发行日当天结束。

（2）T＋1日，各证券部将申购资金划入清算银行的主承销商开立的申购资金专户。

（3）T＋2日，交易所和主承销商核查资金情况，确定有效申购账户和申购数量，并将有效申购数据及申购配号记录传给各证券交易网点。

（4）T＋3日，公布中签率，申购者到证券部确认申购配号，当日摇号抽签，根据中签情况进行申购股数的确定和股东登记，并将中签结果通过交易所发给各证券交易网点。

（5）T＋4日，公布中签号，各营业部返还多余申购款，申购资金解冻。申购者根据公布的中签号核对结果。

其次，由于申购新股涉及的环节较多，投资者的疑问也较多，下面几个问题也值得投资者关注：

（1）每笔委托不少于1 000股并且是1 000股的整数倍。申购下限是1 000股，申购必须是1 000股或其整数倍。申购上限，具体在发行公告中有规定。委托时不能超过上限，否则被定为无效委托无法申购。

（2）"委托已成交"不等于申购成功。

一些股民在用电话委托申购新股时，将电话委托里传出的"您的委托已成交"误以为自己的申购已成功，已得到所需之新股。实际上，此处的"委托已成交"只能算申购委托进入交易所电脑主机，能否申购得到新股还须查验委托是否中签。

（3）申购编号（合同号）不是申购配号。

实际上，申请编号（合同号）是证券营业部配给客户的流水号，并非申购配号。申购配号由交易所电脑统一产生。

（4）投资者如何知晓申购配号。

各营业部做法不同：有的证券营业部打印交割单，有的营业部不打印交割单。有的证券营业部将申购配号和相应股东账号张贴出来，申购者只要去查一下就可知晓。有的营业部则采用打印交割单的方式，即在新股申购后的第三天即 T+3 日可以打出一张新股的配号，一些投资者不明其中原因。实际上，证券营业部公布的配号是投资者在一个账户上申购新股所得配号的起始号，其余配号依此顺延。如申购股数 >1 000 股，则在申购配号上顺加即可。

（5）投资者如何判断是否中签：T+4 日，申购结束后第 4 天，看申购资金是否返还投资者的资金账户内。投资者可到证券营业部检查一下自己的资金账户。如果新股申购款已全部到账，说明未中签，若中签，则返还的申购资金相应减少一部分。

6.2 证券公司网上交易软件简介

1. 国泰君安大智慧交易软件

大智慧证券信息平台是一套用来进行行情显示、行情分析并同时进行信息即时接收的超级证券信息平台。它已包括了目前大部分证券投资分析工具的实用功能；整合了行情分析、盘口分析、竞价分析、趋势分析、技术分析、基本面分析、盘中选股、指标选股、基本面选股于一体。特别是融入强大的大智慧资讯系统：可标识信息地雷、警示即时行情、描述生命历程、分析盘中异动、研判大市趋向、综合名家点股，为证券市场的投资者提供全方位的信息分析手段。

大智慧是一套用来进行行情显示、行情分析并同时进行信息即时发布、接受盘中资讯的超级证券咨询系统。

尽管"大智慧"的操作非常简单，但仍需了解以下内容：

（1）即使您对大智慧不太了解，也照样可以使用大智慧。大智慧所有功能在菜单中均可实现。更加提供快捷菜单功能，将常用热键摆在您手边。

（2）如果您在操作中遇到什么困难，只需按 Alt + H，就可以立刻得到当前画面下的操作提示。除此之外，在"帮助"菜单中也包括了对大智慧的基本功能和特色功能以及特色指标的介绍。

（3）使用大智慧软件的用户，如果您是第一次使用，请先在注册向导中申请一个新的账户，按照向导的过程在您选择了营业部后即可获得授权的用户名和密码。登陆后，在大智慧菜单中的"我的营业部"内就能看到该营业部发布的信息了。如果已经有账号，请按［开始登陆］按钮直接进行登陆。再次使用大智慧，就可直接登陆了。

（4）投资顾问是助您理财、分析的好帮手，所以，用户可以根据自己的风格和需要选择适合自己的投资顾问。方法是在开机菜单的第十一项选择"我的专家"或是在下拉菜单的第四项选择"我的大智慧"之"我的投资顾问"即可。选择了投资顾问后，投资顾问就能为您提供及时的分析报告以供参考。

证券信息港将实时行情与盘中资讯第一时间及时传递相结合，在保留和优化传统价量指标体系的同时，将筹码流动理论体系与盘口分析理论用金融工程数据模型来揭示，如散户线、超级移动筹码，以及龙虎看盘等经典分析功能广为投资者使用。概括而言，大智慧主要分为几大体系：

一个是资讯体系，分为大盘信息地雷，个股信息地雷，投资者只要用光标键移动相应符合位置敲 Enter 键即可看到资讯正文。此外，大智慧丰富了 F10 的内容，有大盘 F10、板块 F10、基金 F10、个股 F10，而且大智慧 F10 也突破了传统的 F10 功能，其操盘必读等经典栏目，投资者阅读也很简单，只要相应地敲 F10 键即可，或者直接输入数字 10 也可以。动态资讯还有实时解盘的资讯，第一时间传递重要财经热点、行业变动、个股异动等讯息。

二是查看行情与分析行情的体系。在看行情方面，大智慧充分考虑了用户的操作习惯与便捷，设计了一系列的符号键，如"＋"，"－"，"／"，"＊"每个符号键进入都有相应行情分析统计，建议投资者自己去发现。比如个股分时图与 K 线图下这些符号键都能发挥奇特的作用，而传统的操作比如 81、83 等都是广为投资者熟悉的。但是有一点要特别提示，就是分时图下也有分时指标，只要按"／"，"＊"可随时切换。

在 K 线状态下切换指标也很简单，可以用"／"，"＊"进行切换，也可以直接输入，比如 CR 指标。投资者也可以使用五彩 K 线设置买卖信号提示。《大智慧指标编译平台》不仅对五彩 K 线做出解释和说明，也对如何编译自己合适的交易指标做出详细的指导。此外，帮助文件也有详尽的注释，投资者可以点击查看。

三是投资决策系统。这主要包含散户线（键188），股票星空图（"."键），大智慧超级移动筹码（"－"号键），龙虎看盘（"－"号键）等系列功能。

2. 广发证券同花顺软件介绍

（1）资讯全面，形式多样。

"同花顺"是一个强大的资讯平台，能为投资者提供文本、超文本（HT-ML）、信息地雷、财务图示、紧急公告、滚动信息等多种形式的资讯信息，能同时提供多种不同的资讯产品（如大智慧资讯、巨灵资讯等），能与券商网站紧密衔接，向用户提供券商网站的各种资讯。而且个股资料、交易所新闻等资讯都经过预处理，让您轻松浏览、快速查找。丰富的资讯信息与股票的行情走势密切地结合，使用户能方便、及时、全面地享受到券商全方位的资讯服务。

（2）指标丰富，我编我用。

系统预置了近两百个经典技术指标，并且为了满足一些高级用户的需求，还提供指标、公式编辑器，即随意编写、修改各种公式、指标、选股条件及预警条件。

（3）页面组合，全面观察。

"同花顺"提供了大量的组合页面，将行情、资讯、图表、技术分析与财务数据有机组合，让您多角度、全方位地进行观察、分析，捕捉最佳交易时机。

（4）财务图示，一目了然。

"同花顺"将各种复杂的财务数据通过图形和表格的形式表达出来，使上市公司的经营绩效清晰地展示在您的面前。并可以在上市公司之间、板块之间做各种比较、计算，还配以丰富的说明，让以前没有财务分析经验的投资者轻松地掌握这种新的强大的工具。

（5）个性复权，简单方便。

不仅提供向前、向后两种复权方式，还有"个性复权"，只用输入一个时间，将以这一天的价格为基准对前后历次除权做复权。另外可以选择时间段复权，即仅对某段时间内的除权做复权。

（6）智能选股，一显身手。

有简单易用的"智能选股"，您只用在需要的被选条件前面打勾即可轻松选股。还有"选股平台"，让您利用所有的100多个选股条件和200个技术指标，轻松编制各种选股条件组合。从而在一千多支股票中选择出自己需要的股票。

（7）区间统计，尽收眼底。

在 K 线图里能统计区间内的涨跌、振幅、换手等数据，能帮助您迅速地统计出一个股票在一段时间内的各项数据。而且还提供阶段统计表格，这样就能对一个时间段内的数据在不同股票之间进行排序、比较。

（8）个人理财，轻松自如。

在"个人理财中心"里您可以轻松地对您的财务状况做出统计分析，轻松掌握您目前每个股票的持仓成本、股票资金的比例、历史上每次交易的盈亏、总盈亏、账户内股票资金总额的变动状况等个人财务资料。

（9）报表分析，丰富全面。

"同花顺"为您提供了"阶段统计"、"强弱分析"、"板块分析"及"指标排行"等多种报表分析的功能。让您在不同股票、板块、指标之间比较的时候有了更多、更丰富的项目和依据。

（10）键盘精灵，智能检索。

"键盘精灵"可以让您通过字母、数字，甚至汉字来检索您感兴趣的股票、技术指标等，不管您输入的字符出现在股票代码等的什么位置，都能一网打尽；您甚至可以用通配符来进行模糊查找。

（11）风格定制，个性张扬。

"同花顺"是一个多用户的系统，在多个用户使用同一个程序时，可为不同的用户保留其个性化设置（如自选股、程序风格等）。"同花顺"允许用户修改显示风格，包括程序中几乎所有的页面、字体、颜色、背景色等，给您一个尽情展示个性的空间。

（12）人性设计，用过方知。

"同花顺"充分为各种用户考虑，增加了很多人性化设计：打印功能，数据、图片输出功能，监视剪贴板功能，快速隐藏功能，大字报价功能，高级复权功能，访问上市公司网站功能，等等。

3. 银河证券网上交易软件简介

（1）海王星软件。

中国银河证券股份有限公司网上交易海王星软件 2001 年 9 月正式上线使用。

目前已在167家证券营业部开通服务，并在北京、杭州、上海、广州、武汉、郑州、大连、烟台、成都、南京、合肥、哈尔滨、厦门、汕头、深圳等15地建设了17个镜像站点。

海王星客户端软件具有以下突出特性：

①免费：下载使用完全免费。

②方便：整个客户端软件仅900K，下载方便。

③安全：支持多种经国家权威机构验收的安全证书认证。

④快捷：行情分析和委托交易速度飞快，响应时间小于一秒。

⑤齐全：个股资料齐全，公告信息准确及时。

⑥兼容：行情分析系统兼容钱龙操作方式，功能更加简捷方便。

⑦自动：客户端系统自动升级。

（2）双子星软件。

双子星是中国银河证券股份有限公司开发的基于Windows平台运行的第二代网上行情交易软件。双子星软件融合且优化了目前国内证券主流分析软件的主要功能，融强大的信息资讯服务、多模式智能选股、大盘趋势分析和资金管理等多种独创性设计和功能于一体，可以较为有效地帮助投资者趋利避险。双子星功能强大，操作简便，具有全方位扩展性。双子星的显著特点是增加双资讯信息地雷、区间统计、概念分类、火焰山筹码分布、个人理财等功能，支持外汇、期货及国外交易所的行情等。双子星软件具有以下功能：

①全面的资讯信息浏览功能。

接入中国银河证券股份有限公司的网站以及其他财经网站，为您提供丰富的的财经新闻信息、股评信息等。

同时接入中国银河证券股份有限公司独家的资讯系统，为您提供资深的市场研究、评判信息。

②筹码分布。

移动筹码分布、火焰山、活跃度等多种不同的成本分析方式，可准确得知股票持仓成本，获利盘、套牢盘一目了然，是跟庄取胜的重要法宝。

③财务分析。

强大的上市公司财务数据分析功能，全面分析上市公司财务状况，并首次使用图表方式直观显示上市公司的经营状况，各公司的底子及发展趋势一目了然。

④信息地雷。

全面显示实时信息、历史信息，多方面提供投资买卖参考，及时把握投资机会。

⑤精确除权复权。

消除送、配股，分红对股价的影响，全面支持月、周、日、分钟线复权，全部权息数据可用报表显示，支持前后复权，不同时段分段复权，帮助股民准确掌握庄家建仓成本。

⑥区间统计。

精确显示任意时段内的涨跌、振幅、均价、换手等信息，是分段操作的制胜法宝。

⑦时空遂道。

历史再现，如再现历史当天的分时走势、当天的各类报表等，同时显示 n 天的分时走势等，可以充分细致地了解股市的发展变化。

⑧图象叠加，对比分析。

指标、K 线等不同的图形可任意叠加，如将大盘与个股 K 线同时叠加，对比分析发现个股的异动走势。

⑨坐标翻转。

可将 K 线图等各类技术指标的坐标 180 度翻转，为顶、底的判断提供一个好的工具。

⑩个人理财。

全新的个人理财模块，是投资的好帮手，提供了多账户管理、个人投资盈亏分析、图表显示、下单等功能。

⑪实时预警。

量比突破、大单报警、n 分钟涨幅突破……，投资者可以灵活地设定预警条件，及时发现股票的异动，先人一步把握机会。

⑫数据下载。

提供完备的数据下载功能，包括各类行情数据、财务数据和资讯数据，支持断点续传，并对下载数据进行自动整理。

⑬单击排序。

任一报表可按任一列进行排序，便于及时发现异动股。

⑭数据、图像输出。

行情图形、行情报表、财务报表等均可以打印输出，同时也可以输出为文本、Excel 表格等格式，方便进行再次分析。

⑮全开放的分析软件平台。

• 字体、颜色、单位。字体、颜色、数据输出单位均可以自定义，并可存为各种风格，类似于 Windows98 的桌面主题功能。

• 指标、曲线、公式。可以自定义公式、曲线、技术指标、选股公式等，并可对其进行强加密，给您提供了最为开放的平台支持。

• 菜单、快捷键、工具栏。完全支持鼠标、菜单、快捷键、工具栏操作，菜单、快捷键等均可自由定义，可以定义大众化分析软件的风格，兼容大家的操作习惯。

• 资讯、财务、网站。可以灵活控制资讯、财务、网站等在用户端的显示，可以实现网站的所有功能。

⑯方便的导入导出功能。

页面、表格、公式、板块分类、自选股、字体配色方案……均可以进行导入导出，也可以对特色指标公式进行强加密保护。

⑰个性化分级版本管理。

不同的用户，将享受不同的服务。可以定制出多种版本，实现个性化服务。

统一身份认证，使用更为简便。网站社区、行情用户、手机、短信、股灵通等进行统一认证，免去用户需多次登录的繁琐操作。

4. 国信证券

通达信 Web 交易提供给用户方便的网页版下单功能。用户与服务器之间的连接请求通过 SSL 安全通道进行，保障用户委托交易数据的安全、可靠。通达信 Web 版网上交易功能见表 6-1。

表 6-1

分类	特性描述
指导性设计原则	系统可以支持柜台提供接口所能支持的全部基本功能 支持的交易方式包括：单笔买卖、撤单、配售、申购、银证转账（支持多银行、多币种、转账结果可查询） 支持的交易品种包括：沪深 A 股、B 股、基金、债券、回购、代办转让股份、配股、回购、撤销指定、指定交易、回购登记、回购注销、以及可转债转股、回售等交易所开展的所有证券交易业务
登陆方式	支持简单登陆方式（不需要通讯密码）和通讯密码登陆方式两种
	登陆中需要输入自动生成的网页验证码
买入	支持除买卖以外的其他交易功能，如配股、配售等支持用户以买卖方式均可填单
卖出	支持个股清仓（卖出各账户中所有该股票）
委托撤单	撤单支持多选框选择，支持全部选中和全部不选
查询功能	全面支持成交查询、委托查询、余股查询、历史成交、历史委托、资金流水、资金查询、银行流水、股份汇总、成交汇总、配号查询、银行余额等多种查询功能 支持资金、股票、委托、成交、转账、配号、交割、银证转账的查询，各查询操作生成结果参考对应柜台系统同类操作生成结果 支持查询列表框的栏目排序 支持按股票代码、股东代码、时间段等复合条件过滤查询结果 多条件查询时，如果只输入部分条件，其它条件按全部。例如"历史委托"查询时，只输入时间段和股票代码，股东账号没有输入，那查询结果将输出全部满足条件的股东账号，成交查询中会定时刷新
转账功能	支持资金的转入和转出，支持银行可配置，银证提示功能齐全
开放式基金	全面支持基金认购、基金申购、基金赎回、预约赎回、基金撤单、成交查询、委托查询、净值查询、基金股份等多个开放式基金功能
界面要素	支持界面元素用户配置，支持双击自动滚屏功能

通达信交易软件具有以下特色：

（1）版面定制，展现个性。

版面定制可以让用户按照自己的需要将软件的分析界面任意设置成多个分析窗口，让用户可以在同一个版面上查看到更多的信息。用户也可以将定制好的版面保存、导出或导入，和其他的用户交流定制的版面。

（2）移动筹码，精确分布。

移动筹码分布帮助投资者站在庄家的角度，尽览多空双方的牌局，明确筹码以怎样的数量和价格分布在股东，尤其是庄家手中，从而判断股票行情性质和趋势，预测涨升时机。提醒在"上涨乏力"时将筹码派发给庄家，在"物极必反"时默默地收捡未来的黑马。

（3）交易系统，五彩 K 线。

通过交易系统指示，此系统可以帮助投资者在 K 线图上标出醒目的买入卖出信号，投资者可以更好地分析某支股票的历史规律，以预测未来。自动识别各种典型的 K 线组合。特定的 K 线模式往往有非常准确的指示作用，系统提供许多种常用五彩 K 线公式，当选中某一模式后，系统自动在 K 线图上将属于该模式的 K 线标识出来，一目了然。另外，系统还支持最高最低点指示。

（4）精确复权，功能强大。

独一无二的精确自动复权处理，保证技术分析绝对的连续。除权时精确考虑送股、配股和分红对股价的影响，使技术指标分析更准确、更完整。支持所有周期的复权，支持前复权，后复权，而且支持权息数据库的维护和显示，进一步消除除权对走势的影响。

（5）智能选股，筛选黑马。

集成版软件智能选股器为投资者提供条件选股、定制选股、智能选股、插件选股和综合选股五种选股模式，无论从技术面还是基本面，投资者都能快速地选出自己心仪的股票。投资者还可以将不同分析周期的多个条件组合起来进行组合条件选股，并将选股结果保存到板块中。

（6）指标全面，妙用无穷。

集成版软件囊括了各种经典和流行的技术分析指标、工具和方法，且不乏独创性的分析技术研究成果。此软件各种分析方法极其灵活、方便，可让投资者恣意发挥、痛快使用。同时能动态调整任一分析指标的技术参数，在调整过程中，可预览画面变化,真正的所见即所得。

(7)数据维护,简单快捷。

取补数据、整理清理数据等操作。当天数据的盘后转档可以方便地进行收盘。选股和测试等数据不够时,系统会自动提示。

(8)时空隧道,风云再现。

分时重播可以重现盘中交易时的动态效果。它将从开盘到当前盘中时间的分时走势图快速回放,回放的过程完全吻合实际的走势变化。用户能够快速地浏览重绘的走势图,股票的涨跌、分笔成交、盘口异动、成交量,买卖金额的变化等。

(9)全面资讯,把握战机。

资讯工具让投资者在客户端发表个人观点,及时了解市场重要信息。投资者还可以收藏要有价值的资讯,并通过咨询检索迅速找出需要的信息。

(10)信息地雷,引爆市场。

提供独有的"信息地雷"功能。只要在盘中出现重要市场评论、公告信息及预测、买卖参考等内容,都会在相应的分时走势图上出现地雷标志。

个股资料显示上市公司基本资料,如总股本、流通股本、分红送配、除权除息等信息。基本资料可以智能检索,点击右键,选择智能检索,输入股票代码、名称或关键字就可快速查找。用 TAB 键可以在不同的资料来源间进行切换。集成版软件资讯将提供最新的基本资料和权息资料。

公告消息显示接收到的公告新闻。公告信息窗口也提供了资料浏览与检索的功能,支持关键字的检索,且支持关键字的与或逻辑语义。消息面支持深交所、上交所。格式有多文件、单文本、HTML、新闻网关、远程落地等。

(11)多股同列,纵观全局。

将屏幕等分成小窗,每个小窗显示一支股票的价量走势,方便投资者同时观察多支股票(最多可同时观察十六支股票)。支持多个股票的走势图同列和分析图同列。多走势图同列与多分析图同列的可用 F5 一键切换。

(12)键盘精灵,快速操作。

快速选股、选指标功能,首创拼音代码查询技术(键盘精灵),使用股票名称拼音首字母编码,可以方便地查找到股票;使用指标的英文缩写名,可方便地找到所要指标;同时还支持拼音选板块和拼音选功能,如 WT 即委托,FXT 即进入分析图。

（13）自编公式，随心所欲。

用户可通过公式管理器自定义指标公式、条件选股公式、交易系统公式和五彩K线公式，把自己的想法变成公式，充分发挥投资者的聪明才智。通过自定义指标公式，投资者可以用自己的指标来分析历史数据；通过自定义条件选股公式，投资者可以选出其想找的股票；通过专家系统公式，投资者可以自己作专家，确定买卖时机；通过自定义五彩K线公式，投资者可以在K线图上搜寻特殊的K线形态。此时的您已由一名普通股民晋级为一名高级投资人了。

（14）鼠标伴侣，跟踪提示。

无论是鼠标停靠在指标或是指示上都有详细的注解提示，充分体现集成版软件的人性化设计。如果有多支股票出现，鼠标跟踪提示框还会分辨股票信息，智能显示股票名称。如果出现多种类型的指标与指示，鼠标跟踪提示会智能地对类型加以详细的区分。如果是股本变迁指示，鼠标跟踪提示还会区分除权、配股、送股等不同情况，并且以不同的格式显示，指出具体时间及精确数据。

（15）高度自动化。

智能化自动添加新股，自动补充日线、基本资料、除权数据、公告新闻、股改数据和评论等。

自动升级，当用户在线时，通过在线升级程序自动将用户系统升级到最新版本。

自动换页，激活此功能，使行情窗口、即时窗口、分析窗口按一定时间刷新。

（16）指标画线，快捷方便。

为用户提供仿AutoCAD式的画线功能，不仅能够画线，还能将已经画的线平移、旋转、压缩、拉伸和删除。支持趋势线、线段、直线、百分比线、黄金分割线、波段线、线性回归、线性回归带、回归信道、周期线、费波拉契线、阻速线、甘氏线、箭头标记、文字标记、抛物线等画线工具，多达数十种的特殊画线功能，如等量图、压缩图、宝塔线等，画线方便快捷。画完线后可以方便地调整画线位置及角度。放大缩小画面不会对画线产生影响，画线永久记忆，除非用户强制删除。画线的颜色可自行选择和定义。

（17）个人理财，精打细算。

全新的智能化投资管理器，提供多类报表。可以设置密码。本系统特地设置了备忘录功能，以方便股民们用该记事本随时记录一些重要消息和事件，以及灵光突现的炒股感悟和心得。投资盈亏计算，在进行买卖股票之前，可方便快捷计算出自己的盈亏价位、手续费、资金额。

（18）预警系统，耳听八方。

市场雷达：根据投资者设定的条件监控整个股票市场的动向，帮助投资者发现可能忽略或者不能注意到的风吹草动。自定义涨跌幅度、量比、绝对价位、成交量异动、指标突破价位、封停和打开停板等一系列的预警条件，系统将在条件满足时提醒投资者有异动的股票及其异动的特征，投资者可以在分析的同时把握住市场异常变化的瞬间，抓住每一个买卖的时机。

系统预警：用户可选择一些自己感兴趣的股票进行预警，可以设定价位突破的上下限值。如果这些股票的行情变动异常，则弹出对话框进行预警。

（19）在线人气，洞察先机。

行情主站采集所有客户端的人气，按照一定算法统计出个股的关注度和共鸣度，告诉您近期市场关注的热点可能在哪里出现。

6.3　证券公司网上开户流程

1. 国泰君安网上交易流程（如图6-1所示）

客户

国泰君安客户 ──否──→ 预约开户　　　到原券商办理转出手续

已开设股东账户 ──→ 原开户地销户 ←── 撤销指定/转托管

开设股东账户 ──→ 开设资金账户 ←── 办理银证转账

开通网上交易 ──→ 办理网上交易开户手续

网上行情,交易系统选择

网上行情　　　　　　　　　　　　网上交易　　防火墙及代理

网上行情

大智慧
软件介绍　使用说明　功能演示　常见问题

钱龙
软件介绍　使用说明　功能演示　常见问题

通达信
软件介绍　使用说明　功能演示　常见问题

网页行情
使用说明　常见问题

网上交易

富易交易
使用说明　功能演示　常见问题

网页交易
交易登录

防火墙及代理

代理服务器
代理设置

防火墙

防火墙设置

诺顿　金山网镖　瑞星　天网　江民

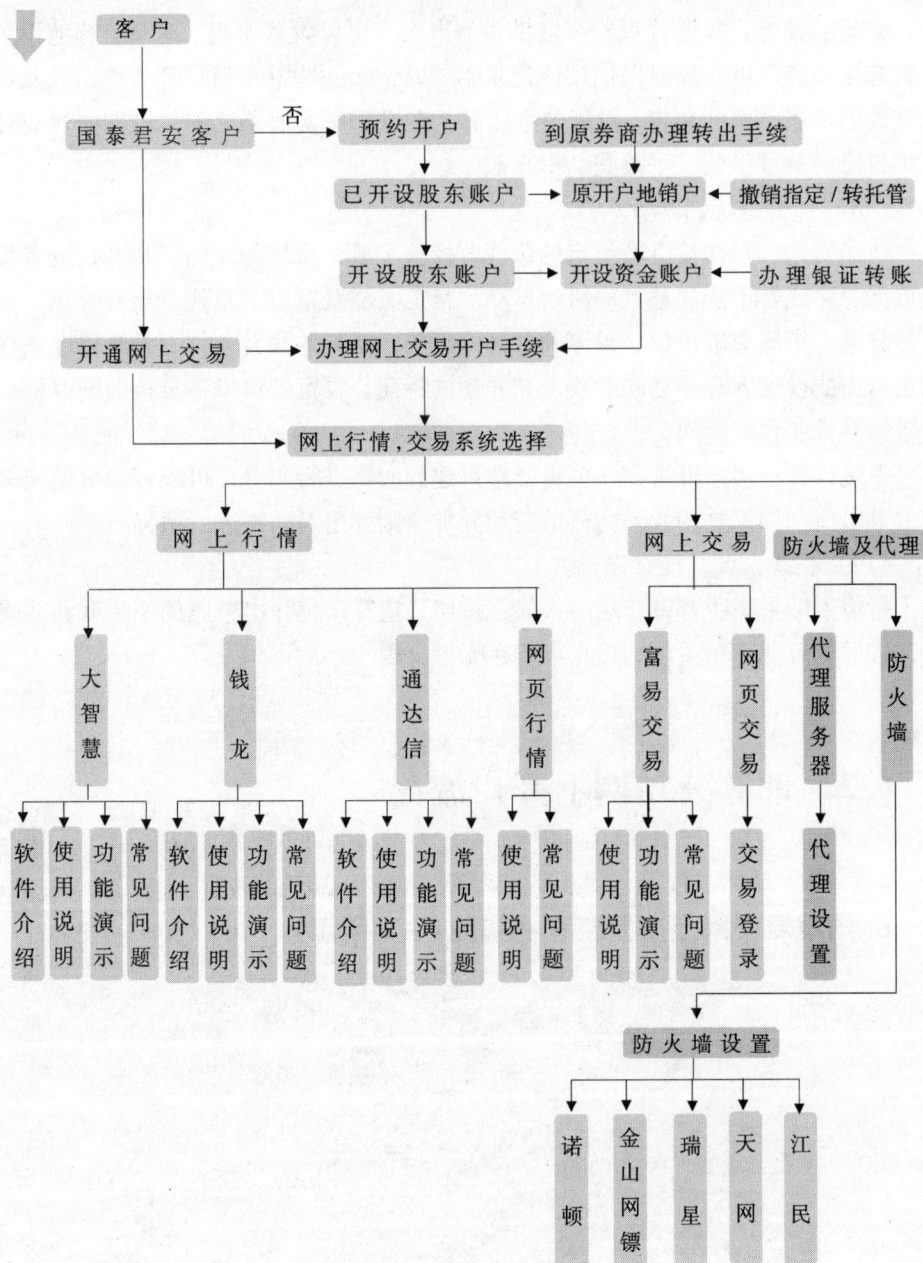

图6-1　国泰君安网上交易流程

2. 广发证券网上交易流程（如图 6－2 所示）

新股民

第一步 ☞ 投资者须持身份证到您所在的"广发各营业部"办理股东卡。

办理开户手续

第二步 ☞ 若已在其他券商开户的投资者，须先到您已开户的券商柜台办理深市股票转托管和沪市股票撤销指定交易手续。（转出券商收取 A 股 30 元人民币和 B 股 50 元港币的转托管费），若资金账户中仍有余额的应转到您通存通兑的银行活期存折上。

☞ 投资者持身份证、股东卡及银行通存通兑活期存折到"广发各营业部"办理资金账户卡和开立股东账户(或者在网站上填写"A、B 股预约开户表"，我们的业务人员在短时间内将与您联系，办理有关手续)，并办理沪市指定交易手续。

注意：深市转托管的股票 T+1 到，沪市股票要在指定交易后 T+1 到账。

附：广发证券属下各地营业部转托管席位号

办理网上交易手续

广发客户

第三步 ☞ 请阅读"广发证券网上交易风险揭示书"，了解有关网上交易的情况

请阅读"广发证券网上交易协议书"，了解双方有关权利和义务；

请填写"广发证券网上交易开通申请表"，公司的业务人员将尽快与您联系，办理有关手续；投资者也可凭身份证、股东卡及资金账户卡，直接到所开户的广发营业部办理网上交易的相关手续；

☞ 完成开户手续后，您就可以通过"网上交易动态演示"了解网上交易的流程并通过"网上交易系统"下载交易软件，阅读"网上交易系统介绍"，了解交易系统的使用办法。

☞ 拨号上网（可使用 163 或 169 等），连接行情主站浏览实时行情，连接委托主站进行网上交易委托。

☞ 修改浏览器的"Internet 选项"的安全等级为"低"； 再点击【下单】开始 WEB 方式的网上交易委托。

图 6－2　广发证券网上交易流程

3. 银河证券网上交易流程

（1）开设资金账户。

银河证券网上交易业务目前仅适用于在银河证券所属营业部开户的投资者。如果您还没有在中国银河证券公司营业部开设资金账户，请到提供网上交易业务的营业部开设资金账户或通过网上预约开户同交易所联系。办理开户手续需本人持股东账户卡、身份证（或护照、军人证）、通存通兑的银行活期存折。

（2）开通网上交易业务。

投资者如申请办理网上交易业务，必须由本人持资金账户卡、股东账户卡、身份证亲自到营业部柜台提出申请或通过网上预约开户同交易所联系。申请办理网上交易业务需签署《风险揭示书》、《网上交易业务协议书》，同时办理个人数字（CA）证书。

目前在中国银河证券网可进行网上交易业务的股票种类有：深沪 A 股、深沪 B 股、基金、国债。

（3）个人数字（CA）证书的申请及使用。

个人数字（CA）证书就是您在互联网络上的个人身份证，它是网络通讯中标志通讯各方身份信息的一系列数据，在网上交易中能够保证网络安全的四大要素，即信息传输的保密性、数据交换的完整性、发送信息的不可否认性、交易者身份的确定性。使用银河证券网上交易系统的投资者需要有中国银河证券公司认可的个人数字（CA）证书，个人数字证书的签发可在申请网上交易时同时办理。注意个人数字（CA）证书就是您在互联网络上的个人身份证，投资者需注意保管，不得转借他人，遗失需即时挂失。

您有两种方式获取银河证券网上交易个人数字（CA）证书。

①去营业部办理相关手续，营业部工作人员将给您发放一张带有客户端安装程序和证书密钥的软盘，该软盘内的证书密钥即为您个人所有的个人数字（CA）证书。在获得您个人所有的个人数字（CA）证书之后，您只需运行银河网上交易客户端程序 zqjy.exe，输入正确的登录序号和口令，即可安全进行网上交易交易了。

②网上直接申请，在银河主页（www.chinastock.com.cn）下载银河网上交易客户端程序 zqjy.exe 后，使用客户端的申请功能直接向银河营业部提出证书申

请，营业部校对申请资料无误后将予以审批，您选择取申请结果，属于您个人所有的个人数字（CA）证书将自动在您提出申请的计算机上生成。运行银河网上交易客户端程序 zqjy.exe，输入正确的登录序号和口令，即可安全进行网上交易交易了。

如果多个用户使用同一台计算机进行网上交易，请不要选择第二种方式申请个人数字证书；如采用第一种方式申请个人数字证书，在安装过程中不要将证书存入硬盘。这样才能够保证每个人都使用自己的证书文件进行网上交易，达到保证交易安全的目的。

网上交易客户端软件的安装使用请参见"软件下载"中的安装使用说明。

（4）软件的下载及安装。

登录银河证券网站（www.chinastock.com.cn），在软件下载部分下载网上交易系统软件，按照提示完成安装。该系统提供的服务包括网上证券信息发布，行情发布及分析，证券委托及查询等。

4. 国信证券网上交易流程

（1）如何成为国信证券交易客户？

①办理深、沪股东代码卡（如果已经有，则带齐两卡原件及复印件）。

②填写开户资料并与营业部签订《证券委托交易协议书》，同时签订有关沪市的《指定交易协议书》。

③营业部为投资者开设资金账户。

④在开户的同时，需要对今后自己采用的交易手段、资金存取方式进行选择，并与营业部签订相应的开通手续及协议。例如：电话委托、网上交易、手机炒股、银证转账等。

⑤所需资料：

• 个人：本人有效身份证及复印件，委托他人代办的，还需提供代办人身份证及复印件。

• 机构：持营业执照（及复印件）、法人委托书、法人代表证明书和经办人身份证办理。

• 开户费用：个人 50 元/每个账户；机构 500 元/每个账户。

（2）如果您已经是其他证券公司客户，要转为国信证券客户，请办理以下手续。

①在原开户营业部撤销上海市场指定交易。

②在原开户营业部将账户股票转托管到就要开户的国信证券营业部席位号。

③按流程一在就近国信证券营业网点办理开户手续。

办理以上开户手续后您就成为国信证券交易客户，您可以通过国信证券各营业部柜台委托系统、电话委托系统、网上交易委托系统（鑫网网上营业厅、鑫网通达信交易客户端）、手机交易系统进行 A 股、封闭式基金、上市开放式基金、权证、上市债券等交易品种的交易。

（3）开户需提供的资料如下。

①境内个人：身份证及复印件。委托他人代办的，还须提交经公证的委托代办书、代办人身份证及复印件。

②境外个人：有效身份证明文件及复印件。委托他人代办的，还须提交经公证的委托代办书、代办人有效身份证明文件及复印件。

③境内机构：企业法人营业执照或注册登记证书及复印件或加盖发证机关印章的复印件、法定代表人证明书、法定代表人身份证复印件、法定代表人授权委托书、经办人身份证及复印件。

④境外机构：注册登记证明文件或其他具同等法律效力的并能证明该机构设立的有效证明文件及复印件、董事会或董事、主要股东或有权人士的授权委托书、授权人有效身份证明文件复印件、经办人有效证明文件及复印件。

6.4 权威证券公司交易软件使用入门

1. 国泰君安大智慧软件使用入门

（1）安装软件。

①下载：打开 Internet Explorer 进入网址 http：//www. gtjadzh. com。

图 6 – 3

②会自动弹出要求下载的对话框，选择"保存"或者"打开"。

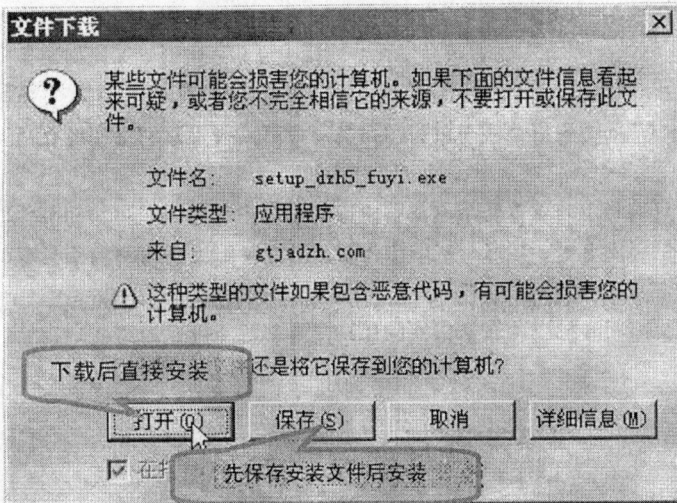

图 6 – 4

③依次点击"下一步"安装，可全部选择系统默认设置。

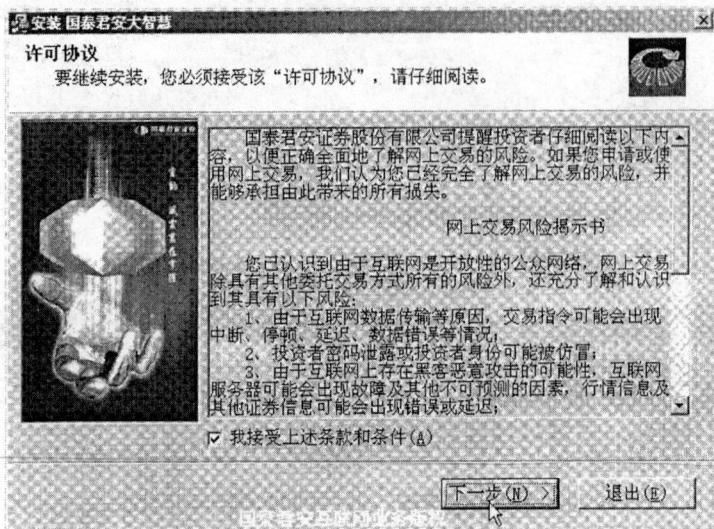

图6-5

④安装完成后会在桌面增加两个新程序图标，一个是大智慧程序，一个是富易交易。

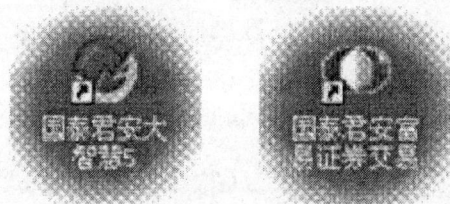

图6-6

（2）开机菜单。

启动系统，进入大智慧出现如下开机菜单，开机菜单清楚地显示了系统各项功能。在任一菜单的画面中，其各级选项均表示本级菜单所能实现的功能或所包括的所有可选项。

操作：

①用【↑】、【↓】选择菜单中的某项功能。

②确定菜单选项后，按 Enter 键确认并执行所指定选项的操作，按 Esc 键回到上一级菜单。

（3）下拉菜单。

为方便用户操作，大智慧同时采用下拉式菜单设计，下拉式菜单包含了系统的所有功能。在任一选项菜单下，组成菜单的各项表示该菜单所能实现的功能或所包括的所有可选项。

操作：

①任一界面下，用鼠标左键点击工具栏中的菜单，从中选择某项功能。

②确定菜单选项后，单击鼠标左键或按 Enter 键确认并执行所指定选项的操作。

（4）大盘分时走势。

大盘当日动态走势。主要内容包括当日指数、成交总额、成交手数、委买/卖手数、委比、上涨/下跌股票总数、平盘股票总数等。另有指标曲线图窗口，可显示多空指标，量比等指标曲线图。

激活功能：

①从开机菜单中选择"大盘分析"，单击鼠标左键或按 Enter 键进入子菜单，确定选项后按 Enter 键确认并执行操作，按 Esc 键退出当前菜单。

②从下拉菜单上选择"大盘走势"，确定选项后，单击鼠标左键或按 Enter 键确认并执行操作。

操作：

①Enter 键切换到大盘 K 线图画面。

②PageUp 查看上一个类别指数，PageDown 查看下一个类别指数。

③01 + Enter 或 F1，查看分时成交明细。

④02 + Enter 或 F2，查看分价成交明细。

⑤10 + Enter 或 F10，查看当天的咨讯信息。

⑥"/"切换走势图的类型，并调用各个大盘分析指标。

⑦进入大盘的分时图或者日线图后，您可以发现在右下角这里新增了"大单"这项功能，按小键盘的"＋"号键就能切换到大单揭示页面。它在沪深大盘分时走势页面提供了个股大单买卖的数据。

用鼠标双击某一个股名称，可以切换到该股票的分时图界面。

（5）个股分时走势。

主要内容包括个股当日动态走势线、个股当日均价线、分时价量显示窗口（该窗口显示当前盘口情况，即当前个股的委托买卖情况）、分时价量表（详细显示各个时刻的分时成交明细）、个股基本面窗口等。另有指标曲线图窗口，可显示动量指标，量比指标等共八种指标的曲线图。

①激活功能：

• 从开机菜单中的"分类报价"或"自选股报价"中选定个股，然后按 Enter 键确认并执行操作。按 Esc 键退出。

• 从下拉菜单"行情报价"中进入相应的行情列表，从中选定个股，然后按 Enter 键确认并执行操作。按 Esc 键退出。

• 直接输入个股代码或个股名称拼音首字母，然后按 Enter 键确认并执行操作，如"深发展"输入"000001"或"sfz"即可。按 Esc 键退出。

②操作：

• 通过 Enter 键循环切换个股 K 线图、行情列表、分时走势画面。

• PageUp 查看上一个股动态分时走势，PageDown 查看下一个股动态分时走势。

• " – "键用于改变盘口显示方式，" + "键循环切换右下角特色基本面窗口、个股分时走势图、个股分时成交明细。

◆说明：

通过" + "键切换至特色基本面窗口，可以浏览竞买竞卖指标、大单比率、五日换手总量、市盈率、每股收益、每股净资产、总股本等基本面数据。同时，大智慧还提供流通股本、流通市值、公司上市日期、概念板块等重要数据参考。让用户可以在短时间内大致了解上市公司。

◆特别注意：

竞买、竞卖指标是判断市场资金流向的指标，当外盘/竞买大于内盘/竞卖时，表明场外有资金介入；反之就表明场内有资金在外逃。

• "/"快速切换分析指标。

• "大智慧"提供"上证指数"（"深证成份"）叠加功能。在个股分时走势图下，点击鼠标右键，从中选择"上证指数"（"深证成份"），可将"上证指数"（"深证成份"）叠加到个股分时走势图上。

• 01 + Enter 或 F1，查看个股分时成交明细；02 + Enter 或 F2，查看个股分价成交明细；10 + Enter 或 F10，查看个股基本面资料。

③自定义指标参数：

• 在 K 线图下，选定技术指标后，通过 07 + Enter 或 F7 可自定义指标参数（包括参数、式样和坐标的设定）。

• 还可以用鼠标左键点中技术指标图形后，再点击鼠标右键，即可自定义指标参数。

在收盘后会有信息地雷挂在大盘或个股分时图右侧的蓝色网格上，我们称之为晚间资讯。为您提供收市以后的资讯服务。如果在盘后有什么重大消息，我们会在这儿立即挂出地雷，盘中它会自动消失。

点键评价功能，在个股走势和日线界面上使用"."键查看大智慧对个股的评价和操作建议。再按一下"."键，可以查看综合评价。

（6）行情报价。

行情报价由以下内容组成：分类报价、智慧排行、综合排名、股指同列、多股同列、自选报价、板块（包括行业、地域、概念）报价。

①激活功能：

0 + Enter 后选择相应报价或通过鼠标左键选择"行情报价"的某一选项，（如分类报价之上证 A 股 1）即可。

②操作：

• 用鼠标左键点击"行情报价"，从中选取相应内容；或者通过【↑】、【↓】键选取相应的内容，然后按 Enter 键确认并执行操作。

• 行情列表下，Enter 键循环切换个股分时走势、K 线图、行情列表画面。

• 【←】和【→】移动行情列表中的字段。

• "＊"键改变字体大小；"／"键可快速切换排行内容。

• "行情报价"备有"字段重组"功能。在行情列表下，选定任一字段，点鼠标右键，出现"字段重组"后，可从中选取所需字段。

• 行情列表下，点击任一字段，可按字段内容自动进行相应的排行。

• 大智慧板块报价包括每日更新的行业、地域、概念板块，可从"行情报价"中选取，详情请见特色功能说明。

● 大智慧还推出多项智慧排行。"智慧排行"可从"行情报价"中选取,也可从开机菜单中进入,详情请见特色功能说明。

● 在行情报价界面点右键,可以将对应的个股添加至自选股中,当然也能做删除操作。

● 根据相关数据计算出板块指数,提供高开低收量额等基本数值以提供盘中实时数据和 F10 资料。这些都是大智慧为您自动分类的。

(7)多股同列。

多股同列具有将多个股票的走势在一个画面中同时列出的功能。

①激活功能:

● 从菜单中选择"多股同列",Enter 后选定相应的选项查看,Esc 键退出。

● 从下拉菜单"行情报价"中选择"多股同列"项,而后选定相应的选项查看,Esc 键退出。

②操作:

● PageUp 查看上四(六或九)个股票;PageDown 查看下四(六或九)个股票。

● 通过【↑】、【↓】、【←】、【→】选择个股,按 Enter 后进入选定个股走势,Esc 键退回多股同列画面。

● 在多股同列画面中选定个股后,直接输入其他个股代码可替换当前画面中的个股。

● 在多股同列画面中选定个股后,10 + Enter 或 F10 直接进入个股基本面资料,Esc 键退回多股同列画面。

(8)大盘技术动态。

①激活功能:

● 从开机菜单中进入相应的"大盘分时走势"界面后,按 Enter 键进入大盘动态技术分析。按 Esc 键退出。

● 从下拉式菜单"大盘走势"中选择进入相应的"大盘分时走势"界面后,按 Enter 键进入大盘动态技术分析。按 Esc 键退出。

②操作:

● 按 Enter 键直接进入行情列表,Esc 键退回大盘分时走势。

● Page Up 查看上一个类别指数,Page Down 查看下一个类别指数。

- "/"或"*"快速切换分析指标。

- 直接输入指标名称可更换原有的指标，如"KDJ"、"ZLJC"（主力进出）等。

- 【↑】、【↓】放大缩小图形。

- 01＋Enter，查看日线行情报价表；02＋Enter，查看分价表；10＋Enter 或 F10，查看当天的资讯信息。

- 进入大盘的日线图或者分时图（包括上证领先与深证领先走势图）后，您可以发现在右下角这里新增了"大单"这项功能，按小键盘的"＋"号键就能切换到大单揭示页面。它在沪深大盘分时走势页面提供了个股大单买卖的数据。

（9）个股动态技术分析。

①激活功能：

- 从开机菜单中"分类报价"或"自选股报价"中选定个股进入分时走势后，按 Enter 键进入个股动态技术分析。按 Esc 键退出。

- 从下拉式菜单"行情报价"中选定个股进入分时走势后，按 Enter 键进入个股动态技术分析。按 Esc 键退出。

- 直接输入个股代码或个股名称拼音首字母，然后按 Enter 键进入分时走势后，按 Enter 键进入个股动态技术分析。按 Esc 键退出。

②操作：

- 按 Enter 键循环切换个股分时走势和个股 K 线图以及行情列表。

- F7 可自由设置技术分析参数，F8 或"＼"可改变分析周期，F9 进入画线状态，F10 进入个股基本面资料，Alt＋F11 提供选股功能。

- Alt＋F5 直接进入静态分析。

- Ctrl＋Q 对选定个股进行区间统计；Ctrl＋F8 进入 24 项基本面资料的排行；对选定个股可进行不同类别的复权。

- Ctrl＋F：手动复权，在送股数、分红数、配股数和配股价填入相应数字，并且您可以根据自己的需要选择是否要保留复权信息。

- Ctrl＋R：向前复权。

- Ctrl＋T：向后复权。

- "/"或"*"快速切换分析指标。

- 直接输入指标名称可更换原有的指标，如"KDJ"、"ZLJC"（主力进出）等。

● 【↑】、【↓】放大缩小图形。

● "－"键用于调出移动筹码功能，"＋"键循环切换右下角特色基本面窗口、个股走势图、个股分时成交明细。

● 在任意的指标 K 线图下，只要先在某一指标的指标线上单击鼠标的右键，就能够改变先前的指标设置，包括调整指标参数、修改指标公式等。

● 在指标线过多的情况下，如果想去掉它，可以在任意一条指标线上点击鼠标左键再按 Delete 键，即可去掉这些指标线。您也可以在空白处点击鼠标右键，选择技术指标→技术指标一栏，顶端有"隐藏所有指标"，也可达到同样的效果。相反如果要显示指标，只要按照以上同样的步骤，在最顶端选择"显示所有指标"即可。

● 双击某根 K 线的实体，可以查看该 K 线的历史走势。

● 在个股日线界面，反复按小键盘的"＋"号键，可以在"明细"、"财务"、"走势"、"筹码"、"诊断"的页面间切换。"诊断"页可以显示该股的个股点评。

（10）静态分析。

静态分析不仅可以拓展视野至全屏，还可同时调用更多指标（可同时调用 2 至 6 个指标），更能查看更长的历史数据（可查看从 90 年开始的 K 线数据）。

①激活功能：

● 动态技术分析界面下，按 Alt + F5 进入静态分析，按 F5 键退回动态分析界面。

● 下拉式菜单"技术分析"中选择"静态分析"项。

②操作：

● Page Up 查看上一个股图形，Page Down 查看下一个股图形。

● F5 或 05 + Enter 直接进入动态分析。

● 按"＋"键添加技术指标，大智慧一屏最多可显示六个指标，按"－"键减少技术指标。注：Tab 键反复切换指标窗口，同时可根据需要在选定的窗口键入其它指标。

● 【↑】、【↓】放大缩小图形，【←】、【→】察看历史数据。

（11）大智慧软件快捷键一览表，见表 6－2。

表 6－2　　　　　　　　　大智慧软件快捷键一览表

〖110〗：MA 移动平均线	〖112〗：CHANNELS 通道线
〖114〗：主力成本	〖115〗：TDX 天地线
〖116〗：SAR 抛物转向	〖117〗：XS 薛氏通道
〖118〗：PBX 瀑布线	〖120〗：ROC 变动速率
〖121〗：MTM 动力指标	〖123〗：DMI 趋向指标
〖125〗：RSI 相对强弱指标	〖126〗：主力轨迹
〖128〗：DMA 平均离差	〖130〗：DPO 区间震荡线
〖132〗：MACD 指数平滑异同平均线	〖133〗：KDJ 随机指标
〖134〗：CCI 顺势指标	〖139〗：PSY 心理线
〖140〗：BIAS 乖离率	〖141〗：W&R 威廉指标
〖142〗：%B 布林极限	〖143〗：CR 能量指标
〖144〗：BRAR 人气意愿指标	〖148〗：TRIX 三重指数平滑平均数
〖149〗：ASI 振动升降指标	〖150〗：OBV 能量潮
〖151〗：主力进出	〖154〗：MFI 资金流量指标
〖155〗：PVI 正量指标	〖156〗：NVI 负量指标
〖157〗：VMACD 指数平滑异同平均线	〖158〗：VR 容量比率
〖161〗：WVAD 威廉变异离散量	〖163〗：EMV 简易波动指标
〖164〗：拉升在即	〖165〗：底部构成
〖166〗：主力买卖	〖170〗：MIKE 麦克指标
〖171〗：CDP 逆势操作	〖180〗：ADL 藤落指数
〖181〗：ADR 涨落比率	〖182〗：ABI 指标
〖183〗：STIX 指数平滑广量指标	〖187〗：EXPMA 平滑移动平均线
〖188〗：散户线	〖189〗：KCX 控筹线
〖190〗：成交笔数	〖191〗：每笔手数
〖AD〗：AD 集散量、A/D 上涨家数比	〖ABI〗：ABI 指标

续表

〖ACD〗：ACD 收集派发	〖ADL〗：ADL 藤落指数
〖ADR〗：ADR 涨落比率	〖ALF〗：ALF 过滤指标
〖ASI〗：ASI 振动升降指标	〖ASR〗：ASR 浮筹比例
〖ATR〗：ATR 真实波幅	〖AMOUNT〗：AMOUNT 成交额
〖ADTM〗：ADTM 动态买卖气指	〖B〗:%B 布林极限
〖BBI〗：BBI 多空指数	〖BTI〗：BTI 广量冲力指标
〖BFTD〗：VB 波幅通道	〖BIAS〗：BIAS 乖离率
〖BOLL〗：BOLL 布林线	〖BRAR〗：BRAR 人气意愿指标
〖B3612〗：B3612 三减六日乖离	〖BWIDTH〗：BWIDTH 布林极限宽
〖BBIBOLL〗：BBIBOLL 多空布林线	〖CD〗：CD 相对强度
〖CHAIKIN〗：CHAIKIN 佳庆线	〖CR〗：CR 能量指标
〖CCI〗：CCI 顺势指标	〖CDP〗：CDP 逆势操作
〖CHO〗：CHO 济坚指数	〖CYC〗：CYC 指南针成本均线
〖CYS〗：CYS 市场盈亏	〖CYW〗：CYW 主力控盘
〖CYQKL〗：CYQKL 指南针博弈 K 线长度	〖DDI〗：DDI 方向标准离差指数
〖DKX〗：DKX 多空线	〖DMA〗：DMA 平均离差
〖DMI〗：DMI 趋向指标	〖DMIQL〗DMI－QL 趋向指标（钱龙）
〖DPO〗：DPO 区间震荡线	〖DBCD〗：DBCD 异同离差乖离率
〖DBGC〗：DBGC 底部构成	〖DPTB〗：DPTB 大盘同步指标
〖EMV〗：EMV 简易波动指标	〖ENV〗：ENV 轨道线
〖EOM〗：EOM 活动能力	〖EXPMA〗：EXPMA 平滑移动平均线
〖FASTKD〗：FASTKD 随机快步	〖GLZB〗：ALF 过滤指标
〖HDNL〗：EOM 活动能力	〖II〗：II 当日成交密度
〖JDQS〗：JDQS 阶段强势指标	〖JJZB〗：CHO 济坚指数
〖JEZF〗：江恩正方	〖KD〗：KD 随机指标
〖KDJ〗：KDJ 随机指标	〖KST〗：KST 完定指标

续表

〖LFS〗：LFS 锁定因子	〖LWR〗：LW&R 威廉指标
〖LJX〗：量价线	〖LJQS〗：VPT 量价趋势
〖LSZJ〗：LSZJ 拉升在即	〖M1〗：M1 移动平均线
〖MA〗：移动平均线	〖MI〗：MI 动量指标
〖MFI〗：MFI 资金流量指标	〖MJR〗：MJR
〖MTM〗：MTM 动力指标	〖MACD〗：MACD 指数平滑异同平均线
〖MASS〗：MASS 重量指数	〖MICD〗：MICD 异同离差动力指数
〖MIKE〗：MIKE 麦克指标	〖NDB〗：NDB 脑电波
〖NVI〗：NVI 负量指标	〖NORVOL〗：NORVOL 标准化成交量
〖OX〗：OX 图	〖OBV〗：OBV 能量潮
〖OSC〗：OSC 震荡量	〖OBOS〗：OBOS 超买超卖
〖OLAL〗：OLAL 叠加线	〖PR〗：PR 穿透率
〖PBX〗：PBX 瀑布线	〖PSY〗：PSY 心理线
〖PVI〗：PVI 正量指标	〖PVT〗：PVT 价/量 趋势
〖PRICE〗：PRICE 价位线	〖PRICEOSC〗：PRICEOSC 指数震荡
〖QLCX〗：钱龙长线	〖QLDX〗：钱龙短线
〖QLZB〗：钱龙指标	〖QRSI〗：QRSI 量 RSI
〖QHLSR〗：QHLSR 阻力指标	〖RC〗：RC 变化率指数
〖RS〗：RS 相对强弱比	〖RMI〗：RMI
〖ROC〗：ROC 变动速率	〖RSI〗：RSI 相对强弱指标
〖RCCD〗：RCCD 异同离差变化率指数	〖SP〗：SP 低点搜寻交易系统
〖SAR〗：SAR 抛物转向	〖SCR〗：SCR 筹码集中度
〖SMI〗：SMI	〖SJKB〗：FASTKD 随机快步
〖SJPF〗：ACD 收集派发	〖SOBV〗：SOBV 能量潮
〖SRMI〗：SRMI MI 修正指标	〖STIX〗：STIX 指数平滑广量指标
〖SLOWKD〗：SLOWKD 慢速 KD	〖SDKJ〗：四度空间

续表

〖TBR〗：TBR 新三价率	〖TDX〗：TDX 天地线
〖TDZS〗：CCI－4.0 通道指数	〖TRIX〗：TRIX 三重指数平滑平均数
〖TRIX40〗：TRIX－4.0 TRIX 趋向指标	〖UOS〗：UOS 终极指标
〖VB〗：VB 波幅通道	〖VR〗：VR 容量比率
〖VMA〗：VMA 成交量指标	〖VOL〗：VOL 成交量
〖VPT〗：VPT 量价趋势	〖VOSC〗：VOSC 成交量震荡
〖VSTD〗：VSTD 成交量标准差	〖VMACD〗：VMACD 指数平滑异同平均线
〖WR〗：W&R 威廉指标	〖WDZB〗：KST 完定指标
〖WLLD〗：威力雷达	〖WVAD〗：WVAD 威廉变异离散量
〖XS〗：XS 薛氏通道	〖XDT〗：XDT 心电图
〖ZIG〗：ZIG ZIG ZAG 之字转向	〖ZDZB〗：ZDZB 筑底指标
〖ZHPS〗：ZHPS 智慧判势	〖ZHSL〗：ZHSL 换手率
〖ZLGJ〗：ZLGJ 主力轨迹	〖ZLJC〗：ZLJC 主力进出
〖ZLMM〗：ZLMM 主力买卖	〖ZUPR〗：ZUPR 阶段涨幅
〖ZVOL〗：ZVOL 阶段总成交量	〖ZLCB〗：主力成本
〖ZAMOUNT〗：ZAMOUNT 阶段总成交额	〖CCI40〗：CCI－4.0 通道指数
〖STOCKRSI〗：STOCKRSI	〖SHX〗：散户线

2. 广发证券网上交易软件使用入门

打开广发网上交易软件的安装程序，然后进入到安装阶段。以广发网上交易
2003 宝石版为例，打开后界面步骤如下：

（1）解压缩文件。

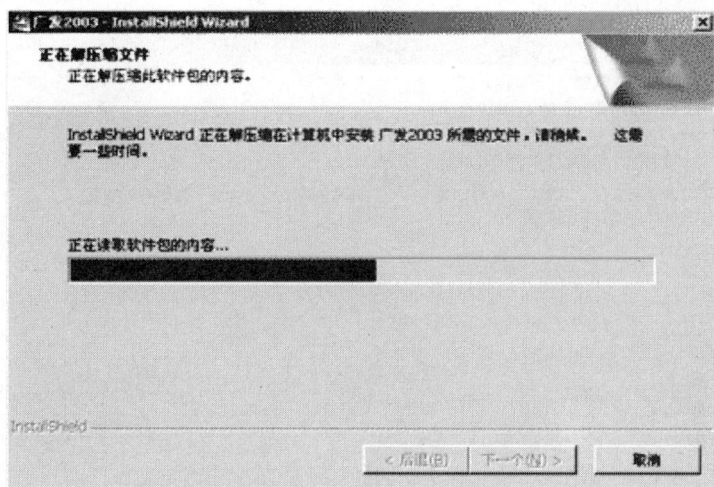

图6-7

（2）许可证协议和风险揭示书。

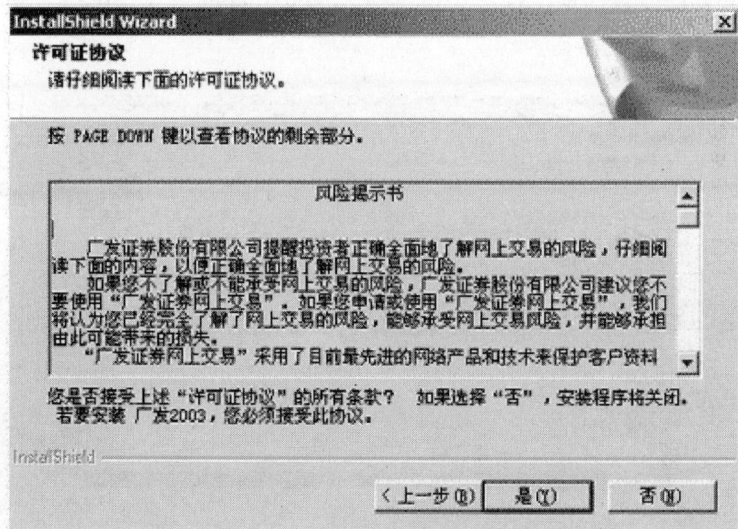

图6-8

选择"是"，下一步。

（3）选择目的地位置。

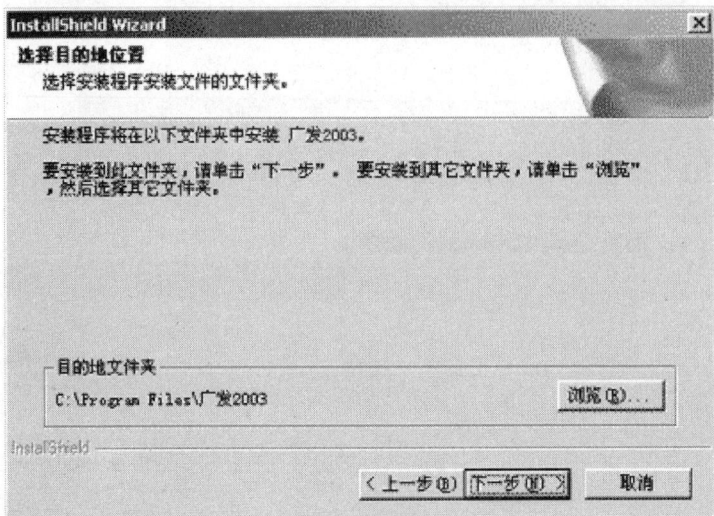

图 6 - 9

如果需要修改目的地文件夹，请选择"浏览"修改目录。选择"下一步"。

（4）选择程序文件夹。

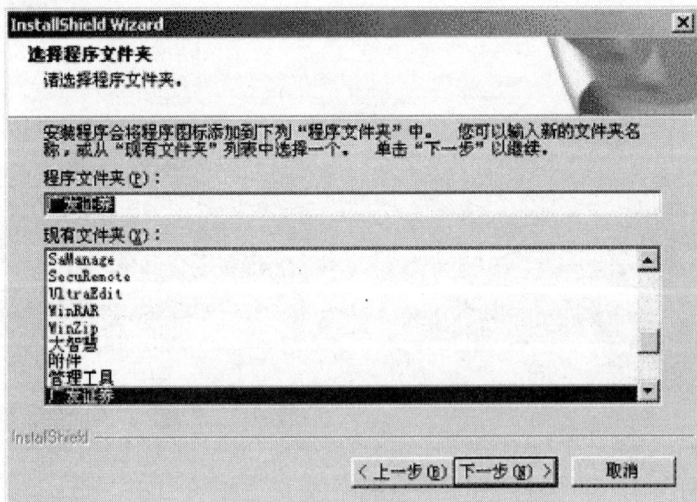

图 6 - 10

程序文件夹一般不需要修改，选择"下一步"。

（5）安装状态。

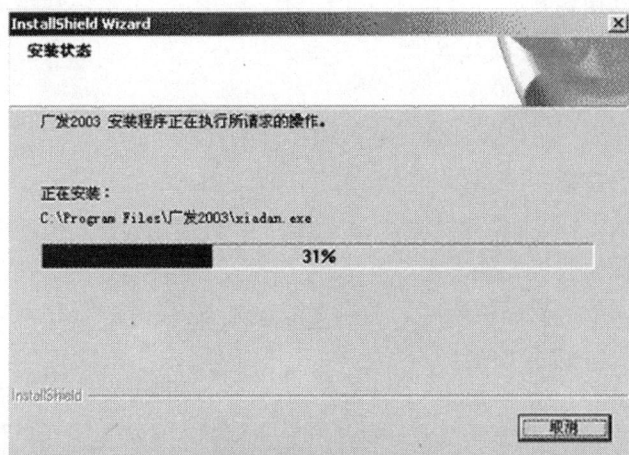

图 6－11

程序进入安装的状态，无须进行干预，拷贝文件结束后，即显示如下界面：

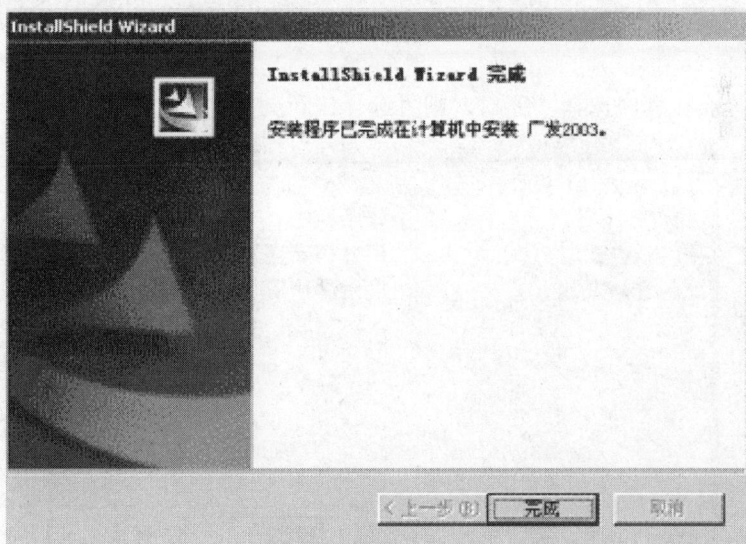

图 6－12

选择"完成",程序安装到此完毕。

在客户的电脑桌面上,将显示一个图标" ",用鼠标双击后,即可启动广发证券网上交易 2003 宝石版。

(6)登录使用。

下面简单介绍一下广发证券至强版操作细则:

①选择使用核新交易。

有两种方法:

• 从网上行情分析软件进入。

一般可在网上行情分析软件(如广发证券至强版)按"F12"或点击右上角的"交易系统"按钮(如图 6 – 13 所示)。

广发证券至强版[上证A股]						资讯系统 交易系统	
总量	现量	涨速%	换手%	今开	昨收	市盈率	最高
14.9万	54	1.59	7.46	4.16	4.06	39.69	4.47
11.9万	100	0.00	12.24	4.18	4.17	—	4.59
143万	1	0.00	9.17	8.65	8.65	23.69	9.52
83687	10	0.00	6.95	4.25	4.29	70.90	4.72

图 6 – 13

弹出"委托程序选择"窗口,则可选择核新交易。

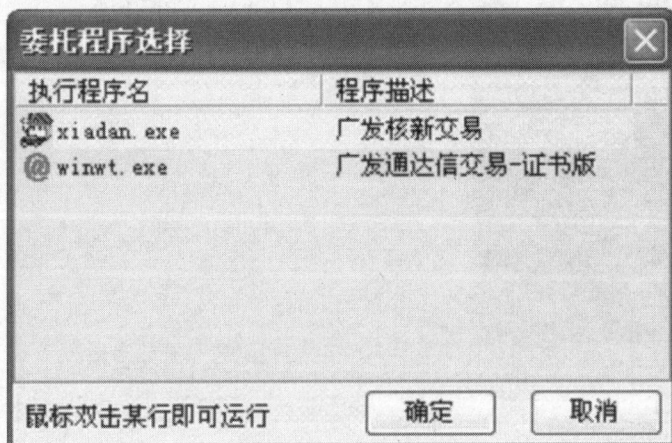

委托程序选择		
执行程序名	**程序描述**	
xiadan.exe	广发核新交易	
@ winwt.exe	广发通达信交易-证书版	
鼠标双击某行即可运行	确定	取消

图 6 – 14

②直接点击桌面快捷方式。

一般安装广发证券至强版后，在桌面会有核新交易的快捷方式，点击图标

也可进入下面的登录窗口。

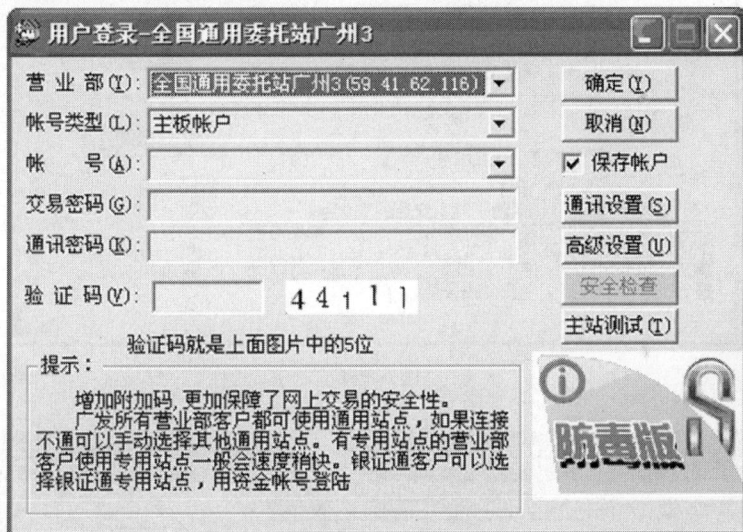

图 6 – 15

（7）登录。

①选择委托站点（比较重要，一般若觉得慢，可以更换委托站点）。

一般来说应选取离自己比较近的，与自己上网线路同属一个电信运营商的委托站比较好，速度较快，也相对稳定。通常南方地区以中国电信的线路居多，北方地区以中国网通的线路居多。此处，全国通用委托站点广州 2、广州 3 和深圳使用的是中国电信的线路，广州 1、北京使用的是中国网通线路，请尽量选择同一电信运营商的委托站点，否则会因为不同运营商之间的互连互通问题导致速度较慢。

当然，也可以使用"主站测试"来检测速度较快的委托站，时间越短则速度越快。不过测试只能反映当时的链路情况，客户也可根据实际使用情况来选择委托站点。

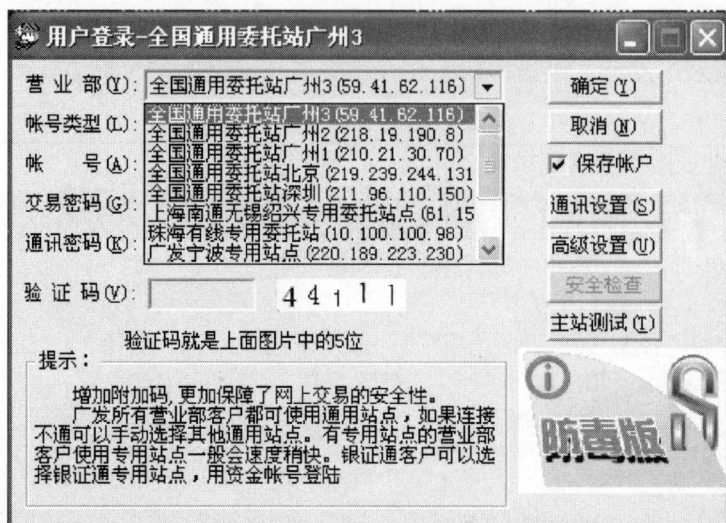

图 6 – 16

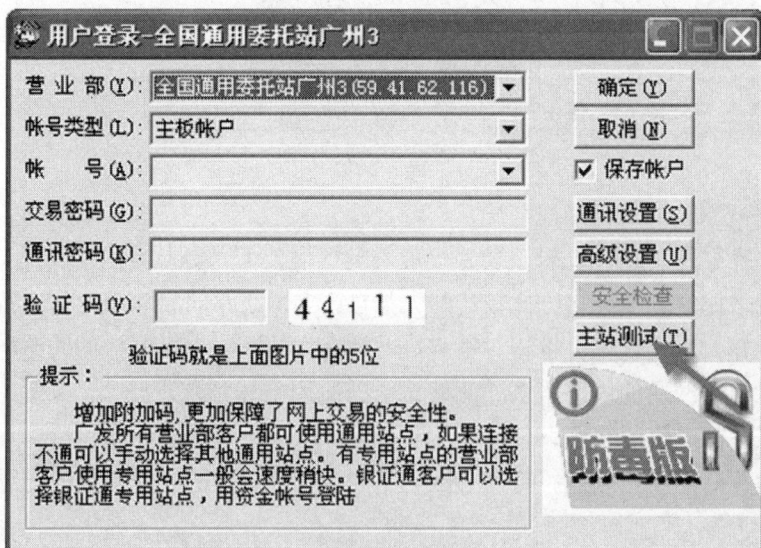

图 6 – 17

②输入账号和密码登录。

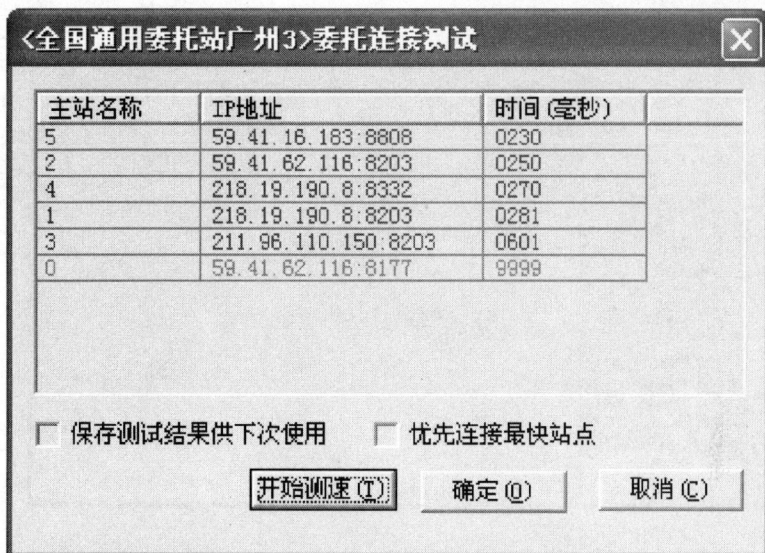

〈全国通用委托站广州3〉委托连接测试

主站名称	IP地址	时间 (亳秒)
5	59.41.16.183:8808	0230
2	59.41.62.116:8203	0250
4	218.19.190.8:8332	0270
1	218.19.190.8:8203	0281
3	211.96.110.150:8203	0601
0	59.41.62.116:8177	9999

☐ 保存测试结果供下次使用   ☐ 优先连接最快站点

[开始测速(T)] [确定(0)] [取消(C)]

图 6 – 18

依次输入账号、交易密码、通迅密码以及验证码，然后点击确定，即可登录。

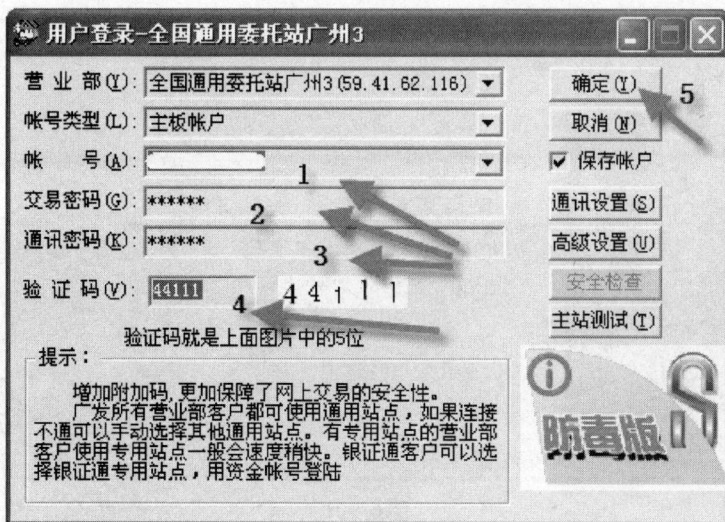

图 6 – 19

③进入主界面。

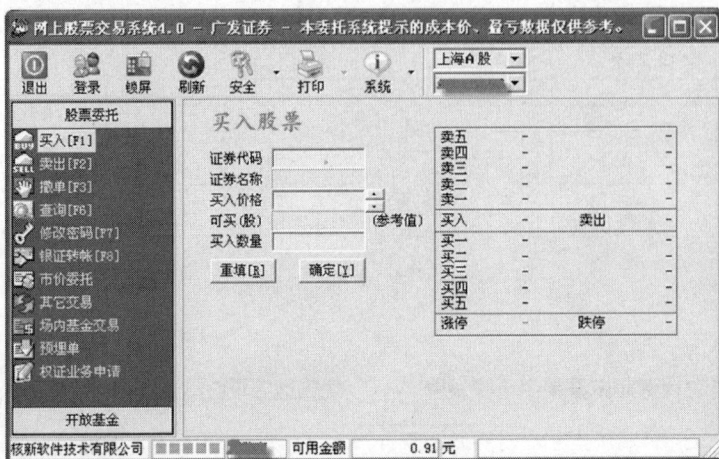

图 6 – 20

④基本功能介绍。

点击左边菜单相应栏目，则可进入相应的页面。

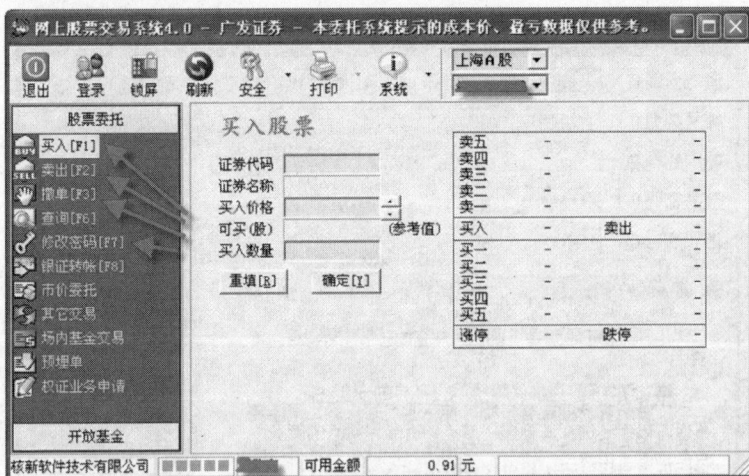

图 6 – 21

⑤买入股票。

输入证券代码，一般会自动出现证券名称，右手边自动出现实时买卖盘供参考,买入价格会缺省为当前卖一价格;客户可再输入买入价格、买入数量,再点击确定。

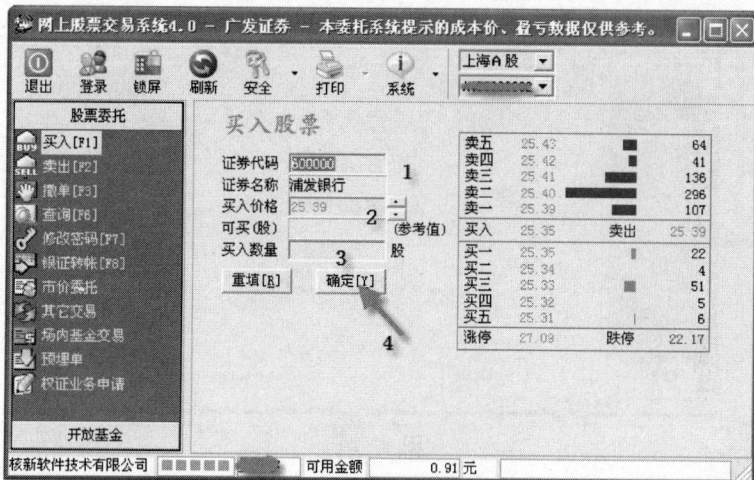

图 6－22

⑥卖出股票。

界面下方会出现目前账户的持仓。客户输入证券代码后,一般会自动出现证券名称,右手边自动出现实时买卖盘供参考,卖出价格会缺省为当前买一价格;客户可再输入卖出价格、卖出数量,再点击确定。

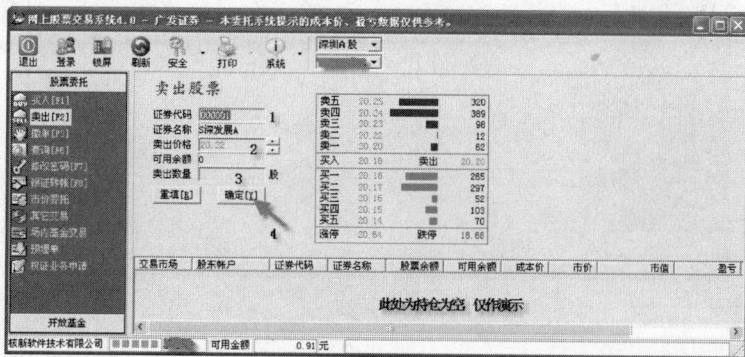

图 6－23

⑦撤单。

界面会显示当日的所有委托,可选中要撤单的委托记录,点击"撤单"按钮，或直接按回车，或鼠标双击要撤单的委托记录。

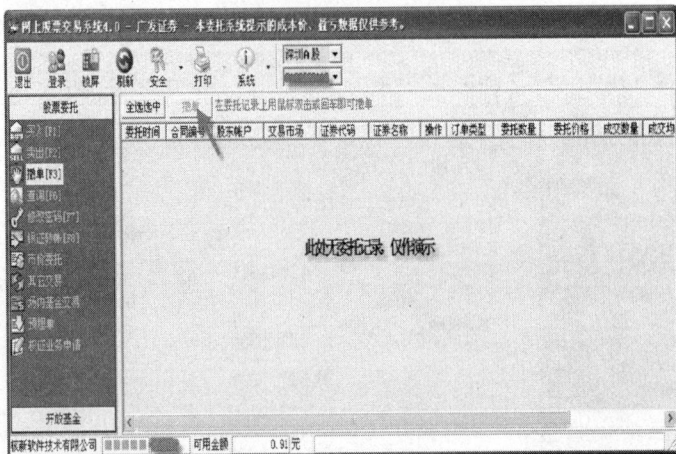

图 6 – 24

⑧查询。

点击欲查询的各项内容即可。

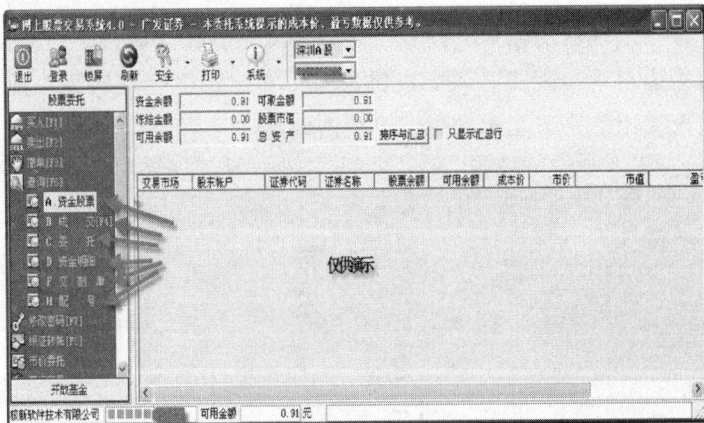

图 6 – 25

⑨修改密码。

一般客户登录后，最好把缺省的初始密码更改，并注意不要选择容易被猜到的简单密码，并养成不定期更改密码的习惯。先选择要更改的密码类型，再依次输入旧密码、新密码、新密码，然后点击确定。其他功能可参照界面上的说明和

图 6－26

指示进行操作。

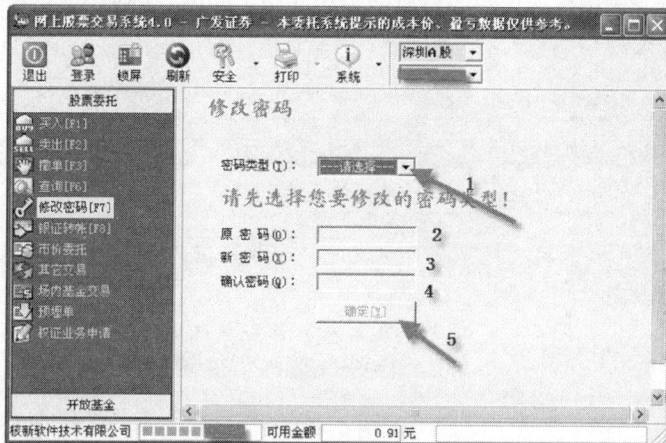

图 6－27

（8）退出。

可按菜单上的"退出"按钮，或窗口右上角的"×"将网上交易的核新交易程序关闭退出。

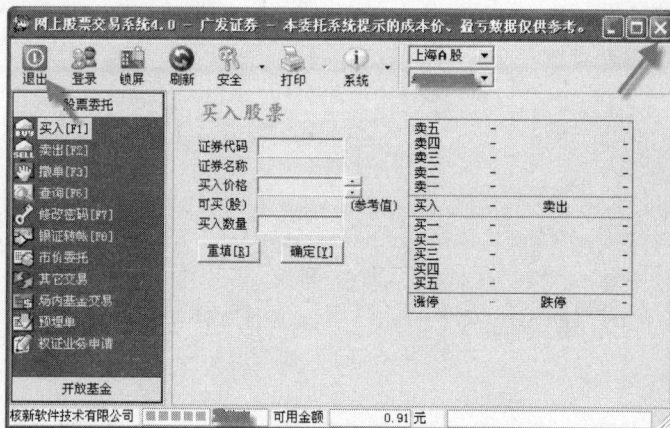

图 6－28

3. 银河证券网上交易软件使用入门

（1）海王星使用入门。

①安装程序下载。

● 请先登录中国银河证券股份有限公司网站：http：//www.chinastock.com.cn，如图6－29所示。

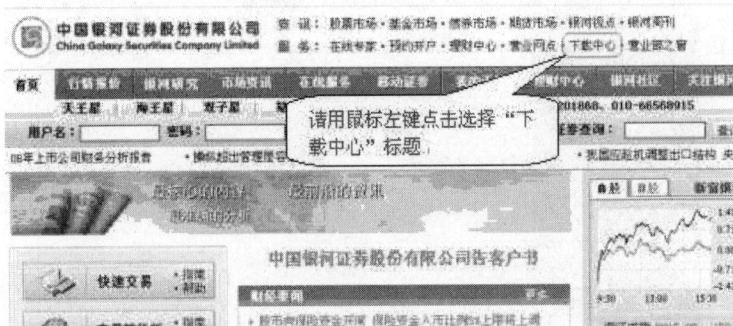

图 6－29

②选择"下载中心"后进入如下位置：

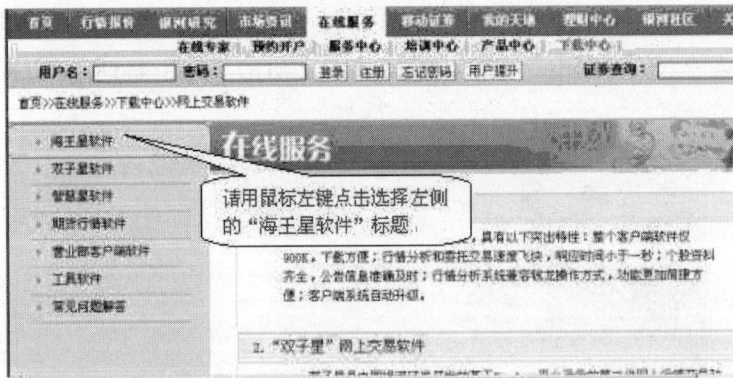

图 6－30

③选择左侧的"海王星软件"标题后，请向下移动屏幕进入如下位置：

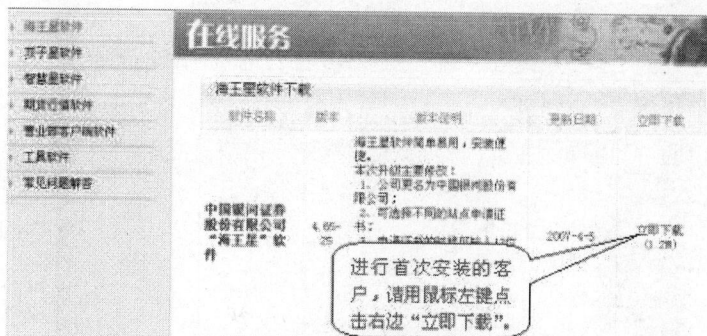

图 6-31

④点击选择"立即下载"后，进入如下位置：

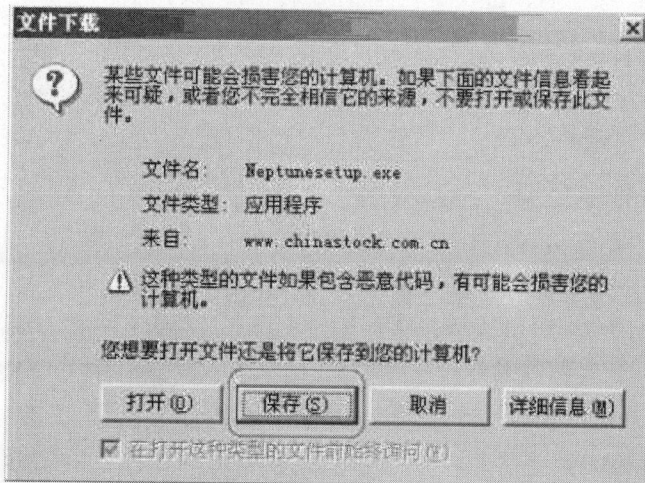

图 6-32

⑤用鼠标左键点击选择"保存"按钮后，进入如下位置：

请选择要保存安装文件的位置（如本地磁盘 D:）后，用鼠标左键点击选择右下角的"保存"按钮。

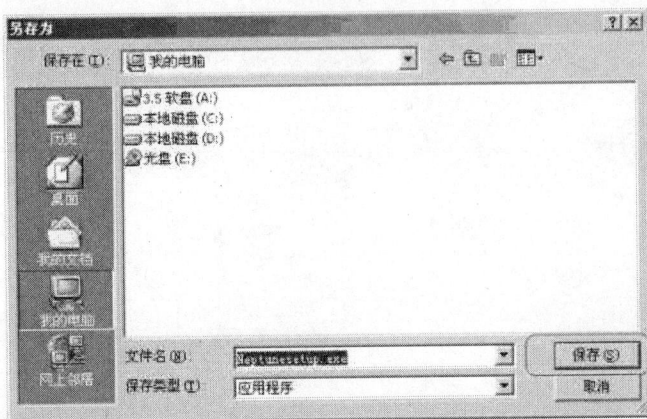

图 6-33

⑥选择"保存"按钮后，进入安装程序下载界面，如下所示：

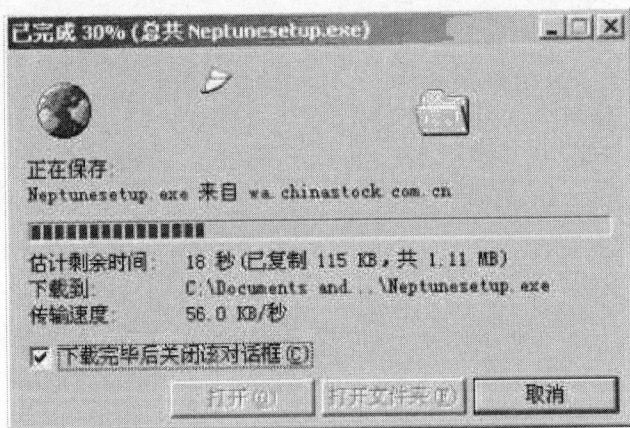

图 6-34

⑦程序安装。

● 安装程序下载完成后，请到上一步保存文件的位置查找安装文件 Neptune-setup. exe，并在文件图标上双击鼠标左键，进入如下位置：

图 6－35

• 安装程序初始化完成后，自动进入如下位置：

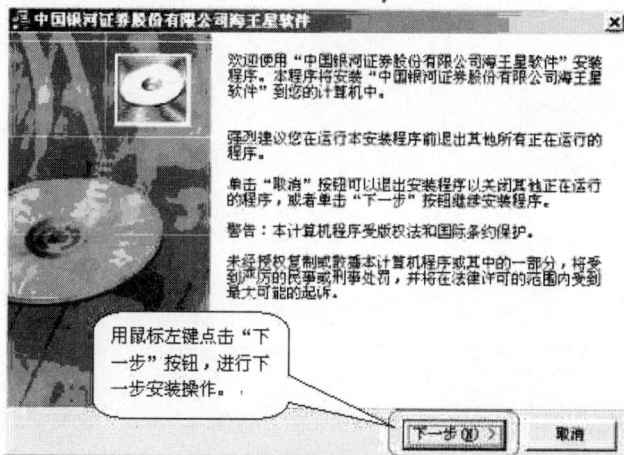

图 6－36

• 用鼠标左键点击"下一步"按钮，进行下一步安装操作。

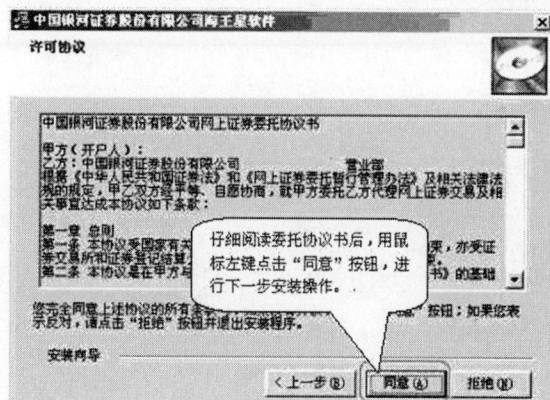

图 6－37

• 用鼠标左键点击"同意"按钮，进行下一步安装操作。

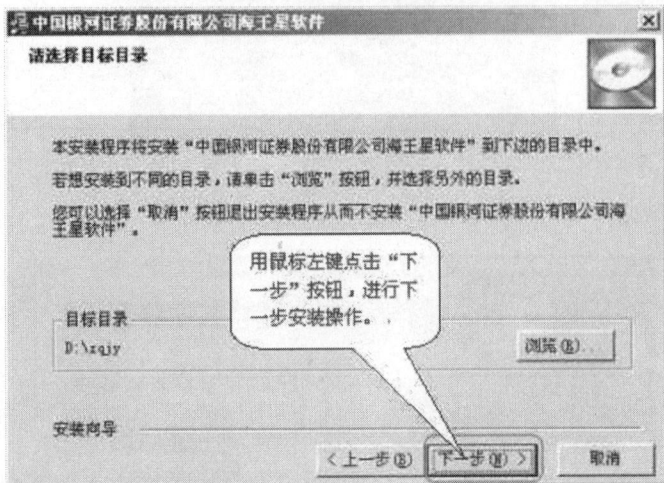

图 6 – 38

● 用鼠标左键点击"下一步"按钮，进行下一步安装操作。

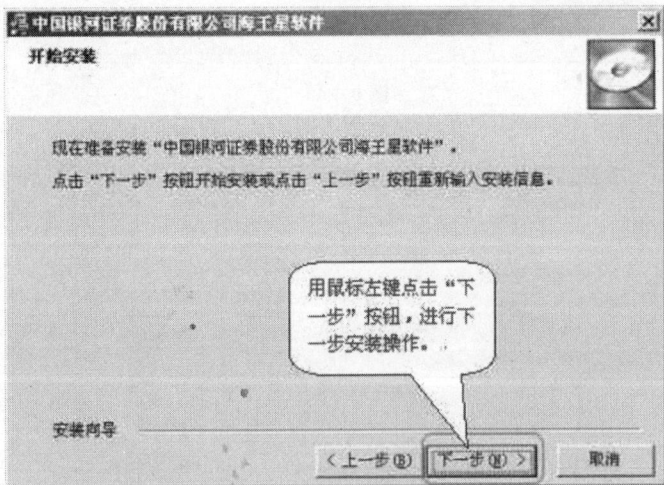

图 6 – 39

● 用鼠标左键点击"下一步"按钮，进行下一步安装操作。

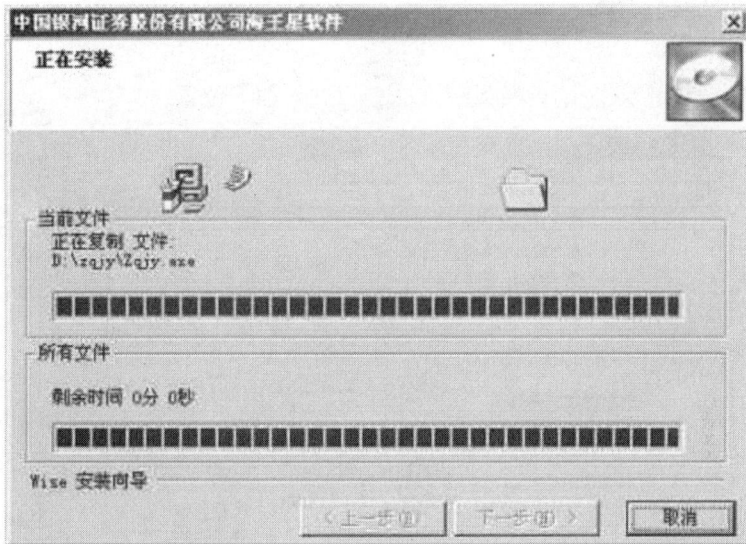

图 6－40

● 文件复制完成后，系统会自动进行下一步安装操作。

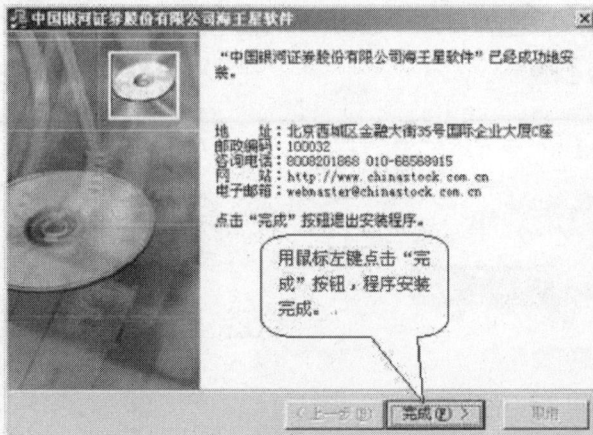

图 6－41

● 用鼠标左键点击"完成"按钮后，程序安装完成。

⑧海王星证书申请。

● 用鼠标左键双击执行桌面图标 ，进入如下位置：

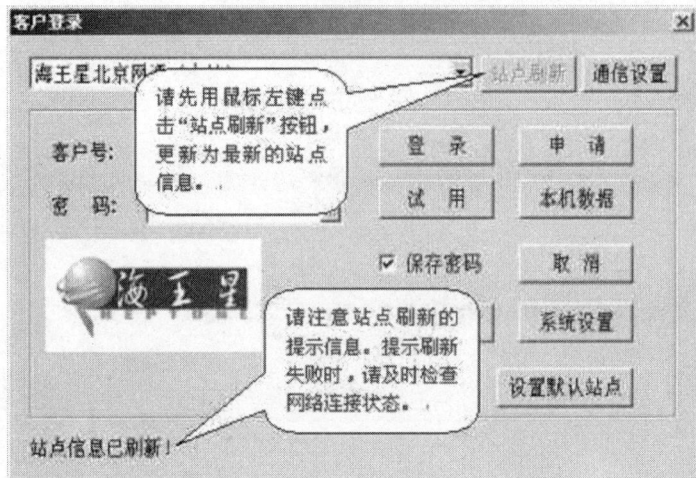

图 6 – 42

● 站点刷新成功后，请选择"申请"按钮，如下图所示：

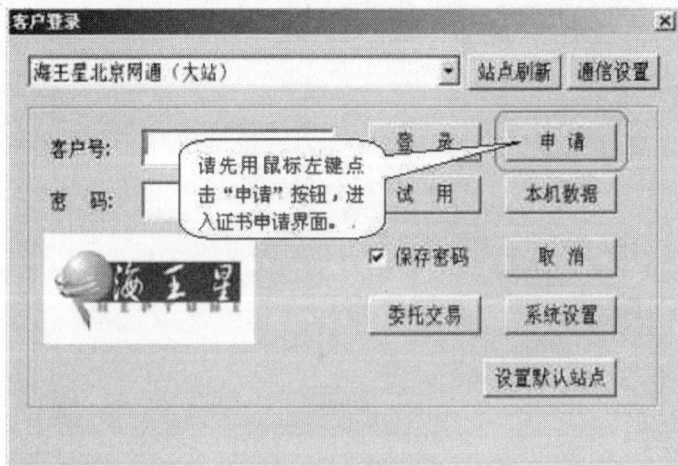

图 6 – 43

● 点击"申请"按钮后进入如下位置：

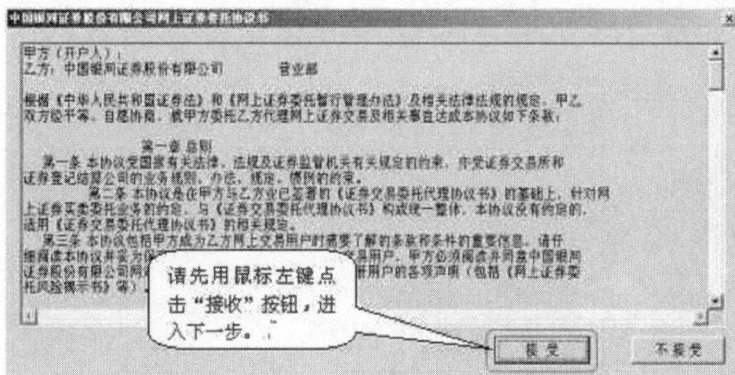

请先用鼠标左键点击"接收"按钮，进入下一步。

图6-44

• 仔细阅读委托协议书后，选择"接收"按钮，进入下一步操作：

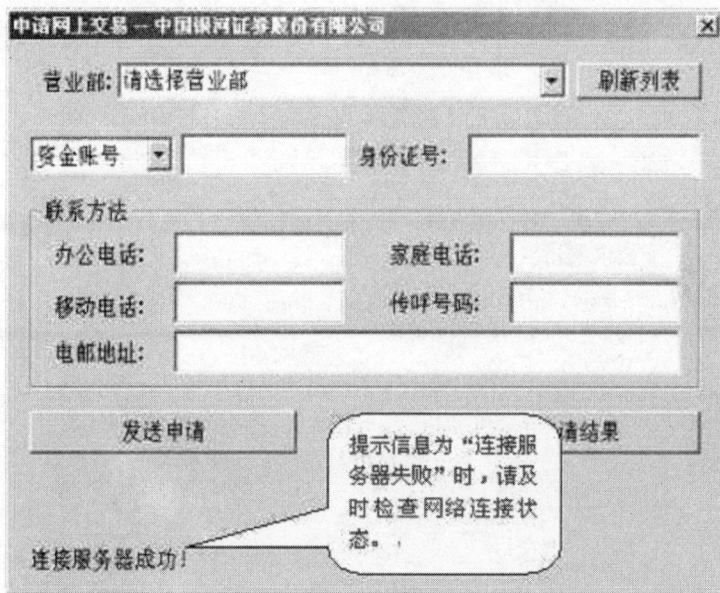

提示信息为"连接服务器失败"时，请及时检查网络连接状态。

图6-45

• 在营业部的下拉列表中选择开户的营业部名称，如图6-46所示：

• 在账户选择列表中选择自己习惯使用的账户方式，如图6-47所示：

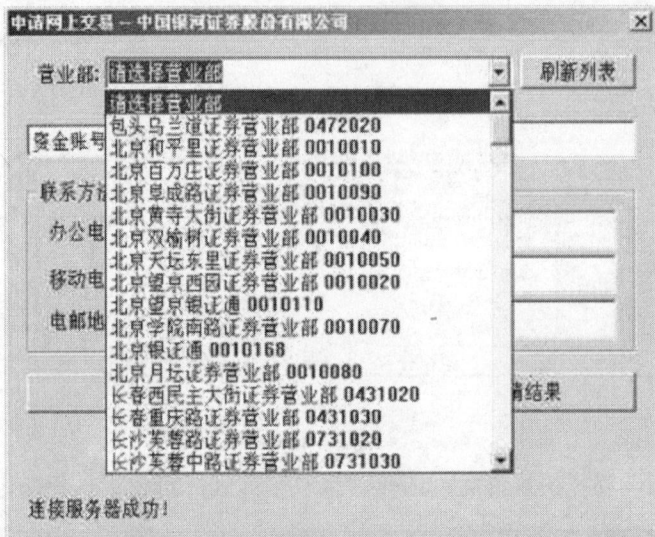

图 6 – 46

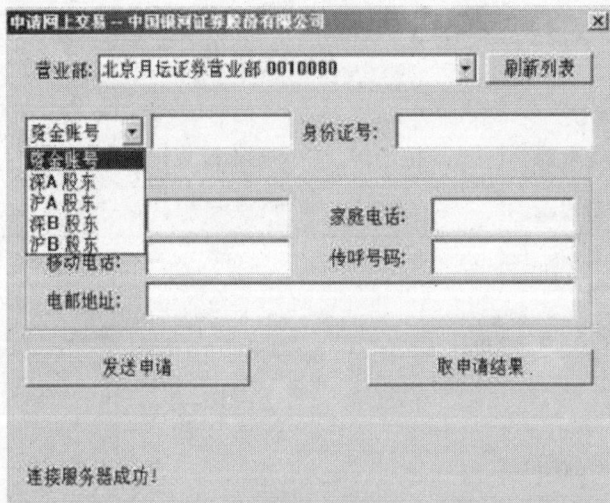

图 6 – 47

●选择好账户方式后，请依次输入账户号码、身份证号、办公电话或家庭电话，如图 6 – 48 所示：

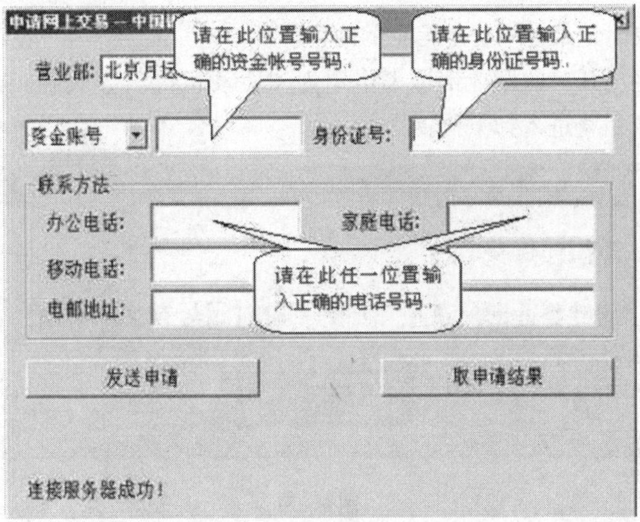

图 6 – 48

• 按以上提示输入正确的数据后，请用鼠标左键点击"发送申请"按钮，进入如下位置：

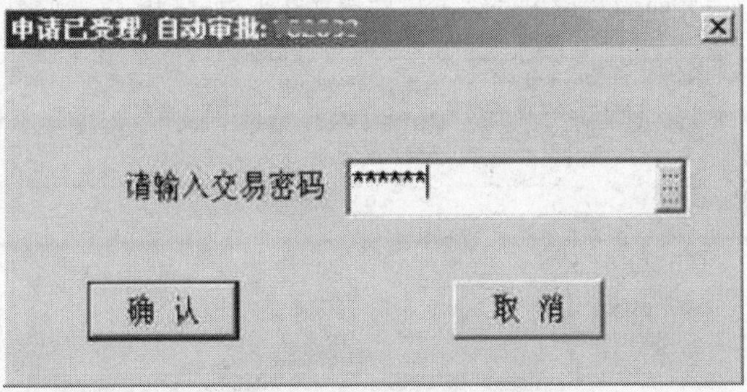

图 6 – 49

• 按提示输入正确的交易密码后，进入如下位置：

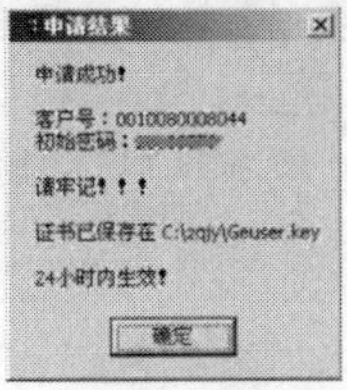

图 6 – 50

客户应及时记录证书提示信息的内容。

· 如果客户开户的营业部证书申请为"手动审批"方式时，客户点击"发送申请"按钮后将进入如下位置：

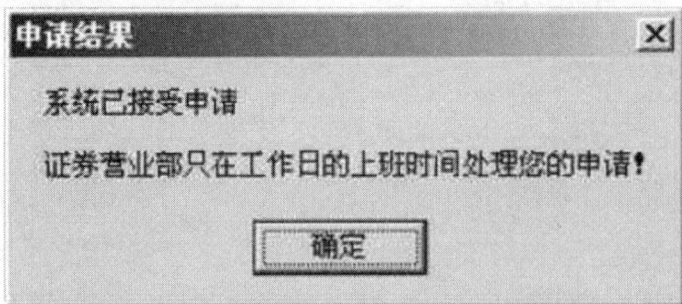

图 6 – 51

营业部会定期处理客户的证书申请请求，或者客户与开户营业部联系咨询关于申请证书的情况，以便及时获得海王星网上交易证书；营业部审批证书后，客户可以通过证书申请界面的"取申请结果"按钮来获得自己的证书，如图 6 – 52 所示：

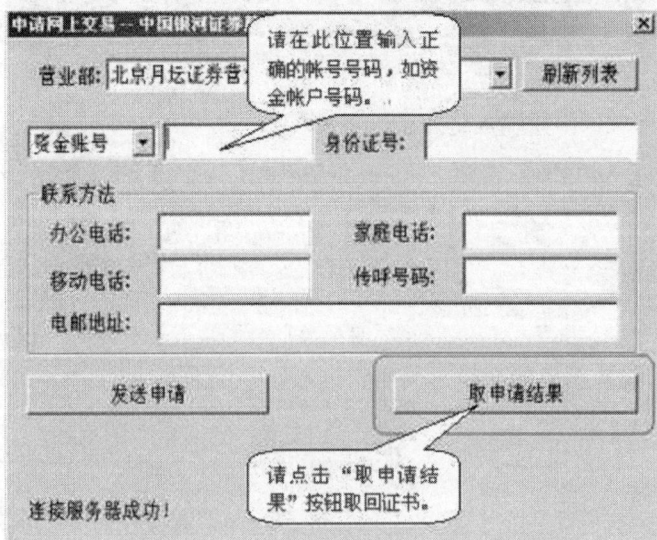

图 6 – 52

取结果成功后，客户应及时记录如下证书提示信息内容：

图 6－53

● 到此，海王星证书已经成功申请完成，请点击"确定"按钮自动登录海王星网上交易系统。

⑨网络配置。

如果您使用小区宽带或者局域网上网，不能连通行情，请咨询相关网络管理员，设置宽带或者局域网代理程序，海王星使用 8001 和 8002 端口。同时您需要设置客户端的代理，设置代理是通过客户登录界面的"代理设置"按钮设置，输入网络管理员所给出的代理地址和端口。

⑩海王星使用说明。

当您获得证书以后，您成为海王星的正式用户，正确输入客户号和密码，点击"登录"进入正式行情。

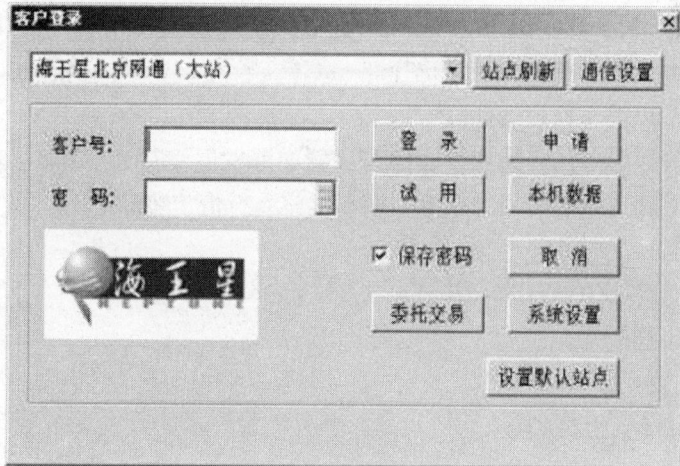

图 6－54

⑪下图是海王星的行情界面以及一些快捷键的介绍。

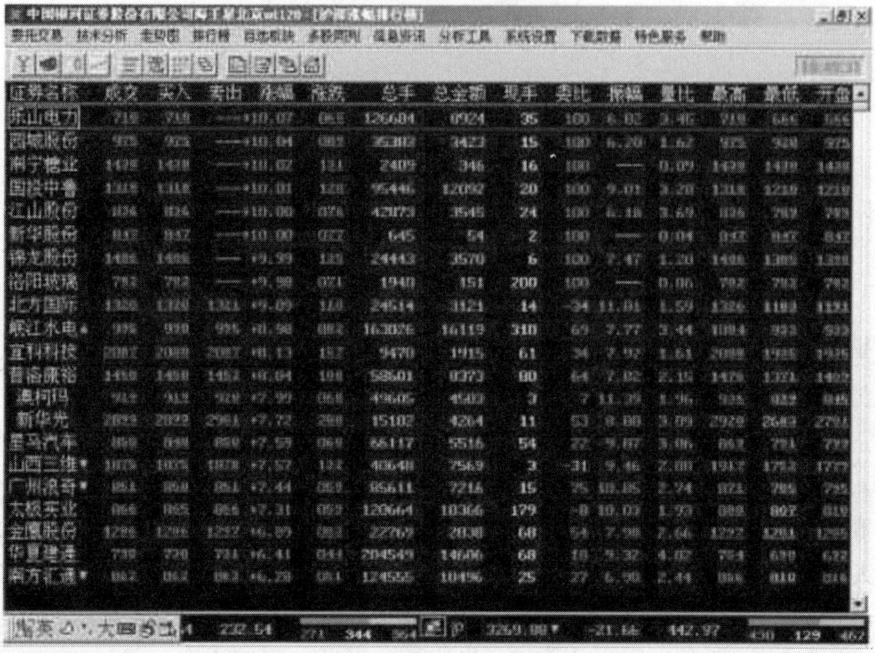

图 6－55

- 使用"Esc"表示回退，可回退到主菜单。
- 使用上、下、左、右键做选择。
- 使用回车键，确定选择。
- 直接输入股票代码或者拼音缩写，例如深发展缩写为"sfz"，在出现的股票中用上、下键选择您需要的股票，回车键察看行情走势。
- F5：切换 K 线图。
- F10：切换 F10 资讯。
- F6：自选股票。
- F12：委托交易。
- 03＋enter：上证指数。
- 04＋enter：深证成指。
- 61＋enter：上证 A 股，涨幅排行榜。

- 62 + enter：上证 B 股，涨幅排行榜。
- 63 + enter：深证 A 股，涨幅排行榜。
- 64 + enter：深证 B 股，涨幅排行榜。
- 65 + enter：上证债券，涨幅排行榜。
- 66 + enter：深证债券，涨幅排行榜。
- 67 + enter：上海基金，涨幅排行榜。
- 68 + enter：深圳基金，涨幅排行榜。
- 69 + enter：中小企业板块，涨幅排行榜。
- 611 + enter：上海权证，涨幅排行榜。
- 631 + enter：深圳权证，涨幅排行榜。
- 81 + enter：上证 A 股，综合排名。
- 82 + enter：上证 B 股，综合排名。
- 83 + enter：深证 A 股，综合排名。
- 84 + enter：深证 B 股，综合排名。
- 85 + enter：上证债券，综合排名。
- 86 + enter：深证债券，综合排名。
- 87 + enter：上海基金，综合排名。
- 88 + enter：深圳基金，综合排名。
- 89 + enter：中小企业板块，综合排名。
- 811 + enter：上海权证，综合排名。
- 831 + enter：深圳权证，综合排名。
- 71 + enter：上交所公告信息。
- 72 + enter：深交所公告信息。
- Alt + f：变换显示字体。
- Alt + t：分红除权。

（2）双子星使用入门。

①下载。

使用浏览器下载，下载地址为 http：//www. chinastock. com. cn/service/DownLoadBinary. shtml，在"文件下载"弹出框中选择"保存"，请记住您的保存程序 binaryStar21. exe 的位置。

②安装。

运行您下载的 binaryStar21. exe，开始安装，在安装过程中要同意相关的协议条款。如图 6 – 56 所示。

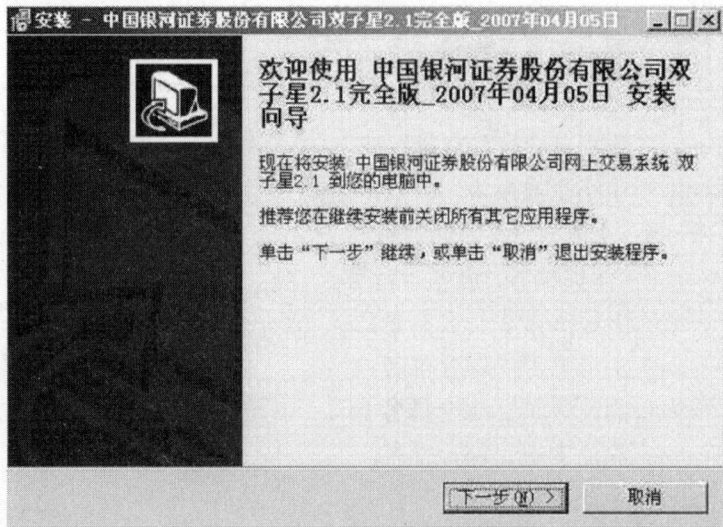

图 6 – 56

安装完成后，在桌面上会生成两个图标：

③登陆行情。

双击桌面上的"中国银河证券股份有限公司双子星"图标，出现如下客户登陆框，请点击"确定"。如果您没有在中国银河证券股份有限公司的营业部开户，那么您只能点击"试用"。

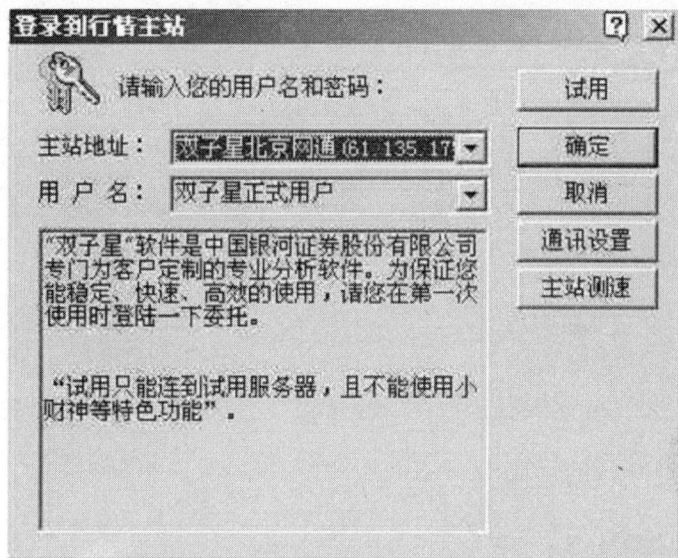

图 6 – 57

④身份认证。

点击"确定"后，系统会弹出以下界面，

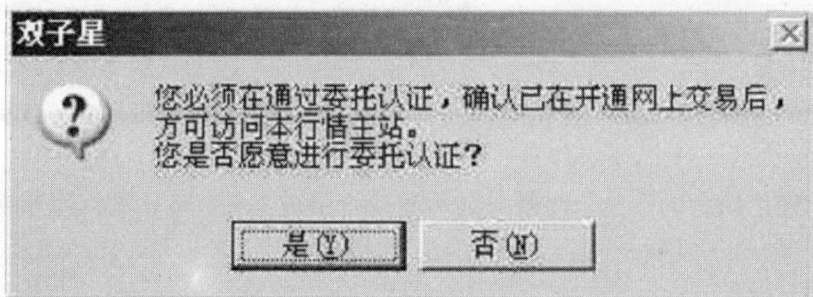

图 6 – 58

点击"是"，进入身份验证过程。

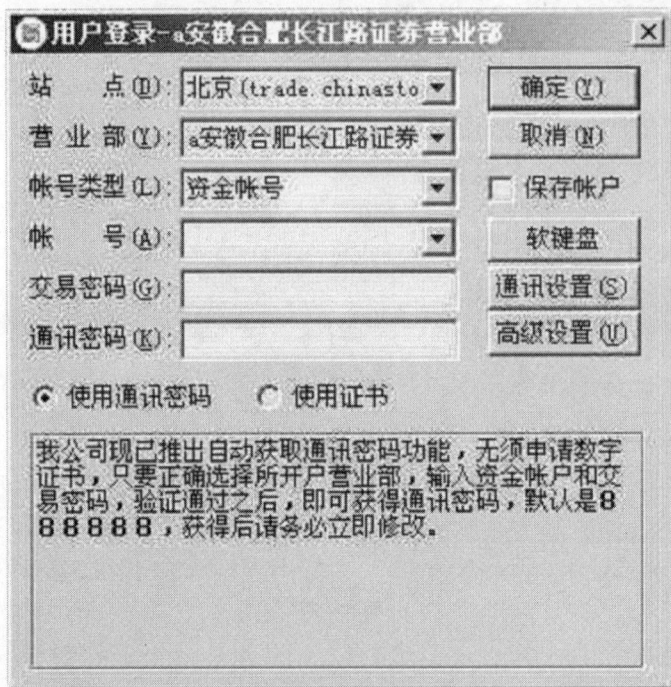

图 6-59

和您登录委托的界面是一样的，选择您的开户营业部，输入账号、密码"确定"后，通过身份验证后一年的时间内系统不会要求您在同台机器上再次验证身份。

下次使用同台机器登录时候只显示登录行情的界面，选择站点直接登录即可。

⑤代理设置。

选择"通讯设置"可进行以下设置：

• 如果您是通过拨号上网，您可通过本程序来实现自动拨号，退出时自动断线，以节省话费（如图6-60所示）：

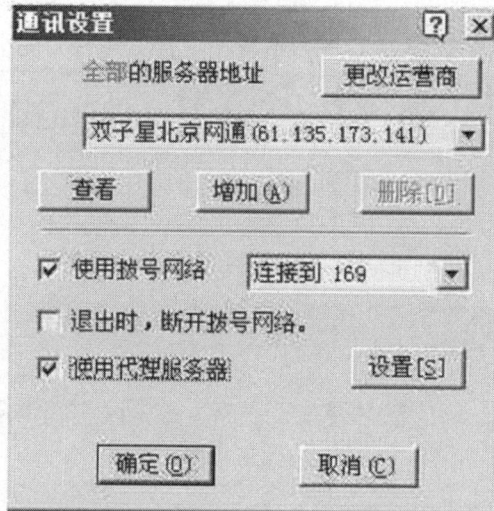

图 6 – 60

　　• 如果您是通过代理服务器上网，您只需在图中"使用代理服务器"前打勾，并点击"设置"按钮进行以下设置：

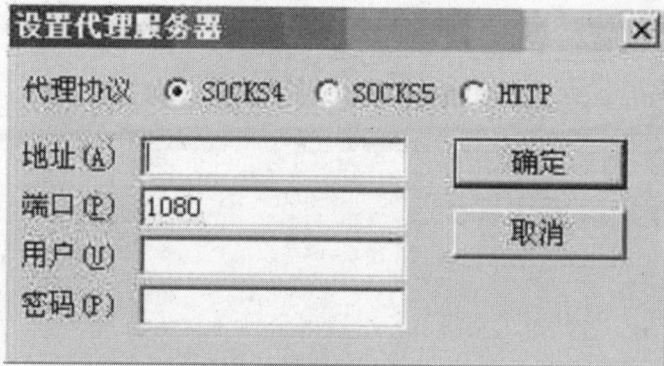

图 6 – 61

　　• 如果您对具体设置不清楚，请查看代理服务器软件的设置，或咨询您的网络管理员。

　　⑥委托交易。

您首先需要是公司的交易客户，如果现在还不是请到公司下属营业部办理，安装完双子星后，windows 系统右下角系统托盘将出现 SSL 安全代理运行图标。

图 6 - 62

如果您是第一次运行网上交易程序将提示您申请证书。

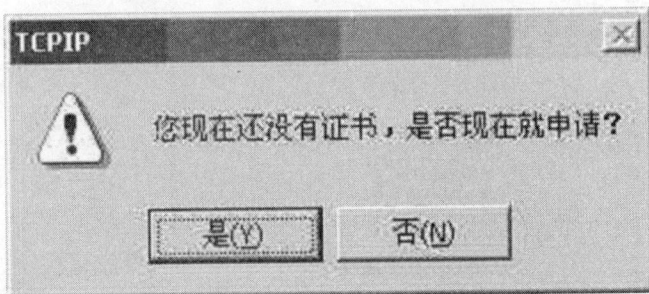

图 6 - 63

按照系统提示进行申请即可，申请成功后，会出现如下界面提示：

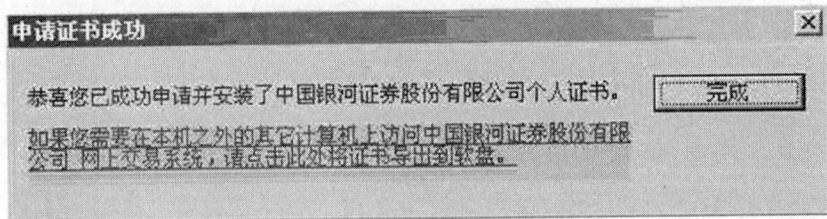

图 6 - 64

成功申请后，您同时也获得了一个通讯密码（默认为 888888，第一次使用需要更改），这样在登陆委托的时候可以选择使用证书方式还是通讯密码方式，一般通讯密码方式比较方便快捷。

⑦常用快捷键。

表 6 – 3

快捷键	对应的页面
1 + enter	上证 A 股报价
2 + enter	上证 B 股报价
3 + enter	深证 A 股报价
4 + enter	深证 B 股报价
5 + enter	上证债券报价
6 + enter	深证债券报价
7 + enter	上证基金报价
8 + enter	深圳基金报价
0 + enter	沪深指数报价
00 + enter	沪深领先指数
03 + enter（或 F3）	上证领先指标
04 + enter（或 F4）	深证领先指标
06 + enter（或 F6）	自选股报价
001 + enter	资金流向排名
002 + enter	快速涨幅排名
003 + enter	换手率排名
004 + enter	振幅排名
005 + enter	量比排名

续表

快捷键	对应的页面
006 + enter	自选同列
41 + enter	股本权息
42 + enter	财务数据
43 + enter	财务指标
44 + enter	基金周报
45 + enter	股东变化
60 + enter	沪深 A 股涨跌幅排名
61 + enter	上证 A 股涨跌幅排名
62 + enter	上证 B 股涨跌幅排名
63 + enter	深证 A 股涨跌幅排名
64 + enter	深证 B 股涨跌幅排名
65 + enter	上证债券涨跌幅排名
66 + enter	深证债券涨跌幅排名
67 + enter	上证基金涨跌幅排名
68 + enter	深证基金涨跌幅排名
81 + enter	上证 A 股综合排名
82 + enter	上证 B 股综合排名
83 + enter	深证 A 股综合排名
84 + enter	深证 B 股综合排名
85 + enter	上证债券综合排名
86 + enter	深证债券综合排名
87 + enter	上证基金综合排名
88 + enter	深证基金综合排名
90 + enter	多窗看盘

续表

快捷键	对应的页面
91 + enter	主力大单
92 + enter	阶段统计
93 + enter	强弱分析
94 + enter	板块分析
95 + enter	指标排行
51 － 58	自定义板块

4. 同花顺交易软件使用入门

用户可先登录 www. 10jaka. com. cn，选择主页上的行情软件下载"同花顺 2007"。安装程序同以上介绍的软件相同。安装完毕，可按照下列步骤进行操作。

（1）进入系统。

要进入"同花顺"，有以下几种方法：

①双击桌面上的图标，即可直接进入。

②从程序组中进入，即沿着"开始"→"程序"→"核新软件"→"同花顺"，也可进入本系统。

（2）退出系统。

要退出"同花顺"，有以下几种方法：

①按 Alt + F4。

②用鼠标单击菜单"系统"→"退出"命令。

③用鼠标点击窗口右上角的关闭按钮"×"。

（3）隐藏系统。

为了方便某些用户的使用，专业版提供了一键隐藏功能，即通过一个快捷键（俗称"老板键"）将程序界面完全隐藏（在任务栏、托盘区都不留痕迹），再按此快捷键时，又将程序恢复为原来的界面。

①默认的快捷键为：Alt + Z。

②用户也可以根据自己的意愿设定为其他的快捷键，在"工具"菜单下"系统设置"里设置。

（4）基本功能简介。

①"历史回忆"功能。

• 功能说明：

"历史回忆"功能是用于把K线走势、分时走势、Tick走势的走势曲线按指定的播放速率在对应的分析页面下进行回忆式播放。如果是在分时或Tick走势页面中，则在曲线播放的同时，右侧的个股单元表与右下角的成交明细也会跟着联动。主要用于检测自己对走势的判断能力与时机把握能力。

• 调用：

点击菜单"智能"→"历史回忆"，调出播放器。

• 简要使用说明：

◇在指定分析周期（分时、技术分析、tick走势）图中，调出播放器后播放的起始日期自动定位到该周期的本地数据的第一个周期位置中。调整好播放频率与起始时间后，点击播放器上的播放按钮即开始播放。

◇播放器上有前进一格、后退一格、快进、快退等按钮可以播放时使用。播放时的暂停可以点击红色的"停止"按钮（以后要改为暂停按钮）。播放器默认没有显示播放时间与日期组件，播放时点击右边的显示时间按钮可以打开时间与日期组件。

◇在播放的同时，可以输入代码以便切换到该代码的历史回忆播放状态下。

• 使用图例：

◇分时走势中播放：

◇技术分析走势回放：

②星空图。

• 概述：

星空图反映了某个股在其所属分类板块中的价格、涨幅、流通盘大小、震幅等指标在星空图二维坐标中的位置。

星空图中的星星数量取决于进入星空图时当前个股的所属板块，该板块也会反映在星空图的标题栏中，如图6-67所示。

• 调用方法：

调用菜单"智能"→"星空图"。

• 使用方法：

◇进入星空图后，输入代码（或拼音简称），该代码在星空图中的坐标位置

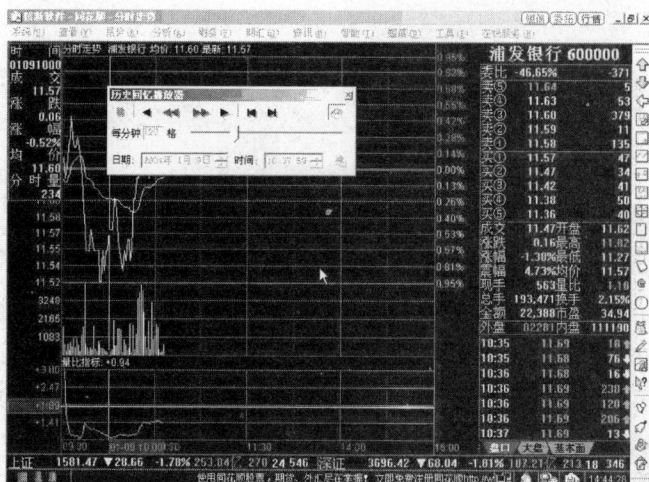

图 6 - 65

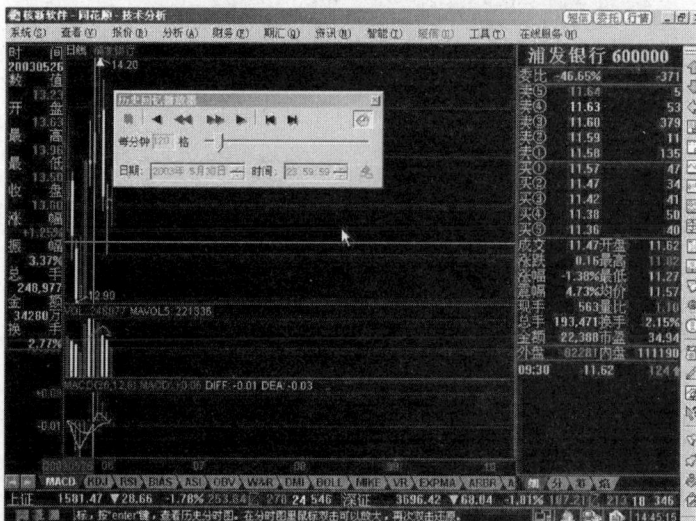

图 6 - 66

会自动放大变亮。同时在星空图下面的表格中显示该个股的简要情况。

◇切换横坐标与纵坐标类型可分别针对各项指标进行分析。切换坐标方法如图 6 - 67 所示。

• 使用图例：

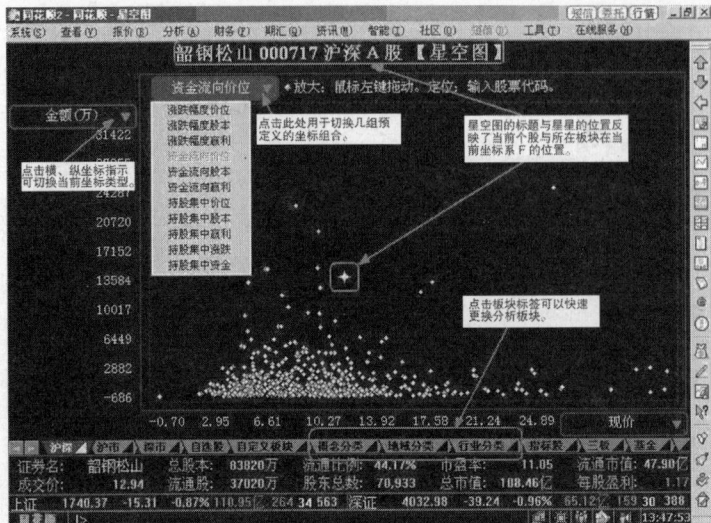

图 6－67

③"按需保存页面要素"功能。

•功能概述：

在常规分析页面与报表类页面中，通常需要对一些程序默认的界面要素进行按需调整，比如对报表类页面中的表头字段顺序、字段间隔、分析页面中的指标类型、标签类型、K线大小、K线间距、窗口大小。同花顺软件提供了在调整这些界面要素后能保存这些改动的功能。

•功能调用：

在改动这些要素后，调用"系统"菜单的"保存页面"或按"Ctrl + S"即可。

•使用举例：

◇在技术分析页面中如果在对当前指标、右下角的标签、K线间距、右边分析窗口大小作过调整（如图 6 - 68 所示），觉得满意后，调用"系统"菜单的"保存页面"或按"Ctrl + S"后，下次再次进入该页面时，这些调整会生效，即使重启机器这些变动也能保存下来。

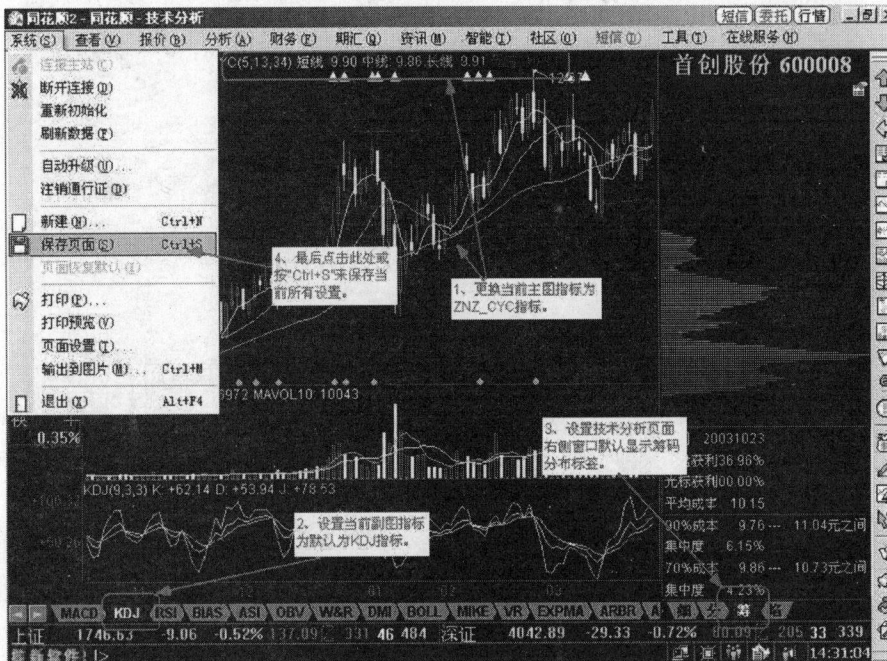

图 6－68

◇在报表类分析页面（报价表、排序表）中如果对表头字段顺序、字段间间距作过调整后（如图6－69所示），按同样的方法也能把这些变动保存下来。

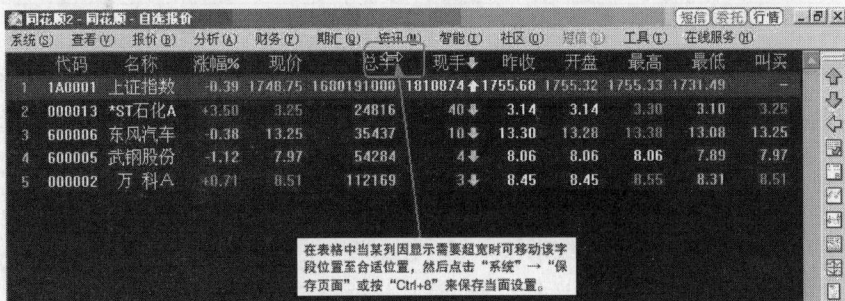

图 6－69

◇还能改变当前页面的默认窗口位置布局，如图6－70所示。

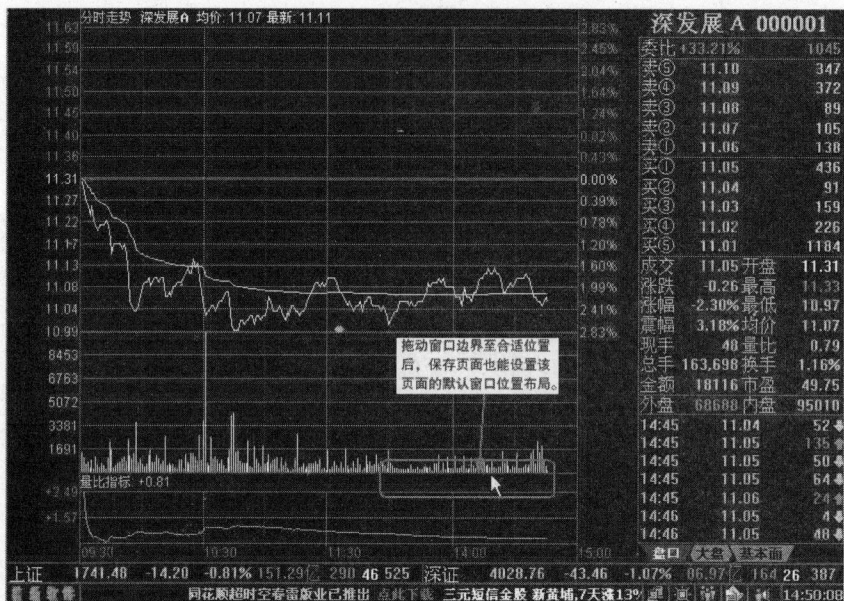

图 6 - 70

◇如果要还原这些页面的默认状态，只需在进入该页面后点击"系统"→"页面恢复默认"即可。

④"右键菜单"在同花顺软件中的应用。

●起源：

鼠标中的右键菜单在 Windows 操作系统中得到充分的应用，比如常用的复制、改名、删除、新建等功能都利用到右键菜单。同样为充分地利用右键菜单，同花顺软件在一些菜单或按钮放置不合适的地方或为了利用空间，充分地利用了右键菜单。合理地利用右键菜单能在一些场合更方便地使用同花顺软件。

●应用举例：

◇功能树中右键菜单（如图 6 - 71 所示）：

功能树不是很常用的对话框，此处利用右键菜单可节省空间，并且针对树状结构的特点，不同分类中右键菜单会有不同的内容，比如："板块"中的右键菜单与"公式"中的右键菜单是不一样的。

图 6 – 71

◇各种分析页面中的右键菜单（如图 6 – 72、6 – 73 所示）：

图 6 – 72

不同的页面会有不同的分析功能，比如报表页面需要导出数据，技术分析页面中需要叠加曲线，此时右键菜单会自动判断当前是在哪个页面中，当我们点击右键时弹出的菜单是不一样的。

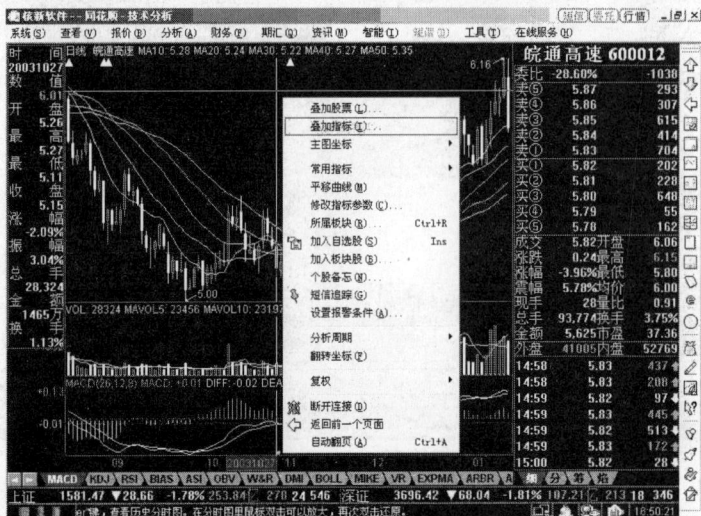

图 6－73

◇工具栏中（如图 6－74 所示）：

工具栏可能会有好几种内容与不同的风格，在工具栏中调用右键菜单就如同在 Word 中调用不同的工具栏一样的方便。

◇指标中使用右键菜单（如图 6－75 所示）：

点中指标后（在指标曲线上出现小白块说明当前指标已处于选中状态了），点击鼠标右键，可利用此菜单来修改当前指标的公式算法及调整参数与输入方式等等。

⑤ "超级盘口" ＋ "历史回忆播放"。

●功能说明：

"超级盘口"用于反映某一笔成交发生时的买卖盘、成交明细、Tick 走势的静态状况，在该页面基础上加上 "历史回忆播放" 功能后即能把历史上某一天的明细走势作一个动态回顾。

●操作方法：

◇在线查看：先连上 "同花顺2" 主站（目前只有该主站支持，该主站 IP

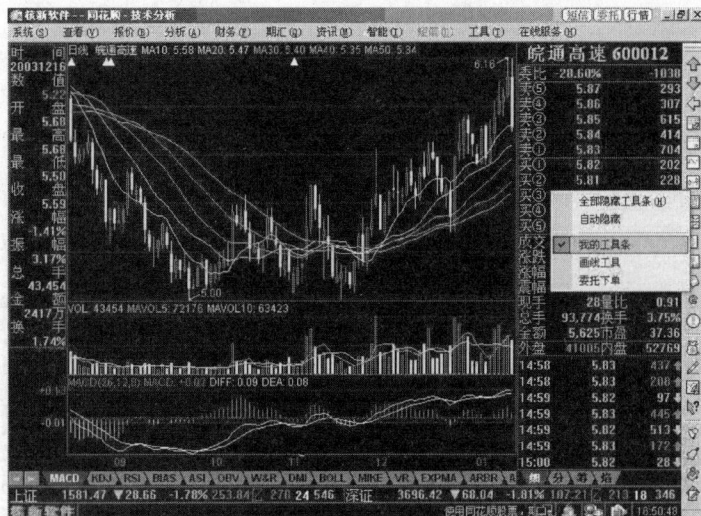

图 6-74

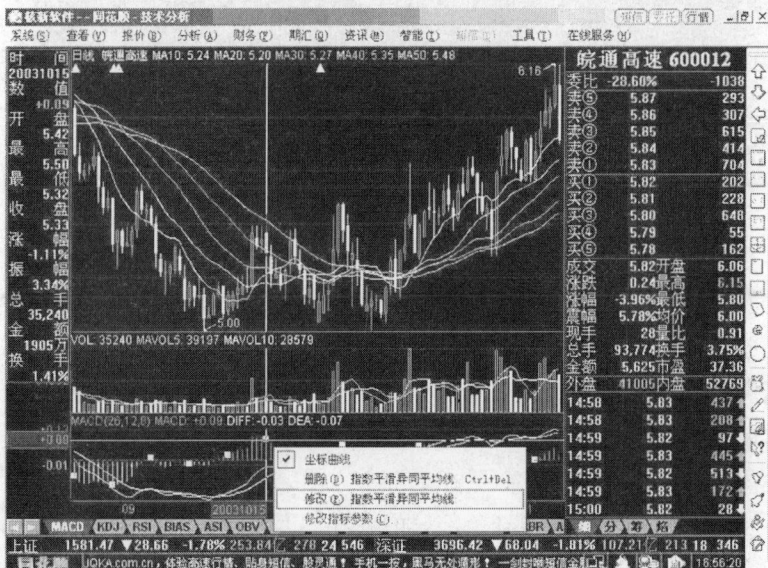

图 6-75

为：hq2. 10jqka. com. cn，注：该主站目前为内部测试主站），选择"分析"页面的"超级盘口"后，再选择"智能"菜单下的"历史回忆"。在播放器上设定开始播放的日期、时间后，确定，开始播放。

◇下载数据方式来查看：在数据下载中心中下载"复盘数据"与"分时数据"后也可使用。

过程如图 6 − 76 所示：

• 使用图例：

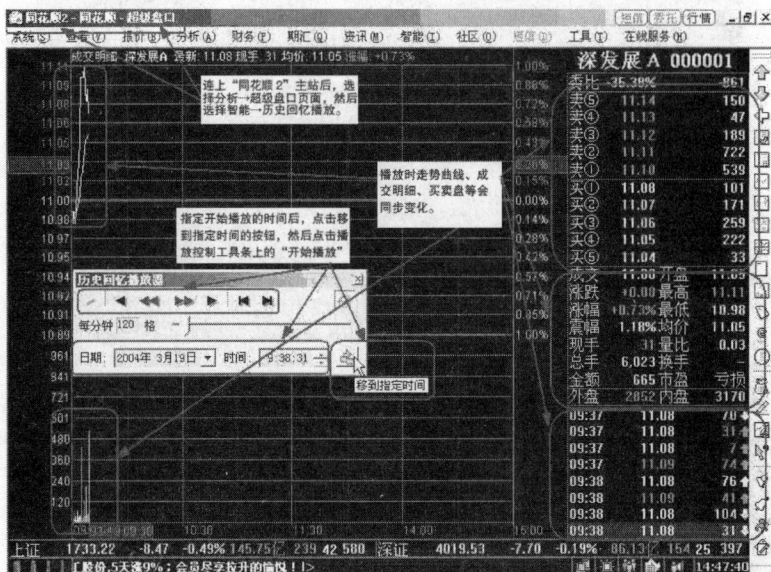

图 6 − 76

⑥ "自选股管理"窗口。

• 功能说明：

自选股作为用户自定义数据中比较最要的内容，用户希望能够在软件重装后不用重新设置过，并且希望经常能得到与自选股个股内容相关的各种资讯信息，以及自选股板块内容的设置、自选股板块颜色的设置等等。

• 使用介绍：

按下图的提示介绍，点击红色部分的内容，即可进入相应的设置或信息查看窗口。

• 操作图例：

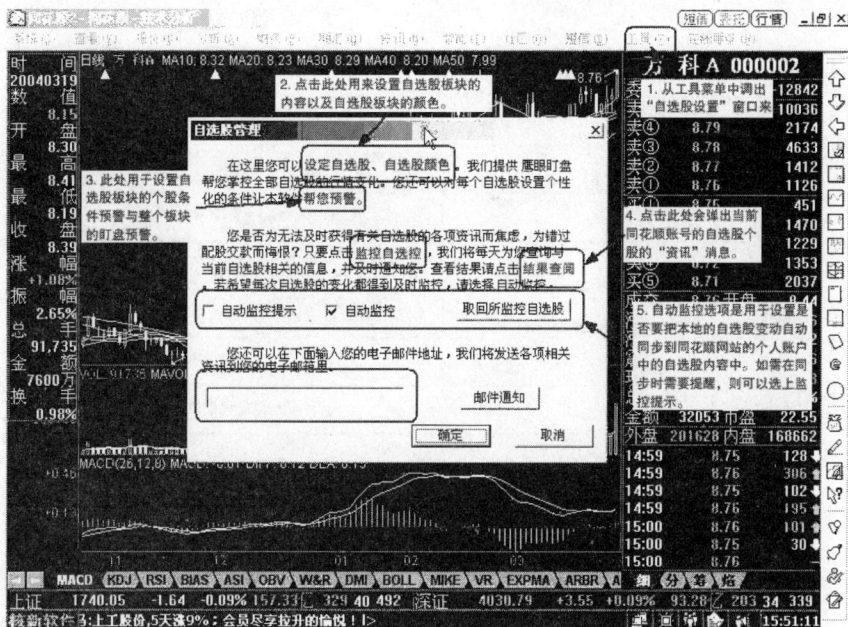

图 6 - 77

（4）同花顺常用快捷键。

①通用快捷键。

表 6 - 4

快捷键	调用画面
0 + Enter	沪深指数报价
00 + Enter	沪深领先指数
03 + Enter（F3）	上证领先
04 + Enter（F4）	深证领先
1 + Enter	上海 A 股行情报价
2 + Enter	上海 B 股行情报价
3 + Enter	深圳 A 股行情报价
4 + Enter	深圳 B 股行情报价
5 + Enter	上海债券行情报价
6 + Enter	深圳债券行情报价

续表

快捷键	调用画面
7 + Enter	上海基金行情报价
8 + Enter	深圳基金行情报价
9 + Enter	香港证券行情报价
002 + Enter	中小企业行情报价
60 + Enter	沪深 A 股涨幅排名
61 + Enter	上海 A 股涨幅排名
62 + Enter	上海 B 股涨幅排名
63 + Enter	深圳 A 股涨幅排名
64 + Enter	深圳 B 股涨幅排名
65 + Enter	上海债券涨幅排名
66 + Enter	深圳债券涨幅排名
67 + Enter	上海基金涨幅排名
68 + Enter	深圳基金涨幅排名
69 + Enter	香港证券涨幅排名
602 + Enter	中小企业涨幅排名
71 + Enter	上证新闻
72 + Enter	深证新闻
73 + Enter	券商信息
81 + Enter	上海 A 股综合排名
82 + Enter	上海 B 股综合排名
83 + Enter	深圳 A 股综合排名
84 + Enter	深圳 B 股综合排名
85 + Enter	上海债券综合排名
86 + Enter	深圳债券综合排名

续表

快捷键	调用画面
87 + Enter	上海基金综合排名
88 + Enter	深圳基金综合排名
89 + Enter	香港证券综合排名
006 + Enter	自选同列
51 ~ 58 + Enter	自定义板块 51 ~ 58 报价
Ctrl + F6	大字报价
XKT + Enter	星空图
91 + Enter	主力大单
92 + Enter	阶段统计
93 + Enter	强弱分析
94 + Enter	板块分析
95 + Enter	指标排行
42 + Enter	财务数据
43 + Enter	财务指标
44 + Enter	基金周报
45 + Enter	股东变化
700 + Enter	期货行情报价
800 + Enter	外汇行情报价

②技术类常用快捷键。

表6-5

［行情报价］切换键	
Enter（双击）	分时走势
Ctrl + 4	四股分时同列
Ctrl + 9	九股分时同列
Ctrl + 6	十六股分时同列
→	向右移动列
←	向左移动列
01 + Enter（F1）	成交明细
02 + Enter（F2）	价量分布

续表

07 + Enter（F7）	个股全景
10 + Enter（F10）	公司资讯
11 + Enter（F11）	基本资料
Ctrl + F8	多周期图
Ctrl + D	大盘对照
Ctrl + L	两股对比
［分时走势］切换键	
Enter（双击）	技术分析
05 + Enter（F5）	技术分析
01 + Enter（F1）	成交明细
02 + Enter（F2）	价量分布
07 + Enter（F7）	个股全景
10 + Enter（F10）	公司资讯
11 + Enter（F11）	基本资料
Ctrl + F8	多周期图
Ctrl + F11	财务图示
Ctrl + D	大盘对照
Ctrl + L	两股对比
Ctrl + 4	四股分时同列
Ctrl + 9	九股分时同列
Ctrl + 6	十六股分时同列
Ctrl + Z	缩放右侧单元表
SPACE	鼠标当前位置信息地雷内容
↓	增加连续多日分时
↑	减少连续多日分时
Home、End	定位光标到分时窗口最左、最右

续表

+ 、 -	切换右侧功能标签
* 、 /	切换右侧功能标签上一层标签
右键选择区域	区间统计

[技术分析] 切换键

Enter	行情报价
Ctrl + Enter	历史分时（在 K 线窗口）
左键双击	历史分时（在 K 线窗口）
05 + Enter（F5）	分时走势
01 + Enter（F1）	历史成交
07 + Enter（F7）	个股全景
08 + Enter（F8）	切换分析周期
10 + Enter（F10）	公司资讯
11 + Enter（F11）	基本资料
Ctrl + F8	多周期图
Ctrl + F11	财务图示
Ctrl + L	两股对比
Ctrl + Q	向前复权
Ctrl + B	向后复权
Ctrl + 4	四股 K 线
Ctrl + 9	九股 K 线
Ctrl + 6	十六股 K 线
Ctrl + Z	缩放右侧单元表
Alt + 1	一图组合
Alt + 2	二图组合
Alt + 3	三图组合
Alt + 4	四图组合

续表

Alt + 5	五图组合
Alt + 6	六图组合
Alt + 9	九图组合
SPACE	鼠标当前位置信息地雷内容
↓	缩小 K 线
↑	放大 K 线
Ctrl + →	光标快速右移 10 个周期
Ctrl + ←	光标快速左移 10 个周期
Ctrl + Alt + →	光标快速右移 30 个周期
Ctrl + Alt + ←	光标快速左移 30 个周期
Shift + ←	锁定光标位置右移 K 线
Shift + →	锁定光标位置左移 K 线
Shift + PageUP	锁定光标时间轴位置向上翻页
Shift + PageDown	锁定光标时间轴位置向下翻页
Ctrl + PageUP	向上翻页时向主站重新请求数据
Ctrl + PageDown	向下翻页时向主站重新请求数据
Home、End	定位光标到 K 线窗口最左、最右
Home、End	切换技术指标标签（无光标时）
+、-	切换右侧功能标签
*、/	切换右侧功能标签上一层标签
右键选择区域	区间统计或放大 K 线

③其他快捷键。

表6-6

其他快捷键	
Esc	返回上一画面
Insert	加入自选股
Delete	从自选股中删除

续表

Ctrl + A	自动翻页
Ctrl + F	功能树
Ctrl + G	股灵通
Ctrl + H	查看港股关联代码
Ctrl + K	查看快捷键列表
Ctrl + M	输出到图片
Ctrl + N	新建
Ctrl + R	查看所属板块
Ctrl + S	保存页面
Ctrl + W	全屏显示
空格键	调出信息地雷内容
Scroll Lock	锁定主图光标时间轴
Alt + Z	快速隐藏（默认）
F12	委托下单
Ctrl + F12	期货下单（或港股下单）
Shift + F1	这是什么？（跟随帮助）
Alt + F4	退出程序

4. 国信通达信网上交易软件使用入门

（1）安装系统。

在通达信网站下载安装文件，运行该安装程序 。

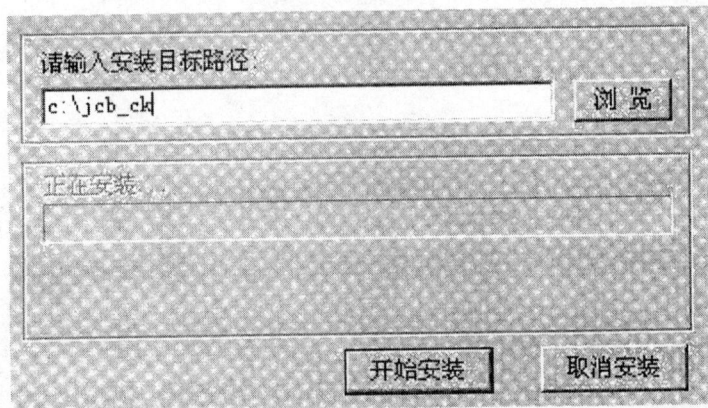

图6−78

选择安装路径，然后点击"开始安装"，安装完成。

（2）进入系统。

①在 Windows 98/NT/2000 操作平台上，双击桌面上图标即可直接进入。

②在开始菜单的程序中，沿着"开始"→"程序"→"通达信"→"《通达信集成版》"，即可进入本系统。

（3）退出系统。

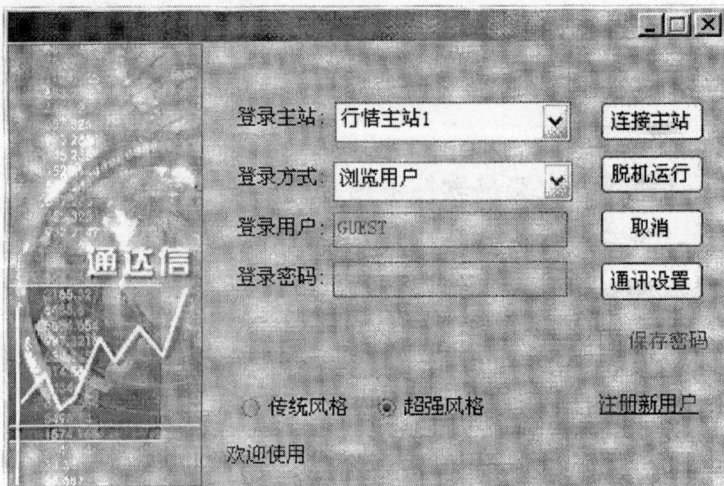

图6−79

要退出系统，有三种方法：

①按 Alt + F4。

②按 Ctrl + Q。

③用鼠标点击窗口右上角蓝色"×"。

（4）技术分析功能使用。

①行情窗口。

	代码	名称*	涨幅%	现价	日升跌	买入价	卖出价	总手	现手	涨速%	换手率%
1	000001	深发展A	-0.50	5.92	-0.03	5.91	5.92	16702	157	-0.33	0.12
2	000002	万 科A	3.17	3.58	0.11	3.57	3.58	33.90万	461	0.00	1.43
3	000004	北大高科	-1.85	3.71	-0.07	3.71	3.72	385	1	0.00	0.09
4	000005	ST星源	-1.64	1.20	-0.02	1.19	1.20	9674	20	0.84	0.26
5	000006	深振业A	-0.27	3.74	-0.01	3.73	3.74	4266	15	0.00	0.27
6	000007	深达声A	-0.30	3.32	-0.01	3.32	3.33	1882	18	0.30	0.24
7	000008	宝利来	-1.27	4.65	-0.06	4.64	4.65	1497	5	0.00	0.42
8	000009	深宝安A	0.50	2.02	0.01	2.02	2.03	14365	15	0.00	0.25
9	000010	深华新	7.69	2.52	0.18	2.51	2.52	14884	1	0.39	2.20
10	000011	深物业A	1.53	4.64	0.07	4.64	4.65	13055	50	0.21	1.43
11	000012	南 玻A	-2.82	3.45	-0.10	3.44	3.45	6261	175	0.29	0.39
12	000014	沙河股份	-0.56	5.32	-0.03	5.31	5.32	2598	77	0.00	0.57
13	000016	深康佳A	-2.70	3.24	-0.09	3.24	3.25	2637	196	0.62	0.12
14	000017	*ST中华A	-0.72	1.38	-0.01	1.38	1.39	603	4	0.72	0.09
15	000018	深中冠A	-1.12	3.52	-0.04	3.52	3.56	659	4	0.00	0.33
16	000019	深深宝A	-1.89	3.64	-0.07	3.66	3.67	1839	20	-0.27	0.46
17	000020	*ST华发A	-1.33	2.23	-0.03	2.22	2.24	265	21	0.00	0.05
18	000021	深科技A	-0.63	7.85	-0.05	7.85	7.86	7396	26	0.12	0.37
19	000022	深赤湾A	-1.78	18.76	-0.34	18.75	18.76	1669	4	0.05	0.20
20	000023	深天地A	-2.69	3.25	-0.09	3.25	3.26	1839	10	-0.30	0.40
21	000024	招商地产	2.15	8.09	0.17	8.09	8.10	6289	1	1.12	0.31
22	000025	ST特力A	-1.57	2.50	-0.04	2.50	2.54	504	5	0.00	0.15

图 6 – 80

进入系统后，屏幕上首先出现行情显示窗口，列表显示最新股票交易行情。窗口顶部是主菜单条。注意，主菜单条的右端有两组按钮，分别控制系统窗口和其子窗口的最小化、层叠/还原、关闭。该系统支持整屏放大功能，整个界面就像在 DOS 下一样。

拖动纵向滚动条，或按【PageUp】与【PageDown】，可看到更多股票的行情。拖动横向滚动条，可看到更多栏目内容。

● 栏目内容调整。

要想更换某一栏的内容，请用鼠标右键点击其栏目名称，然后从弹出菜单上选择新栏目。如，右键点击〖现价〗栏，弹出菜单后，找到〖市盈率〗，左键点击它，则该栏目内容换成市盈率。

● 排序动态刷新。

点击某个栏目名，例如〖涨幅〗，显示牌中所有股票马上按这一时刻涨幅从大到小的顺序排序，再点击〖涨幅〗一次，换成从小到大排序。可在排行榜中选中某支股票（点击股票名称即选中它）锁定，方便投资者密切观察该支股票的排名变化。状态栏刷新时间可在系统设置中修改。

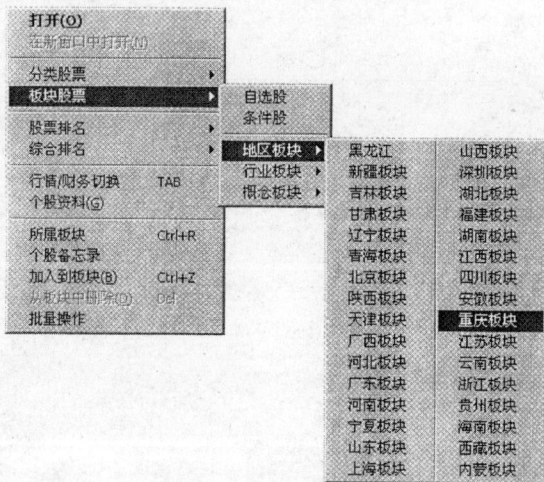

图6－81

● 市场板块切换。

◇单击左上角的符号或按空格键，可以进行各种类似 Excel 的统计操作。

◇点击右键弹出菜单，也可选择不同的股票市场及板块。自选股、板块股、条件选股是系统内置的，分别切换到不同股票群的报价牌。例如，右键点击板块股，会有下面的弹出菜单，供用户切换到其他板块的报价牌。

● 行情信息统计。

按照"平均值"、"合计"、"最大值"、"最小值"、"方差"五种统计方式显

图 6－82

示当前行情栏目的所有数据，同时可以使用"统计设置"进行设置。

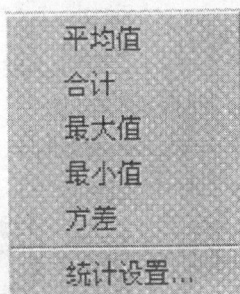

平均值
合计
最大值
最小值
方差

统计设置...

图 6－83

● 股票快速查找。

记得名称或代码的话,可借助键盘精灵来快速定位。例如,可敲名称拼音首字母来快速定位股票,象 XJSJ(一敲键盘便能激活键盘精灵),键盘精灵马上找到"湘(X)计(J)算(S)机(J)"。再例如,敲代码000009,系统马上找到"深宝安 A"。

● 自选股或板块。

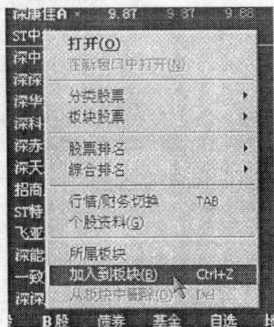

图 6－84

按前面介绍的方法找到需要的股票后，用鼠标右键点击它，从弹出菜单上选择〖加入到自选股〗或〖加入到板块〗，或按 Ctrl + Z。删除自选股按 ALT + D。

可以一次将多股票加入板块，方法为：选择主菜单条中的〖系统设置〗，用鼠标点中多支股票，然后执行〖新建板块〗。

• 综合排名查看。

敲数字符 1、82、83、84、95、86、87，可分别调出上海 A、B 股，深圳 A、B 股，沪债、深债，深沪 A 股的综合排名。系统用数个排列方阵的小窗列出所选市场的股票的涨幅、跌幅、振幅、5 分钟涨幅、5 分钟跌幅、量比、委比、成交金额排名。

在综合排名中可以使用右键菜单选择查看不同的市场信息，同时可以按"3 行 3 列"或"1 行 4 列"的方式选择查看的方式。

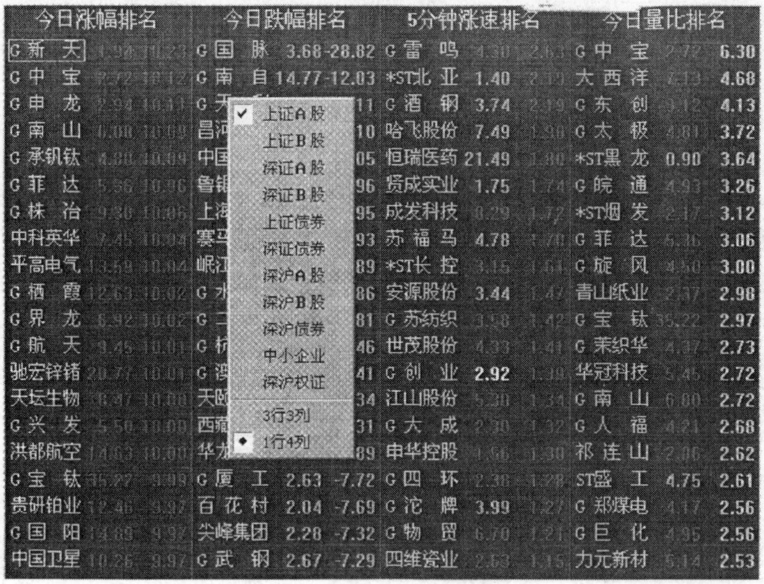

图 6 - 85

• 个股资料浏览。

找到自己需要的股票后，点击工具栏主功能区图标按钮〖资料〗或按〖F10〗，将显示个股资料窗口。

• 图形窗口切换。

定位到某支股票后，双点它，或按回车键，就进入到这支股票的图形分析/

分时图。

②组合窗口。

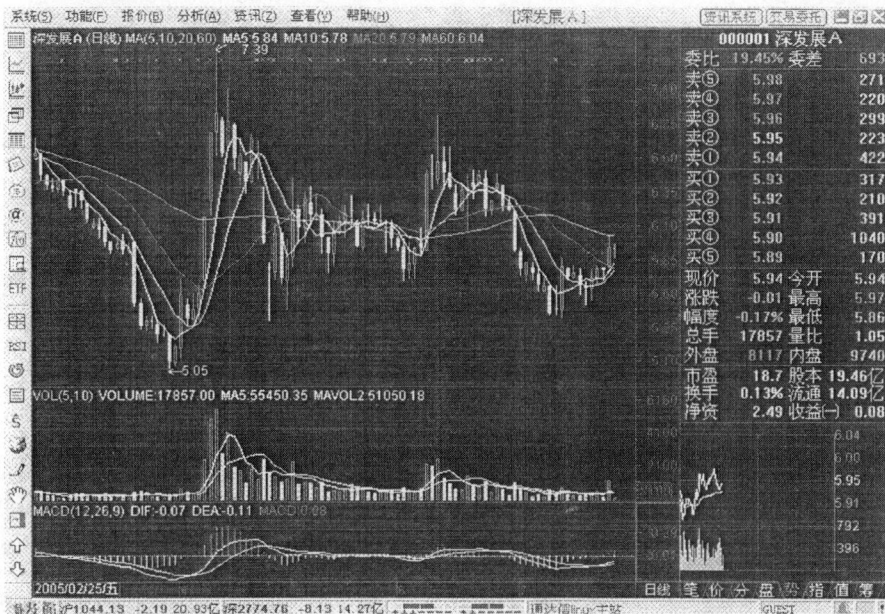

图 6 - 86

用户所看到的组合窗口下的分析图分成左右两部分：右边信息栏显示股票交易信息。左边有三个图，最上面为主图，显示的是 K 线，并叠加有收市价的 5 日、10 日、20 日、60 日均线（分别为 MA1、MA2、MA3、MA4），标在主图的左上角，字体颜色与指标画线颜色相同。下面两个是副图，分别为成交量走势（上面叠加有 5 日、10 日均线）和指标线。注意，最下面的副图的纵坐标区域边框加粗，表示它是当前活动的副图（试一试点击另一个副图的纵坐标区域，可使它变为活动的）。

股票名称前的符号"G"表示有该股票的股改信息，"L"表示该股票的关联股票信息，用户用鼠标点击这些符号就可以查看相关信息。

• 功能切换区。

鼠标点击〖笔、价、分、盘、势、指、值、筹〗，或用小键盘的〖 + 〗，或点击右键，可实现功能切换区小窗显示内容的切换。

• 换到其它股票的分析图。

在分析图中借助键盘精灵，可方便切换到另一支股票的分析画面。例如，敲WMZX；键盘精灵跳出可选队列，敲〖Enter〗，屏幕上换成物贸中心的图形分析画面。按〖PageUp〗或〖PageDown〗，可切换到与这支股票紧邻的前、后股票的分析图。

- 股票叠加。

按 Ctrl + O 或点击右键，可方便地将大盘走势或其它股票的走势叠加到主图上，供用户比较分析。

- 如何调出十字光标。

按〖→〗或〖←〗，可以启动十字光标并左右移动它，同时会弹出分析图信息对话框（可随意拖动至合适位置），显示光标所在位置的详细行情信息，每个指标的对应数值也将显示在主图/副图的上部。要关闭十字光标，按〖Esc〗。

- 实现 K 线图的放大缩小。

鼠标指在绘图区的横坐标区域（日期标尺，在窗口底部）时，按住鼠标左键向右拖动，图中显示更多天的数据图形缩小；若向左拖动，显示天数减少，图形放大。如果按住鼠标右键左右拖动鼠标，实现图形平移，即变化显示时段。用〖↑〗和〖↓〗也能放大、缩小图形。

③功能树。

快捷方式：

- 菜单查看——功能树。
- 键盘精灵敲0，再敲一次隐藏。
- 快捷键——CTRL + 2。

画面说明：

包括首页、功能、资讯、股票、指标五个子栏目。

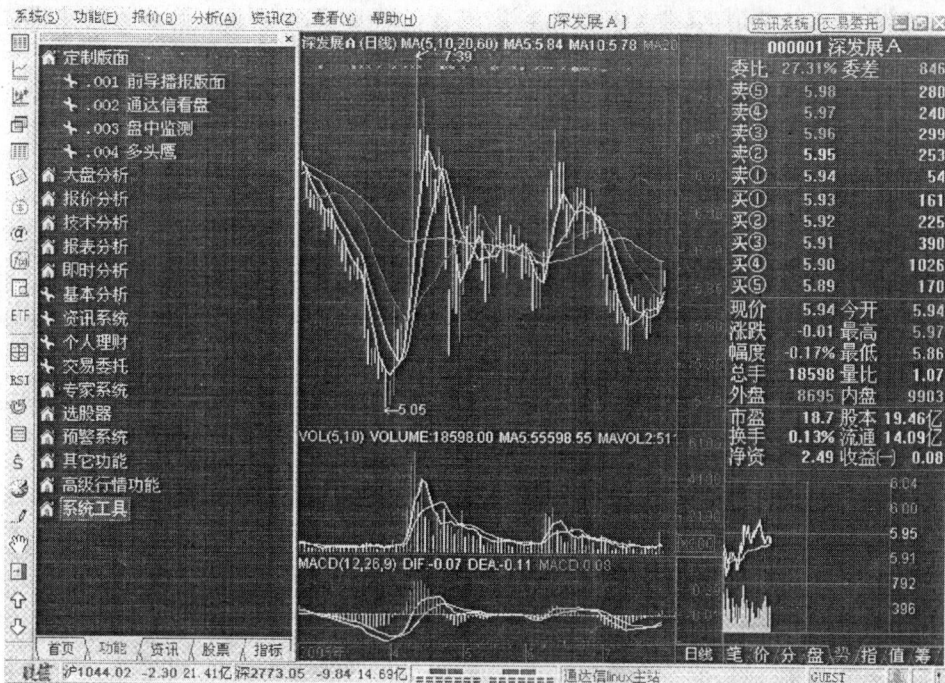

图 6 – 87

注：可通过查看菜单中的系统设置中的系统参数来设置功能树与屏幕上的位置。

（5）快捷键使用详解。

①Ctrl + V：切换前复权与还原，Ctrl + B：切换后复权与还原。

②在分时图或分析图界面下，使用 Ctrl + W 进行本屏的区间统计。

③Ctrl + M：按当前的股票集合进入多股界面。

④Ctrl + R：所属析块。

⑤Ctrl + D：系统设置。

⑥Ctrl + Z：加入到板块，Shift + Ctrl + Z：从板块中删除。

⑦在分时图或分析图界面下，Ctrl + O：叠加股票，Ctrl + G：删除叠加。

⑧Ctrl + J：进入主力大单，再按 Ctrl + J 退回。

⑨Ctr + F：进入公式编辑器。

⑩Shift + F10：进入基本权息资料界面。

⑪在有信息地雷的画面，按 Shift + 回车键进入信息地雷。

⑫Ctrl＋1，Ctrl＋2 显隐功能树和辅助区，Ctrl＋3，Ctrl＋4 显隐工具栏和状态栏。

⑬Ctrl＋L 显隐右边信息区（也可以敲．6）。

⑭快速排名：点系列键．202 至．226。

⑮热门板块分析：点系列键．400。

⑯如果有自定义的版面，使用点系列键．001 至．099。

⑰使用减号键"－"来启动或停止"自动换页"。

⑱在走势图或分析图画面，使用加号键"＋"来切换右下角的内容，Shift＋加号键反向切换。

⑲在报价界面和报表界面，使用空格键打开股票集合的菜单等，使用］或〔键切换各分类。

⑳在财经资讯和信息地雷浏览过程中，可以连续按回车键或连续双击鼠标来快速切换标题区和内容区。

㉑新版本支持 16（信息地雷），18（股改信息），19（投资日记）。

㉒画线工具：Alt＋F12。

㉓Ctrl＋P 全屏和非全屏的切换，全屏显示画面更清爽干净。

㉔快捷键 67，87，全市场的涨幅排名和综合排名。

㉕Atl＋数字键的用途：在走势图画面，切换多日分时图；在分析图画面，切换子窗口个数。

㉖TAB 的用途：在行情报价画面，切换行情信息和财务信息，在分时图画面，切换上下午半场，在分析图画面，叠加或删除叠加均线。

㉗中括号键"〔""〕"的用途：在行情报价画面，分类股票切换；在分析图用于轮换周期。

㉘详细买卖盘快捷键：M 或点击 K 线右下方：盘。

㉙K 线快捷键：

• 年 K 线：Y。

• 季 K 线：S。

• 月 K 线：MO。

• 周 K 线：W。

• 日 K 线：D。

- 60 分钟：M6。
- 30 分钟：M3。
- 15 分钟：M15。
- 5 分钟：M5。
- 1 分钟：M1。

用键盘精灵输入 91，92，…912 也可一步进入各种周期 K 线。

㉚F10 切换至下一分类：空格键；切换至上一分类：退格键。

㉛Ctrl + Tab（其实是 Windows 多文档的快捷键），用于切换打开的几个窗口。

㉜G 股板块快捷键：GGBK。

㉝ST 板块快捷键：STBK。

㉞F7：财经资讯。

㉟在进行叠加股票操作时（在分时图和分析图画面，可以叠加三支），在弹出的选择股票对话框中，除了深沪指数，还自动加入了相关的品种，叠加后你可以对相关品种进行套利分析）。

㊱用鼠标右键点击分析图的指标输出线名，也可弹出此指标的右键菜单，你可以调整参数，修改公式等，比用鼠标去捕捉某根线要快捷得多。

㊲在分析图，将光标移到某个 K 线上，再按上下箭头即可按照这根 K 线为中心进行放缩，这是通达信不同于其它软件的特色点。

㊳在"查看"→"系统设置"→"系统参数 1"→将"纵坐标线"打勾，这样的话，在看各种周期 K 线时，会画出一些分隔的纵坐标线，用来将一月、一季或 1 天等分隔开来监控剪贴板功能，如果打开了查看菜单的监控剪贴板功能，则在看一篇网页或文章时，如果将内容剪贴到了剪贴板上，并且内容中含有股票名称或代码的话，系统就会弹出一对话框，搜索出所有的合法股票，你可以选择加入到自选股或自定义的板块中，监控剪贴板功能可能会影响正常的剪贴操作，建议用完后，关闭查看菜单的监控剪贴板功能。

㊴在任一个股界面，使用 Ctrl + Z 或 Alt + Z 将当前股票加入到某个板块，使用 Alt + D 或 Shift + Ctrl + Z 将当前股票从某个板块中删除，也可以使用右键菜单中的加入到板块，从板块中删除等菜单项。在自定义板块的行情报价中，直接使用 Del 键可从当前板块中删除当前股票。

㊵在行情报价中，使用右键菜单中的"批量操作"，可以将一屏股票加入到

某板块或从当前板块中删除。

㊶在自定义板块的行情报价中，使用鼠标上下拖动，即可移动板块内股票的前后顺序。

㊷进入"系统设置"的"板块"设置页中，可以新建或删除板块，修改板块名称，修改板块的键盘精灵简称，加入板块，上移下移板块内股票的顺序，将板块导入导出等更全面的板块操作。

㊸使用"监控剪贴板功能"功能，可以从文章或网页中批量将股票加入到某板块中股票代码的快速输入。

㊹三位优先按上海代码，四位优先按深圳代码：比如敲001进入600001，0001进入000001。

例如要找到中国石化：只需输入028，要找到苏宁电器：只需输入2024。

㊺键盘精灵中支持键，比如用户输入HNGS就可列出海南高速、华北高速、湖南高速（旧名也可以列出来）。

㊻一次性读取更多K线数据，如果用户进行技术分析时，需要使用更多的数据，又不想使用下箭头来不断增量请求，可以在系统设置中将上网环境设为"较快环境"或"快速环境"，但前提是用户的网速比较快，否则等待时间可能较长。

㊼分时走势图使用粗线，新的5.49以上版本，在系统设置中，可以打开"分时走势图使用粗线"选项，这样在显示走势图的价线时看起来"更有穿透力"。

6.5　网上交易常见问题解答

1. 国泰君安网上交易常见问题

（1）网上交易安全吗？

国泰君安证券是经中国证监会批准开展网上证券委托业务的首批23家券商之一。在安全方面，网上交易服务器由美国VeriSign公司提供国际通用的第三方安全认证授权（CA），并采用国际通用的安全套接层（SSL）技术，为用户在因特网上传输的数据和口令提供加密保护，更通过其他技术进一步解除了网上交易客户的后顾之忧。

（2）网上交易的速度如何？

针对国泰君安证券营业部数量多、分布地域广的特点，在国内首家采用行情交易服务器本地化托管运行的超前模式，在全国各大城市都托管了服务器群组，提高了查看股票实时行情的速度，缩短了委托下单的成交及回报时间，从而增强了网上交易系统的稳定性。可以说，行情和交易的速度与客户在营业部感觉到的速度并无明显差别。

（3）网上交易系统稳定吗？

国泰君安证券网上交易服务器本地化后，在全国许多城市有我们的行情和交易主站，各个行情主站相互备份，用户可以选择任何一家行情主站提供实时行情，轻轻松松上网、随时随地下单。

（4）对使用网上交易有顾虑，我只看行情行吗？

可以。用户可以只通过网上察看股票行情。

（5）对使用网上交易的计算机和浏览器有何特别要求？

对计算机无特别要求，只要能上网浏览即可。浏览器则要求使用 Microsoft IE4.0 以上版本，推荐使用 IE5.0 以上版本。安装 IE 时，要求使用自定义安装，选中"VB 脚本支持"和"JAVA 虚拟机"选项。安装好 IE 后，在"Internet 选项"的"Internet 安全级别"中，安全级别应设为"中"或"中低"，同时可以在"自定义安全级别"中确认"cookies"，"java 小程序脚本"和"活动脚本"标为"启用"。

（6）网上交易费用如何？

在国泰君安证券北京各个营业部开户的客户，目前网上交易的佣金收费标准比电话委托低 0.5‰，是各种交易方式中最低的。

（7）怎样办理网上交易开通手续？

用户可携带身份证、上海和深圳股东账户卡在开户营业部柜台办理网上交易手续。

（8）国泰君安证券提供了哪些行情软件？

在 bj. gtja. com 可以使用浏览器方式直接察看行情或者委托，或者在

bj. gtja. com 网站下载大智慧 + 富易交易软件或者核新同花顺软件察看行情和委托。

（9）如何下载网上交易程序？

登录网站（bj. gtja. com），进入"软件下载"栏目直接下载。详情情察看"网上交易安装"栏目。

（10）在单位上网，无法连接到国泰君安证券交易网查看行情和进行委托。

有可能是没有设置代理服务器。设置方法：在 IE 界面点击"工具"中"internet 选项"，选择连接中的"局域网设置"，记录"代理服务器"的地址和端口信息。登陆国泰君安行情软件，选择"通讯设置"，在"使用代理服务器"前面的方框中打钩，点击"设置"将记录的地址和端口信息如入即可。

（11）如果实在不会安装网上交易软件，但是还想使用这种方式委托怎么办？

用户可以拨打电话 010 – 62358885 进入系统后转人工坐席，请客户服务人员安排解决。

（12）国泰君安证券网站浏览器方式可进行网上交易，而使用大智慧交易软件却不行？

这两种网上交易方式不同，有可能没有正确使用代理服务器。此外，用户的网络可能封闭了网络相关的端口，请与网管联系。

（13）登陆国泰君安证券网站，为什么出现网页错误？

用户未正确安装 IE 的脚本支持或未启动脚本支持。安装 IE 时，要求使用自定义安装，选中"VB 脚本支持"和"JAVA 虚拟机"选项；完成安装后，在"Internet 选项"的"Internet 安全级别"中，安全级别应设为"中"或"中低"，同时可以在"自定义安全级别"中确认"cookies"，"java 小程序脚本"和"活动脚本"标为"启用"。

（14）在网上进行委托交易时，电脑连接时间特别长，且最后连接失败，这是为什么？

这多数是因为客户端的网络连接上存在问题，请按以下步骤检查：请用户确定能否同时正常连接其他网站；是否办理开通网上交易手续；在这之前用户是否正常使用过委托交易功能；交易主站是否选择用户开户的证券营业部；若用户从未成功过，请用户确认是否通过局域网上网，若是通过局域网上网，则需要用户的网络管理员设置代理服务器软件，将 Socket 代理服务打开即可；若用户的条件允许，请通过拨号上网试一下。

（15）富易网上交易输入密码时，为什么敲一下键会出现 2 ~ 3 个"＊"号？

为了防止别人猜出用户的密码的长度。因为密码是进入账户的保护，所以，当用户输入密码时，每敲一个键会随机显示 1 ~ 3 个"＊"号，不让别人知道用户的密码是几位数。

（16）下载完毕后，无法打开并安装网上交易软件。

有可能用户的机器上装有"网际快车"等下载加速软件，用户可以在设定的下载默认目录中查找。此外，用户可以按照我们前面介绍的软件使用中的步骤进行安装。

（17）能够看到大智慧的行情，但是无法进行委托交易。

检查一下防火墙的设置，是否不允许访问富易服务器。另外的办法是先卸载防火墙（去掉以前的设置数据），然后重新安装防火墙，再使用软件进行委托并且允许访问富易网站。

（18）为什么能使用电话委托，而不能使用网上交易委托？

首先，确认自己已经开通了网上交易功能，如果没有开通的话，用户应带身份证、股东卡到营业部现场办理。其次，检查自己是否正确地选择了开户的营业部和使用的账户类型。

（19）为什么使用网上交易委托，而不能使用电话委托？

网上交易委托的密码可以超过 6 位数，并且可以使用英文字符，而电话委托使用的密码不能超过 6 位数字。建议用户在使用电话委托（或者办理柜台业务）之前更改密码。

（20）为什么能使用富易网上交易委托时，用户的机器比别人的慢？

请检查"选择上网地区"的选项，例如用户是北京地区请尽量使用"华北"。

（21）使用大智慧自动登陆，无法进入行情系统，也无法更换服务器主站？

用户双击右下方的"国泰君安 ET 助手"图标，在"启动"菜单下选择"查找最快的行情服务器"，再进行登陆。或者取消"自动登陆"，选择用户比较熟悉的服务器登陆。

（22）网上交易登陆时"附加码"有什么用？

避免黑客实用程序破解股东的交易密码。

（23）用户买入的股票参考成本与系统显示的有差别，可以改吗？

用户可以在富易交易软件中自行更改。选择"查询股票"在要更改成本的股票前面打钩，在下方点击"成本重置"，即可修改。

（24）国泰君安证券交易网行情中，如何使用盘后数据下载功能？

在国泰君安证券交易网行情中，按鼠标右键，选中"写盘"开关；在"系统工具"的"盘后数据下载"中，选择下载的证券代码或名称，下载日K线和个股资料，目前暂时无法下载五分钟线和分时线。

（25）用户以前使用其他证券公司的网上交易，转到国泰君安后却都用不了，为什么？

由于各家证券公司使用的网上交易系统互不兼容，一般只能同时使用一家。建议全部卸载，重新安装使用国泰君安交易系统。

（26）如何卸载国泰君安证券网上交易软件？

选择"控制面板"→"添加/删除程序"→选中"国泰君安证券×××"→点击"更改/删除"按钮。

2. 银河证券网上交易常见问题

（1）海王星常见问题。

①什么是安全证书，安全证书有什么用？

安全证书是在进行网上交易时的身份证，或者说是私人钥匙，您的安全证书是唯一的，与任何其他人的证书都不相同。为了防止复制，在将安全证书发放时，证券公司是不进行保存的，因而一定要保管好安全证书。在进行交易时，交易指令都是通过安全证书高强度的加密，即使在网上有人窃取，他也无法知道交易的具体内容。

②安全证书收费吗？有使用期限吗？

"海王星"网上交易客户端软件的安全证书对用户完全免费，没有使用期限，长期有效。

③怎样获得？

可以通过两种途径获得"海王星"网上交易客户端软件的安全证书，一是直接在中国银河证券股份有限公司网站上下载后，直接在线申请，只要输入正确的资料，一般将在24小时内在线取安全证书；二是到中国银河证券股份有限公司下属任何一个证券营业部办理有关开通网上交易手续，即一并获得"海王星"网上交易客户端软件及安全证书。一个安全证书对应一个客户号，可以认为客户号是安全证书的编号。

④一个资金账号或者股东账号是否可以多次申请安全证书？

可以。

⑤安全证书遗失了怎么办？

安全证书是保证安全进行网上交易的凭证，必须注意保存好。如果不慎丢失，可以使用海王星软件的"取申请结果"功能，正确输入资料后重新获得。或者立即与开户证券营业部联系，可通过重新申请和直接到营业部领取等方式获得新的安全证书。

⑥下载了"海王星"客户端软件后，注册申请后为什么一直没有批准？

首先必须确认您的申请表已经成功传递到营业部（提示"连接服务器成功"），有时遇网络阻塞您的申请表并没有传输成功（提示"连接服务器失败"），这时您需要再次填表发送申请，直到提示"连接服务器成功"。申请的答复一般在每个工作日下午3:00后进行，没答复之前您的申请处于待批状态。如果提示"您的申请尚未批准"，请耐心等待，无须再申请。还有一种情况，证券公司已经批准，但您没有查询申请结果而又申请了一次或多次，这种情况不予再受理，请客户打电话到营业部查询。

⑦知道客户号，可是登录密码忘了，应该怎么办？

与营业部联系，营业部在确认您的身份后，可以帮助您重置密码。

⑧客户号和登录密码都忘了，应如何申请？

删除网上证券交易系统，重新从网上下载申请一个新账号。如果您以前使用资金账号申请的客户号，再次申请使用股东账号。

⑨取网上交易客户号时系统提示"请在原计算机上取申请结果"？

为保证证书的安全，客户必须在申请证书的计算机上取申请结果。如果由于计算机重新安装等原因出现此提示，需要重新申请。如果原来是用资金账号申请的，请用股东账号重新申请或与营业部联系。

⑩客户新申请证书，提示"非法用户"？

客户审批以后需要时间同步到全国各个站点，如果提示"非法用户"，请等待5分钟以后再试。在委托的时候提示"非法用户"，表示你选择的站点还没有同步好，请换一个站点使用。

⑪登录正常，但到上海行情初始化处就不动了，是何原因？

这是因为某些地方 ISP 或 ADSL 代理商将本地代理服务器的 socks 8001 端口禁用了，请与当地相关代理商协调要求开放 socks 8001 端口即可。

⑫如何设置自选股？

输入股票代码切换到即时走势图，点击鼠标右键，选择"自选板块"→"设置板块"→"自选股"，即将股票加入到自选股。

⑬如何修改均线参数？

点击鼠标右键，选择"系统设置"→"均线参数"可设置参数。

⑭如何使用"盈亏监控"功能？

将股票放入自选股中，选择"系统设置"→"盈亏监控"，输入购入股票数量和价格，系统在自选股界面显示你股票的盈亏情况。

⑮如何连续切换技术指标？

使用小键盘的"/"和"＊"键，或者使用"Home"和"End"。

⑯如何进入自选股板块？

06＋Enter 切换到自选股。

⑰客户委托的时候，提示"未找到证书"？

原因为客户的配置文件异常，解决方法是在客户登陆界面点击"系统设置"，再点"是"，清除海王星的配置文件。重新登陆的时候，海王星自动生成配置文件，并寻找证书文件，如果找到证书文件，提示客户证书号和初始密码，注意客户应该使用客户修改过的密码。如果确实找不到证书，请重新申请证书。

⑱出现"连接委托服务器失败"是怎么回事？

出现"连接委托服务器失败"有两种情况：一是连接行情时，这是行情服务器出现异常；二是连接所选证券营业部登录委托时，这是因为该证券营业部的委托服务器关机或出现问题。此类情况证券公司会立即解决，用户可稍候再试或选择电话委托。

⑲为什么有时可以看行情，但却在委托下单时连接不上服务器，电脑只显示"正在连接"或"连接中断"？

行情与委托实质上是通过不同的服务器完成的，当委托服务器出现故障而行情服务器正常时，会出现这种情况，证券公司将立即着手解决，用户可稍候再试或选择电话委托。

⑳如何显示最多可以买入多少股的提示？

买入时输入委托价格以后回车。

㉑如何下单委托交易？

点击鼠标右键选择"委托交易"。

㉒如何进入 B 股交易界面？

切换到正确的账户类型，使用 B 股股东代码和 B 股资金账号都可以进行交易。

㉓如何使交易界面长时间保留？

在交易界面选择其他功能中的"超时设置"进行设置，如果没有"超时设置"这一项，为相关营业部没有开放此功能。

㉔如何查询新股配号？

选择"其他功能"之后选择"查询配号"。

㉕明明记得资金账号和密码，为什么在下单时提示"股东非法"？

委托交易可以通过输入股东账户、资金账户等多种形式，当在"输入股东账号"状态时，输入资金号码显然是不符合的，此时，用户把光标移到第一个空格，按数字键（小键盘）上的"－"或"＋"键切换到资金输入状态即可。

㉖怎样进行软件的自动在线升级？

当运行客户端软件时，如果弹出提示用户是否升级的小界面，表明该软件又有了最新的版本为您服务。用户只需简单选择"自动升级"，耐心等待一至两分钟后即可。

㉗怎样选择不同的镜像站点登陆？

"海王星"网上交易系统在全国共有 17 个站点，根据用户所处的地区会自动给用户分配一个最近的站点连接，用户也可以通过手动随意选择其中一个站点连接。

㉘如何改变海王星的字体？

使用快捷键 Alt + F。

（2）双子星常见问题解答。

①安全证书有什么用？

安全证书是在进行网上交易时的身份证，或者说是私人钥匙，用户的安全证书是唯一的，与任何其他人的证书都不相同。为了防止复制，证券公司将安全证书发给用户时，其是不进行保存的，因而用户一定要保管好自己的安全证书，并牢记自己的证书密码。在进行交易时，用户的交易指令都是通过安全证书高强度的加密，即使在网上有人窃取，他也无法知道交易的具体内容。

②在一台机器上申请证书提示成功，又到另一台机器上申请证书也提示成功，怎么回到第一台机器使用时提示证书非法？想在多台机器上使用时怎么办？

目前双子星的证书是支持多次申请的，只要资料填写正确就能申请成功，证书是以最后一次成功申请的为准，以前申请的证书再次使用时会提示"证书非法"，如果想在多台机器上使用请使用证书的导入导出功能，先在申请证书成功的机器上将证书导出，然后到另一台机器上将证书导入即可。

③安全证书遗失或证书密码忘记了怎么办？

安全证书是保证用户安全进行网上交易的凭证，必须注意保存好。如果不慎丢失或忘记密码，应该立即与开户证券营业部联系，并可通过重新申请和直接到营业部领取等方式获得新的安全证书。

④在 Windows XP 下安装双子星，成功申请证书后，作委托交易时怎么提示使用安全级别不够？

这是由于使用 Windwos XP 用户的权限级别不够所致，请将用户权限升到与 Admin 一样的权限。

⑤我从其他公司下载的核新公司的 SSL 安全代理，用此程序也能申请成功中国银河证券股份有限公司的 CA 证书，但委托交易时提示"证书签发不对"。

这是由于用户使用的 SSL 安全代理中不含有中国银河证券股份有限公司的根证书所致，请到中国银河证券股份有限公司网站上下载根证书并导入到"可信任的证书认证中心"中即可，如果用户是从证券公司网站上下载的 SSL 安全代理则不会存在此问题。

⑥用户白天在单位用一台机器看行情，选了一些股票作为自选股，晚上在家里用一台机器看行情进行盘后分析，自选股是否还要重新选择？

双子星的自选股是能导出导入的，请在行情界面上"工具"下的"自选股"其上的导出将自选股导出到一个地方保存，拷贝到要导入的机器上，然后选择要导入的机器在行情界面上"工具"下的"自选股"其上的导入。

⑦为什么查看不到某些股票的行情？

这是由于初始化数据传递时出现了丢包现象，只需要在单击系统工具菜单中的重新初始化即可。

⑧用代理服务器上网只能看行情，不能下单时怎么办？

通过代理服务器上网的客户请注意，行情系统和委托系统有独立的通讯设置，一定要在委托系统的通讯设置中选定"使用 SOCK 代理服务器"（使用个别代理服务器上网的用户行情系统的通讯设置即使不选定"使用 SOCK 代理服务器"也可以看行情）。

⑨为什么下单时，总是停留在"正在校验身份"？

这种问题一般只有使用代理服务器的客户才会遇到，这主要是由于代理服务器本身设置所引起的，需要联系本单位的网络管理员检查代理服务器的系统设置。

⑩无法进行网上下单，如何解决？

无法正常下单的情况大致有以下几种：

• 通讯故障或代理服务器设置不正常。此时应检查通讯情况，或检查代理服务器的设置。

• 连接交易主站时，出现这样的提示"账号或密码错"。此时用户应检查所选营业部、账号类型是否正确及自己的输入是否有误。

• 连接交易主站使用非证书认证方式时，出现这样的提示"账号或通讯密码错"。

• 连接交易主站使用证书认证方式时，出现这样的提示"由于通讯线路故障，连接主站失败"，请检查 SSL 安全代理是否运行；是否安装其他券商的相同系统软件，如有安装可能会造成冲突，请彻底卸载删除其他券商的系统。

⑪某人为中国银河证券股份有限公司网上交易用户，但因为经常出差，能否有方法使其在异地也能做交易委托？

可以实现的。银河证券网上交易使用的证书小巧灵便，只有 2.41K 大小。用户可以用软盘单独携带，需要使用时只需在异地下载一个客户端软件，然后将该证书文件导入即可进行委托交易。

⑫刚下了个双子星系统，怎么在我的桌面上多了个《核新 SSL 通讯安全代理》，有什么用？我不想用怎么删了它？是不是要连双子星一起删？

SSL 安全代理是委托交易时用的加密通道，其加密强度可达 168 位，有效保证网上交易数据的安全,该产品是我公司从核新公司购买的;如果不想用可以卸载,不会影响看行情,但交易功能不能使用了。

3. 广发证券网上交易常见问题

(1)什么是网上交易?

通常认为通过因特网获取证券交易所实时行情并且利用因特网把自己的交易指令传至证券公司营业部的这种交易方式称为网上交易。

(2)网上交易与其他交易方式的区别及有何优缺点?

网上交易与其他交易方式相比通常有以下区别:

①用户不受地域限制,可以在任何能接上因特网的计算机或其他个人信息终端来浏览行情及下达交易指令,省去了用户在营业部与家中来回奔波的麻烦。

②网上的行情源比较丰富,用户可根据实际情况切换行情较快的行情源。并且无需在客户端机器上保留大量的盘后数据,随时上网,随时获取。

③交易委托在添加了适当的加密协议后,非常安全快速。

④可充分利用因特网的优势以获取更多的资讯信息及可同时进行更多的网络应用,如电子邮件、网上视频、网上聊天。

(3)要进行网上交易该准备哪些条件?开户步骤如何?

要进行网上交易需准备一台能上网的 PC 机及若干上网设备,如调制解调器、电话线或宽带网等。开户步骤通常如下:

①新入市股民:去证券登记公司或其代理机构开设股东账户卡,去证券公司营业部开立资金账户,凭身份证、股东账户卡及资金账户直接到证券公司营业部办理开通网上交易手续,跟证券公司签订《网上交易委托协议》,证券公司工作人员帮你开通网上交易,开户完成。

②已入市股民:凭身份证、股东账户卡及资金账户直接到证券公司营业部办理开通网上交易手续,跟证券公司签订《网上交易委托协议》,证券公司工作人员帮你开通网上交易,开户完成。

(4)网上交易的费用如何?

股票交易的费用各公司大致相同,并且不种的证券品种会有不同的费用情况,详情请询问您的开户营业部。此外网上交易用户还需负担上网的费用,如拨号上网费、宽带上网费等。

（5）"同花顺"有高级版与低级版之分吗？它们之间有什么区别？

"同花顺"没有把程序分为高级版与低级版。所有普通用户手中使用的都是同一个版本——标准版，而这些标准版所使用的一些功能、界面方案、热键等等是由"同花顺"的可设置版本完成的，券商会利用可设置版本作上述设置后，把完成的配置文件交给标准版使用。

（6）"同花顺"支持哪些操作系统？

目前支持 Win95、Win98、WinMe、WinNT、Win2000、WinXP，其它平台正在考虑中。

（7）"同花顺"能与其他交易软件同时安装使用吗？

只要安装目的路径不是同一个，原则上可以安装。

（8）"同花顺"的帮助文件为什么找不到？如何安装？

"同花顺"的帮助文件因文件容量较大，没有放到标准安装包中。而在论坛的网页上提供了帮助文件安装包。下载安装包后，直接安装即可，该安装包会自动安装到"同花顺"的安装目录中。

（9）安装时提示"本系统即将卸载"同花顺"，请选择是或否？"时该怎么办？

可能是您上次安装的文件安装记录仍在系统注册表中，安装系统不允许同一个文件安装两次，因此安装新版本前必须卸载原安装文件。另建议在卸载完后连安装目录也一起删除，以便在下次安装时引起不必要的麻烦。

（10）安装时总是装到 C 盘去了，我如何才能安装到 D 盘、E 盘…呢？

在安装文件的过程中系统会提示是否默认安装到 C 盘，此时单击右侧的［浏览］按钮后可选择安装目录，如 D 盘、E 盘。

（11）原来程序安装时放在桌面上的"同花顺"图标找不到了，怎么办？

找到安装目录中的 hexin. exe 文件后，右键单击该文件并选择右键菜单的"发送到""桌面快捷方式"即可，这样桌面上的图标就回来了。

（12）启动桌面上的"同花顺"时提示"找不到该快捷方式对应的程序文件"时该如何处理？

可能是安装目录被手工移动目录过了或安装目录被手工删除，第一种情况建议按前一个问题的办法处理，后者建议重新安装程序。

（13）原来把"同花顺"装到 A 电脑的 C 盘，现在想装到 B 电脑 D 盘，怎么做才能以最快的速度、花最小的代价"克隆"一个呢？

在 A 电脑把自选股数据及历史数据导出备份后，在 B 电脑的 D 盘上安装好程序，之后把备份的自选股数据及历史数据导入到 B 电脑的"同花顺"目录中。

4. 国信证券通达信网上交易常见问题

（1）怎样在右边的行情信息中显示均价和现量？

请在系统设置→设置4→选中"在行情信息中显示均价和现量"的复选框。

（2）怎样在分笔数据中不用"B"、"S"显示买卖标记，用"红"、"绿"来代表买卖？

新的版本（V5.56 以上）支持，把系统设置→设置4→成交明细中显示 B、S 买卖标记的复选框去掉。

（3）如何将"自选股"从我在办公室的通达信复制到家里另外安装的一个通达信。

方法一：菜单：系统→数据维护工具→数据备份，设置一备份路径，将你的自定板块备份到这个目录下，然后将此目录拷贝回家，在家里，也进入数据维护工具，使用数据恢复。

方法二：按 Ctrl + D 进入系统设置→板块→选中自选股，再选择右边的导出按钮将导出后的文件拷贝回家，在家里，也进入系统设置中的板块，选中自选股，再选择右边的导入按钮。

方法三：将整个 T0002 拷贝回家，覆盖家里运行目录下面的 T0002。

方法四：将 T0002 目录下的 block. cfg 文件和 blocknew 拷贝回家，放到家中电脑集成版运行目录下的 T0002 中。

（4）如何选出一段时间内满足某条件的股票？

在条件选股（快捷键 Ctrl + T）对话框中，选择"历史阶段选股"，设置时间段即可。

（5）如何将自编的公式加入预警选股？

功能→预警系统→条件预警设置→加入你需要预警的股票，然后在公式设置中添加公式，从公式列表中选择你的选股公式，设置好条件预警后，需要启动预警（在使用前，请用［盘后数据下载］功能补全本地的日线数据）。

（6）K 线图中如何设置涨跌停坐标？

在 K 线图的纵坐标内点右键，里面有一个等比坐标，用户可以选用在系统设置→设置 3→可设置等比的比例，缺省是 10％，纵坐标线是昨收为基准。

（7）为什么连接某证券行情主站后，在交易时间段内，分钟 K 线只有当天的数据，而收市后又正常呢？

券商行情主站为了减轻主站压力，在开市期间，对一些高负载的数据请求进行了限制。

（8）"逐笔成交明细"和"十档买卖盘"为什么无显示内容？

此是交易所 level2 行情的预留功能，目前还没有放开。

（9）分时区间统计怎样自行设置统计时间？

在分时图上，点住右键拖开一段区域，松开鼠标，在弹出的右键菜单中选择"区间统计"。

（10）系统支持分笔交易大单过滤功能吗？

对于全局的大单过滤，可以选择分时图右下角的"单"，或按 Ctrl + J（主力大单）对于某支股票，当天或最近几天（多日分时图）中，可以按 Ctrl + W（或点右键中的分时区间统计），弹出的界面中有一个"大单成交"。

对于某支股票历史上的大单，在分析图中移动左右箭头选中这天的 K 线，按回车（或点右键菜单的历史同步回忆），进入这天的分时图，里面有一个"操作"菜单，可以调出此天的分时区间统计。

（11）如果客户端的股票的很多财务数据（不是指 F10）长期不更新，该怎么办？

这种情况有可能是用户的当地财务数据由于各种原因造成紊乱，请用菜单：系统→数据维护工具→数据清理→选中第三项：清理基本资料，再按"执行清理选中栏目"再重进客户端看看。

（12）通达信公式系统的几个函数的解释。

①MA：简单移动平均。

②SMA：移动平均。

③EMA（EXPMA）：指数移动平均。

④EXPMEMA：指数平滑移动平均。

⑤MEMA：平滑移动平均。

⑥DMA：动态移动平均。

⑦XMA（X，M）：偏移移动平均。

⑧SAM：返回累积平均。

⑨DMA：求动态移动平均。

▶▶实战操练：钱龙短线精灵——实时盯盘的法宝

1. 快捷键列表

在个股分时、K线画面中显示"短线精灵"画面，78/79 + ENTER。上海/深圳短线精灵信息集中画面根据盘面异动情况不同会弹出提示对话框，短线精灵提示的类型包括：

（1）快速涨跌（包含快速拉升、快速下跌）：反映当日几分钟快速上涨（下跌）的个股。

（2）大幅涨跌（包含大幅上涨、大幅下跌）：反映当日盘中涨幅（跌幅）累计过大的个股。

（3）涨跌停板（包含涨停个股、跌停个股）：反映当时成交价格达到涨停（跌停）的个股。

（4）打开停板（包含打开涨停、打开跌停）：反映当时成交价格打开涨（跌）停板的个股。

（5）大单买卖（包含大单买入、大单卖出）：反映当时成交单笔过大的个股。

（6）高换手率：反映当日盘中累计成交换手率大于5%的个股。

（7）量警示比：反映当时单笔成交量达到5日均量的警示值。

（8）大笔成交：反映深圳市场中个股每笔实际交易过大的个股。

（9）大单挂盘（包含大单买盘、大单卖盘）：反映在买卖盘中出现大量挂单的个股。

（10）影响指数（包含拉升指数、打压指数）：反映在当时成交趋势对指数发生影响的大盘股。

2. 案例分析

［案例一］在大盘分时画面中同时捕捉短线异动个股。

大盘的涨跌往往影响着个股方向，因此投资者都非常喜欢研究大盘的走势，而您有没有发觉，正当您兴致昂然地关注大盘走势时，许多投资的机会却不经意间与您擦身而过呢？

使用钱龙短线精灵就能在大盘分时画面中观查个股异动，帮您及时锁定投资目标。

操作：大盘分时画面（03＋ENTER）→按"＋"键获得"短线精灵"画面，在大盘分时走势的下方出现了"短线精灵"画面，当盘中个股出现异动时，该栏会自动提示。

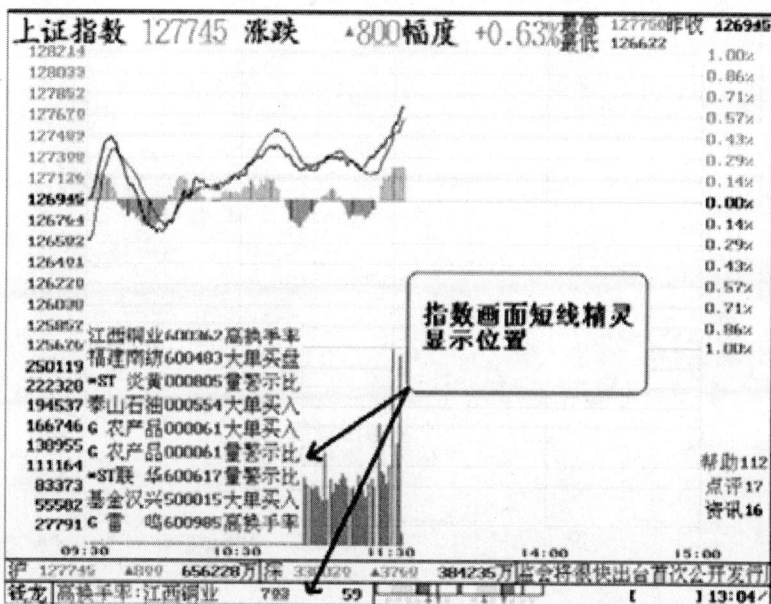

图 6－88

当大盘出现明显拉升机会时，短线异动个股中相应会明显对应拉升行情，此时可键入该异动个股的代码，研究其走势，便能及时把握买入时机。

如图 6－89 所示，该股拉升势头强劲，短线即将爆发。当短线精灵中显示其快速拉升，此时若配合大盘同步行情，操作效率将大大提高。

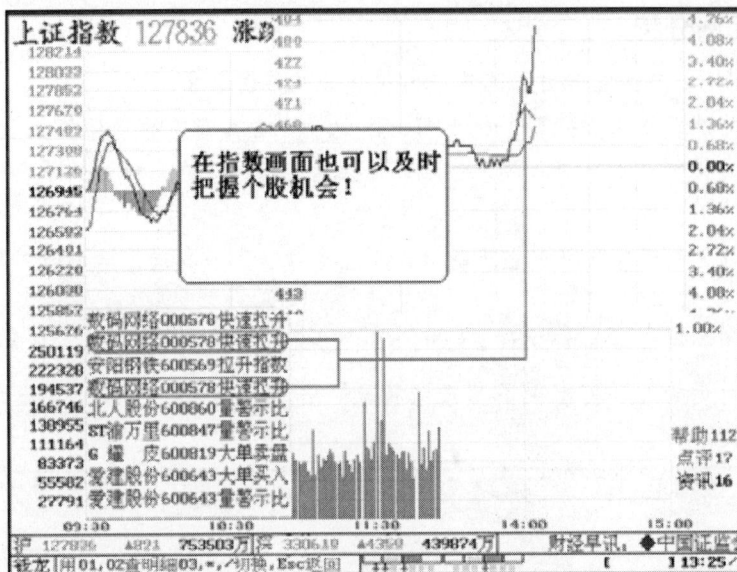

图 6 – 89

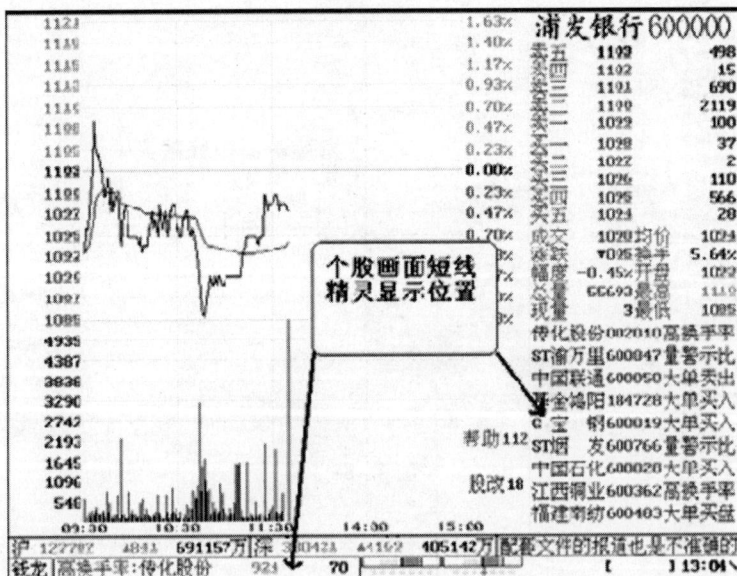

图 6 – 90

[说明]

图 6 – 88、6 – 89 采用叠加处理，左半部为大盘分时以及短线精灵，右半部

为个股分时，其中与个股拉升走势相对应的信息即为短线精灵中显示快速拉升的部分。

［小窍门］短线精灵不仅仅可以大盘分时中同步查看，当您在看个股分时走势时，也可通过按4 次“+”来获得“短线精灵”画面。

［案例二］使用短线精灵信息集中画面，详细研究个股。虽然短线精灵在使用上非常地方便，可以让我们及时捕捉一些个股的异动，但往往行情稍纵即逝。当大盘走势强劲时，短时间内短线异动的数目瞬间激增，由于显示栏篇幅的问题，可能此时一栏已显示不下所有短线异动了，这时我们便可以应用短线精灵信息集中画面功能，来挖掘可能流失的资源。

上海短线精灵信息　　002页/共121页

成交时间	代码	股票名称	成交价格	成交手数	成交金额(万)	备注
15:00:00	500056	基金科瑞	0786	3744	29.43	大单买入
15:00:00	900921	*ST大盈B	0100	487	0.91	快速拉升
15:00:00	600890	中房股份	222	1365	31.39	量警示比
15:00:00	600850	华东电脑	442	300	17.00	高换手率
15:00:00	600839	四川长虹	450	3650	164.57	大单卖出
15:00:00	600781	*ST民丰	353	45	1.59	大单买盘
15:00:00	600606	金龙汽车	988	151	14.92	快速拉升
15:00:00	600637	广电信息	485	4581	221.45	快速拉升
15:00:00	600637	广电信息	485	4581	221.45	大单买入
15:00:00	600637	广电信息	485	4581	221.45	量警示比
15:00:00	600621	G金陵	314	3501	110.27	大单卖出
15:00:00	600562	高淳陶瓷	557	461	25.68	量警示比
15:00:00	600502	安徽水利	394	617	24.20	量警示比
15:00:00	600483	福建南纺	323	562	18.15	大单买盘
15:00:00	600222	竹林众生	834	23	1.92	量警示比
15:00:00	600160	武汉控股	410	1069	76.46	量警示比
15:00:00	600131	岷江水电	386	862	33.32	量警示比
15:00:00	600129	G太极	484	2296	111.36	大单卖出
15:00:00	600129	G太极	484	2296	111.36	量警示比
15:00:00	600077	国能集团	498	1043	52.03	大单卖出
15:00:00	600077	国能集团	498	1043	52.03	量警示比

沪 128266 ▲1320 1336399万 深 332121 ▲5932 794658万 ◆桂柳工A (000
钱龙 按PgUp,PgDn,Home,End翻页,Esc返回 [ ] 15:10

图6－91

操作：78/79 ＋ ENTER 进入上海/深圳短线精灵信息集中画面查看，我们可以在该画面中研究当天所有发生过的个股异动情况，挖掘我们需要的信息。

例如，我们看到了相关大单买盘信息（大单买盘为该时间挂买盘手数比较大的个股），查询相关个股后，我们发现，买盘的大笔挂单正是该股股价近期连续推升的主要原因之一。

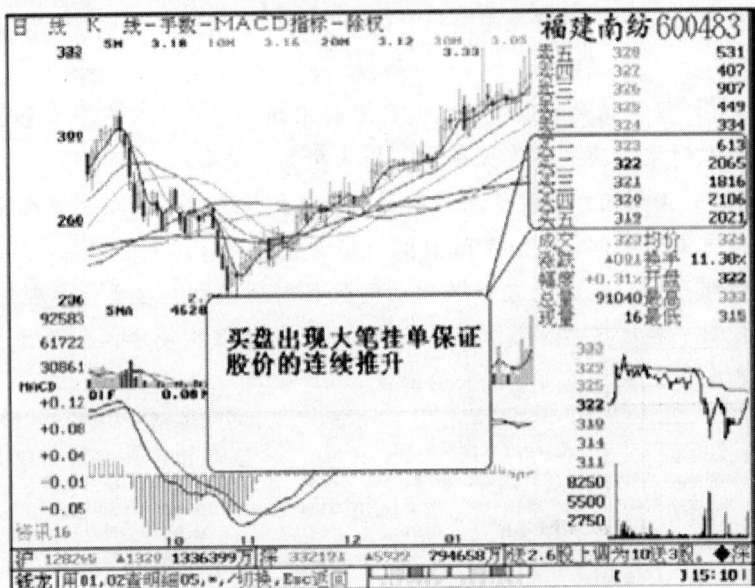

图 6－92

第 7 章

技术图形分析

Chapter7

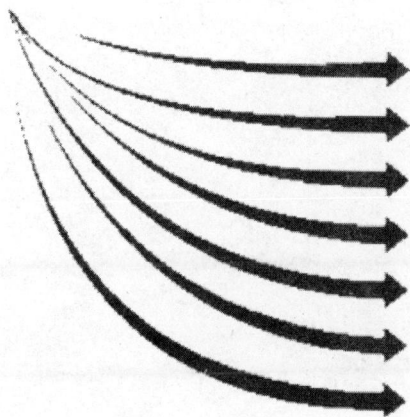

7.1 头肩形态分析

"头肩式"走势是形态分析中最重要的一种分析形态，其最基本的形态表现形式如下图所示。

1. 头肩顶形态

头肩顶（Head & Shoulders Top）是最为常见的反转形态图表之一，如图7-1所示。头肩顶跟随上升市势而行，并发出市况逆转的信号。顾名思义，图形以左肩、头、右肩及颈线组成。当三个连续的价格形成左肩时，其成交量必须最大，而头部次之，至于右肩应较细。

当价格一旦跌破支持线（颈线），便会出现较急且大的跌幅。成交量可为头肩顶形态充当一个重要的指标，大多数例子中，左肩的升幅必定高于右肩的升幅，下降的成交量加上头部创新高可充当一个警号，警戒市势正在水平线上逆转。

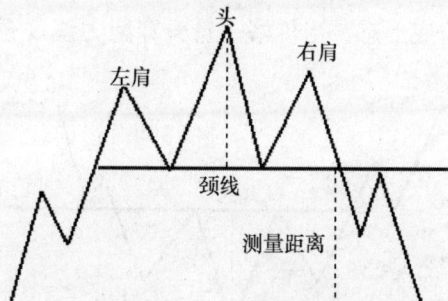

图7-1 头肩顶形式

第二个警号是当价格由头部的顶峰回落时，穿越右肩的高点。最后逆转信号是在价格跌破颈线后，出现"后抽"现象，在价格触及颈线后仍未见有所突破便立即沽出。

在大多数图形中，当支持线被穿破，相同的支持线在后市中转变为阻力线，如图7-2所示。

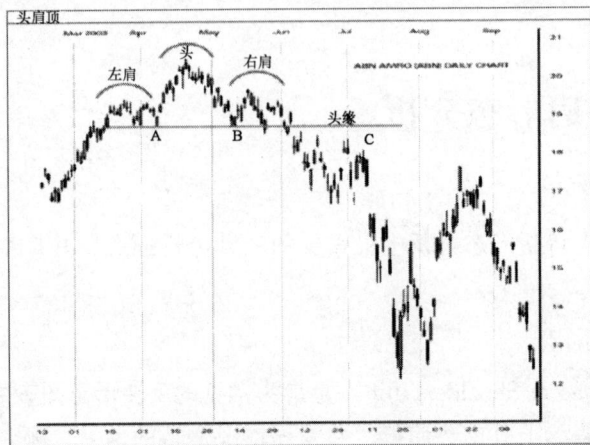

图7-2 头肩顶分析图

2. 头肩底形态

头肩底（Head & Shoulders Bottom）跟随下跌市势而行，并发出市况逆转的信号。顾名思义，图形以左肩、头、右肩及颈线组成，如图7-3所示。三个连续的谷底以中谷底（头）最深，第一及最后谷底（分别为左、右肩）较浅及接近对称，因而形成头肩底形态。当价格一旦升穿阻力线（颈线），则出现较大幅上升。

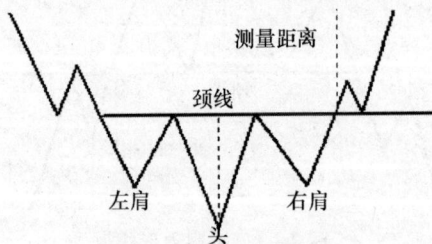

图7-3 头肩底形式

成交量可为头肩底形态充当一个重要的指标，大多数例子中，左肩较右肩和头部为大，下降的成交量加上头部创新低可充当一个警号，警戒市势正在水平线上逆转。

第二个警号是当价格由底部的谷底上升时，即价格向上突破颈线后，再次回落至颈线支持位，然后才大升。最后逆转信号是在价格向上突破颈线后，把握时机入货，若未能跟进，则可望出现"后抽"回试颈线支持位时买入。

在大多数图形中，当阻力线被穿破，相同的阻力线在后市中转变为支持线。

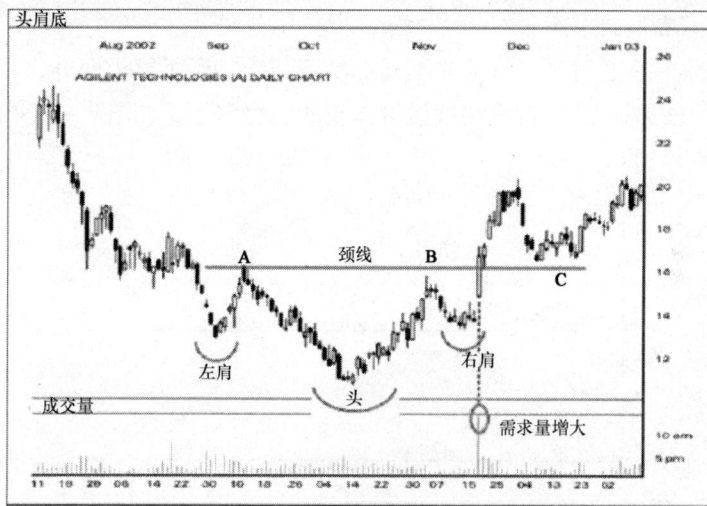

图7-4 头肩底分析

如图7-4所示，左肩A点形成在一个正在下跌及整固的市况。颈线从A点开始形成后，再次回落约一个月，形成头部。随后价格开始反弹，到B点再度回落，形成右肩。直到颈线的第二点出现，成为阻力线（即B点）。价格随后因有大量成交而上升穿破阻力位（颈线），头肩底图形从而确认。升破颈线后，可能有反抽情况发生，如不跌穿颈线，市势将向着目标幅度而上升。

从以上例子得知，投资者不一定会即时追随已破头肩底颈线的股票。通常，价格会再次回落到支持位（如C点）给投资者另一个买入机会。

3. 复合头肩形态

在股票实战中头肩形态更多地以复合的形式出现，下面我们就对复合的头肩形态做进一步的分析：

（1）形态特征分析。

"复合头肩形态"是头肩式（头肩顶和头肩底）的变形，其走势形状和"头肩式"十分相似，只是肩部、头部，或两者同时出现多于一次。

任何类型的复合头肩组合都有可能在"头肩顶"或"头肩底"出现，大致来说可划分为以下几大类：

①一头双右肩式形态。

在形成第一个右肩时，行情并不马上跌破颈线，反而掉头回升，不过回升却止于右肩高点之下，最后行情继续沿着原来的趋势向下，如图7-5所示。

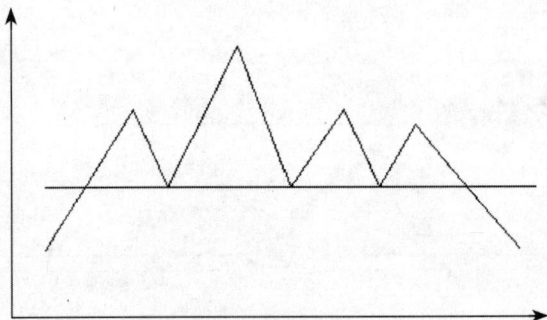

图7-5　一头双右肩式形态

②一头多肩式形态。

一般的头肩式都有对称的倾向，因此当两个左肩形成后，很有可能也会形成两个右肩。除了成交量之外，图形的左半部和右半部几乎完全相等，如图7-6所示。

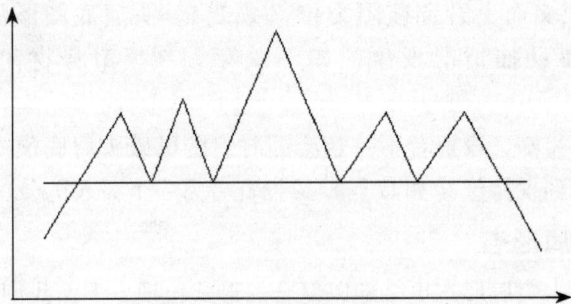

图7-6　一头多肩式形态

③多头多肩式形态。

在形成头部期间，价格一再回升，而且回升至上次同样的高点水平才向下回落，形成明显的两个头部，或许我们可称为"两头两肩式"走势。有一点必须留意：成交量在第二个头往往会较第一个减少。

④多重头肩式形态。

在一个巨大的头肩式走势中，其头部是以另一个小头肩式形态组成，整个形态一共包含两个大小不同的头肩形状。这种混合形态在走势图中极少出现，如图7-7所示。

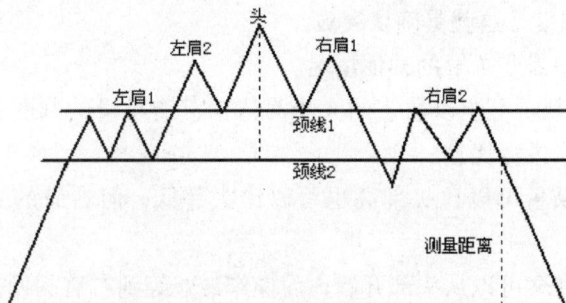

图 7-7 多重头肩顶形态

（2）复合头肩形态的应用。

"复合头肩形态"的分析意义和普通的头肩式形态一样。当在底部出现时，即表示一次较长期的升市即将来临。假如在顶部出现，显示市场将反转下跌。

许多人都高估复合头肩形态的预期上升（或下跌）"威力"，其实复合头肩形态的力量往往较普通的头肩形态弱。在中期性趋势中出现是，复合头肩形态完成其"最少升幅（或跌幅）"便不再继续下去，而普通头肩形态的上升（或下跌），往往比其量度出来的最少幅度大。

不过，在长期性趋势（牛市或熊市）的尽头出现时，复合头肩形态具有和普通形态相同的"威力"。

综合以上内容，其应用的要素为：

①一轮强劲的上涨，这是一轮多少带有爆发性的大规模上涨，交易量变得十分巨大（与之前的相比），紧随而来的是一小幅回调，相应的交易量较上涨最后的几个交易日以及顶部处都有所减少。这就是左肩。

②又一轮伴有可观交易量的上涨（可能比左肩大，也可能与左肩差不多），达到高于左肩顶部一定幅度的水平（一定要明显地高于左肩顶部），然后另一个回落开始，交易量有所减少，价位下跌至前次回落的底部附近水平，也许高一点，也许低一点，然而任何情况下都明显低于左肩的顶点。这就是头部。

③第三轮上涨，但是这一次交易量明显低于左肩与头部形成所伴随的交易量。在下一轮跌势之前也未能达到头部高度，这就是右肩。

④最后，第三轮回落时价位的下跌，跌破分别经过左肩与头部之间及头部与右肩下跌的底部而做出的一条直线（颈线），并以收市于该线以下近似该股市场价格3%以上的幅度。这就是确认突破。

⑤实际运用中需要了解的其他情况。

• 交易量的判断不能以数字的大小为依据，交易量的判断只能按照一定交易周期内的高低来进行比较。

• 左肩的交易量可以比头部高也可以比头部低，但右肩的交易量一定比头部低。

• 头肩顶的观察可以从头部开始，而操作最好等到右肩的回撤，这一回撤低于左肩的高点。

• 头肩顶并非无法挽救，但这种挽救非常罕见。当价格突破后迅速返回颈线以上，则代表挽救至少成功了一半。这时，做多的投资者又可以密切关注价格的进一步运动。

• 即使头肩顶形态未能立即见效，也是一个很有分量的警告。

• 当突破后价格下跌，而交易量仍旧保持低谷，则有可能产生一轮反扑，使价格回到颈线的位置（极少有突破颈线的）。这往往是"最后的挣扎"，价格会很快再次下跌，交易量急剧放大，这几乎成了不变的定律。

• 头肩顶完成后下跌的幅度有多大呢？测量头部的顶点垂直向下到颈线之间的距离。然后，从紧随右肩形成之后价格最终穿透颈线的地方向下测量同样的距离。这样便能得出最小的目标下跌位置。

• 在下跌达到最小目标位后通常会有一些反弹，下跌离最小目标位越远，反弹力度越大。

• 头肩顶头一轮突破下跌后的低点极可能成为日后长久的压力位。

• 头肩顶的形成需要时间、成交量、价格的良好配合，三者缺少一样都将为日后的失败埋下伏笔。

- 头肩顶的颈线可以有小的倾斜，向下倾斜的颈线比向上倾斜的颈线对日后下跌的幅度影响更大。

- 多重头肩顶有可能产生内外两根颈线，它由更多的肩和头组成，但其识别方法与普通头肩顶无甚差异。

（3）复合头肩形态应用时应注意的事项。

①复合头肩形态的"最少升幅/跌幅"量度方法和普通的头肩形态的量度方法一样。

②复合头肩形态的颈线很难画出来，因为每一个肩和头的回落部分（"复合头肩底"则是回升部分），并不会全都落在同一条线上。因此，应该以最明显的两个短期低点（"复合头肩底"则是短期反弹高点），连接成颈线。另外，又或是以回落（或反弹）到其价位次数最多的水平连接成颈线。

③复合头肩形态有时会失败或出现变异，所以必须十分小心分析，在未完全形成右肩时切忌冒险偷步。

7.2 双顶、双底和三重顶形态分析

1. 双顶形态分析

双顶（Double Top）俗称 M 头图形，如图 7-8 所示。双顶在图形中是一个主要的转势信号。当价格在某时段内连续两次上升至相约高度时而形成的价位走势图形。双顶的形态像两座山头相连，出现在价位的顶部，反映后市偏淡。当价格自第一顶回落后，成交量通常都会萎缩。再者，若价格跌破先前的支持线（颈线），便会较急速地滑落，支持线因此改变为阻力线。

根据图例 7-8 所示，由 A 点到 B 点是一个上升趋势。当遇到阻力位时，市况随即回落。在低位停留 3 个多月后，市况再次上升到另一个高位 C 点。但后市迅速下滑而形成双顶图形。由此可见，趋势确实已经逆转，如果价格跌破 A 点价位则发出一个穿破支持位的信号。

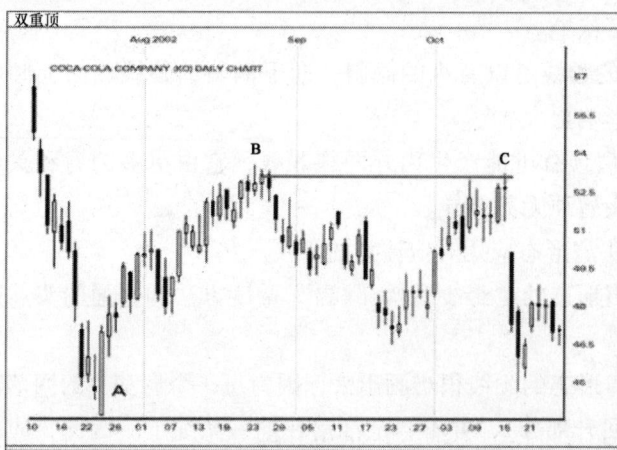

图7-8 双顶形态分析

2. 双底形态分析

双底（Double Bottoms）俗称W底。它是当价格在某时段内连续两次下跌至相约低点时而形成的走势图形，如图7-9所示。当出现双重底时，通常是反映在向下移动的市况由熊市转为牛市。一旦形成双重底图形，必须注意图形是否会穿破阻力线，若穿破阻力线，示意有强烈的需求。成交量通常因回调而大幅增加。双重底亦可利用技术分析指标中的资金流向指数及成交量平衡指数（OBV）作分析买卖强势之用。若价格穿破阻力线，阻力线因此而变为支持线。

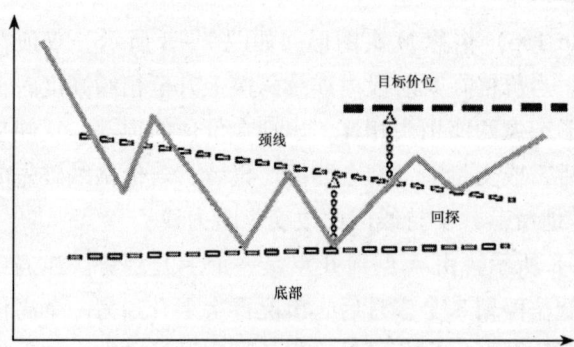

图7-9 双底形态分析

3. 三重顶形态分析

三重顶（Triple Top）又称为三尊头，如图 7 – 10 所示。它是以三个相约之高位而形成的转势图表形态，通常出现在上升市况中。典型三重顶，通常出现在一个较短的时期内及穿破支持线而形成。另一种确认三重顶信号，可从整体的成交量中找到。当图形形成过程中，成交量随即减少，直至价格再次上升到第三个高位时，成交量便开始增加，形成一个确认三重顶信号。

图 7 – 10　三重顶形态分析

最低点的形成，投资者通常以它作为主要支持线，当价格出现双顶后回落至接近颈线（支持位），然后再次反弹至原先双顶的位置，并遭遇阻力后回落。若价格跌破颈线，便会大幅滑落，三重顶图形已被确认。

图 7 – 10 显示，当价格上升到 A 点，交易徘徊在这区域约一个多月后，仍未成功穿破 B 点与 C 点之阻力位。价格开始回落，而且跌破三重顶图形的支持位，因此可以确认三重顶已形成。

4. 三重底形态分析

三重底（Triple Bottom）是三重顶形态的倒影，在跌市中以三点相约之低点而形成，如图 7 – 11 所示。在价格向上摆动时，发出重大转向信号。与三重顶相比，三重底图形通常拖延数月时间及穿破阻力线才被确认为三重底图形。另一种确认三重底信号，可从成交量中找到。在图形形成过程中，成交量会减少，直至价格再次上升到第三个低位时，成交量便开始增加，形成一个确认三重底信号。

最高点的形成，投资者通常以它作为主要阻力线，价格出现双底后回升至接近颈线，重遇阻力回落至双底水平的支持位。价格未能跌破此支持位，成交量骤减，并开始反弹，成交量随即大增。当价格升越颈线时，成交量激增。在价格向上突破颈线后，三重底图形已被确认。

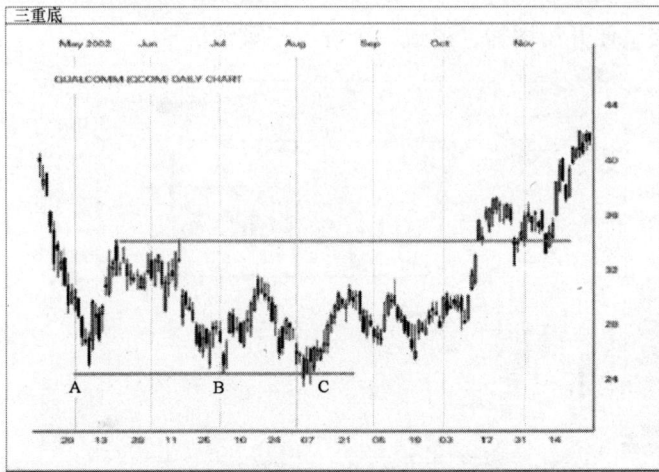

图7-11 三重底形态分析图

如图7-11所示，当价位下降至A点，交易随即徘徊在这区域约4个月，但未能穿破B点和C点的支持位。随后价格开始上升至前市的某些高位，即三重底的阻力位（即图7-11的高线），以及再升破阻力位。三重底形态因而确认。

7.3 喇叭形态与菱形形态分析

喇叭形与菱形是三角形的变形体，大多出现在顶部，为看跌形态。

1. 喇叭形态分析

喇叭形是头肩顶的变形，股价经过一段时间的上升后下跌，然后再上升再下跌，上升的高点较上次为高，下跌的低点亦较上次的低点为低，也就是说在完成左肩与头部之后，在右肩反弹时超越头部的高点创出新高。整个形态以狭窄的波动开始，然后在上下两方扩大，把上下的高点和低点分别连接起来，就可以画出一个镜中反照的三角形状，也就是右肩创新高的头肩顶，这就是笑里藏刀的喇叭形，如图 7 - 12 所示。

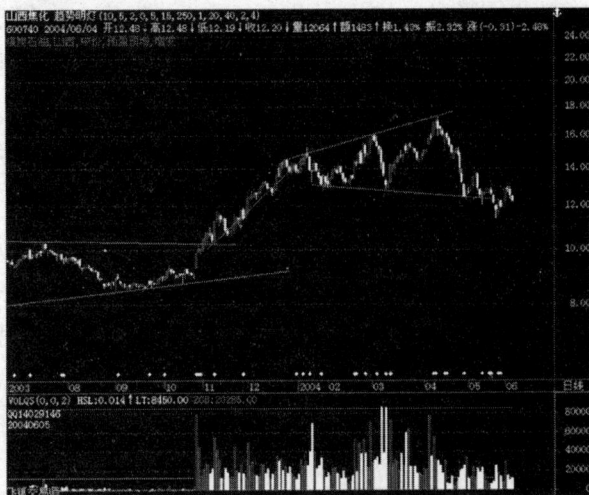

图 7 - 12　喇叭形态分析

喇叭形是因为投资者冲动情绪所造成，通常在长期上升的最后阶段出现，这是一个缺乏理性和失去控制的市场，投资者受到市场炽烈的投机风气或传言所感染。本来投资者操作已趋保守，直到右肩创新高后，在市场一片鼓吹延伸浪的呼声中，又重新疯狂追涨。但"夕阳无限好，只是近黄昏"，当众人都看好之际，行情总是朝反方向前进。市场冲动和杂乱无章的行动，使得股价不正常地大上大落，形成上升时高点较上次为高，回落时低点则较上次为低的情况。

结合图 7 - 12，以山西焦化（600740）在 2004 年 6 月构筑的喇叭形为例，说明其实战运用技巧。

（1）标准的喇叭形至少包含三个转折高点，两个转折低点。这三个高点一个比一个高，两个低点可以在水平位置，或者右边低点低于左边低点；当股价从第三个高点回跌，其回落的低点较前一个低点为低时，可以假设形态的成立。将高点与低点各自连接成颈线后，两条线所组成的区域，外观就像一个喇叭形，由于其属于"五点转向"形态，故较平缓的喇叭形也可视之为一个有较高右肩和下倾颈线的头肩顶。

（2）喇叭形在整个形态形成的过程中，成交量保持着高而且不规则的波动。喇叭形是投资者冲动和非理性的情绪造成的，极少在跌市的底部出现，因为股价经过一段时间的下跌之后，市场毫无人气，在低沉的市场气氛中，不可能形成这种形态。而不规则的成交波动，反映出投资者激动且不稳定的买卖情绪，这也是大跌市来临前的先兆。因此，喇叭形为下跌形态，暗示升势将到尽头。

（3）喇叭形下跌的幅度无法测量，也就是说并没有至少跌幅的量度公式估计未来跌势，但一般来说，跌幅都将极深。同时喇叭形右肩的上涨速度虽快，但右肩破位下行的速度更快，但形态却没有明确指出跌市出现的时间。只有当下限跌破时形态便可确定，投资者该马上止盈或止损出局了。

（4）喇叭形也有可能会失败，即会向上突破，尤其在喇叭形的顶部是由两个同一水平的高点连成，如果股价以高成交量向上突破，那么显示前面上升的趋势仍会持续。但对于稳健保守的投资者而言，"宁可错过，不能做错"，不必过于迷恋于这种风险大于收益的行情，毕竟喇叭形的构筑头部概率十分大。

2. 菱形形态分析

菱形又称为钻石形，是喇叭形、对称三角形、头肩顶的综合体。形态犹如钻石或平行四边形，其颈线为V字状。左半部类似于喇叭形，右半部类似于对称三角形，喇叭形确定之后趋势就是下跌，而对称三角形又使下跌暂时推迟，但终究没有摆脱下跌的命运，而喇叭形与对称三角形结合，成为错综复杂的菱形。与喇叭形相比，其更具向下的意愿。一般，可从以下几个方面分析菱形形态：

（1）菱形形成过程中的成交量较多，左边喇叭形成时成交量较大且呈现不规则的波动，右边对称三角形成交量越来越小。

（2）菱形很少为底部反转，通常它在中级下跌前的顶部出现，其形态完成后往往成为空头大本营，是个转势形态。

（3）当菱形右下方支持跌破后，就是一个沽出信号。其最小跌幅的量度方法是从股价向下跌破菱形右下线开始，量度出形态内最高点和最低点的垂直距离，这距离就是未来股价将会下跌的最少幅度。因此形态越宽跌幅也越大，形态越窄跌幅越小。

（4）菱形有时也成为持续形态，出现在下降趋势的中途，菱形形成之后将继续下降。

7.4 三角整理形态分析

1. 对称三角形形态分析

对称三角形（Symmetrical Triangle）一般情形之下是属于整理形态，即价格会继续原来的趋势移动。它是由一系列的价格变动所组成，其变动幅度逐渐缩小，亦即每次变动的最高价低于前次的水准，而最低价比前次最低价水准高，呈一压缩图形。如从横的方向看价格变动领域，其上限为向下斜线，下限为向上倾线，把短期高点和低点，分别以直线连接起来，就可以形成一对称的三角形，如图7-13所示。

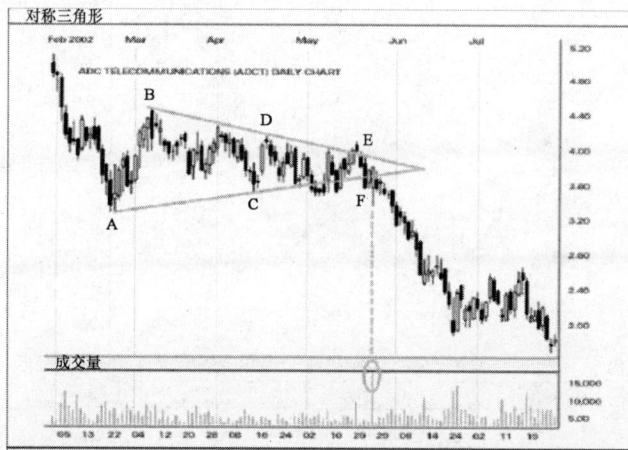

图7-13 对称三角形形态分析

对称三角形成交量，因越来越小幅度的价格变动而递减，正反映出多空力量对后市犹像不定的观望态度，然后当价格突然跳出三角形时，成交量随之而变大。

若价格往上冲破阻力线（必须得到大成交量的配合），便是一个短期买入信号；反之，若价格往下跌破（在低成交量之下跌破），便是一个短期沽出信号。

以图7-13为例，下降趋势出现，当价格从A点流入对称三角形及交易徘徊在这个区域。趋势线亦在随后两个月出现（A点至C点和B点至D点）。在E点，价位开始穿破阻力线，尝试转势，但不成功，却成为一个假突破。这是一个很好的例子，可提醒投资者必须等待收市后的信号，及并留意破位是否准确或是否一个好的入市位。在E点，价格在趋势线下开市，确认先前的信号是假的。随后，价格穿破三角形的下点及大量沽盘，确认了对称三角形的下跌趋势持续。

2. 上升三角形形态分析

上升三角形（Ascending Triangle）通常在回升高点的连线趋近于水平而回档连线的低点，逐步垫高，因而形成往上倾的上升斜线，而在整理形态的末端，伴随着攻击量能的扩增，一般往上突破的机会较大，如图7-14所示。

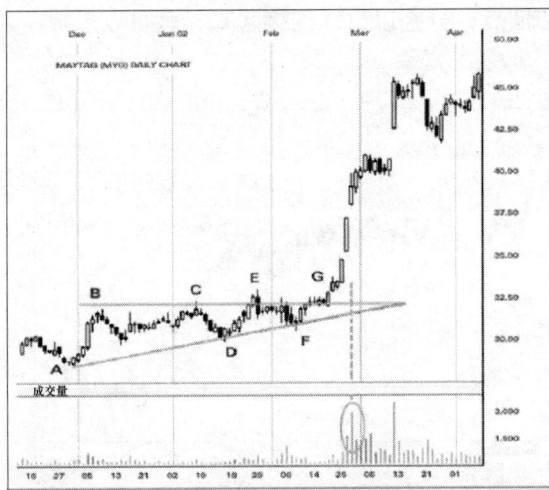

图7-14 上升三角形形态分析

价格在某水平呈现强大的卖压，价格从低点回升到水平便告回落，但市场的购买力仍十分强，价格未回至上次低点便即时反弹，持续使价格随着阻力线的波动而日渐收窄。我们若把每一个短期波动高点连接起来，便可画出一条阻力线；而每一个短期波动低点则可相连出另一条向上倾斜的线，便形成上升三角形。成交量在形态形成的过程中不断减少。

　　上升三角形显示买卖双方在该范围内的较量，但买方的力量在争持中已稍占上风。卖方在其特定的价格水平不断沽售，不急于出货，但却不看好后市，于是价格每升到理想的沽售水平便即沽出，这样在同一价格的沽售形成了一条水平的供给线。不过，市场的购买力量很强，他们不待价格回落到上次的低点，便急不可待地购进，因此形成一条向右上方倾斜的需求线。

　　以图7－14为例，上升三角形在最初形成时，价格亦开始向上升。整个形态发生在3个月内，但并没有穿破B点、C点及E点的阻力线。而较高的低位A点至D点至F点，代表正在积聚及市况会继续上升。在整个过程中，成交量比预期弱，但在F点开始赶上。而价格刚好受制于支持线，然后反弹升穿阻力位G点，而且G点的成交量很高。上升三角形形态确认后，市势将会持续上升。

3. 下降三角形形态分析

　　下降三角形（Descending Triangle）通常在回档低点的连线趋近于水平而回升高点的连线则往下倾斜，代表市场卖方的力量逐渐增加，使高点随时间而演变，越盘越低，而下档支撑的买盘逐渐转弱，退居观望的卖压逐渐增加，在买盘力量转弱而卖压逐渐增强的情况下，整理至末端，配合量能温和放大，而价格往下跌破的机会较大，如图7－15所示。

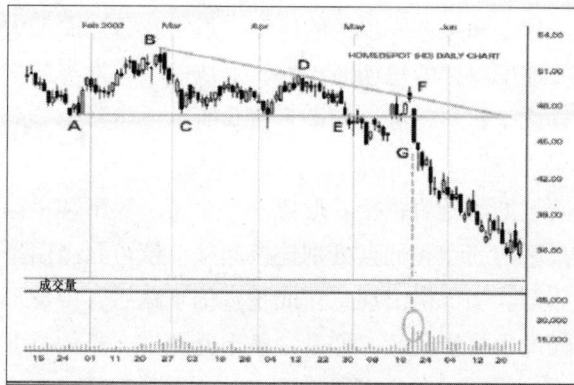

图7－15　下降三角形形态分析

　　下降三角形的形状与上升三角形恰好相反，价格在某特定的水平出现稳定的购买力，因此每回落至该水平便告回升，形成一条水平的需求线。可是市场的沽售力量却不断加强，价格每一次波动的高点都较前次为低，于是形成一条下倾斜的供给线。

下降三角形同样是多空双方的较量表现，然而多空力量却与上升三角表所显示的情形相反。

以图 7 – 15 为例，下降三角形在最初形成时，价格亦开始向下滑。整个形态发生在 4 个月内，但没有穿破支持线的 A 点、C 点及 E 点。而最底的高位在 B 点、D 点和 F 点，代表投资者看淡后市。在下降三角形形成的过程中，成交量的数值比预期弱，但在 F 点开始赶上，而阻力线亦非常强劲，在最后的上试阻力不成功，价格随即回调及跌穿 G 点的支持位。而且 G 点的成交量也很高。下降三角形形态确认后，市势持续下跌。

7.5 旗形、楔形和矩形形态分析

1. 旗形形态分析

旗形的形态就像一面挂在旗顶上的旗帜，通常在急速而又大幅的市场波动中出现。价格经过一连串紧密的短期波动后，形成一个稍微与原来趋势呈相反方向倾斜的长方形，这就是旗形走势，如图 7 – 16 所示。旗形走势分为上升旗形和下降旗形。

当价格经过陡峭的飙升后，接着形成一个紧密、狭窄和稍微向下倾斜的价格密集区，把这密集区的高点和低点分别连接起来，便可画出两条平行而下倾的直线，这就是上升旗形。当价格出现急速或垂直的下跌后，接着形成一个波动狭窄而紧密，稍微上倾的价格密集区，像是一条上升通道，这就是下降旗形。

形态完成后价格便继续向原来的趋势移动，上升旗形将有向上突破，而下降旗形则往下跌破。上升旗形大多数在牛市末期出现，因此暗示升市可能进入尾声阶段；而下降旗形则大多数在熊市初期出现，显示大市可能作垂直式的下跌，因此形成的旗形细小，大约在三、四个交易日内已经完成，但如果在熊市末期出现，形成的时间较长，且跌破后只可作有限度的下跌。楔形较常出现在一个涨势或跌势的中心位置，即上涨中的中段整理及下跌过程中的反弹逃命波，而成交量大多数在整理过程中逐渐减少，在突破或跌破后量能又接着放大。

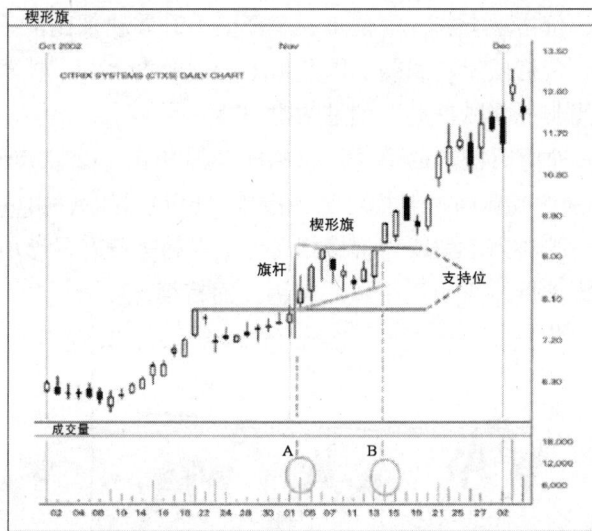

图 7 - 16　旗形形态分析

在上升趋势中，楔形旗是由左上方向右下方倾斜；在下降趋势中，则由左下方向右上方倾斜，形状与旗形相似，颇像船尾所悬挂的旗帜。图 7 - 16 为楔形旗的例子，在一个上升的市况，因 A 点出现大量成交，旗在这里形成。在多个星期的整固期后，价格尝试在楔形旗的顶部试高（即 B 点）。当穿破阻力位，再加上成交量上升，图形确认及升势将持续。

2. 楔形形态分析

（1）上升楔形。

上升楔形（Rising Wedge）是指股价经过一次下跌后有强烈技术性反弹，价格升至一定水平又掉头回落，但回落点转前次为高，又上升至新高点比上次反弹更高，又回落形成一浪高一浪之势，把短期高点相联，短期低点相联形成一条同上倾斜直线，下面一条则较为陡峭。

上升楔形通常拖延至 3 ~ 6 个月时间，并能提供投资者一个警号——市势正在逆转中。上升楔形的形成，最少以两点高点，以每点的最高及先前的最高点连成一条最高的阻力线；同样，最少以两点低点，以每点的最低及先前的最低点连成一条最低的支持线。在上升楔形中，价格上升，卖出压力亦不大，但投资人的兴趣却逐渐减少，价格虽上扬，可是每一个新的上升波动都比前一个弱，最后当需求完全消失时，价格便反转回跌。因此，上升楔形表示一个技术性的意义之渐次减弱的情况。当其下限跌破后，就是沽出信号。

图 7-17 是一个上升楔形的例子，价格于 7 月中由一个跌市开始慢慢下跌，在 A 点和 B 点分别形成新高。但相对强弱指数（RSI）显示，由 A 点至 B 点间的升幅却出现了顶背驰。当下斜线与价格相遇，上涨趋势没有足够的动力使价格向上，价格随即跌穿支持线 C 点，下跌趋势因此而持续。

图 7-17　上升楔形态分析

（2）下降楔形。

下降楔形（Falling Wedge）是出现在上升价格顶部的一种常见形态，如图7-18所示。在价格出现上下小幅波动的整理期间，下降楔形可分为持续图形和逆转图形两种。

在持续图形中，下降楔形呈向下倾斜，直到相遇现时的上升走势。反之，逆转图形亦同样呈向下倾斜，但成交则顺势下降。无论任何一种类型，这图形都被视为看好。

下降楔形通常也拖延至 3~6 个月时间，并能提供投资者一个警号——市势正在逆转中。下降楔形的形成，最少以两点高点，以每点的最高及先前的最高点连成一条最高的阻力线；同样，最少以两点低点，以每点的最低及先前的最低点连成一条最低的支持线。

价格经过一段时间上升后，出现获利回吐，虽然下降楔形的底线往下倾斜，似乎说明了市场的承接力不强，但新的回落浪较上一个回落浪波幅更小，说明沽售力量正减弱中，加上成交量在这阶段中的减少可证明市场卖压的减弱。

在下降楔形中，价格上升，卖出压力亦不大，但投资人的兴趣却逐渐减少，价格虽上扬，可是每一个新的上升波动都比前一个弱，最后当需求完全消失时，价格便反转回跌。因此，下降楔形表示一个技术性的意义之渐次减弱的情况。当其下限跌破后，就是沽出信号。下降楔形的出现告诉我们升市尚未见顶，这仅是升后的正常调整现象。一般来说，形态大多是向上突破，当其上限阻力突破时，就是一个买入信号。

图7-18是一个下降楔形例子，价格一直向下滑，以A点和B点，分别形成两个新低。但移动平均背驰指标（MACD）显示，在A点至B点间的跌幅却出现了底背驰。当下斜线与价格相遇，下涨趋势没有足够的动力把价格推低，价格随即升破C点的阻力位。上升趋势因此而持续。

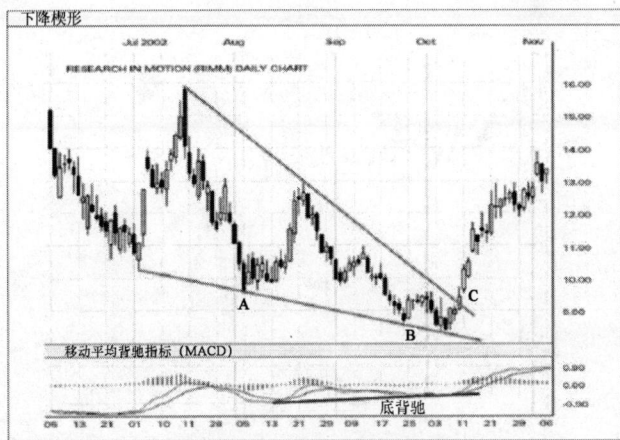

图7-18　下降楔形态分析

3. 矩形形态分析

矩形（Rectangle）又叫箱形，也是一种典型的整理形态，如图7-19所示。

价格上升到某水平时遇上阻力，掉头回落，但很快便获得支持而回升，可是回升到前次相同高点时却再一次受阻，而挫落到上次低点时则再得到支持。这些短期高点和低点分别以直线连接起来，便可以绘出一条通道，这通道既非上倾，亦非下降，而是平行发展，这就是矩形形态。

一般来说，矩形形态在当市道牛皮整理，上升市和下跌市中都可能出现，长而窄且成交量小的矩形在原始底部比较常出现。突破了上下限后有买入和卖出的信号，涨跌幅度通常等于矩形本身宽度。当向上突破上限阻力时，就是一个"买入信号"。反之，若往下跌破时，则是一个"沽出信号"。矩形形成的过程中，除非有突发性的消息扰乱，其成交量应该是不断减少的。如果在形态形成期间，有不规则的高成交出现，形态可能失败。当价格突破矩形上限的水平时，必须有成交量激增的配合；但若跌破下限水平时，就不须高成交量的增加。

矩形呈现突破后，价格经常出现反抽，这种情形通常会在突破后的3天至3星期内出现。向上突破后的反抽将止于顶线水平之上，往下跌破后的假性回升，将受阻于底线水平之下。图7-19中，在5月初，矩形图形在一个下跌市开始形成，看来市况已见底，而成交量也很小。直至7月初，成交量开始增加，清晰显示价格突破在即，走势向下，跌势持续。

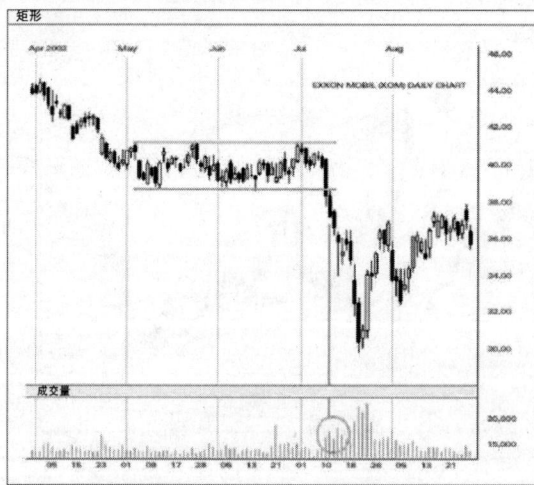

图7-19　矩形形态分析

7.6 杯柄形、圆底和价格通道形态分析

1. 杯柄形形态分析

杯柄形是一种持续上升的形态，它跟随上通道的突围而形成一段整理的时间。杯柄形态可分为两部分：杯及杯柄。当某时段价格上涨，一个杯形随之而形成，它的外观好像一个碗或者圆底，亦像是一个呈 U 字的形态，如图 7 - 20 所示。因为与 V 形相比，U 形比较平坦，故此杯形可以确定是一种在底部具有强烈支持的整理形态。

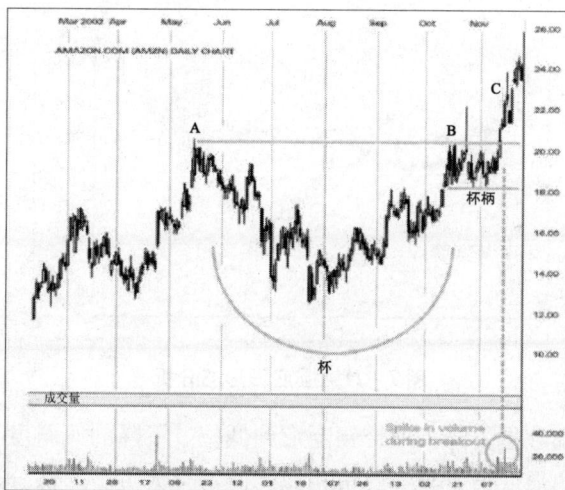

图 7 - 20 杯柄形形态分析

当杯形形成后，短期的成交，便是杯柄的进化期。由杯柄范围随后突围，并提供一个较强烈的上升趋势信号。通常杯柄的回调越短暂，越形成上升趋势及加强突围。当突围出现时，成交量明显是上升的。

以图 7 - 20 为例，在遇到 A 点的阻力位前，价格正在上升。不到 6 个月，杯的形态已形成，而且相遇阻力位 B 点。价格随后徘徊在同一个交易价格约一个

月，然后穿破阻力位，确认了杯柄形。成交量也提供了一个明确的指标，确认这图形的准确性。成交量在突破前后增加，代表出现大量买家。

2. 圆底形态分析

圆底（Rounding Bottom）又称为碟形（Saucers）或碗形（Bowls），是一种逆转形态，但并不常见，如图 7-21 所示。此类形态大多数出现在一个由熊市转为牛市的长时间整固期。但在我们的例子中，是以短时间的整固期为例。

圆底常常在一个长期跌市后出现，低位通常记录新低及回跌。圆底形态可分为三部分：下降、最低及上升。

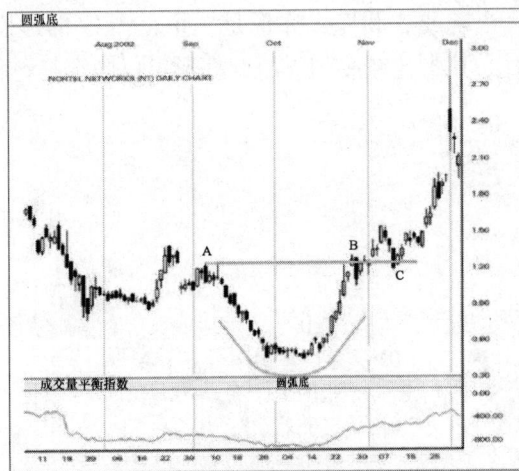

图 7-21　圆底形形态分析

形态的第一部分是下降：即带领圆形到低位。下降的倾斜度不会太过分。第二部分是圆弧底的最低位，与尖底很相似，但不会太尖。这部分通常出现时间较长，可达一个月。最后是上升部分，通常是大约与下降所用时间相同。如上升部分升得太快，便会破坏了整个形态，而且变为假信号。

整个图形来看，如价格还未穿破阻力位，即图形开始的下降位置；圆底仍未确认。成交量通常跟随圆底形态：最高位即下降的开始、最低位即下降的终点即升幅变强。

3. 价格通道形态分析

价格通道（Price Channels）是延续图形，它的斜度倾向上或向下，似乎它的价格成交集中于上趋势线或下趋势线之内，如图7－22所示。上趋势线是一条阻力线，而下趋势线则是一条支持线。当价格通道有向下趋势倾斜时便视为跌市，而价格通道向上倾斜时，则视为升市。

以两条趋势线形成的价格通道，一条称为主趋势线，另一条称为通道线。主趋势线决定有力的趋势。如上升（下跌）通道向上（向下）倾斜时，最少以两点的低点（高点）连成一线而绘出。

另一条趋势线称为通道线，与主趋势线平衡的。通道线以高点及低点绘出。在上升通道时，通道线是一条阻力（支持）线。在下降通道时，通道线则是一条支持线。

当价格持续上升并在通道范围内波动，趋势便可看做牛市。当价格未能到达通道线（阻力线）时，便可预料到趋势将会有急切的转变。随后下破主趋势线（支持线）时，便可确认市况将会逆转。相反，当上穿通道线时，便可视为牛市且暗示价格将持续上升。

以图7－22为例，当价格离开上升趋势后，一个上升通道开始形成。在整个

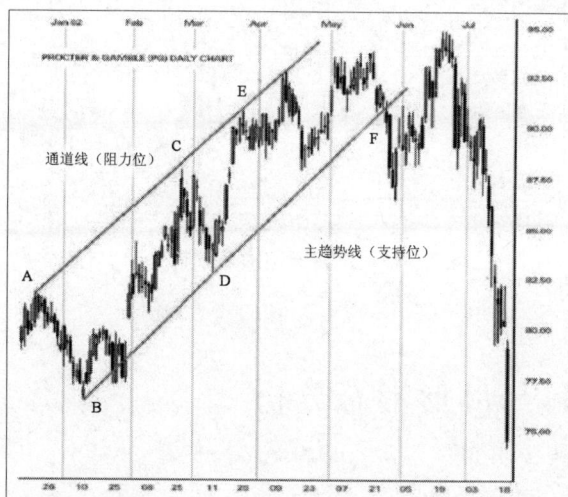

图7－22 价格通道形态分析（1）

价格上升期间，交易不能够穿破A点、C点和E点的阻力线（通道线），纵使价格穿破由B点和D点组成的支持线，上升轨仍然存在，因为高位和低位逐渐上

升。但最后，F点因太多沽盘导致穿破支持线。其实在F点前的价格没有伸展到通道线时，已给发出一个警告信号，表示缺乏购买力。相反，随着价格继续在通道内下跌或波动，走趋视为向淡。当价格越不接近通道线（或支持线），即表示将发生的会是趋势变动。如穿破阻力线，代表现时的走势将有变动。如穿破下通道，即代表向淡及持续下跌。

以图7-23为例，当价位离开下跌趋势后，下跌通道开始形成。在整段价格下跌期间，交易不能穿破A点与C点的支持位（或通道线），纵使价格穿破B点和D点组成的阻力线，下降轨仍然存在，因为高位和低位下降。虽然F点已破阻力，但穿破G点才真正转为上升趋势。当价格没有伸展到通道线时，E点已发出一个转势的警告信号，表示价格持续受到沽压。

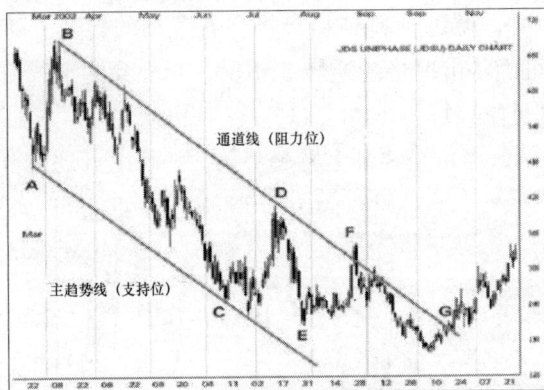

图7-23 价格通道形态分析（2）

7.7 缺口与岛形形态分析

1. 缺口形态分析

（1）形态分析。

缺口是指股价在快速大幅变动中有一段价格没有任何交易，显示在股价趋势图上是一个真空区域，这个区域称之"缺口"，它通常又称为跳空。当股价出现缺口，经过几天，甚至更长时间的变动，然后反转过来，回到原来缺口的价位时，称为缺口的封闭，又称补空。

缺口分普通缺口、突破缺口、持续性缺口与消耗性缺口等四种。从缺口发生的部位大小，可以预测走势的强弱，确定是突破，还是已到趋势之尽头，它是研判各种形态时最有力的辅助材料。

①普通缺口。这类缺口通常在密集的交易区域中出现，因此许多需要较长时间形成的整理或转向形态如三角形、矩形等都可能有这类缺口形成。

②突破缺口。突破缺口是当一个密集的反转或整理形态完成后突破盘局时产生的缺口。当股价以一个很大的缺口跳空远离形态时，这表示真正的突破已经形成了。因为正常的移动很少会产生缺口，同时缺口能显示突破的强劲性，突破缺口越大，表示未来的变动越强烈。

③持续性缺口。在上升或下跌途中出现缺口，可能是持续性缺口。这种缺口不会和突破缺口混淆，任何离开形态或密集交易区域后的急速上升或下跌，所出现的缺口大多是持续性缺口。这种缺口可帮助我们估计未来后市波幅的幅度，因此亦称之为量度性缺口。

④消耗性缺口。和持续性缺口一样，消耗性缺口是伴随快的、大幅的股价波幅而出现。在急速的上升或下跌中，股价的波动并非是渐渐出现阻力，而是越来越急。这时价格的跳升（或跳位下跌）可能发生，此缺口就是消耗性缺口。

通常消耗性缺口大多在恐慌性抛售或消耗性上升的末段出现。

（2）市场含义。

①普通缺口并无特别的分析意义。一般在几个交易日内便会完全填补，它只能帮助我们辨认清楚某种形态的形成。

普通缺口在整理形态要比在反转形态时出现的机会大得多，所以当发现发展中的三角形和矩形有许多缺口，就应该增强它是整理形态的信念。

②突破缺口的分析意义较大，它经常在重要的转向形态如头肩式的突破时出现，这种缺口可帮助我们辨认突破信号的真伪。

如果股价突破支持线或阻力线后一个很大的缺口跳离形态，可见突破十分强而有力，很少有错误发生。形成突破缺口的原因是其水平的阻力经过一段时的相持后，供给的力量完全被吸收，短暂时间缺乏货源，买进的投资者被迫要以更高价求货。又或是其水平的支持经过一段时间的供给后，购买力完全被消耗，沽出的须以更低价才能找到买家，因此便形成缺口。

假如缺口发生前有大的交易量，而缺口发生后成交量却相对减少，则有一半的可能不久缺口将被封闭，若缺口发生后成交量并未随着股价的远离缺口而减少，反而加大，则短期内缺口将不会被封闭。

③持续性缺口的技术性分析意义最大。它通常是在股价突破后远离形态至下一个反转或整理形态的中途出现，因此持续缺口能大约预测股价未来可能移动的距离，所以又称为量度缺口。

其量度的方法是从突破点开始，到持续性缺口始点的垂直距离，就是未来股价将会达到的幅度。或者我们可以说：股价未来所走的距离，和过去已走的距离一样。

④消耗性缺口的出现，表示股价的趋势将暂告一段落。如果在上升途中，即表示即将下跌；若在下跌趋势中出现，就表示即将回升。不过，消耗性缺口并非意味着市道必定出现转向，尽管意味着有转向的可能。

在缺口发生的当天或后一天若成交量特别大，而且趋势在未来似乎无法随成交量而有大幅的变动时，这就可能是消耗性缺口，假如在缺口出现的后一天其收盘价停在缺口之边缘形成了一天行情的反转时，就更可确定这是消耗性缺口了。

消耗性缺口很少是突破前一形态大幅度变动过程中的第一个缺口，绝大部分的情形是它的前面至少会再现一个持续缺口。因此可以假设，在快速直线上升或下跌变动中期出现的第一个缺口为持续缺口，但随后的每一个缺口都可能是消耗性缺口，尤其是当这个缺口比前一个空距大时，更应特别注意。

持续缺口是股价大幅变动中途产生的，因而不会于短时期内封闭，但是消耗性缺口是变动即将到达终点的最后现象，所以多半在2~5天的短期内被封闭。

（3）要点提示。

①一般缺口都会填补。因为缺口是一段没有成交的真空区域，反映出投资者当时的冲动行为，当投资者情绪平静下来时，投资者反省过去行为有些过分，于是缺口便告补回。其实并非所有类型的缺口都会填补，其中突破缺口、持续性缺口未必会填补，也不会马上填补；只有消耗性缺口和普通缺口才可能在短期内补回，所以缺口填补与否对分析者观察后市的帮助不大。

②突破缺口出现后会不会马上填补？我们可以从成交量的变化中观察出来。如果突破缺口出现之前有大量成交，而缺口出现后成交相对减少，那么迅即填补

缺口的机会只是 50%；但假如缺口形成之后成交大量增加，股价在继续移动远离形态时仍保持十分大量的成交，那么缺口短期填补的可能便会很低了。就算出现反抽，也会在缺口以外。

③股价在突破其区域时急速上升，成交量在初期量大，然后在上升中不断减少，当股价停止原来的趋势时成交量又迅速增加，这是多空双方激烈争夺的结果，其中一方得到压倒性胜利之后，于是便形成一个巨大的缺口，这时候成交量又开始减少了。这就是持续性缺口形成时的成交量变化情形。

④消耗性缺口通常是形成缺口的一天成交量最高（但也有可能在成交量最高的翌日出现），接着成交减少，显示市场购买力（或沽售力）已经消耗殆尽，于是股价很快便告回落（或回升）。

⑤在一次上升或下跌的过程里，缺口出现越多，显示其趋势越快接近终结。举个例说，当升市出现第三个缺口时，暗示升市快告终结；当第四个缺口出现时，短期下跌的可能性更加浓厚。

2. 岛形整理形态分析

股价在经过持续上升一段时间后，某日出现跳空缺口加速上升，但随后股价在高位徘徊，不久股价却以向下跳空缺口的形式下跌，而这个下跌缺口和上升向上跳空缺口，基本处在同一价格区域的水平位置附近，使高位争夺的区域在 K 线图表上看来，就像是一个远离海岸的孤岛形状，左右两边的缺口令这岛屿孤立地立于海洋之上，这就是顶部的岛形反转形态；股价在持续下跌过程中也会出现岛形反转形态，股价在经过持续下跌一段时间后，某日突然跳空低开留下一个下调缺口，随后几天股价继续下沉，但股价下跌到某低点又突然峰回路转，股价向上跳空开始急速回升，这个向上跳空缺口与前期下跌跳空缺口，基本处在同一价格区域的水平位置附近，使低位相持的区域在 K 线图表上看来，就像是一个远离海岸的孤岛形状，左右两边的缺口令这岛屿孤立地立于海洋之上，这就是底部的岛形反转形态。

（1）形成机理。

股价不断地上升，使原来想在低位买入的投资者没法在预定的价位吃进，持续的升势令这批投资者难以忍受踏空的痛苦，终于忍不住不计价位地抢入，于是形成一个上升的缺口，可是股价却没有因为这样继续快速向上，在高位明显出现放量滞涨横盘，说明此时暗中有着巨大的抛压，经过一段短时间的争夺后，主力和先知先觉的机构大量出逃，股价终于没法在高位支持，一旦下跌就引发市场信心的崩溃，出现缺口性下跌，下跌缺口之上套牢了大量的筹码，股价也开始了漫长的下跌；股价在不断地持续下跌之后，最后所形成的底部岛形的市场含义和升势时形成的顶部原理一样。岛形形态常常出现在长期或中期性趋势的顶部或底部，表示趋势的逆转。

（2）形态特征。

①岛形的左侧为上升消耗性缺口，右侧为下跌突破性缺口，是以缺口填补缺口，这两个缺口出现在很短的时间内，说明市场情绪化特征明显。

②高位岛形的顶部一般是一个相对平坦的区域，与两侧陡峭的图形形成鲜明对比，有时顶只是一个伴随天量的交易日构成，这是市场极端情绪化的产物，其顶部开始成交量呈递减状，并且左侧量为形态中天量。

③底部岛形反转常伴随着很大的成交量，如果成交量很小，这个底部岛形反转就很难成立。

（3）操作策略。

岛形形态最佳的买卖点为跌破上升下降趋势线和第二个缺口发生之时，因为在这之前无法确定发展的方向。

（4）研究要点。

① 两个缺口一般在同一水平价位上形成。

②岛形前一缺口为消耗性缺口，而后一缺口为突破缺口。如上岛形前一缺口为多方力量耗尽之缺口，而后一缺口为空方开始主导市场的空方突破性缺口。下岛形前一缺口为空头力量耗尽的缺口，而后一缺口为多方开始反攻的突破缺口。

③成交量在岛形形成期间十分巨大。

④两个缺口间隔时间短则为1天，长则数周。

实战操练：技术图形应用演练

1. 上升旗形

（1）上升旗形的位置在图中右下方（如图7-24所示）。

（2）上升旗形的特征是：在上涨过程出现高点不断下移，低点也不断下移，且各高点的连线与各低点的连线相互平行。

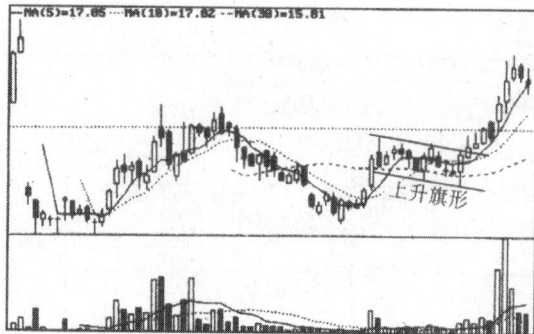

图 7-24

2. 双顶

（1）所谓双顶就是在涨势中，股价第一次冲高回落，第二次上涨到前一高点附近再次滞涨回落，直至收于颈线下方的一种技术走势。

（2）图中 A 处是投资者首选停损离场的地方（如图 7-25 所示）。因为 A 处的收盘价已收在双顶颈线的下方。

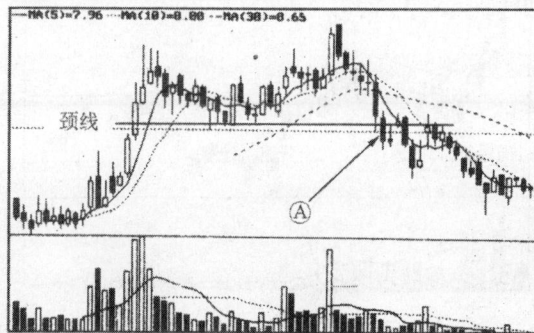

图 7-25

3. 矩形

（1）各高点的连线平行于各低点的连线才称得上是矩形，而图中方框内的 3 个低点并不处于同一水平位置上，它们分别构成了头肩底的左肩、头部、右肩。

（2）因为 A 处的收盘价已站在头肩底的颈线上方，且伴随着巨大成交量，所以，A 处是投资者跟进做多的地方。当然，最稳妥的是在 B 处买进，因为 B 处已确认颈线被有效突破（如图 7-26 所示）。

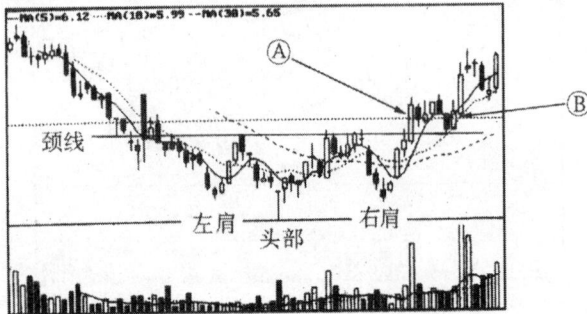

图 7-26

4. 上升楔形

（1）图中方框内的图形是上升楔形，因为在下跌过程中，高点的连线与低点的连线不相平行，这是上升楔形有别于下降旗形的一个主要特征（如图 7-27 所示）。

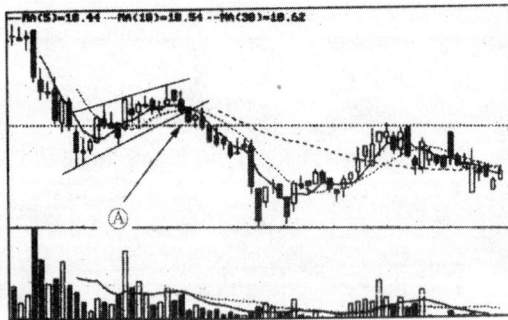

图 7-27

（2）从图中可知，A 处的收盘价跌破了上升楔形的低点连线，所以，A 处是跌破支撑线的地方，也是投资者停损抛股离场之处（如图 7-27 所示）。

5. 三角形

（1）将图中两个高点和两个低点用直线连起来，就成了一个收敛三角形。

（2）从图中可知该股在收敛三角形整理期间成交逐渐萎缩，甚至极度萎缩，之后股价放量收于压力线上方，A 处就是它的突破点。所以，A 处是投资者开始跟进做多的地方（如图 7–28 所示）。

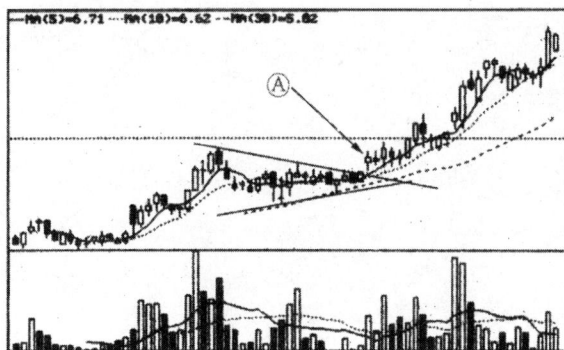

图 7–28

6. 双底

（1）图中方框内的图形是双底。

（2）从图中可看出 A 处的收盘价没有高于颈线，而 B 处的收盘价已在颈线上方（如图 7–29 所示）。所以，B 处是投资者跟进做多的地方。

图 7–29

第 8 章
投资操作风险警示

Chapter8

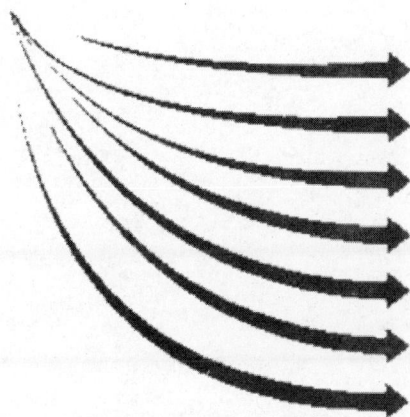

8.1 投资心理的警示

1. 一些不良的投资心理

要想驾驭股市，就必先战胜自我。战胜自我，也就是从心理的不平衡慢慢地转到心理的平衡。看似一句话的事情，其过程却是复杂和艰难的。

投资者往往会暴露出心理的不稳定，有的甚至是很脆弱的。最典型的莫过于：涨也不好，跌也不是。追涨杀跌，屡见不鲜。

所以从心理层面来剖析一下自己的投资行为正确与否是很有必要的：

（1）盲目胆大心理。

盲目胆大是套牢的祸根。有的投资者对股市的投资理论和技巧不甚了解，一有行情就大胆贸然入市。短暂的盈利和长久的亏损，最后并不知其所以然。有的投资者虽有理论基础和操作实践，但见股指连续上涨而不肯深幅回调，股价却一片飙升，就不假思索大胆追涨，常常因此被套牢在高位。

（2）盲目恐惧心理。

即使是一个聪明人，当他产生恐惧心理时也会变得愚笨。在股市中，恐惧常常会使投资者的水平发挥失常、判断失误，并最终导致投资失败。最典型是当股指大幅下跌后，恐惧就会伴随着很多投资者；殊不知，股市大幅下跌的同时，也是投资风险大幅释放的时候，投资机会也已悄悄地来临。

（3）急切焦躁心理。

毕竟人非圣贤，由于股市风云莫测，投资者有时难免会心浮气噪。这种焦躁心理是炒股的大忌，它会使投资者操盘技术大打折扣，还会导致投资者不能冷静思考而做出无法挽回的错误决策。而心理急切焦躁的投资者不仅最容易失败，也最容易灰心。很多时候投资者就是在充满焦躁情绪的投资中一败涂地的。即正反都挨了耳光。

（4）缺乏忍耐心理。

有的投资者恨不得股票刚一买入就立即上涨，最好是大幅上涨，天天涨停板。但是出现这种情况的概率很小，大多数情况下，即使是处于强势的个股也不可避免地要经历洗盘震荡、回档盘整等过程。这正是考验投资者耐心的时候，千万不要得了芝麻丢了西瓜，看见其它股票涨得好，就割肉追涨，或者赚了一点蝇头小利就急忙抛出，往往会得不偿失。

（5）不愿放弃一切的心理。

股市中就个股而言，投资机会是很多的；但是，投资者的时间、精力和资金是有限的，不可能把握住所有的个股机会，这就需要投资者有所取舍，通过对个股机会的轻重缓急、热点的大小先后等多方面因素进行权衡。有选择地放弃，才能更好把握更大的投资机遇。

（6）赌一把的侥幸心理。

有的投资者总是抱着赌一把的侥幸心理。总想着一夜暴富和快速发财。实际上，炒股是一种投资行为，炒股和其它的实业投资行为一样，都有投入有产出、有风险有收益。

所以在具体实施操作前，要制定周密的操作计划；操作方案中要有完善的止损计划和止损标准，做到心中有数；并在发觉研判失误时，能果断止损。这样才不会在突如其来的打击中束手无策，也不会在漫漫熊途中越套越深。另外还要注意，不要盲目追高，也不要刻意地去追求暴利。保持良好的心态，才能在股市中长久地立足。

股市中的真正高手——是寂寞的，是孤独的，甚至是痛苦的。他要不断地和自我作斗争，他要异常冷静地去做出艰难的选择。

2. 树立正确的投资理念

（1）认识自己。

相对于认识股票市场，更重要的是首先认识自己。有股票历史以来，没有任何一个专家百战百胜，没有任何一种分析工具次次灵验！记住：我们是人，不是神！人对事物的认识总会受时间、空间的局限，而面对的是变化的、运动着的世界，考虑不周，失算是难免的。认定自己犯错是必然的，这才是走向成功的第一步。抛弃包赚的梦臆，才是有机会赚的前提。

有人常常错了就埋怨行情不合理，什么叫合理？你跟着行情走就是合理，你想行情跟着你走才是不合理。要知道，在股票市场买卖双方是人在交易。买也好，卖也好，都是一种行为。而人的行为是受思想支配的，受情绪影响的。恰巧人的思想是最复杂、最难捉摸的。情绪有理性的时候，有非理性的时候，甚至有疯狂的时候。反映到市场，有时出现非理性的行情就不奇怪了！

市场是由人组成的，离开了人的活动就无所谓市场。所以，认识自己，有自知之明，才能掌握认识市场之钥，在心理上具备承受风险的能力。

（2）亏得起多少做多少。

从事股票买卖，有一个基本原则，就是有闲钱不妨投资，但要亏得起多少做多少，千万不能赌。谁敢保证百分之一百有把握赚钱？哪个投资者不需面对"万一亏了怎么办"的课题？

一个人首先要保障自己的生活。衣、食、住、行，儿女教育、供养父母、交际应酬、旅行消遣……样样要钱。这些方面的资金是绝对不能动的，试想，如果为了参与股票或股票投机，而将房子抵押贷款，把孩子上学的资金挪用，一旦投资失利，怎么交代？

一个企业家首先要保障生产。厂房租金、员工工资以及水电、原料、机械设备、运输、保险金，以及税金等所需资金，不能发生任何问题。这方面的资金是绝对不能动的。试想，如果为了参与股票买卖，而动用原来作为采购原料和支付员工工资的资金，一旦投资失利，岂不耽误了大事！

事情总有先后轻重缓急之分。生活涉及自己的生存基础，生产关乎自己的发展基础。既然股票买卖有发财的机会，也有破财的危险，你要做到任何情况下都不影响自己的生存和发展，前提就是有多余的资金在手才能加以考虑，绝对不能本末倒置，把生存和发展做赌注。

股票买卖决策过程中，心理因素决定一切。胜负往往系于一念之间。研判行情必须心无杂念，资金运用必须无后顾之忧。亏得起多少做多少，即使亏光了也不影响生活品质及生意周转，就能轻装上阵，谈笑用兵，胜算自然较高。动用生活、生产资金去买卖股票，必定患得患失，包袱沉重。心里老担心，输不得，亏了房子就会被银行拍卖，亏了原料就没钱进货，亏了员工薪水就没有着落……杂念多多，方寸大乱，又怎能看得准、做得对呢？事情就是这样怪：不怕亏的，越不会亏；背上只能赢不能输的包袱，反而容易亏，并且往往亏得最惨！

（3）控制自己的情绪。

在股票市场，每天都可能发生一些刺激的事情。面对那些突如其来的变化，必须学会控制自己的情绪，保持冷静，心平气和地处理。否则，迟早会被淘汰出局。

事实上，股票投资充满了刺激性，受得起刺激才能参与。有些人控制不了自己的情绪，做了多头，大势往上跳一跳，脸上立刻笑一笑；价位往下走一走，眉头马上皱一皱。赚到一点利润，欢天喜地；出现若干浮动损失，寝食难安。当一个人的情绪起伏完全被行情涨跌所牵扯，他还能够清醒客观、指挥若定吗？

交易者要控制自己的情绪，一是亏得起多少做多少，不要赌身家，这样心理负担较轻。二是事先做好一套看对何时平仓获利，看错何时止损认赔的计划，盈亏都在意料之中，心理承受能力增强了，情绪自然稳定。

（4）从小开始，逐步升级。

经验证明，从事股票投资买卖，应该遵循从小开始，逐步升级的原则。

首先，在入市实际买卖之前，最好有两个星期的模拟操作，锻炼一下自己的能力。客户自行操作是新兵上阵，先作沙盘演习是必要的。应该深入研究经纪商寄来的市场分析，自己亲自制作图表，然后自己每天添上一笔。这段时间，自己判断行情会升或者会跌，就假设已在某个价位新单买入或卖出，然后密切跟踪行情发展，何时乘胜追击，何时壮士断臂，何时见风转舵，看看自己眼光和灵活性到底有多少分数。从甜头中总结经验，从苦头中吸取教训。

接着，就是入市操作，先进行小额买卖，如每次买个一两百手，像学游泳一样先在浅水浸浸。熟练了以后再试着加仓。小额投资阶段不必太计较每战的盈亏。亏了就当缴学费，赚了就当奖学金。主要着眼于买卖技巧的实战经验的提高。小额实习大约一个月左右总结一次。要从行情分析和资金运用两方面检讨。特别要注意锻炼自己止损认赔的功夫，树立牢固的"不怕错，最怕拖"的观念。这一点掌握了，你就可以进行大规模作战，不必小打小闹了！

（5）不明朗的市不入。

不明朗的市不入，是股票投资的重要原则。正如政治家有所为、有所不为一样，走势明朗时要果断把握机会，不明朗时要耐心等待机会。所谓市场不明朗的情形有以下几种：

①有时缺乏新的刺激因素，买卖双方均采取观望态度，交投疏落，行情牛皮，就会不明朗。

②有时多空交战，势均力敌，买卖双方的较量处于相持阶段，呈现拉锯状

态，反复上落，就会不明朗。

③有时经历一番暴升或一轮大跌，出现风雨过后的平静，行情盘整，大势不明朗。

④有时等待一项重大消息，未知揭晓结果是利多抑或利空，呈现激战前的沉寂，趋势也会不明朗。

股票买卖，顺势而行是原则，趋势不明朗，怎么去顺应？勉强入市，决策无依据，获利无把握，为炒而炒，失去投资意义，而且十居其九以亏损收场：要么，就被牛皮闷局以点数打败；要么，就被大市朝反方向突破技术性击倒。

买卖股票目的是为赚钱。赚钱要讲机会。不明朗就是机会未到。这段时间应该袖手旁观，休息一下。一来对上一阶段买卖先作一番总结，吸收经验教训；二来密切注视市场走势，研究下一步买卖方针。

(6) 首先力求少亏。

很多人参与股票买卖，满怀希望赚大钱，不愿去想会亏钱。其实赚与亏都是买卖结果的一部分。老是想着涨跌到某个价位可以赚多少，并不保证会变成现实；相反，行情不利时，采取鸵鸟政策，不敢正视，却只会令事态愈加严重，难逃断头命运。商场如战场，战争的要义是保存自己，消灭敌人。为什么军人上了战场首先要戴上钢盔、穿上防弹衣呢？目的是减少伤亡，采取这样的预防措施不等于缺少必胜信心，而是正视在战争中自己也有被击中的可能性。做股票，谁不想赚钱？想是一回事，实际过程中，总会有看错亏损的时候。在战略上希望赚多些，在战术上首先力求亏少些。

股票投资赚与亏的机会是一半对一半。亏的时候能够少亏一点，赚的机会相对也就大了。怎样才能做到少亏呢？第一是心理上要有"亏损是买卖结果的一部分"的观念，勇于接受失败，控制好自己的情绪；第二是要强制自己在第一时间下限价（止损）平仓，要有壮士断臂的气概，错了不拖。

(7) 面对亏损，处之泰然。

做股票要具备一个最基本的心态：接受失败，面对亏损，处之泰然。

做股票，涨和跌是走势矛盾的两面，赚和亏是买卖矛盾的两面，两者是对立地统一，每个人都希望自己赚，但总不会每个人都赚；每个人都不愿吃亏，但事实上总会有人亏。你欢喜时有人愁，你焦忧时有人乐。根本上亏损是买卖的一部分，毋须错愕震惊，应以平常心对待。

赚与亏是市场走势客观升降的结果，并不以人们的主观意志为转移，也不会因我们的情绪表现而改变。当账户出现亏损的时候，如果我们心急如焚可以令亏损消失的话，我们不妨去急；如果我们怨天尤人能导致亏损消失的话，我们尽管去怨，既然急、怨于事无补，徒乱阵脚，何不面对现实，坦然接受。

股票交易充满刺激性。所谓刺激，表现在走势上是可以大起，也可以大落；反映在平仓结算上是有可能大赚，也有可能大赔。参与买卖之前，本身就应该预见到两种结果，对有一半机会亏损做好充分的心理准备。

要正确对待亏损，首先要认清：人们往往会百密一疏。自己如果犯错误，必须勇于面对失败的事实。看错了有亏损是天经地义的。

要正确对待亏损，其次就是严格贯彻"亏得起多少做多少"的原则，不要挪用主要事业的本钱，不要动用生活费用，而是以一部分闲钱来投资，亏了亦无碍大局、无伤大雅，这样就不会有输不起、输不得的心理压力了。

8.2　投资策略的警示

1. 中小盘股票投资策略

小盘股票的特性是：由于炒作资金较之大盘股票要少，较易吸引主力介入，因而股价的涨跌幅度较大，其受利多或利空消息影响股价涨跌的程度，也较大型股票敏感得多。对应投资策略是耐心等待股价走出低谷，开始转为上涨趋势，且环境可望好转时予以买进；其卖出时机可根据环境因素和业绩情况，在过去的高价圈附近获利了结。一般来讲中小盘股票在 1 ~ 2 年内，大多有几次涨跌循环出现，只要能够有效把握行情和方法得当，投资中小盘股票，获利的概率相对更大。

2. 成长股投资策略

成长股是指迅速发展中的企业所发行的具有报酬成长率的股票。成长率越大，股价上扬的可能性也就越大。对应的策略是：

（1）要在众多的股票中准确地选择出适合投资的成长股。成长股的选择，一是要注意选择属于成长型的行业。二是要选择股本较小的股票，股本较小的公司其成长的期望也就较大。三是要注意选择过去一两年成长率较高的股票，成长股的盈利增长速度要大大快于大多数其它股票，一般为其它股票的 1.5 倍以上。

（2）要恰当地确定好买卖时机。由于成长股的价格往往会因公司的经营状况变化发生涨落，其涨幅度较之其它股票更大。在熊市阶段，成长股的价格跌幅较大，因此，可采取在经济衰退、股价跌幅较大时购进成长股，而在经济繁荣、股价预示快达到顶点时予以卖出。而在牛市阶段，投资成长股的策略应是：在牛市的第一阶段投资于热门股票，在中期阶段购买较小的成长股，而当股市狂热蔓延时，则应不失时机地卖掉持有的股票，由于成长股在熊市时跌幅较大，而在牛市时股价较高，相对成长股的投资，一般较适合积极的投资人。

3. 投机股买卖策略

投机股是指那些易被投机者操纵而使价格暴涨暴跌的股票。由于这种股票易涨易跌，投机者通过经营和操纵这种股票可以在短时间内赚取相当可观的利润。对应的买卖策略是：

（1）选择公司股本较少的股票作为进攻的目标。因为股本较少的股票，一旦投下巨资容易造成价格的大幅变动，投资者可能通过股价的这种大幅波动获取买卖差价。

（2）选择优缺点同时并存的股票。因为优缺点同时并存的股票，当其优点被大肆渲染，容易使股票暴涨；而当其弱点被广为传播时，又极易使股价暴跌。

（3）选择新上市或新技术公司发行的股票。这类股票常令人寄以厚望，容易导致买卖双方加以操纵而使股价出现大的波动。

（4）选择那些改组和重建的公司的股票。因为当业绩不振的公司进行重建时，容易使投机者介入股市来操纵该公司，从而使股价出现大的变动。需要特别指出的是，由于投机股极易被投机者操纵而人为地引起股价的暴涨与暴跌，一般的投资者需采取审慎的态度，不要轻易介入，若盲目跟风，极易被高价套牢，而成为大额投机者的牺牲品。

4. 化解风险投资策略

（1）最大风险法。

这是一种以获得最大收益为着眼点，甘冒最大风险的确定购买股票数量的方法。当拟定购买某支股票后，将股票前景分为好、中、差三种可能，相应制定大量、中量、小量三种购买方案。

这种选择中，以出现最好情况并获得最大收益为决策前提，具有较强的赌博性质，因此要求投资者具备相当的冒险精神和强劲的心理素质。

（2）最小风险法。

这是一种力争最大限度地降低购买股票风险的投资方法。在确定购买某支股票后，将股票前景分为好、中、差三种可能，以最差的前景为前提，相应制定大量、中量、小量三种购买方案，投资者以三种方案可能发生的三个最小收益值中的最大值作为选中的方案。

因为这种方法的着眼点是风险最小，所以这是一种相对稳妥的投资方法。

（3）最小后悔法。

最小后悔法是一种在可能发生的不同经营状况下所引起的后悔因素降低到最小的方法。这种方法首先要计算出每种购买方案在各种经营状况下的最大收益值，然后求出相应的后悔值（后悔值＝某经营状况下的最大收益值－该状态下该方案的收益值），然后找出各方案不同经营状况下的最大后悔值，并以其中数值最小的所对应的方案为选定的最小后悔方案。

实际操作中，因为影响投资收益的因素很多，投资者应根据多种因素的影响，综合确定合理的购买数量。

（4）投资分散法。

分散投资是多元化投资法的具体实施，例如将资金分别投放在不动产、有价证券和银行存款等几个方面。对资金有限的投资者来说，则可以考虑购买债券、股票和银行存款并行，即可获得债券高于存款利率的利息收入，又有可能得到股票投资的较高回报，银行存款则可提供不时之需，还可以在适当时机作为股票投资的"后援"。

（5）等级投资法。

投资者在选定一种股票作为投资对象后，需要确定一个标准价位和一个股价变动的幅度等级（价差或百分比），当股价从标准价位每下降一个等级，就买进一定数量的股票，而当股价从标准价位每上升一个等级，就卖出一定数量的股票。这种方法适用于股价波动较小的股票，一旦股价持续上升或下跌，应果断修正计划。

（6）逐次等额买进平摊法。

投资者在决定投资某种股票后，确定一个合适的投资时期，在这期间，不管此种股票价格如何波动，定期依相同数量的资金持续购进股票。这种方法适用于具有长期投资价值而且价格波动较大、持上升趋势的股票，可以免去初入股市的投资者为无法预期价格转折点和投资时机而犹豫不决。

（7）金字塔式操作法。

在股价下跌时，投资者首批买进股票后，如果价格继续下跌，第二次加倍购入，并在以后的下跌过程中每买一次都数量加倍，以加大低价位购进股票占全部股票的比重，降低总的平均成本。这种买入方法呈金字塔形，故称为金字塔式操作法。

当股价上升时，运用金字塔式操作法买进股票，则需要每次逐渐减少买进的数量，以保证最初按较低价格买入的股票在购入股票总数中占有较大的比重。

卖出股票同样可采用金字塔式操作法。当股价上涨后，每次加倍抛出手中股票，随着股价的上升，卖出的股票数额越大，以保证高价卖出的股票在卖出股票总额中占较大比例，从而获取最大利润。

运用金字塔式操作法买入股票，先要对资金作好安排，以免最初投入资金过多，当股价下跌时却无足够的后续资金加倍摊平。一般将资金按 1:2:4 的比例进行分配。

（8）分散常数操作法。

投资者将一定数量的资金按照一定比例分别投资于几种股票，并确定一个价格波动幅度作为常数，当某种股票价格浮动超过了这个常数就迅速将该股票卖出，收回的资金再投资于另外几种价格看涨的股票，而当某种股票价格的上升幅度超过了计划的常数，也立即卖出，回收的资金用于购买另外几种股票。这种方法适用于经验不足、资金实力不大的投资者。只要保证不在高位买进，这是一种既可以保证一定收益又能避免较大风险的短线操作法。

（9）固定金额操作法。

投资者按照事先拟定的计划，将资金分别投放于股票和债券，并将投资股票的资金数量确定，同时制定一个该数量的百分比额度。当股票价格上升达到这个百分比额度时，就出售股票的增值部分用来购买债券；当股价下跌到预定的百分比额度时，就出售相应数量的债券用来购买股票。这种方法不需要对股价的短期趋势进行判断，只要关注每天的股价去进行调整即可；但在持续上升或下跌行情中可能承担丧失应得利益或减少持股风险的机会，并导致股票、债券资金分配比例失衡。

（10）固定比率操作法。

投资者按照事先拟定的计划比率，将资金分别投放于股票和债券，并确定好股票投资资金的市价变动幅度百分比。当股票价格上升达到这个百分比时，就出售股票的增值部分用来购买债券以维持拟定比率；当股价下跌到预定的百分比时，就出售相应数量的债券用来购买股票以维持拟定比率。

在选择股票时，也应该进行收益与风险不等的各种股票进行组合，一部分考虑保护性，选择低风险的股票，另一部分注重进取性，选择收益可能较高的股票。这种方法在持续上升或下跌行情中同样可能丧失应得利益及降低持股风险的机会。

（11）渔翁撒网法和反渔翁撒网法。

投资者在上升行情中进行短线操作时，当难于确定何种股票上涨时，可以像渔翁撒网那样同时购买多种股票，哪种股票上涨到一定比率时就卖掉该种股票。由于股市大势上涨，可能会出现各种股票轮番上涨的局面，获益的可能会比较大。如果意外出现跌势，因为资金是分散在多种股票上，可避免只选一两种股票投资所承担的风险。这就是渔翁撒网法。采用这种方法，应该避免不断卖出优质股票却没有获得较大的价差，而手中最终积攒下的都是劣质股票。

为避免上述缺欠，可以采用反渔翁操作法，即有选择地购进多种股票，哪种股票价格最先上升就追加买进，而后择机卖掉价格下跌或长久不动的股票，以使投资组合中获得较多的强势股票，提高总体获利水平。

（12）博傻主义操作法。

博傻主义操作法是一种典型的投机方法，是大户操纵股市的惯用手法。这种方法的前提是自己是"傻瓜"，但总会有人比自己更傻，因此就可能"傻瓜赢傻瓜"。投资者预计股价上涨还将持续一段时间，大胆以高价买进，伺机在价格更高时出手获得价差；当行情下跌时，投资者预期下跌还会持续一段时间，在低价时卖出，而在价格更低时购回。

投资者操作时必须注意下面几点：首先，所选股票必须具有很好的前景，在人们眼中普遍看好，因此即使买进后价格下跌，也有保留和等待的价值；其次，要密切关注股市的人气，只有大家普遍乐观时股价才有可能继续上扬，"博傻"才能成功；再次，选择的股票应该是绩优股，这类股票由于公司业绩稳定，出现价格意外波动的可能性较小。

这种高买低卖策略有极大的投机性和风险性，因此要求投资人必须对行情走势、对大户的行踪有深入的分析，否则无异于孤注一掷。

（13）逆我操作法。

这是一种反向思维操作法。当市场的情绪感染你趋于购入股票时，考虑卖出股票；当市场情绪使你觉得应该卖出股票时反而购入。这是因为，市场上大多数投资者纷纷购入股票时，往往价格也会较高，上升的空间已经比较小，风险却相应加大，不如干脆卖出获利，待股价下跌后再买进；而股价下跌后，大多数投资者因为惧怕套牢卖出股票，如果适时以较低价位购入股票，就有机会在将来市场回转时卖出获利。这种"逆潮行船"的方法讲来明白，实施起来很困难，因为首先要有一个克服自己感情倾向的难题。

8.3　市场在调整时期的警示

2007 年 6 月份中国股市就一直高位宽幅振荡（如图 8 - 1 所示）。6 月初上证指数最低一度跌至 3 404 点，反映上调交易印花税对投资者信心的冲击依然明显。随后增量资金重新进场，带动上证指数持续回升至 4 300 点。但指数重新逼近历史高点，引发了投资者对再度出现政策调控的担忧。期间 A 股市场出现的较为明显的"周末效应"，反映投资者对政策调控的忧虑相当沉重。

作为改革开放的产物，中国股票市场已经走过了多年的不平凡历程。在迂回发展之中，股票市场历经了曲折。可以说，股票市场的发展正处在中国经济的特殊转轨时期，频繁变化的宏观经济政策对股市自身的跨越式发展模式打下了深深的烙印。虽然我国股市发展还不成熟，宏观经济与股市关联度没有成熟市场那么高，但在分析中国股市的市场运行及制度风险时，首先要考虑的就是宏观经济政策对它的影响。

宏观经济政策是通过货币政策和财政政策的不同传导机制影响股票市场及其

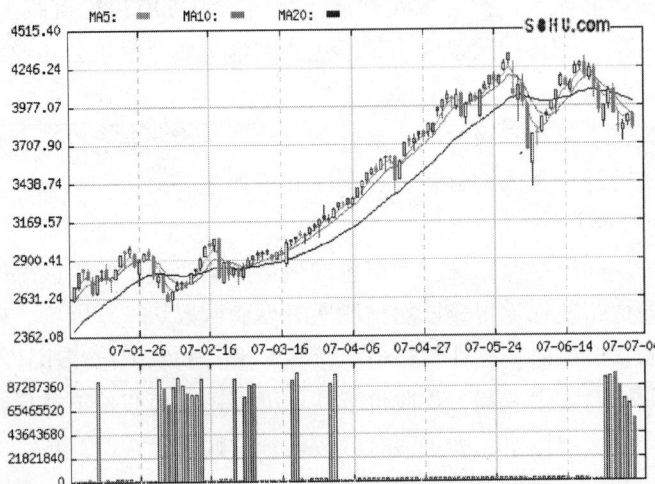

图 8-1　上证走势图

发展的。它的影响途径可分为两个大方面：一是直接影响，宏观经济保持快速增长，作为股市基石的上市公司将直接受益，公司利润水平提高；二是间接影响，宏观经济快速增长，有利于投资者提高对股市的信心，从而吸引更多资金流入股市。有些宏观经济政策，虽然并非直接针对股市，但股市产生的影响可能是潜在的、长期的，有时政策效应在股票市场的显现也会有一定的时滞。但是，随着市场规模不断扩大，股市在国民经济中的地位日益提高，管理层对股市发展也非常关注。因此，宏观经济与股市的关系也会越来越密切。

1. 货币政策对股市的影响

货币政策是政府调控宏观经济的基本手段之一。由于社会总供给和总需求的平衡与货币供给总量与货币需求总量的平衡相辅相成，因而宏观经济调控之重点必然立足于货币供给量。货币政策主要针对货币供给量的调节和控制展开，进而实现诸如稳定货币、增加就业、平衡国际收支、发展经济等宏观经济目标。

货币政策对股票市场与股票价格的影响非常大。宽松的货币政策会扩大社会上货币供给总量，对经济发展和证券市场交易有着积极影响。但是货币供应太多又会引起通货膨胀，使企业发展受到影响，使实际投资收益率下降。紧缩的货币政策则相反，它会减少社会上货币供给总量，不利于经济发展，不利于证券市场

的活跃和发展。另外，货币政策对人们的心理影响也非常大，这种影响对股市的
涨跌又将产生极大的推动作用。

2. 财政政策对股市的影响

财政政策是除货币以外政府调控宏观经济的另一种基本手段。它对股市的影
响也相当大。下面从税收、国债两个方面进行论述。

（1）税收。

税收是国家为维持其存在、实现其职能而凭借其政治权力，按照法律预先规
定的标准，强制地、无偿地、固定地取得财政收入的一种手段，也是国家参与国
民收入分配的一种方式。国家财政通过税收总量和结构的变化，可以调节证券投
资和实际投资规模，抑制社会投资总需求膨胀或者补偿有效投资需求的不足。

运用税收杠杆可对证券投资者进行调节。对证券投资者之投资所得规定不同
的税种和税率将直接影响着投资者的税后实际收入水平，从而起到鼓励、支持或
抑制的作用。一般来说，企业从事证券投资所得收益的税率应高于个人证券投资
收益的税率，这样可以促使企业进行实际投资，即生产性投资。税收对股票种类
选择也有影响。不同的股票有不同的客户，纳税级别高的投资者愿意持有较多的
收益率低的股票，而纳税级别低和免税的投资者则愿意持有较多的收益率高的
股票。

一般来讲，税征得越多，企业用于发展生产和发放股利的盈余资金越少，投
资者用于购买股票的资金也越少，因而高税率会对股票投资产生消极影响，投资
者的投资积极性也会下降。他们常会这么想，"与其挣的钱让国家拿走，还不如
不挣"。相反，低税率或适当的减免税则可以扩大企业和个人的投资和消费水平，
从而刺激生产发展和经济增长。

（2）国债。

国债是区别于银行信用的一种财政信用调节工具。国债对股票市场也具有不
可忽视的影响。首先，国债本身是构成证券市场上金融资产总量的一个重要部
分。由于国债的信用程度高、风险水平低，如果国债的发行量较大，会使证券市
场风险和收益的一般水平降低。其次，国债利率的升降变动，严重影响着其他证
券的发行和价格。当国债利率水平提高时，投资者就会把资金投入到既安全收益
又高的国债上。因此，国债和股票是竞争性金融资产，当证券市场资金一定或增

长有限时，过多的国债势必会影响到股票的发行和交易量，导致股票价格的下跌。

8.4 企业价值判断的警示

1. 从企业市盈率出发减低投资风险

市盈率（市盈率＝收盘价/每股收益）是用来衡量股票内在投资价值的指标。

从投资方式上来说，股市上的投资理念基本可以分为两大类：一类是以追求股价落差、股本扩张、收益增长的成长型投资理念；一类是注重股票内在价值，如净资产、每股收益等的价值型投资理念。前者操作时以技术分析为主，后者操作时以基本分析为主。两种理念各有千秋。

市盈率有两种计算方法。一是股价同过去一年每股盈利的比率。二是股价同本年度每股盈利的比率。前者以上年度的每股收益作为计算标准，它不能反映股票因本年度及未来每股收益的变化而使股票投资价值发生变化这一情况，因而具有一定滞后性。买股票是买未来，因此上市公司当年的盈利水平具有较大的参考价值，第二种市盈率即反映了股票现实的投资价值。因此，如何准确估算上市公司当年的每股盈利水平，就成为把握股票投资价值的关键。上市公司当年的每股盈利水平不仅和企业的盈利水平有关，而且和企业的股本变动与否也有着密切的关系。在上市公司股本扩张后，摊到每股里的收益就会减少，企业的市盈率会相应提高。因此在上市公司发行新股、送红股、公积金转送红股和配股后，必须及时摊到每股收益，计算出正确的有指导价值的市盈率。

从国外成熟市场看，上市公司市盈率分布大致有这样的特点：稳健型、发展缓慢型企业的市盈率低；增长性强的企业市盈率高；周期起伏型企业的市盈率介于两者之间。再有就是大型公司的市盈率低，小型公司的市盈率高等。市盈率如此分布，包含相对的对公司未来业绩变动的预期。因为，高增长型及周期起伏企业未来的业绩均有望大幅提高，所以这类公司的市盈率便相对要高一些，同时较高的市盈率也并不完全表明风险较高。而一些已步入成熟期的公司，在公司保持稳健的同时，未来也难以出现明显的增长，所以市盈率不高，也较稳定，若这类公司的市盈率较高的话，则意味着风险过高。

因此我们购买股票不能只看市盈率的高低，除了关注市盈率较低的风险较小的股票外，还应从高市盈率中挖掘潜力股，以期获得高的回报率。

2. 认识蓝筹股的投资价值

（1）什么是蓝筹股？

寻找蓝筹股，就要先知道什么是蓝筹股。其实，"蓝筹"一词并非是从股市中派生出来的，而是来源于西方博彩业。在西方赌场中，筹码分蓝色、红色和白色三种颜色，其中蓝色筹码最为值钱。后来"蓝筹"一词在英文社会里演化成一流、最好之意。

那么，"蓝筹股"是不是就是一流、最好的股票？也不尽然。美国证券交易所网站对蓝筹股的定义是：所谓蓝筹股是指那些以其产品或服务的品质和超越经济景气好坏的盈利能力和盈利可靠性而赢得全国声誉的企业的股票。听起来好绕口，但能从中发现几个关键的字眼：知名的大公司、稳定的盈利记录、红利增长、管理素质和产品品质等。大致有个模糊的概念了吧，其实蓝筹股本来就没有惟一准确的定义，它存在于一些指数中，存在于证券分析师的报告中，也存在于一些消费者的心中。下面，我们来给蓝筹股的概念加一个框框吧，可能会与你心目中的蓝筹定义有很大的不同呢。

理论上讲大型的公司不一定是好的公司，但规模大却是成为蓝筹公司的必要条件。蓝筹公司在资本市场上受到大宗资本和主流资本的长期关注和青睐，以资产规模、营业收入和公司市值等指标来衡量，企业规模是巨大的。

就市值论，2004 年 2 月道指 30 成份股公司总市值 3 万多亿美元，平均市值超过 1 千亿美元，差不多相当于芬兰这类中等国家一年的国内生产总值；就资产论，花旗集团、JP 摩根、GE、GM 等公司都高达几千亿美元，花旗集团竟达 1 万多亿美元；就营业收入论，道指 30 公司 2002 年的销售收入约 1.8 万亿美元，超过同年中国国内生产总值 1.25 万亿美元。所以，说蓝筹股公司富可敌国一点也不夸张。

（2）蓝筹股的诞生。

对蓝筹股的认识可不能仅仅局限在"股"字上，它承载的是"产业与民生"，甚至"国家的光荣与梦想"。所以但凡是蓝筹股一般都出现在国家的支柱产业中，蓝筹公司也都是行业龙头企业。

有些公司经营得很好，业绩也很优良，比如"小商品城"，但是从其所处的行业属性来看，绝对称不上蓝筹股。而像"宝钢股份"、"中国国航"这样的上市公司处在钢铁、航空这些国计民生的支柱产业中，就具备蓝筹公司的特质。特别的，中国还处在工业化的初级阶段，所以制造业更容易诞生蓝筹公司，而在零售业或餐饮服务业，在国外能看到沃尔玛、麦当劳等蓝筹公司，国内却很难发掘到。

蓝筹公司也一定担当着产业领袖的角色，是产业价值链和产业配套分工体系的主干和统摄力量。不仅在规模上，在技术水平、管理水平上都是这个行业的代表。比如宝钢，它在原材料铁矿石价格的谈判上，在行业里就有相当的分量。而其板材产品，也会成为这个行业的一个标准。

（3）投资蓝筹股的收益情况。

蓝筹公司都尽量维持一个稳定的、连续的和市场认可的红利支付水平。它们往往按季度或者按年度定期给股东派发红利，当预期业绩不足以支持的时候，它们则可能考虑用派发过去未分配利润的方法来维持红利分配的稳定性和连续性，以保持公司股票的市场形象。

在投资者的心目中，蓝筹股往往是与稳定的红利收益联系在一起的。但红利稳定并不意味着现金红利回报率很高。事实上，道指成份股的现金收益率并不很出色，同时其红利稳定并不意味着其在短期内具有最高的投资价值。

蓝筹公司盈利能力相对于各自行业的公司来说是比较强的，但其增长能力方面在各自行业内部并不是令人满意的。作为蓝筹公司，一个重要的特征就是能够有效抵御市场波动的风险，而这些蓝筹公司抵御风险和财务危机的重要手段是通过管理债务结构和资产结构来实现。

我国具有蓝筹特质的公司同样也是抗风险能力强的公司。比如航空业，在经历了油价上涨，行业不景气，以及重组整合后，中国国航依然能保证盈利，而东航、南航则经历了长时间的亏损。房地产业经过宏观调控，很多公司出现亏损，而万科一直保持稳定的利润增长。正是由于蓝筹公司有极强的抗市场风险的能力，这对于投资者来说是长期投资策略的可靠保证。

（4）寻找蓝筹股。

寻找蓝筹股的过程中，最后不要忘了一点，蓝筹股不是一成不变的。蓝筹股总是伴随着产业的兴衰而兴衰,今天的蓝筹股可能在几十年后就消失了,而未来的蓝筹股一定在今天就露出了其潜质。所以蓝筹股投资也不是一劳永逸的。

在大部分资深证券从业者眼中,"蓝筹"更适合定性分析。每一位投资者都能说出不下十支蓝筹股,中国石化、宝钢、茅台、中国移动、同仁堂等等,但到底哪些股票才算蓝筹股呢?市盈率在什么范围、流通市值规模高于哪个标准、企业成长速度的比率应该高于哪个数值、分发红利的标准差应该落在哪个区间……几乎没有定论。

不妨从投资者的角度来揣摩,一位本本份份的个人投资者会希望一支标准的蓝筹股给他带来什么呢?

一支好股票最好能稳定增长,比如下图中 GE(通用电气)的走势,从 1965年到现在,不动声色的上涨了 60 倍,无怪乎在一部荒诞电影中,一个人翻出几十年前像废纸一样的股票,居然摇身一变成了百万富翁。

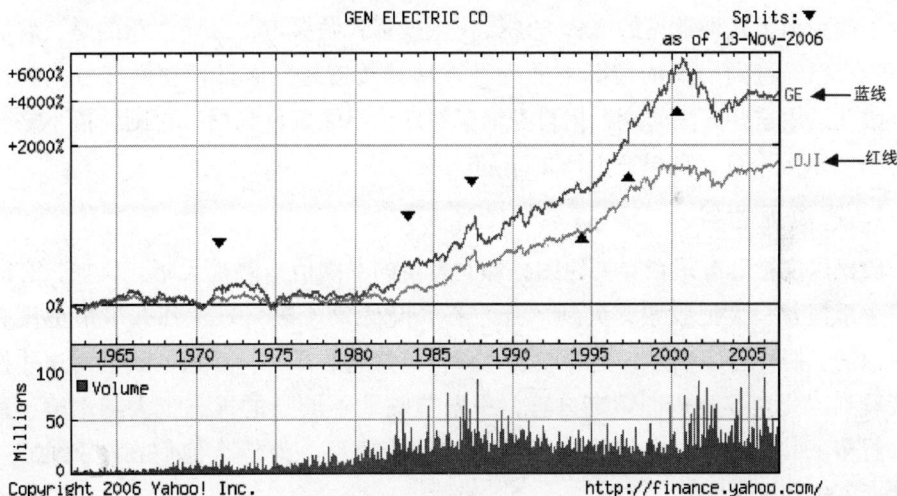

图 8-2

图中蓝线为通用电气的增长轨迹,红线为道琼斯指数,如果将图中非等比例的纵轴(股价增长%)还原,按照 60 倍的大小舒展开来,可能我们要从天坛走到地安门才能完成这条直线。

除了股价增长,最好有稳定的红利年年收入袋中,如通用电气 1998 年到现在稳定增长的分红,到现在为止,始终保持在 2.5% 的每股分红的水平上。这就是投资者们所期望的收益。

为了帮助投资者找到合理的投资方向，我们将蓝筹股的特性归类为：

①稳定的现金红利。

②良好的盈利能力。

③投资风险低。

④估值合理。

8.5　老股民深套问题的警示

解套，就是在套牢后用各种方法扭亏为盈，或者将亏损减至最低。

下面列出了几种常见的解套方法，仅供投资者做参考，需要注意的是，解套是在投资已经遭到损失的情况下的一种被动补救措施，而且存在继续亏损的风险，因此运用这些方法时应根据自身情况而定，不能盲目乱用，否则，搞不好会落得个"杀敌一百，自损三千"的结局。

1. 逃离死亡谷

股民深度被套有一个重要原因，即对重要的下跌信号熟视无睹。比如，有的股民手里捏着一大把股票，见到"死亡谷"竟无动于衷，好像什么事情都没有发生似的，照样看多唱多，捂着股票，一付笃悠悠的样子。开始，我们对这些投资者看到"死亡谷"仍旧镇定自若，一副"临危不惧"的神态也大惑不解，后来，看多了，想多了，也就明白了其中的一些奥秘。为什么他们在"死亡谷"出现后不感到害怕呢？

其一，这些人还没有领教过"死亡谷"的厉害。"死亡谷"是什么？"死亡谷"就是多头的葬身之地。如果日 K 线走势图中出现"死亡谷"，一大批多头就会被打倒在地，如果周 K 线、月 K 线走势图中出现"死亡谷"，几乎所有的多头都已经趴在地上，奄奄一息。

其二，缺乏危机感。做股票是要有危机感的，也就是说要时时处处想到风险。人们说，股市下跌时要克服恐惧，但我们不这样认为，在股市下跌时有点恐惧比较好，当股市莺歌燕舞时，突然暴风雨降临，有恐惧的人早就溜了，没有恐惧的人还在痴情等待。等股市跌势明朗，股价跌到大半时，很多人才明白，此时已经有点晚了，早溜走的人是赢家，晚溜的、没溜的是输家。

股市下跌时若克制住恐惧，其后果往往是致命的。就像有一群鸟在树上，猎人朝树上的鸟开了一枪，没有被击中的鸟听见枪声都飞走了。若万一有只鸟缺乏恐惧，认为枪声不可怕，等我看见猎人再飞走也不迟，仍留在树上，势必是猎人的下一个靶子，离死亡也就不远了。股市中的重要操盘法则之一是止损，但每次股市下跌，总有大批散户不能及时止损而深套其中，究其原因，实在是因为对后市充满太多希望，缺少恐惧所致。

当然如同任何事物都有两面性一样，恐惧也不例外。股市下跌后期，跌幅甚烈，此时再有恐惧就不应该了。因为恐惧在这种情况下，对投资者起的就不是正面作用，而是负面影响，有恐惧的股民，慌不择路地外逃，股市中总会出现早不抛、晚不抛，最后把股票抛在最低价的现象，这种割肉割到地板上的恐惧将会给这些投资者带来沉重的打击。

这个现象说明什么呢？说明在股市下跌初期恐惧是对的，下跌后期再恐惧就错了，而很多人却倒过来，下跌初期不感到害怕，下跌后期却惶惶不可终日。试想，以这样的心态怎么能做好股票呢？输钱也就在意料之中了。

其三，侥幸心理。有这样一个故事：一天，A股出现了"死亡谷"，刚买进A股的股民心中没有底，就买了礼品登门请教一位股市高手，问他："你看这个股票肯定会下跌吗？"这位高手连连摇头回答："我不知道，只有上帝才会知道。"登门请教者一听大失所望，赶忙把礼品拿走了。

当然这仅仅是一个笑话，但这个笑话告诉了人们一个道理：许多人并不是不知道出现"死亡谷"后会下跌，只是想到万一不下跌，那割肉出来不是亏了吗？他们做股票把命运就拴在这个"万一"上。或许股市高手了解这些人的心思，用"上帝才知道"把他们打发走了。因为高手是不讲万一的，高手做股票只讲概率，胜算概率大就看多做多，反之，就看空做空。而散户最容易犯的一个错误就是侥幸心理，凡事先想到"万一"，其实，做事真要是讲万一，那就什么事情都不好办了。

在中国股市发展的10多年中，大盘、个股出现"死亡谷"的情况不计其数，大部分是跌下来了，但确实也有一小部分是涨上去了。因此，要具体到某一个

"死亡谷"是涨还是跌，这个"万一"又去问谁呢？如果没有人回答你，你又该怎么办呢？众所周知，闯红灯是要出交通事故的，万一不出事故的情况也有，我们总不能以这个"万一"为理由去闯红灯吧！同样的道理，出现了"死亡谷"说明形势变坏，万一涨上去的可能性也有，但我们总不能为了这个"万一"，看到"死亡谷"也不把它当一回事，仍旧去看多做多吧！

经验告诉我们，无论大盘或个股出现了"死亡谷"就必须认真对待，不要去想什么"万一"。那么，什么样的"死亡谷"最危险呢？毫无疑问，股价大幅上升后出现的"死亡谷"是最危险的，投资者见到这种图形要赶快停损离场，离场越早损失越少（如图8-3所示）。

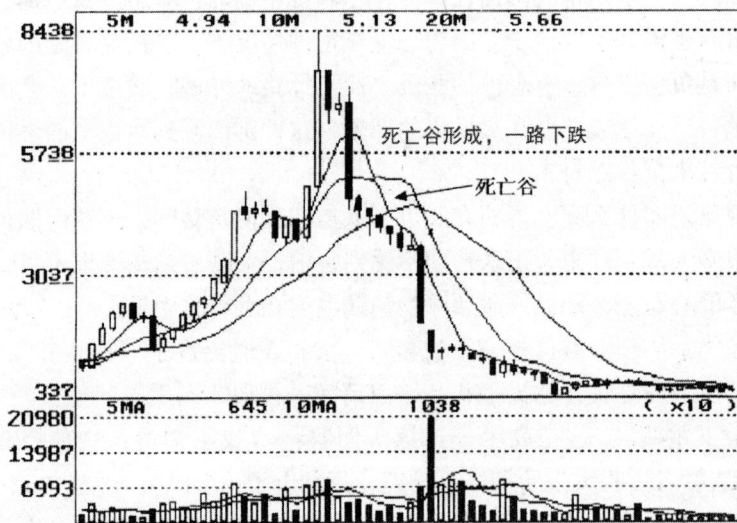

图8-3

什么样的"死亡谷"威力最大呢？月K线走势图上出现的"死亡谷"威力最大。通常月K线走势图上出现"死亡谷"，股票要熊上一两年，甚至几年，这也就是说，稳健型投资者在一两年，甚至几年内都不要去碰它，一旦碰它被粘住，就会遭受巨大的损失（如图8-4所示）。周K线走势图上出现"死亡谷"威力也不可小视，熊上半年一年，甚至一两年也是常有的事（如图8-5所示）。因此，讲究安全的投资者也要对它敬而远之。当然，日K线走势图上的"死亡谷"也有很大的杀伤力，无论大盘或个股日K线走势图上出现"死亡谷"，其短期走势已经大为不妙了，因此，投资者应以及时止损离场为好。

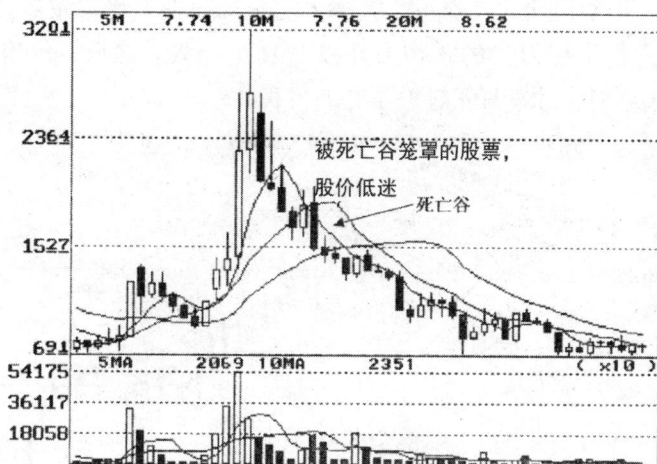

图 8 - 4

图 8 - 5

2. 谨防断头铡刀

在股市中也有类似这样的"危险"警世牌，"断头铡刀"就是一例。"断头铡刀"会对多方造成巨大伤害，沪市 2001 年 6 月冲至 2 245 点见顶回落，许多投资者以为这是牛市中的正常回档，过后大盘还是要继续涨上去的。但沪市周 K 线走势图上，一根"断头铡刀"K线将沪市5周、10周、30周均线拦腰截断（如图8-6所示），明明白白放在那里，很多人还是视而不见继续做多，损失惨重。可见，大家对"断头铡刀"的杀伤力并没有真正领教。之后，股市一路狂泻，直跌到1 300多点时，才算真正领教了它的厉害。

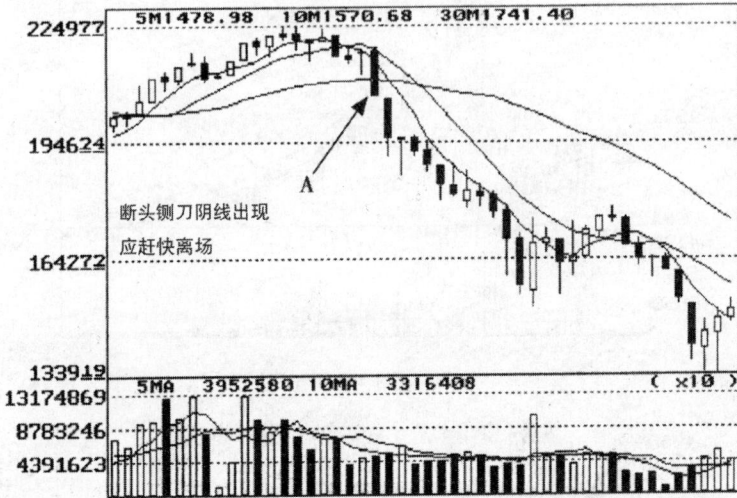

图 8-6

为什么我们要特别提醒"断头铡刀"对多方伤害的问题呢？因为很多人在这方面吃了大亏。日K线走势图上出现断头铡刀，表明短期走势已经彻底变坏（如图8-7所示），周K线走势图上出现"断头铡刀"，表明中长期走势已经彻底变坏（如图8-8所示），这个观点是非常明确的。谁在这个问题上掉以轻心，谁就要为此付出惨重的代价。因此，无论在什么情况下，见到"断头铡刀"的"危险"警示牌，都应该及时采取一些防范措施，躲一躲比较好。

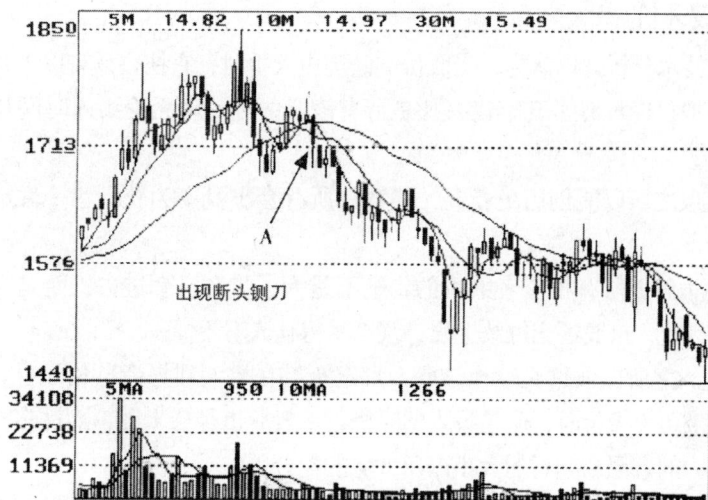

图 8 − 7

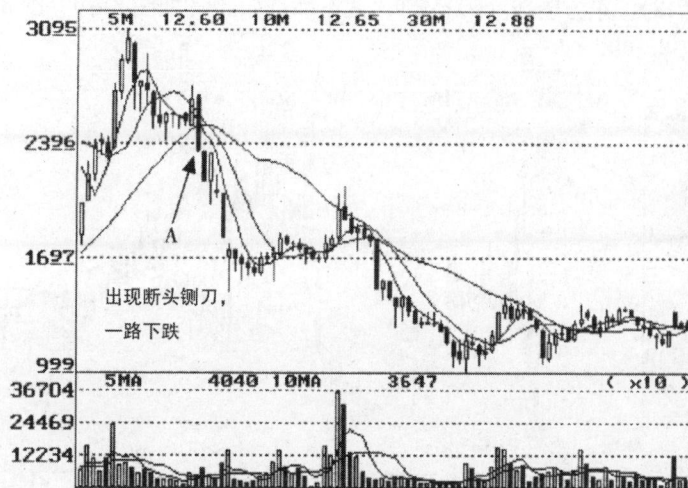

图 8 − 8

怎么躲法？第一，不再看好后市，停止做多，坚决不能再买进，第二，把手中的股票卖出，割肉离场，不要再有什么幻想，早割早好，把损失降到最低限度。

3. 跌破天价

传统的技术分析理论认为,当股价突破历史天价时,它往往具有以下几层含义:

(1)该股已经没有了套牢盘,凡是持有该股的投资者无论买入时间长短都有盈利了。

(2)该股之所以能创历史新高,能解放所有套牢盘变为获利盘,肯定有大主力入驻。

(3)主力解放所有投资者的目的,绝不是为了将自己套进去,而是为了获取更大的利润。因此,该股还会继续上涨,甚至涨得让人看不懂。

(4)主力之所以敢这么炒作该股,肯定有潜在重大利好消息相配合。因此,当一支股票突破历史天价时,应是买入的时机,一般后市都会上涨,而涨多少、涨多长时间要看主力的意愿和题材的大小以及大势的配合了。

但纵观我国股市中的实际情况,事实却并非如此。首次创新高回落,甚至形成新的历史天价的概率相当大,如清华同方(600100)、东大阿派(现已改为东软股份,其代码为600718)、东方明珠(600832),无不都是如此(如图8-9、图8-10、图8-11所示)。

图 8-9

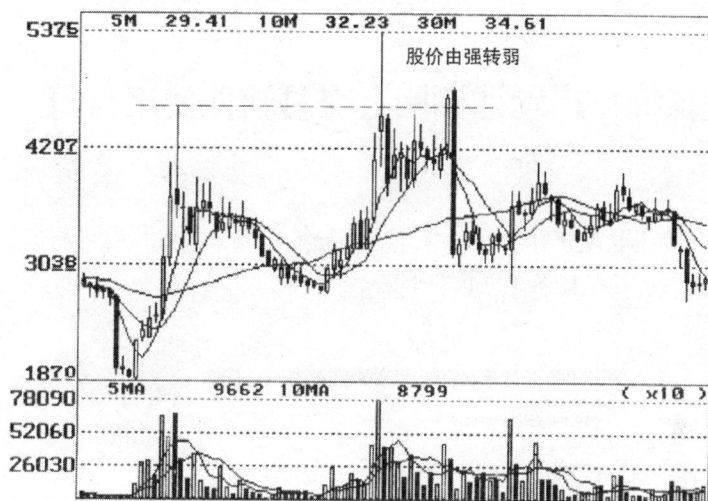

图 8－10

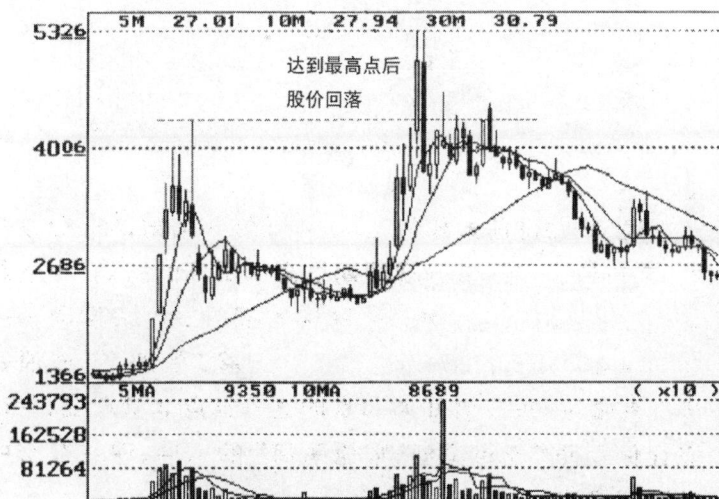

图 8－11

●●实战操练：广发证券网上交易软件使用入门

打开广发网上交易软件的安装程序，然后进入到安装阶段。以广发网上交易20××宝石版为例，打开后界面步骤如下：

（1）解压缩文件。

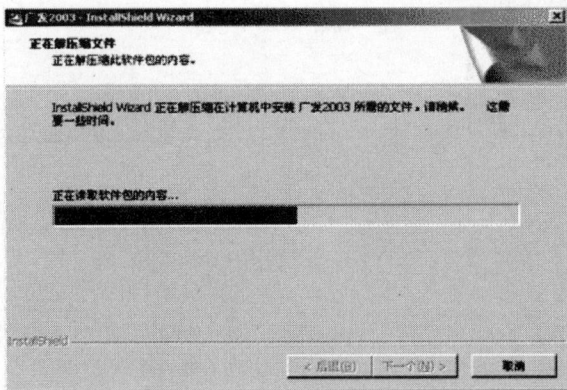

图 8－12

（2）许可证协议和风险揭示书。

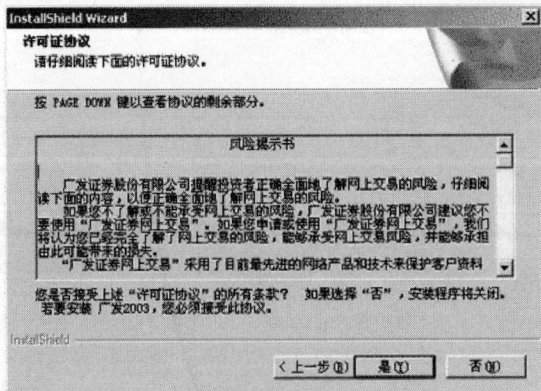

图 8－13

选择"是"、"下一步"。

(3) 选择目的地位置。

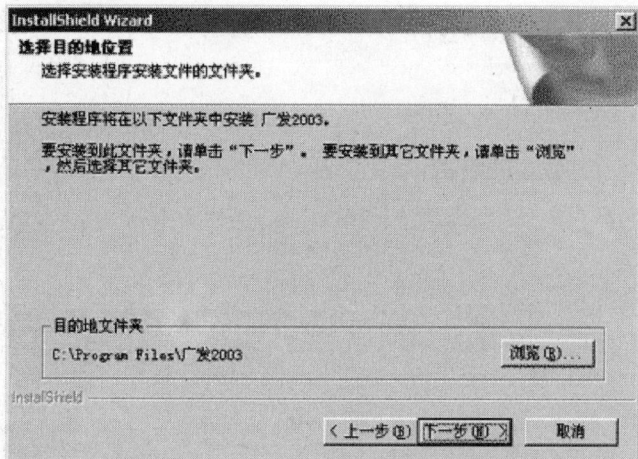

图 8 – 14

如果需要修改目的地文件夹，请选择"浏览"修改目录。选择"下一步"。

(4) 选择程序文件夹。

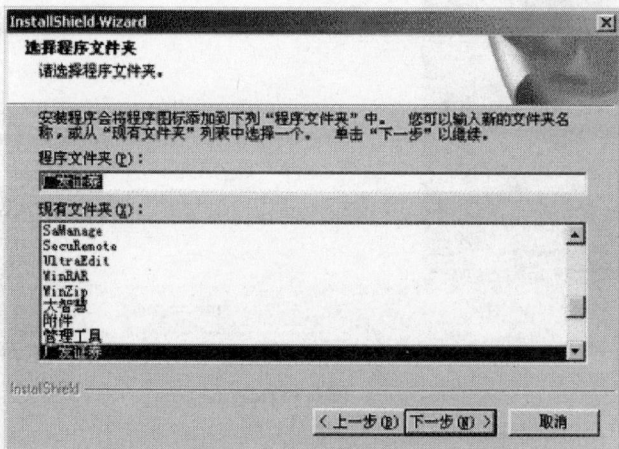

图 8 – 15

程序文件夹一般不需要修改，选择"下一步"。

(5) 安装状态。

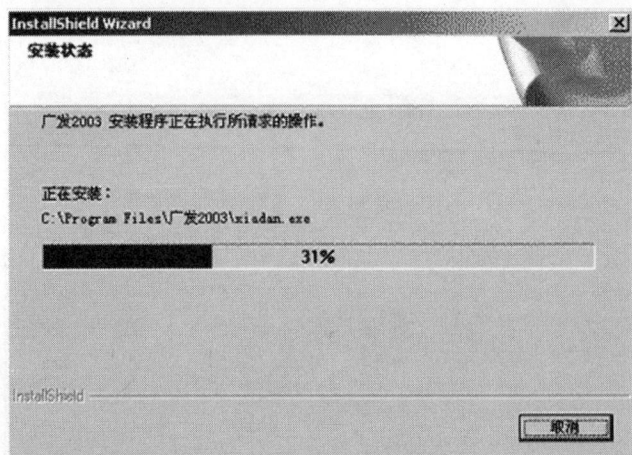

图 8 - 16

程序进入安装的状态，无须进行干预，拷贝文件结束后，即显示如下界面：

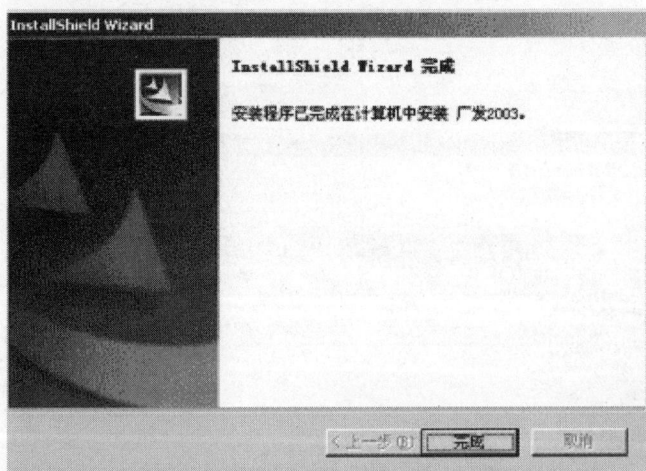

图 8 - 17

选择"完成"，程序安装到此完毕。

在客户的电脑桌面上，将显示一个图标"广发证券2003宝石版"，用鼠标双击后，即可启动广发
证券网上交易20××宝石版。

（6）登录使用。

下面简单介绍一下广发证券至强版操作细则：

①选择使用核新交易。

有两种方法：

• 从网上行情分析软件进入。

一般可在网上行情分析软件（如广发证券至强版）按"F12"或点击右上角的"交易系统"按钮（如图 8－18 所示）。

广发证券至强版 [上证A股]						资讯系统	交易系统	
总量	现量	涨速%	换手%	今开	昨收	市盈率	最高
14.9万	54	1.59	7.46	4.16	4.06	39.69	4.47
11.9万	100	0.00	12.24	4.18	4.17	—	4.59
143万	1	0.00	9.17	8.65	8.65	23.69	9.52
83687	10	0.00	6.95	4.25	4.29	70.90	4.72

图 8－18

弹出"委托程序选择"窗口，则可选择核新交易。

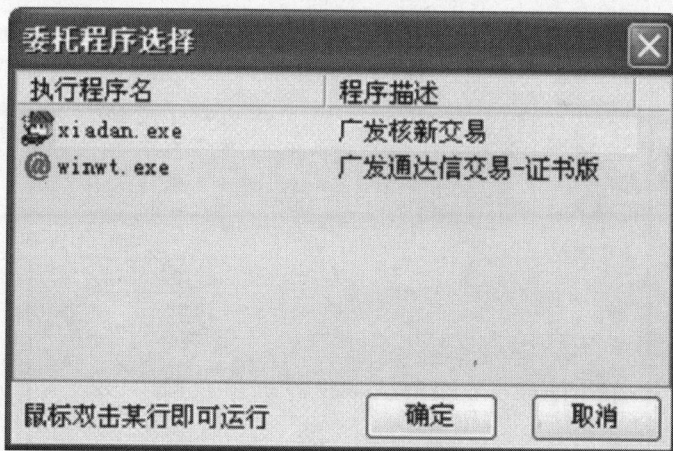

委托程序选择

执行程序名	程序描述
xiadan.exe	广发核新交易
winwt.exe	广发通达信交易-证书版

鼠标双击某行即可运行　　确定　　取消

图 8－19

②直接点击桌面快捷方式。

一般安装广发证券至强版后，在桌面会有核新交易的快捷方式，点击图标

广发证券核新交易 也可进入下面的登录窗口。

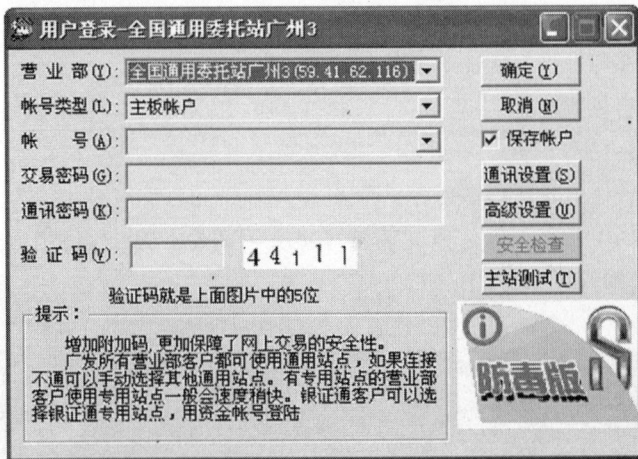

图 8－20

（7）登录。

①选择委托站点（比较重要，一般若觉得慢，可以更换委托站点）。

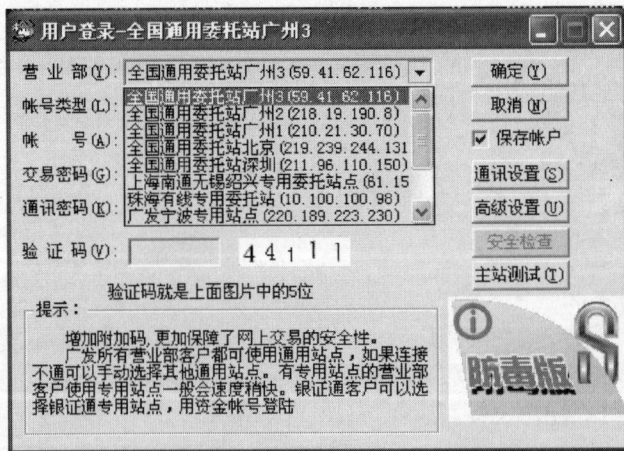

图 8－21

　　一般来说应选取离自己比较近的，与自己上网线路同属一个电信运营商的委托站
比较好，速度较快，也相对稳定。通常南方地区以中国电信的线路居多，北方地区以
中国网通的线路居多。此处，全国通用委托站点广州2、广州3和深圳使用的是中国
电信的线路，广州1、北京使用的是中国网通线路，请尽量选择同一电信运营商的委

托站点，否则会因为不同运营商之间的互连互通问题导致速度较慢。

当然，也可以使用"主站测试"来检测速度较快的委托站，时间越短则速度越快。不过测试只能反映当时的链路情况，客户也可根据实际使用情况来选择委托站点。

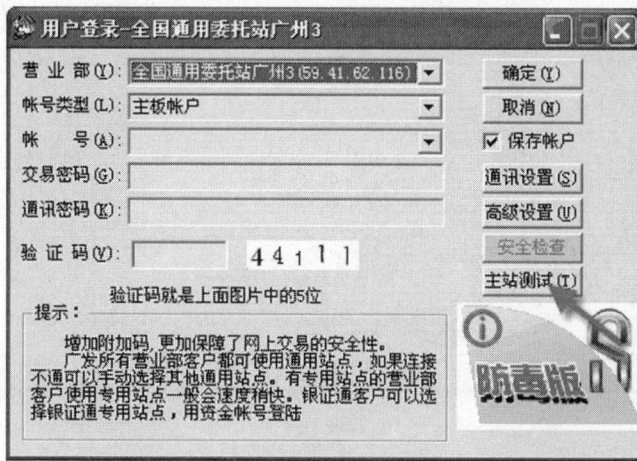

图 8－22

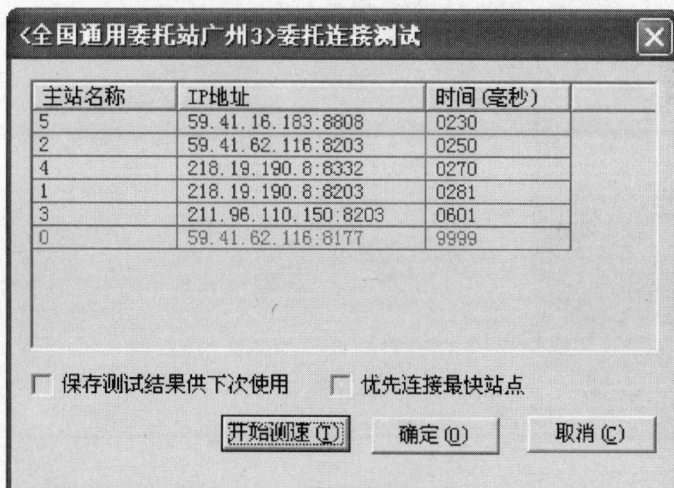

图 8－23

②输入账号和密码登录。

依次输入账号、交易密码、通讯密码以及验证码，然后点击确定，即可登录。

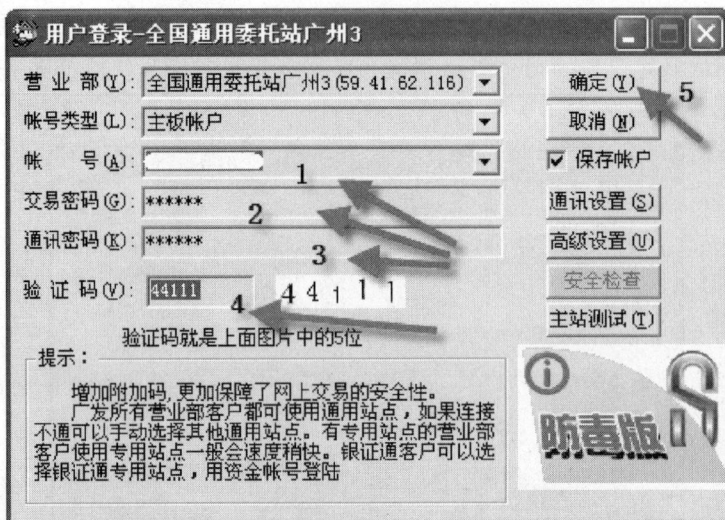

图8-24

③进入主界面。

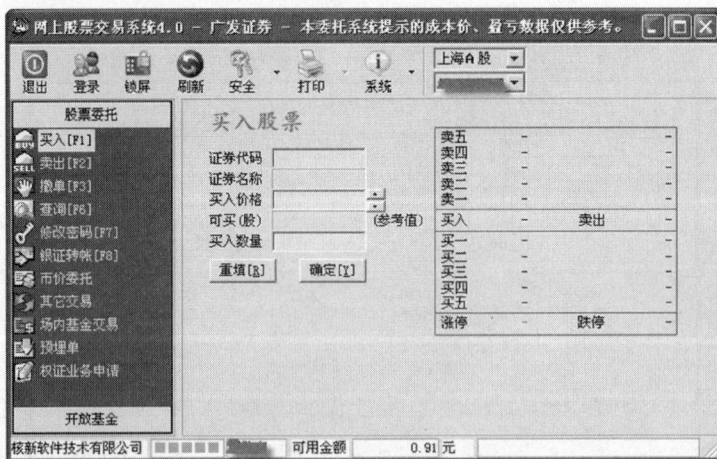

图8-25

④基本功能介绍。

点击左边菜单相应栏目，则可进入相应的页面。

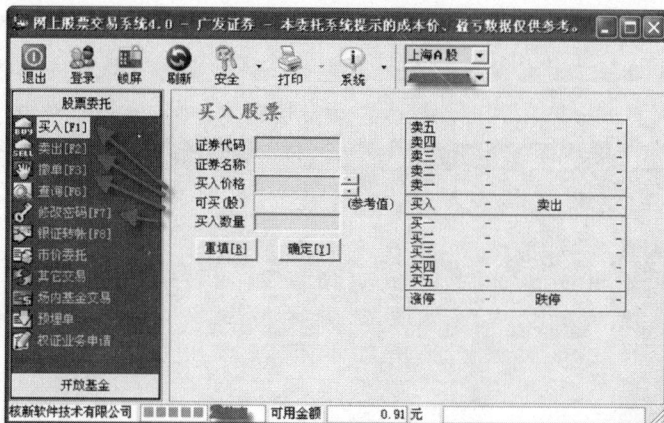

图8-26

⑤买入股票。

输入证券代码，一般会自动出现证券名称，右手边自动出现实时买卖盘供参考，买入价格会缺省为当前卖一价格；客户可再输入买入价格，买入数量，再点击确定。

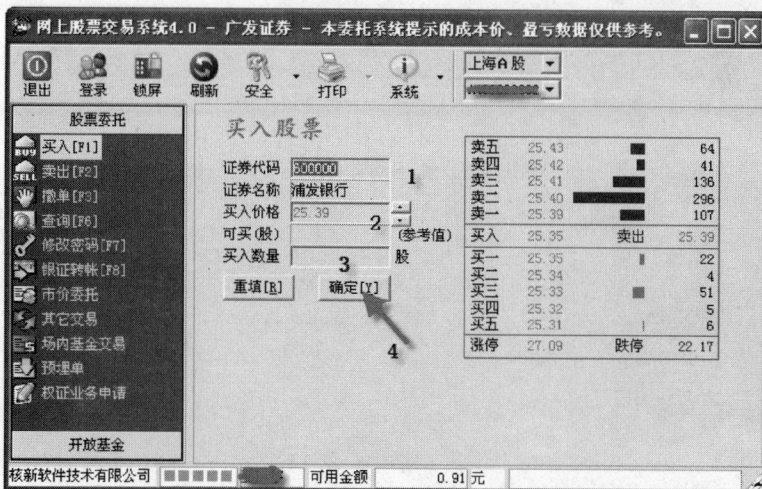

图8-27

⑥卖出股票。

界面下方会出现目前账户的持仓。客户输入证券代码后，一般会自动出现证券名称，右手边自动出现实时买卖盘供参考，卖出价格会缺省为当前买一价格；客户可再输入卖出价格，卖出数量，再点击确定。

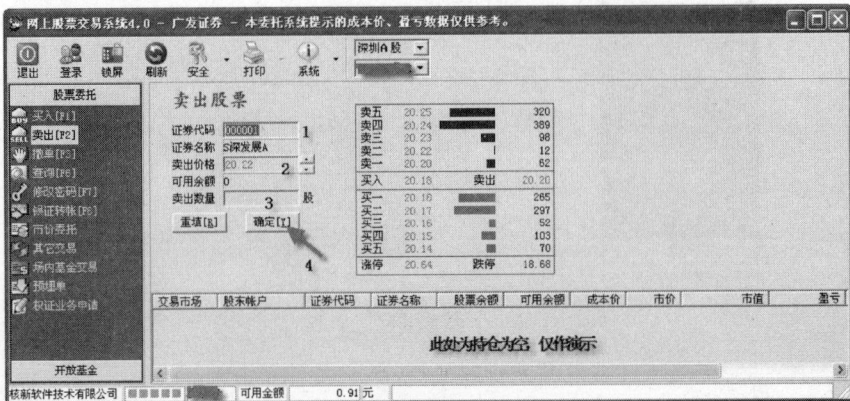

图 8 – 28

⑦撤单。

界面会显示当日的所有委托，可选中要撤单的委托记录，点击"撤单"按钮，或直接按回车，或鼠标双击要撤单的委托记录。

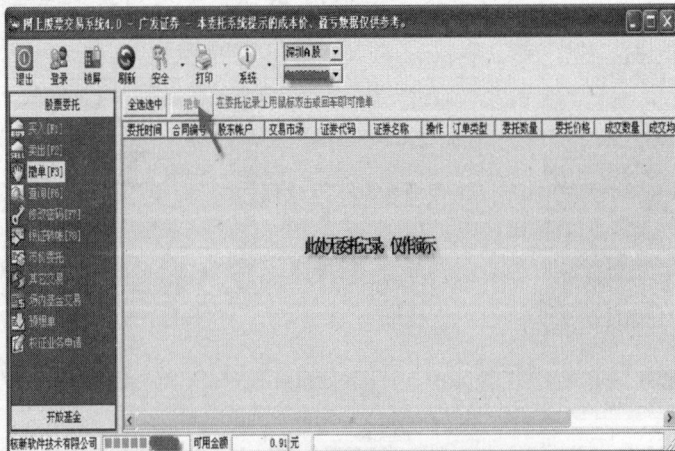

图 8 – 29

⑧查询。

点击欲查询的各项内容即可。

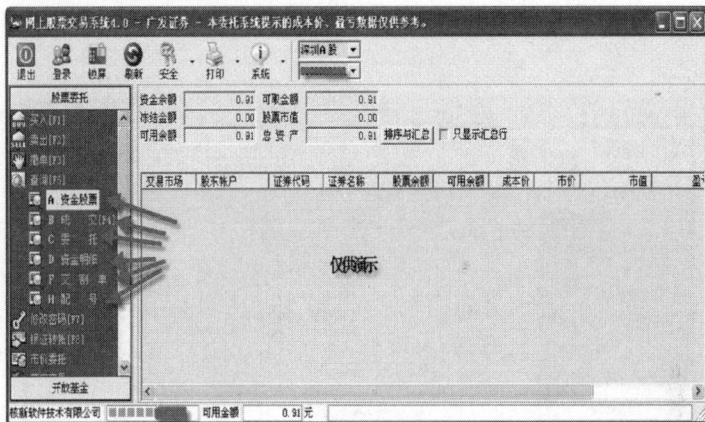

图 8 - 30

⑨修改密码。

一般客户登录后，最好把缺省的初始密码更改，并注意不要选择容易被猜到的简单密码，并养成不定期更改密码的习惯。先选择要更改的密码类型：

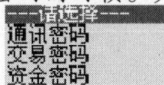

图 8 - 31

再依次输入旧密码、新密码、新密码，然后点击确定其他功能可参照界面上的说明和指示进行操作。

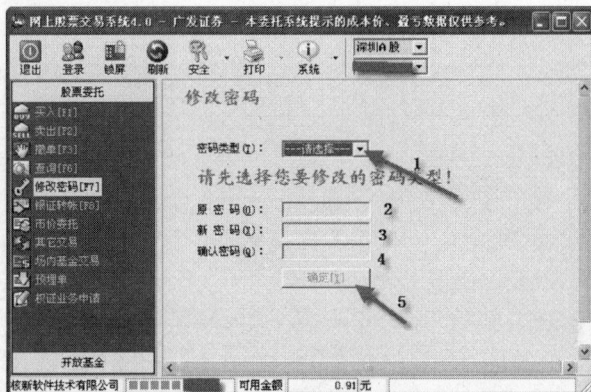

图 8 - 32

（8）退出。

可按菜单上的"退出"按钮，或窗口右上角的"×"将网上交易的核新交易程序关闭退出。

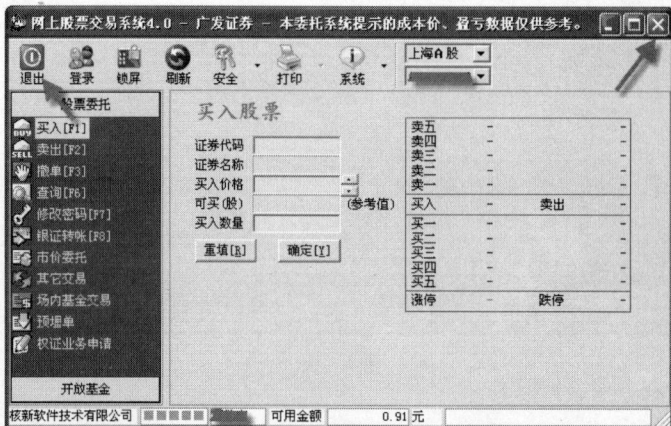

图 8 - 33

第9章

炒股疑难问题精解

Chapter9

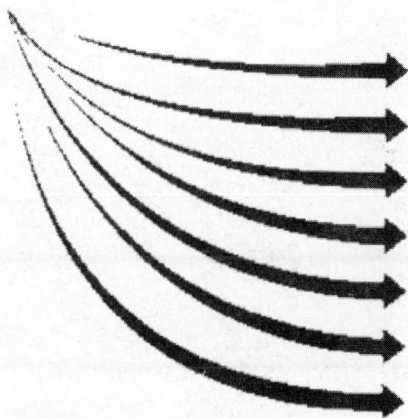

9.1 炒股涉及税费问题

1. 股民在股票买卖中应交哪些费用

新股民进入股市前，必须弄清楚股票交易所交费用情况，这样才能比较清楚自己的盈利情况，下面作简单介绍：

投资者在证券市场从事投资时，缴纳的费用和标准包括几大部分，见表9-1、表9-2、表9-3及表9-4：

表9-1 沪市证券交易费用一览表

业务类别		费用项目	费用标准	最终收费单位
开户				
A股	个人	开户费	40元/户	投资者交登记结算公司
	机构	开户费	400元/户	投资者交登记结算公司
基金		开户费	5元/户	投资者交开户代理机构
交易				
A股		佣金	不超过成交金额的0.3%，起点5元	投资者交证券公司
		过户费	过户费成交面额的0.1%，起点1元	投资者交登记结算公司
		印花税	成交金额的1‰	投资者交税务机关（上证所代）
证券投资基金（封闭基金、ETF）		佣金	不超过成交金额的0.3%，起点5元	投资者交证券公司
权证		佣金	不超过成交金额的0.3%，起点5元	投资者交证券公司
债券(国债、企业债券、可转换公司债券等)		佣金	不超过成交金额的0.1%，起点5元	投资者交证券公司

续表

业务类别		费用项目	费用标准	最终收费单位
国债质押式回购	1 天	佣金	成交金额的 0.0025%，起点 5 元	投资者交证券公司
	2 天	佣金	成交金额的 0.005%	投资者交证券公司
	3 天	佣金	成交金额的 0.0075%	投资者交证券公司
	4 天	佣金	成交金额的 0.01%	投资者交证券公司
	7 天	佣金	成交金额的 0.0125%	投资者交证券公司
	14 天	佣金	成交金额的 0.025%	投资者交证券公司
	28 天	佣金	成交金额的 0.05%	投资者交证券公司
	28 天以上	佣金	成交金额的 0.075%	投资者交证券公司
企业债券质押式回购	1 天	佣金	成交金额的 0.0025%	投资者交证券公司
	3 天	佣金	成交金额的 0.0075%	投资者交证券公司
	7 天	佣金	成交金额的 0.0125%	投资者交证券公司
国债买断式回购	7 天	佣金	成交金额的 0.0125%	投资者交证券公司
	28 天	佣金	成交金额的 0.05%	投资者交证券公司
	91 天	佣金	成交金额的 0.075%	投资者交证券公司
大宗交易			佣金、过户费、印花税同同品种竞价交易	
ETF 申购、赎回		佣金	不超过申购、赎回份额的 0.5%	投资者交证券公司
		组合证券过户费	股票过户面额的 0.05%，前三年减半	投资者交登记结算公司
权证行权		标的股票过户	股票过户面额的 0.05%	投资者交登记结算公司
专项资产管理计划转让		佣金	不超过转让金额的 0.1%，起点 5 元	投资者交证券公司

表 9 – 2 　　　　　　　　　　　沪市证券 B 股交易费用一览表

业务类别	费用项目	费用标准	最终收费单位
开户			
个人	开户费	19 美元	投资者交登记结算公司
机构	开户费	85 美元	投资者闪登记结算公司
更换结算会员	开户费	2 美元	目前未收
交易			
B 股	佣金	不超过成交金额的 0.3%，起点 1 美元	投资者交证券公司
	结算费	成交金额的 0.05%	投资者交登记结算公司
	印花税	成交金额的 3‰	投资者交税务机关（登记处代）
修改错误交易的非交易过户	手续费	30 美元/笔	错误方交登记结算公司
修改结算会员代码	手续费	10 美元/笔，每个 ORDER 最高不超过 50 美元	错误方交登记结算公司
大宗交易		佣金、结算费、印花税同竞价交易	

表 9 – 3 　　　　　　　　　　　非交易类业务费用一览表

业务类别	费用项目	费用标准	最终收费单位
开户			
A 股、基金、国债、企业债券	手续费	面额的 0.1%，超过 500 万元的部分按 0.01%，起点 100 元	投资者交登记结算公司
ETF	手续费	面额的 0.005%，起点 100 元	投资者交登记结算公司
更换结算会员	开户费	2 美元	目前未收

业务类别	费用项目	费用标准	最终收费单位
转托管			
企业债席位间	手续费	30 元/笔	投资者交登记结算公司
国债市场间	手续费	面值的 0.005%，单笔（单支）最低费用 10 元，最高费用 10 000 元	投资者交登记结算公司
账户挂失补办			
A 股补原号	补办费	10 元/户	投资者交开户代理机构
A 股补开新户	补办费	同新开户	同新开户
基金补原号	补办费	10/户	投资者交开户代理机构
B 股原号	补办费	10/户	投资者交开户代理机构
B 股补开新户	同新开户	同新开户	
销户（A 股、基金）	销户费	5 元/户	投资者交开户代理机构
合并账户（A 股、基金）	手续费	10 元/户	投资者交开户代理机构
开户资料查询（A 股、基金）	查询费	5 元/	投资得交开户代理机构
证券过户记录查询	查询费	20 元/年/户/次，磁盘 100 元/张，光盘 500 元/张	投资者交查询单位（登记结算公司）
账户余额查询	查询费	机构 50 元/户/次，个人 20 元/户/次	投资者交查询单位（登记结算公司）
其他业务		费用项目、标准、收取方式按照相关业务规定执行	

表9-4　　　　　　　　　深圳证券交易所收费（及代收税费）明细表

收费项目	收费标的	收费标准	备注
		收费对象：投资者	
佣金	A股	不得高于成交金额的0.3%，也不得低于代收的证券交易监管费和证券交易经手费，起点5元（要约收购费用参照A股收费标准。）	投资者交证券公司
	B股	不得高于成交金额的0.3%，也不得低于代收的证券交易监管费和证券交易经手费，起点5港元	
	基金	不得高于成交金额的0.3%，也不得低于代收的证券交易监管费和证券交易经手费，起点5元	
	权证	不得高于成交金额的0.3%，也不得低于代收的证券交易监管费和证券交易经手费，起点5元	
	国债现货	不超过成交金额的0.1%	
	国债回购	1天　按不超过成交金额的0.002%收取 2天　按不超过成交金额的0.003%收取 3天　按不超过成交金额的0.005%收取 4天　按不超过成交金额的0.006%收取 7天　按不超过成交金额的0.01%收取 14天　按不超过成交金额的0.02%收取 28天　按不超过成交金额的0.04%收取 63天　按不超过成交金额的0.05%收取 91天　按不超过成交金额的0.06%收取 182天　按不超过成交金额的0.07%收取 273天　按不超过成交金额的0.07%收取	
佣金	企业债现货	不超过成交金额的0.1%	投资者交证券公司
	企业债回购	1天按不超过成交金额的0.002%收取 2天按不超过成交金额的0.003%收取 3天按不超过成交金额的0.005%收取 4天按不超过成交金额的0.006%收取 7天按不超过成交金额的0.01%收取	
	可转债	不超过成交金额的0.1%	
	专项资产管理计划	不超过转让金额的0.3%	
	代办A股	按成交金额收取0.3%	
	代办B股	按成交金额收取0.4%	

续表

收费项目	收费标的	收费标准	备注
		收费对象：投资者	
佣金	A 股	按成交额双边收取 0.1475‰	1. 由深交所收取（证券交易所风险基金由交易所自行计提，不另外收取）。 2. 大宗交易收费：A 股大宗交易按标准费率下浮 30% 收取；B 股、基金大宗交易按标准费率下浮 50% 收取；债券、债券回购大宗交易费率标准维持不变。 3. 此项费用包含在佣金之中。
	B 股	按成交额双边收取 0.301‰	
	基金	按成交额双边收取 0.0975‰	
	权证	按成交额双边收取 0.045‰	
	国债现货	成交金额在 100 万元以下（含）每笔收 0.1 元 成交金额在 100 万元以上每笔收 10 元	
	国债回购	成交金额在 100 万元以下（含）每笔收 0.1 元，反向交易不再收取 成交金额在 100 万元以上每笔收 1 元，反向交易不再收取	
	企业债回购	成交金额在 100 万元以下（含）每笔收 0.1 元，反向交易不再收取 成交金额在 100 万元以上每笔收 1 元，反向交易不再收取	
	企业债现货	按成交金额双边收取 0.04‰	
	可转债	按成交金额双边收取 0.04‰	
	专项资产管理计划	按成交金额双边收取 0.032‰	
	代办 A 股	按成交金额双边收取 0.1‰	
	代办 B 股	按成交金额双边收取 0.13‰	
证券交易监管费	A 股	按成交额双边收取 0.04‰	1. 代中国证监会收取。 2. 此项费用包含在佣金之中。
	B 股	按成交额双边收取 0.04‰	
	基金	按成交额双边收取 0.04‰	
	权证	按成交额双边收取 0.04‰	
	企业债现贷	按成交额双边收取 0.01‰	
	可转债	按成交额双边收取 0.01‰	
	专项资产管理计划	按转让金额双边收取 0.01‰	
	国债现货	国债现货按成交额双边收取 0.01‰（从交易经手费中扣除，不另收）	
	代办 A 股	按成交金额双边收取 0.5‰	1. 代证券业协会收取。 2. 此项费用包含在佣金之中。
	代办 B 股	按成交金额双边收取 0.67‰	

收费项目	收费标的	收费标准	备注
证券交易	A 股	按成交额双边收取 1‰	代国家税务局扣缴
	B 股	按成交额双边收取 1‰	
	代办 A 股	按成交额双边收取 1‰	
	代办 B 股	按成交额双边收取 1‰	
收费对象：发行人			
上市初费	A 股	30 000 元	深交所收取
	B 股	30 000 元	
	债券	上市总额的 0.01%，最高限额 30 000 元	
	基金	30 000 元	
	权证	200 000 元	
	专项资产管理计划	转让份额总额的 0.008%，最高不超过 25 000 元	
上市月费	A 股	5 000 万股本以下 500 元；每增加 1 000 万元股本费收 100 元，最高限额 2500 元	深交所收取
	B 股	5 000 万股本以下 500 元；每增加 1 000 万元股本增收 100 元，最高限额 2 500 元	
	债券	1 亿元以下 500 元，每增加 2 000 万元增收 100 元，最高 2 000 元	
	基金	5 000 元	
	专项资产管理计划	以转让份额总额作为收费依据，将 1 亿元作为基数，每月交纳 500 元，每增加 2 000 万元月费增加 100 元，最高不超过 2 000 元	

续表

收费项目	收费标的	收费标准	备注
		收费对象：会员	
席位费	席位	60 万元/个	深交所收取
交易单位费用	交易单位	1. 交易单元使用费 对会员使用超出交费席位（指已交席位初费的席位）数量以外的交易单元，每年收取 30 000 元/个的交易单元使用费。 2. 流速费 对会员使用超出交费席位（指已交席位初费的席位）数量以外的流速，每年收取 9 600 元/份的流速费。 3. 流量费 每笔交易类申报（指买入、卖出、撤单申报）收取 0.15 元，每笔非交易类申报（指除买入、卖出、撤单以外的申报）收取 0.01 元。此项费用以会员为单位收取，最低收费标准为每家会员每年 2 万元。详细计收方法见本所《关于调整席位管理年费收费模式的通知》（深证会〔2004〕191 号）。	深交所收取

2. 股民在股票买卖中应缴哪些税

投资者在证券市场从事投资活动时，除向交易所交纳相关的手续费用外，还会涉及税收，一项是印花税，一项是个人所得税。

印花税课征于交易环节，无论是买进还是卖出股票，均就其成交金额的 1‰ 计征印花税。为了鼓励投资，国家规定：凡基金、国债、企业债券交易以及新股申购等免征印花税。

个人所得税则课征于收益（所得）的取得环节。由于国家对证券买卖差价所得实行免税政策，这里应税所得是指证券投资的资本利得。其中：国债利息所得免税；企业债券情况各异，且多数情况下，企业债券利息的税收部分已由企业代扣代缴，发到投资者手中的利息往往是税后利息。来自股票及基金投资收入中的资本利得部分包括红利、股息、红股，应缴纳个人所得税。

（1）现金红利，即红利或股息。

按我国现行个人所得税法规定，投资者所获股息或红利，应按 20% 的税率计征个人所得税。但在实际执行中，一般都由各地税务部门自行决定，尚无统一安排，税率不超过 20%，故投资者的实际税后红利所得往往大于理论税后红利。

（2）股票红利，即红股。

根据国家税务总局有关通知，上市公司用资本公积金转增股本，不属于股息、红利性质的分配，对这部分红股，不征收个人所得税；而上市公司用盈余公积金派发红股属于红利性质的分配，应计征个人所得税。计算方法：以股票（也包括基金）面值为单位，扣除分红期银行存款利率（一年期）后的余额，按20% 的税率计征。目前，大多数地方的税务部门对红股均实行免税，但个别地方则明确规定征收。

9.2 分红派息问题

1. 上市公司的分配方案由谁决定

关于上市公司的利润分配问题，我国《公司法》第 177 条有明确规定：

（1）公司分配当年税后利润时，应当提取利润的 10% 列入法定公积金，并提取利润的 5% ~ 10% 列入公司法定公益金。公司法定公积金累计额为公司注册资本的 50% 以上的，可不再提取。

（2）公司的法定公积金不足以弥补上一年度公司亏损的，在依照前款规定提取法定公积金和法定公益金之前，应当先用当年利润弥补亏损。

（3）公司在从税后利润中提取法定公积金后，经股东会决议，可以提取法定公益金。

（4）公司弥补亏损和提取法定公积金、法定公益金后所余利润，有限责任公司按照股东的出资比例分配，股份有限公司按照股东持有的股份比例分配。

（5）股东会或者董事会违反前款规定，在公司弥补亏损和提取法定公积金、法定公益金之前与股东分配利润的，必须将违反规定分配的利润退还公司。

另外，《公司法》第 102 条还规定，股份有限公司由股东组成股东大会，股东大会是公司的权力机构。董事会对股东大会负责，执行股东大会决议。根据规定，由董事会制定公司的利润分配方案和弥补亏损方案，股东大会审议批准公司的利润分配方案和弥补亏损方案。

因此，上市公司可根据公司的实际情况，决定具体分配方案或决定税后利润用弥补亏损、提取公积金、法定公益金后的所余利润分配。先由公司董事会制定公司利润分配方案的预案，然后由股东大会进行审议表决。有些上市公司尽管一个年度经营状况不错，但根据公司经营的实际情况需要，董事会也有可能提出本年度不分红的分配方案，但最终决定权在股东大会。每一位股东都有权对董事会的方案予以表决。总之，上市公司并非每年必须分红，公司的分配方案和弥补亏损的方案，是由董事会先拿出来，但最终决定权并不在董事会，而在股东大会。

2. 红利和配股权会过期作废吗

举个例子，一投资者于3月买入××药业1 000股，该股实行配股方案是10配1.62股，缴款期为该年6月12日~6月25日。他由于有事到年底才想起，后又发现该股中期还有10股派现金1元的方案，而其账单既无红利又无配股，这怎么解释呢？

深、沪交易所对红利权利与配股权利的实施日期都有明确规定。

（1）红利不存在过期作废的问题。上海证券交易所挂牌的股票在还没有实施全面指定交易时，红利由投资者直接到证券营业部填单领取。如在红利领取期内，没有去营业部办理领取红利手续的投资者，在任何时间均可到当地登记公司领取红利。1998年4月1日，上交所实施全面指定交易之后，红利的领取不再挂牌，而是上海证券交易所直接将数据传送到投资者进行指定交易的营业部，券商在T＋2日将现金红利直接划入投资者资金账户，若未办理指定交易的投资者，其红利只需在办理指定交易后即可到账。

（2）与红利的随时领取相比，沪、深交易所对配股权却有日期限定。当投资者决定参与股票的配股时，必须在规定的期间内（通常为两周）按照一定的程序缴纳配股款，配股权在配股结束后就不再拥有了。因此，投资者要特别留意股票的配股期限，做出是否配股的决定。

同时，注意上市公司在各大证券报上刊登的配股说明书，以免错过配股缴款期，造成不必要的损失。最好在配股后及时到营业部打交割单确认。若没有配股成功，在配股期限内还有机会补配。

总之，投资者只要在任意一家证券营业部办理指定交易，即可领取其红利；而对于过期的配股目前仍无补救措施。

3. 股息与红利的来源与发放形式

股息是股东定期按一定的比率从上市公司分取的盈利，红利则是在上市公司分派股息之后按持股比例向股东分配的剩余利润。获取股息和红利，是股民投资于上市公司的基本目的，也是股民的基本经济权利。

一般来讲，上市公司在财会年度结算以后，会根据股东的持股数将一部分利润作为股息分配给股东。根据《上市公司信息披露管理办法》，我国的上市公司必须在财会年度结束的120天内公布年度财务报告，且在年度报告中要公布利润分配预案，所以上市公司的分红派息工作一般都集中在次年的第二和第三季度进行。

在分配股息红利时，首先是优先股股东按规定的股息率行使收益分配，然后普通股股东根据余下的利润分取股息，其股息率则不一定是固定的。在分取了股息以后，如果上市公司还有利润可供分配，就可根据情况给普通股股东发放红利。

股东一年的股息和红利有多少要看上市公司的经营业绩，因为股息和红利是从税后利润中提取的，所以税后利润既是股息和红利的唯一来源，又是上市公司分红派息的最高限额。在上市公司分红派息时，其总额一般都不会高于每股税后利润，除非有前一年度节转下来的利润。由于各国的公司法对公司的分红派息都有限制性规定，如我国就规定上市公司必须按规定的比例从税后利润中提取资本公积金来弥补公司亏损或转化为公司资本，所以上市公司分配股息和红利的总额总是要少于公司的税后利润。

由于上市公司的税后利润既是股息和红利的来源，又是它的最高限额，上市公司的经营状况直接关系着股息和红利的发放。在一个经营财会年度结束以后，当上市公司有所盈利时，才能进行分红与派息。且盈利愈多，用于分配股息和红利的税后利润就愈多，股息和红利的数额也就愈大。

除了经营业绩以外，上市公司的股息政策也影响股息与红利的派发。在上市公司盈利以后，其税后利润有两大用途，除了派息与分红以外，还要补充资本金以扩大再生产。如果公司的股息政策倾向于公司的长远发展，则就有可能少分红派息或不分红而将利润转为资本公积金。反之，派息分红的量就会大一些。

股息和红利的分配受国家税收政策的影响。上市公司的股东不论是自然人还是法人都要依法承担纳税义务，如我国就有明确规定，持股人必须交纳股票收益（股息红利）所得税，其比例是根据股票的面额，超过一年期定期储蓄存款利率的部分要交纳20%的所得税。

上市公司在实施分红派息时，它必须符合法律规定且不得违反公司的章程，这些规定在一定程度上也影响着股息和红利的发放数量。这些原则如下：

（1）必须依法进行必要的扣除后才能将税后利润用于分配股息和红利。其具体的扣除项目和数额比例要视法律和公司章程的规定而定。上市公司的股东大会和董事会通过的分红决议是不能与法律和公司章程的规定相抵触的。

在上市公司的税后利润中，其分配顺序如下：

①弥补以前年度的亏损。

②提取法定盈余公积金。

③提取公益金。

④提取任意公积金。

⑤支付优先股股息。

⑥支付普通股股息。

在公司按规定的比例交纳所得税后，将依照注册资本的数额（也就是总股本）提取10%的法定盈余公积金，但当法定的盈余公积金达到注册资本的50%以上时，可不再提取。公益金比例一般为5% - 10%，任意公积金和股利由公司董事会根据当年的盈利情况报请公司股东大会批准实施。

（2）分红派息必须执行上市公司已定的股息政策。上市公司一般都要将公司的长远发展需要与股东们追求短期投资收益有机地结合起来，制定相应的股息政策，做为分配股息、红利的根据。

（3）分红派息必须执行同股同利的原则。具体表现在持有同一种类股票的股东在分红派息的数额、形式、时间等内容上不得存在差别，但公司章程另有规定的可例外。如沪深股市的一些上市公司在分红派息时，给个人股或职工内部股送红股，而给法人股或国家股派发现金红利。这实际上是一种不公平行为，它侵犯了法人股和国家股的权益，是同股不同权的表现，所以国有资产管理局多次发文制止同股不同权的分红方式。

（4）上市公司在依上述原则分红派息时，还必须注意有关的法律限制。一般包括：

①上市公司在无力偿付到期债务或者实施分红派息后将无力偿付债务时，不得分派股息、红利。即使是公司的总资产额超过了公司所欠债务总额，但是当其流动资金不足以抵偿到期债务时，公司亦不得分派股息、红利。

②上市公司分配股息、红利，不得违反公司所签订的有关约束股息、红利分配的合同条款。

③上市公司分派股息、红利，依法不得影响公司资产的结构及其正常的运转。如此，公司为了分派股息、红利或收回库藏股票而支出的金额，不得使公司的法定资本（股本）有所减少。

④公司董事会的自行限制。其主要表现在分派股息、红利时，不得动用公司董事会为了扩大再生产或应付意外风险而从公司利润中提取的留存收益部分。

股息红利作为股东的投资收益，是以股份为单位计算的货币金额，如每股多少元。但在上市公司实施具体分派时，其形式可以有四种：这就是现金股利、财产股利、负债股利和股票股利等。

财产股利是上市公司用现金以外的其他资产向股东分派的股息和红利。它可以是上市公司持有的其他公司的有价证券，也可以是实物。负债股利是上市公司通过建立一种负债，用债券或应付票据作为股利分派给股东。这些债券或应付票据既是公司支付的股利，又确定了股东对上市公司享有的独立债权。现金股利是上市公司以货币形式支付给股东的股息红利，也是最普通最常见的股利形式，如每股派息多少元，就是现金股利。股票股利是上市公司用股票的形式向股东分派的股利，也就是通常所说的送红股。

采用送红股的形式发放股息红利实际上是将应分给股东的现金留在企业作为发展再生产之用，它与股份公司暂不分红派息没有太大的区别。股票红利使股东手中的股票在名义上增加了，但与此同时公司的注册资本增大了，股票的净资产含量减少了。但实际上股东手中股票的总资产含量没什么变化。

由于要在获得利润后才能向股东分派股息和红利，上市公司一般是在公司营业年度结算以后才从事这项工作。在实际中，有的上市公司在一年内进行两次决算，一次在营业年度中期，另一次是营业年度终结。相应地向股东分派两次股利，以便及时回报股东，吸引投资者。但年度中期分派股利不同于年终分派股利，它只能在中期以前的利润余额范围内分派，且必须是在预期本年度终结时不可能亏损的前提下才能进行。

根据公司法的规定，上市公司分红的基本程序是，首先由公司董事会根据公司盈利水平和股息政策，确定股利分派方案，然后提交股东大会审议通过方能生效。董事会即可依股利分配方案向股东宣布，并在规定的付息日在约定的地点以约定的方式派发。

在沪深股市，股票的分红派息都由证券交易所及登记公司协助进行。在分红时，深市的登记公司将会把分派的红股直接登录到股民的股票帐户中，将现金红利通过股民开户的券商划拨到股民的资金帐户。沪市上市公司对红股的处理方式与深市一致，但现金红利需要股民到券商处履行相关的手续，即股民在规定的期限内到柜台中将红利以现金红利权卖出，其红利款项由券商划入资金帐户中。如逾期未办理手续，则需委托券商到证券交易所办理相关手续。

4. 上市公司分红方案实施日期如何确定？

举个例子说明，××控股股东大会于 2007 年 5 月 26 日通过了公积金每 10 股转增 2 股的方案，可直到 7 月还未公布实施日期，而有的上市公司通过分红方案后一周内就实施。这就涉及到分红方案实施日期的问题。根据中国证监会颁布的《上市公司章程指引》第 150 条规定："公司股东大会对利润分配方案做出决议后，公司董事会须在股东大会召开后两个月内完成股利（或股份）的派发事项。"按照这个规定，投资者所投资的××控股，尽管它实施分红送配方案的时间距通过分配方案的时间间隔较长，但仍在规定的两个月范围内。上市公司只要在规定的时间内完成股利派发事项，均属正常。

5. 股民如何知道是否已经得到红利

在实行全面指定交易以前，股票的红利是由投资者在规定的时间内，通过挂牌形式卖出红利权而实现红利的领取。而实行全面指定交易后：红利的领取方式发生变化，具体如下所述。

实施全面指定交易的一大好处就是投资者可以享受指定券商为其提供的股票现金红利、到期记账式国债本息兑付的自动划拨等服务。因此，目前沪市红利的发放，不再采取挂牌交易的方式，而是由上海证券交易中央登记结算公司在 T +

1日，通过清算系统将红利自动划到投资者指定的证券营业部，再由证券营业部直接划到投资者账户内。只要办理了指定交易，以前尚未领取的红利也自动到账。跟以往相比，这种发放方法可以省掉许多麻烦。据证券营业部反映，他们执行起来也比较顺利，但投资者还有些不太适应，尤其是在识别是否领取到红利上会存在一些困难。因此，投资者应注意以下几点：

（1）投资者自己要留意报纸上的公告，及时了解自己持有股票的红利发放情况及红利登记日、除权日等信息。上市公司必须按照有关规定在指定报纸上刊登公告，不刊登公告是不允许的。《上证报》周一第二版的"本周备忘"、每日的"今日备忘"等提示性栏目都是为了帮助投资者及时掌握领取红利、配股等信息的。投资者可以此为参照。另外，大部分证券营业部都会在营业厅内张贴有关近期配股、领取红利等信息，同样可以帮助投资者及时掌握有关信息。

（2）投资者可通过以下几种方式来识别自己是否已领取了红利：

①投资者可以通过刷资金账户卡来确认红利是否到账，对照前后几次资金账户内资金余额的变化，投资者可知道是否有红利到账。

②投资者可通过要求营业部打印资金对账单（内容包括股票名称、领取红利日期、红利数额等）来核查资金情况，资金对账单逐笔登记了每一资金明细，应该说是足以核实有无红利到账的。

另据了解，以往投资者在填写红利领取委托单后，可通过打印红利清算交割单，查询红利领取情况。现在证券营业部电脑软件都相应作了调整，有的营业部以资金对账单代替清算交割单，因而不再提供清算交割单。若投资者在分红派息股权登记日后相当长一段时间才想到核对红利款，此时他可要求打印领取红利清算交割凭单。同时，投资者还可以到指定券商处查询所应领取的现金红利款是何时进行分红派息股权登记的，从而消除心里的疑惑。

6. 上市公司的红股如何计算

有这样一个例子：一个投资者持有2 100股××电子，2007年该公司实施的分配方案为10股送1.7647股。根据送股比例及上交所历来对送股后零股处理办法——四舍五入法，他算出自己可得到371股红股。但除权后，他发现自己实际享受红股370股。这是怎么回事呢？上市公司的红股该怎样计算？下面作具体介绍。

上交所已在1998年7月份修改了送股后尾数的处理方法。上交所为使上市公司在送股后的实际送股数量与送股前的计划数相符，自1998年7月21日起，改变了以往对送股后小数点后尾数的四舍五入的办法，而采取以尾数大小依次解决的办法处理。即：所有股东按规定先享有整数部分的送股，对小数部分按小数点后尾数大小排序，每位股东依次送1股，直到实际送股数与计划总数一致；如遇尾数相同者多于余数时，则由电脑抽签派送。如某公司送股，甲、乙、丙三位股东应各有红股121.2股、129.6股、136.8股，按新规定，所有股东先分得整数部分的股票，即甲、乙、丙先各得121股、129股和136股，然后由电脑主机按股份的小数部分依大小进行排序后决定谁再先获得1股，则顺序依次为丙、乙、甲。因此，按送股比例计算，这位持有2 100股××电子投资者应得红股370.587股，但根据新的送股原则，实际获得370股红股是完全有可能的。

7. 股民怎样计算分红派息数，它会比实际分派数少吗

排除某些特别因素，这种情况一般是由于公司分红派息的公布方案含税，而到账数额是扣税后所得。投资者在发现这种情况后，首先应查对一下公司在公布分红派息方案时，有没有加注"含税"字眼，特别要看清在既送红股又派现金的情况下，是不是均为扣税前的方案。目前，根据国家税务总局的要求，各地方税务局应对公司派送红股、现金及盈余公积金转增股本的社会公众股股东征收个人所得税，税率为20%。不过，由于各地情况有差异，大部分地税局并未严格按上述要求执行。有些给予股东部分优惠使扣税减少，有些尚未开征，有些只对红利征税，所以出现不少税率不一致的问题。例如××海运，每股派现金3元为含税方案，其红利个人所得税为3×20%＝0.6（元），故其股息为3元－0.6元＝2.4元。

深圳本地的上市公司，其分红派息征收个人所得税还有如下规定：红股以面值折合成股息后的总值扣除与分红派息期间同期的银行存款利息，余额按20%的税率征收个人所得税。

8. 证券交易所派息程序是怎样的，红利能够准时到账吗

目前，沪、深两市红利都自动到账。

沪市的派息流程是：上海中央登记结算公司在R＋1日（R为股权登记日）将权益款通过清算系统自动划给证券营业部，而营业部只要打开G4数据库（此

为非交易过户产生的明细数据）和 F2 数据库（此为当日资金结算数据库，包括现金红利、国债兑付款、国债兑息款），并将两个数据库明细核对无误后，就能将权益款划到投资者的资金账户内，这样投资者在 R + 2 日即可查到自己的现金红利。

深市派息流程是：上市公司于 R − 1 日将派发的现金股息划至深交所指定账户；R + 1 日由深交所将派息款划入券商清算资金账户；R + 2 日，各券商将派息款划入投资者开立的资金或保证金账户，投资者即可在券商处查到自己的红利。

如过了 R + 2 日，红利仍未到账，投资者可向券商查询和交涉。目前，有的证券营业部为了节省时间，通常每周做一次红利的结算工作，因此，发生红利逾期不到账的情况一般与券商技术处理及清算时间有关，挪用客户红利的可能性不大。券商需要在提高业务水平和增强服务意识上做工作。

另外，若投资者在分红派息期间办理了转托管，其红股红利仍托管在原券商处。为方便起见，建议投资者最好不要在此期间办理转托管。

9. 股民该怎样看待派息除权

有这样一个例子：××生物在 2007 年上半年公布的 2006 年分红方案为 10 股送 2 股派 0.5 元，资本公积金 10 股转赠 8 股，但扣税后实际等于 10 股送 2 股，并未派发现金红利。这涉及到派息除权的问题。

根据国家税务总局下发的《关于股份制企业转增股本和派发红股征免个人所得税的通知》精神，股份制企业用资本公积金转增股本不属于股息、红利性质的分配，对个人取得的转增股本数额，不作为个人所得，不征收个人所得税。股份制企业用盈余公积金转增股本及分红股和派股息均按 20% 征收个人所得税。

××生物 10 股送 2 股派 0.5 元，是含税的分配方案。在红股和红利均扣 20% 的税（折 0.5 元）后实际个人收益就是 10 股送 2 股，现金部分正好由公司代缴税，没有剩余。但如果该公司当初的分配方案就是 10 股送 2 股不派现，则扣税后实际收益就是 10 送 1.6 股。

由于上市公司代扣税，所以在扣税问题上只是涉及上市公司和地方税务局两方面，而与交易所无直接关系。交易所资金结算只起将上市公司代扣税转来的应付股息划到投资者的账上，为其记入相应的增加股份。另外，因各地上市公司在执行分红派息扣税政策时也不尽同步，为统一和方便，除权参考价是按扣税前计算的。当然，因为这个价只是参考作用，除权日股价的升跌涨落与此并无太大关系，投资者是亏是赚说到底还是市场在起作用。

9.3　K线运用疑难问题解答

1. 如何通过K线分析掌控大盘

我们要从K线上认识和了解大盘、个股的运行趋势，也要登高远眺，然后由大到小，由粗到细地详细观察，才能如愿以偿。比如，你要查某个股票，就先要看它的月K线，甚至季K线、年K线（季K线、年K线电脑里查不到，可以自己把它画出来），这样可以对它整个运行情况有所了解，然后再看它的周K线、日K线，对一些重点部分还可以把它放大，近期趋势还可以看看它的60分钟K线、30分钟K线，甚至5分钟K线。

这样由大到小，由粗到细查阅、研究K线图有何好处呢？这里举一个例子。在你看大盘年K线或月K线后，你就可以了解到大盘10多年来究竟是如何走的。比如，你看到月K线5连阴，你就会想到，月K线连收5阴，10多年来只出现过3次，而每次5连阴后都会出现一次报复性反弹，甚至反转。因此，大盘月K线连收5阴后就不能再盲目斩仓了。又如，你看到某年某月的月K线实体特别长，技术上我们称它为"巨阳线"。巨阳线之后就是一轮持续的下跌，原因是短期内升幅过大，透支了未来行情，当然要调整。因此，看到月K线收巨阳线后，你就胸中有数，无论当时日K线走势有多么好，这都是表面现象，大的调整趋势是不会改变的，所以，从月K线上你还可以看到大盘现在是处于什么技术图形，是头肩顶，还是头肩底呢？是双头，还是双底呢？它的颈线位在什么地方？它的密集成交区在什么地方？如此等等。查看研究了月K线后，再查看研究周K线、日K线，这样由大到小，由粗到细一步步地查、一步步地研究，你就会对大盘运行趋势有个清晰的认识。试想，你如果不是这样做，只看日K线，是不是有点坐井观天的味道，或者看日K线、周K线、月K线时都是随便看看，不去互相对照，重点分析，让查看K线图始终处于一种无序状态，那么，你又如何了解得到大盘的整个运行趋势，又如何感受得到 K 线的作用和魅力呢？

当然，如果你在查看、研究大盘 K 线时，再结合其他的趋势线、移动平均线、MACD 等技术指标，对大盘运行趋势就可以得到更深入的了解。分析大盘运行趋势可以用这个方法，分析个股运行趋势也可以用这个方法。如果你再仔细点，还可以把上证指数 K 线图、深证综指 K 线图、上证 180 指数 K 线图、深证成指 K 线图等互相对照；分析某个股票时，还可以把它与属于同一板块的个股相互对照；分析某一时间的强势股时，还可以把不同时期的强势股 K 线图拿出来互相对照等等。这样你就会发现一些别人看不到的东西，从而给你实际操作带来很大的帮助。

2. 如何用 K 线把握大势

K 线的内容极为丰富，如果从量上统计，其他所有的技术分析内容加起来至多也只能和他打个平手。从这一点上，就可知道 K 线在技术分析中的地位有多么重要。在股市实践中，K 线分析是投资者用得最广、频率最高、效率最好的一种实用性操盘技巧。下面我们用实例教投资者一些分析 K 线的技巧。

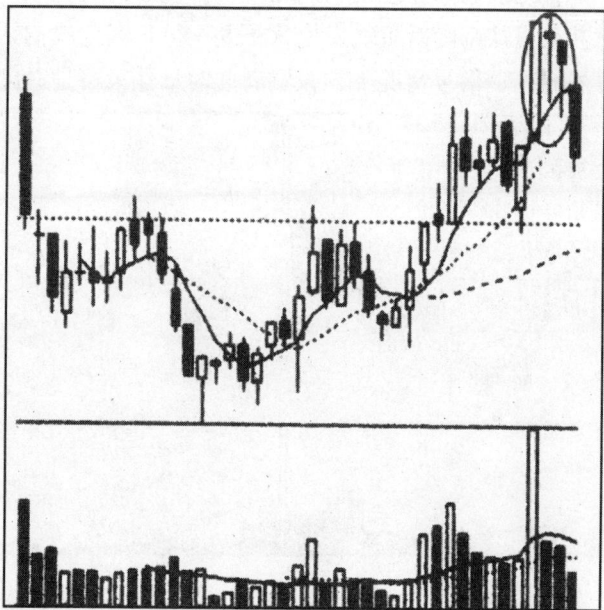

图 9－1

仔细观察图9-1，并回答以下问题：图中画圈处是一种什么样的K线形态？在这个K线形态里包含哪些K线和K线组合？它向市场发出了什么信号？投资者见此K线形态应如何操作？

图9-1中画圈处是一种复合形的K线形态。所谓复合形的K线形态，即一组K线里同时包括几种K线或K线组合。在图9-1中复合形的K线形态中包括的K线和K线组合有：大阳线、平顶、身怀六甲、吊颈线。

首先看大阳线，这是在股价连续上升情况下出现的，并且成交放出了近期天量。从K线理论上说，此时拉出大阳线并伴有大成交量，暗示股价已涨到了头。再看大阳线和后一根K线，它们的结合构成了一个平顶的走势。在涨势中出现平顶K线组合是一种见顶信号。另外，这是大阳线肚里又怀了两个小宝宝，即和后面两根K线组合成身怀六甲的K线形态。这种在升势末端出现的身怀六甲，肚子里怀的"小宝宝"越多，市场向淡的可能性就越大。如果我们再把大阳线后面两根K线单独拎出来看，这又是令人生厌的吊颈线。吊颈线的出现，常为股价上涨画上了句号。因此，图9-1中画圈处的K线形态，无论出现哪一种，对多方都极为不利，都有见顶意味。况且它们在同一个场合出现，形势已变得十分严峻，股价下跌，甚至暴跌都随时可能发生（图9-2）。因此我们认为，在该股走势向市场发出强烈的见顶信号情况下，投资者此时最佳策略是退出观望。

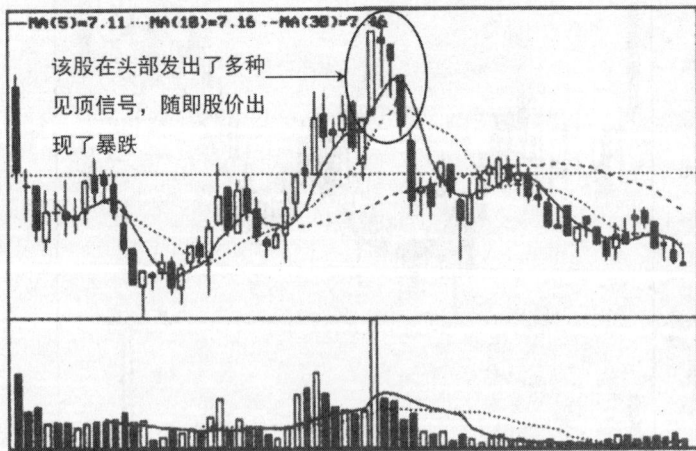

图9-2

其他图形可参照本书第1章所列示的K线图形操作。

3. 找不准K线图形怎么办

确实存在这种情况。书上介绍的图形都是标准化图形，它与实际走势的K线图形有些差异是正常现象。

我们对一些既像A又像B的K线图形，就要根据它的主要特征进行归类，主要特征像A，就把它划归为A，主要特征像B，就把它划归为B。例如，走势图上出现了"凸"这样的K线图形，如果说它是"射击之星"吧，标准的射击之星K线应该是"凸"，底下是没有尾巴的；如果说它是"螺旋桨"吧，标准的螺旋桨K线应该是"中"，底下有尾巴，也即下影线和上影线是一样长的，显然它的下影线又太短了。那怎么归类呢？我们进行仔细分析和比较后，就会发现"凸"这样的K线图形与射击之星的主要特征（即K线实体上面的一根上影线特别长）非常相似，因此就把它划归为射击之星。又如，走势图上出现了"†"这样的K线图形，既像"T字线"，又像"十字线"，但比来比去，它与"T字线"的主要特征相符合，最后把它划归成T字线。再如，走势图上出现了"▯"这样的K线图形，其上影线极短，可以忽略不计，因此我们就直接把它归结为光头光脚的大阳线一类，而不会把它称为带有上影线的大阳线。

总之，当走势图中实际K线图形与书上介绍的标准K线图形有差异时，处理时只有一条原则：看它的主要特征像谁，就把它划归给谁，这样问题就可得到轻易解决。根据我们的经验，以这种方式给实际K线图形归类，无论是中国股市，还是海外股市，也无论是沪深股市大盘，还是其中的个股，大凡股市中的K线图形都能找到自己的"娘家"，决不会因归属不清成为被遗弃在外的"孤儿"。

9.4　走势形态分析及趋势线运用疑难问题解答

1. 技术分析中的走势形态分析要点

在对大盘或个股进行技术分析时，对走势做形态分析是十分重要的一项工作。一般而言，价格形态都可以被简单划分为两大类型，即反转形态和持续形态。两种类型的形态有截然不同的技术含义，反转形态表明目前分析对象的市场趋势正在或即将发生重要的转折，在趋势上将发生方向性的变化；而持续形态则表明市场的趋势在目前的形态变化过程中不会发生变化，原来的趋势和方向仍将会得以延续，目前可能只是一个暂时的休整过程，之前走势中的超买或者超卖现象通过整理形态得以适当修正。虽然两种形态的分析在操作中都有很强的实战价值，但投资者关注更多的还是反转形态。反转形态的种类较多，主要包括头肩底（顶）、三重底或多重底（顶）、双底（顶）、V形反转以及圆弧底（顶）等几种形态。对这些反转形态的判断标准虽然各异，但却都包含了一些共性的特征。因此，准确判断和掌握这些不同的反转形态之前，需要先了解反转形态所必备的几个基本要点：

（1）市场必须在此形态之前存在明显的趋势。这是判断任何一个反转形态所必需的前提条件。如果分析对象在该形态前的趋势越模糊，则该形态成为反转形态的可能性就越小。投资者应该注意的是，趋势性只包含上升趋势或下降趋势这两种情况，对于横盘震荡整理的无方向性走势，一般不属于反转形态的前提条件。

（2）最重要的趋势线被有效突破。在反转形态的判断上，这是意味着此前较长时间形成的趋势即将出现反转的一个十分重要的信号。从多数较为标准的反转形态来看，在整个形态的完成过程中，都会伴随着前期压力线或支撑线被有效突破的现象发生。

如果在该形态接近完成时还未出现趋势线被有效突破的情况，则该形态极有可能向时间跨度较长的整理形态演化。即使主要趋势线被突破，但如果被突破的时间较晚，则一般情况下不会马上在该形态结束后就发生反转，更有可能的是原来的上升趋势或者下降趋势向横盘整理的格局变化。反转形态的出现有时也仅仅是表明此前趋势的结束，而并不能保证新的趋势会立即形成。

（3）如果反转形态形成在底部位置，那么在该形态出现向上突破的后半段则要求伴随着成交量的逐渐放大。成交量往往在重大阻力位被突破的时候起到关键的作用，量价配合越理想，其可靠性就越强。无论是大盘还是个股，在向上的整理形态即将结束，反转趋势基本形成时，多数情况都会同时出现政策面或基本面的利好来支持。

（4）反转形态的跨度和波动幅度越大，反转形成后所出现的变动幅度就越大。形态的跨度和波动幅度是由波动幅度和时间这两个因素来区分的。一般而言，未来的目标位与反转形态的波动幅度和形态的酝酿时间有直接的正向关系。如果形态的酝酿时间较长，波动范围较大，则其后就可能出现较大规模的趋势。

2. 如何从趋势线分析止损位

我们可以通过许多方法来确定市场趋势，趋势线就是其中之一，投资者可以从趋势线中很快地找出止损点。

如图9-3所示，通过对趋势线指标的综合应用，我们获得了丰富的市场信息。这些信息的内容大体有如下几个方面：

（1）在图示支撑线1（从1月底到2月初）的形成过程中，最初的两个决定点分别为1月29日的最低点和31日的最低点。2月7日是市场对该线的第三次尝试，并且这一天还是一根看涨锤子线。上述两个方面的要素综合起来，就构成了一个底部反转信号。对于在该区域买进的市场参与者来说，这根锤子线的低点可以用作设置保护性止损指令的参照水平。

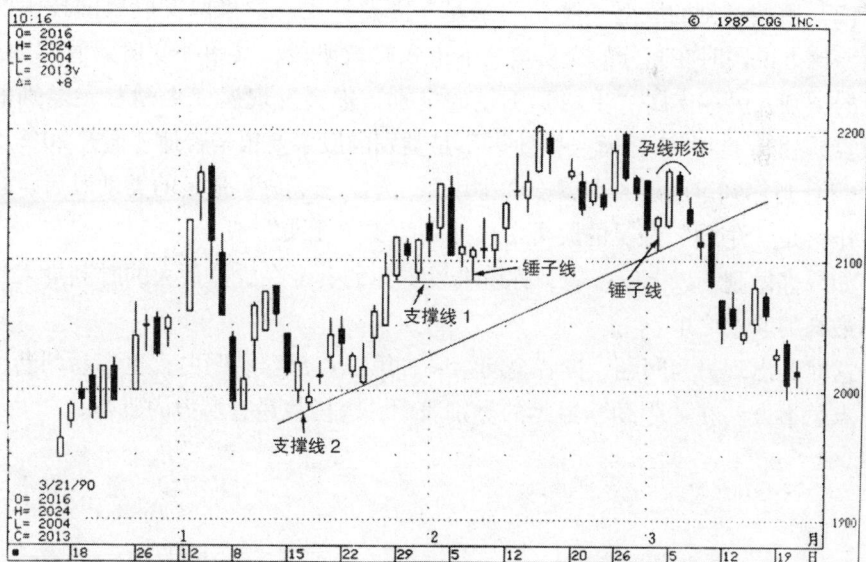

图9-3

（2）图示支撑线2（从1月中到3月初）的意义比趋势线1更重要，因为这根线维持有效的时间比后者长得多。

9.5　牛市选股疑难问题解答

1. 如何根据走势图选股票

在选择股票之前，你需要首先选择股票的类别，如地产股，金融股、电子股等。可以将这个过程简化成以下三个步骤：

（1）什么是大市的走向？如果大市不好，你最好什么都别买，安坐不动。对新手而言，让钱闲着是件极其难受的事，但你必须学习忍耐。就算你看到很吸引人的临界入场点，也不要轻易有所动作。大环境不适合的时候，你的胜算降低了。

（2）哪些类别的股票"牛劲"最足？需要指出，如果两支股票的技术图形相似，比方说同时在充分的交易量之下进入爬坡阶段，其中一支股票属"牛劲"很足的类别，另一支属"牛劲"不足的类别，你会发现属"牛劲"足类别的股票很容易就升了100%，而"牛劲"不足类别的股票要很辛苦地才能升20%。

（3）当你判定股票大市属于"牛市"，选好"牛劲"最足的类别股后，余下的工作就是"牛劲"最足的股类中选择一两支"龙头"股。

如果你做到了以上三步骤，你就会发现你的资金在胜算最大的时刻投入到了胜算最高的股票之中。

这时又出现另一问题，读者会问第一、第二点都容易明白，也容易判断，但第三点怎么办？在"牛劲"最足的类别股中，怎样找最有潜力的股票。

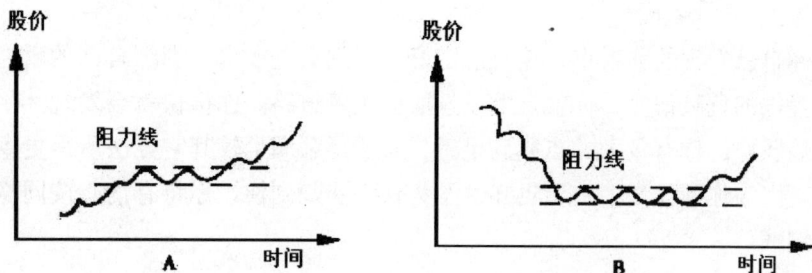

图 9-4

A、B 图分别代表两支股票的走势图，这两支股票都属于"牛劲"足的类别股，你现在选一支股票，你会选哪只？假设阻力线的价格同是 20 元。很多人靠直觉会选 B，因为它从高价跌下来，是"便宜货"。答案是：错了，你应该选择 A 图的股票。为什么呢？先看 B 图。很多原先在 20 元的阻力线之上入市的股民已被套牢很久，他们终于等到了不亏或稍赚解套的机会，你认为他们现在会怎样做？他们会赶快跑，快快让噩梦结束。一般人就是这么想的，也是这样做的。再看 A 图。每位在阻力线之下入市的股民都已有了利润，他们已不存在套牢的问题。你会发现 A 图股票上升的阻力会较 B 图来得小。再看看下面两个图：

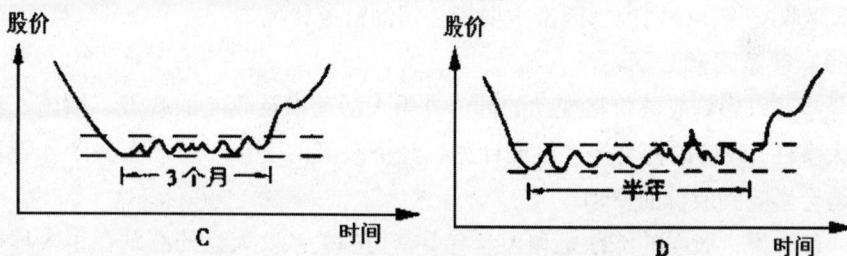

图 9-5

C 图在突破阻力线之前的蓄劲期是三个月，D 图是半年，你要买 C 或 D 其中之一，你会选哪种？答案如果是 D，你就对了。被套牢是极其不愉快的经历，很多人撑不住就割肉算了。蓄劲期越久，那些被套牢还未割肉的投资者就越少，它上升时的阻力也就越小。

形成自己的风格模式，你只要用心，你会不断发现适合你的个性及风险承受力的临界点。

用你自己发现的临界点，按自己定好的规则买进卖出，训练自己的耐性，留意市场提供的危险信号，你就走上了选股的正确道路。你很快就会发现，用这样的方式炒股票，你有极大的自我满足感，其所得利润也较其它方法所得更令你觉得喜悦。因为你不仅赚了钱，也知道了为什么能赚到钱，你将有信心按同样方法再次赚到钱。

2. 股票为什么会涨和跌

股价的上涨和下跌有很多原因，包括政策的、经济的、资金状况的、公司基本面的、人们对公司未来成长性的预期、市场状况甚至该股有无大资金运作等等因素的影响，并不是用能挣钱来解释，交易价格与业绩之间的关系也很重要。

（1）市场内部因素。

它主要是指市场的供给和需求，即资金面和筹码面的相对比例，如一定阶段的股市扩容节奏将成为该因素重要部分。

（2）基本面因素。

包括宏观经济因素和公司内部因素，宏观经济因素主要是能影响市场中股票价格的因素，包括经济增长、经济景气循环、利率、财政收支、货币供应量、物价、国际收支等，公司内部因素主要指公司的财务状况。

（3）政策因素。

是指足以影响股票价格变动的国内外重大活动以及政府的政策、措施、法令等重大事件，政府的社会经济发展计划、经济政策的变化、新颁布法令和管理条例等均会影响到股价的变动。

一般来说，股票的涨跌是和大盘有着密切的关系。大盘的涨跌在很大程度上左右着个股的走势。影响大盘涨跌因素很多，主要有市场资金量、国内政治面、天灾人祸等。

抛开大盘，单说个股，主要还是股票在市场上的供求关系起作用：供过于求的时候就跌；供不应求的时候就涨。

打个简单的比方：

某公司发行 10 000 股股票，每股 5 元。由于公司发展前景比较好，净资产会增多，股民对它很有信心，竞相购买这 10 000 股的股票。但在实际交易中，交易规则规定，出价高的可以优先购买。在股票数量有限的情况下，为了买到这支股票，股民会委托比较高的价格（就好比拍卖会上的叫价），希望优先抢夺购买权，股票供不应求，造成股票价格上升。

相反，公司不景气，或遇突发事件：如灾害、厂房火灾、董事长被抓……使股民对公司失去信心，竞相卖出手中的股票，卖出的条件是必须有人去买才行。在实际交易中，交易规则规定，卖出股票的委托价越低，就可以优先卖出，而且价低也才可能会有人收购。这样，10 000 股的股票就供过于求，而且卖出的人越多，股票越贬值。

3. 牛市中如何选股

（1）看资金流向选股票。

资金流向的判断无论对于分析股市大盘走势还是对于个股操作，都起着至关重要的作用。通过资金流向可以从中窥视到大资金及市场的偏爱。资金流向的判断过程比较复杂，不容易掌握。

我们通常说的"热点"，其实就是资金集中流向的个股，而板块轮动其实就是资金流向轮动而产生的盘面效果。

具备行情启动的条件必须是资金涌入，从成交额上观察资金流向的热点：每天成交量、成交额排行榜前 20～30 名的个股就是资金流向的热点，所要观察的重点是这些个股是否具备相似的特征或集中于某些板块，并且占据成交榜的时间是否够长，时间长短和对资金吸引力度的大小是否成正比。这里需要注意的是，在空头市场当大盘成交量比较低迷时，部分大盘股占据成交榜的前列，而这些个股的量比又无明显放大，则说明此时大盘人气涣散，不代表资金集中流向这些个股。

选股时需要注意资金流向的集中性，从涨跌幅榜观察资金流向的波动性，大资金也就是通常我们所说的机构投资者或主力资金。庄家的进场与散户闲散小资金进场是有所不同的，大资金更善于在相对低位进场，发掘预期有上升空间的投资品种，而散户闲散游资是否集中进场更多取决于当时大盘行情是否向好。因此从盘面上来看，板块个股具有轮动性，并且大资金总体上进出市场的时间早于小资金进出的平均时间。

如何发现主力已动手？看涨跌幅榜。最初发动行情的涨幅居前、成交量放大的个股，往往最具备示范效应，因为资金具有轮动性。此外就是看跌幅榜居前的一些个股是否前两天有过上涨行情，这两天成交量是否也比较大。如果是，则说明人气被聚集起来了，跟风的资金比较坚决，有利于行情的持续发展，当然大幅上涨后放量下挫则不在此列。

上面说到的都是在行情上涨时的判断，可以自己试试将此判断方法运用到对下跌行情的判断上。这两点在实战中的运用，首先是资金流向对行情拐点的判断十分重要。相对低点大资金是否进场，行情是否会转折？相对高点大资金是否出场，行情又是否会转折？个股的选择上究竟是选热点短炒，还是打埋伏等大资金来抬轿，这些都与资金流向的判断分不开。

所以我们分析股票市场一定要把资金分析摆在重要位置，也就是市场说的低位放量跟进、高位放量离场。说到底，无论什么时候，证券市场股票交易永远是资金在博弈、在推动。

（2）看趋势选股票。

趋势线属于切线理论的一部分，它是将波动运行股价的低点和低点连接或高点和高点连接的直线。如股价是按一个低点比一个低点高的运行方式运行，所画出来的趋势线就是上升趋势线；如股价是按一个高点比一个高点低的运行方式运行，所画出来的趋势线就是下降趋势线。还有一种是股价的低点和高点横向延伸，没有明显的上升和下降趋势，这就是横盘整理，或称为箱型整理。趋势根据时间的长短，可以划分为长期趋势、中期趋势和短期趋势。

长期趋势的时间跨度较长，通常在1年以上；中期趋势的时间跨度要短于长期趋势，而大于短期趋势，通常为4~13周；短期趋势时间较短，一般在4周以内，一个长期趋势要由若干个中期趋势组成，而一个中期趋势要由若干个短期趋势组成。投资者在分析趋势的过程中，应按照从长到短的原则，先分析长期趋势，后分析中期趋势，再分析短期趋势。长期管中期，中期管短期。

一般情况下，中期趋势至关重要，投资者较容易把握，实战性也最强。因此，学习趋势分析时最好从中期趋势开始入手。

趋势线可以分为支撑线和压力线，将股价波段运行的低点和低点连接成一条直线，就是支撑线；将股价波段运行的高点和高点连接成一条直线，就是压力线。趋势线连接的点数越多，其可靠性就越强，趋势线的长短与其重要性成正比。长期趋势线和中期趋势线的第一点和第二点距离不宜太近，如距离过近，所形成的趋势线的重要性将降低。

趋势线的角度至关重要，过于平缓的角度显示出力度不够，也就是常说的"肉股"，不容易马上产生大行情；过于陡峭的趋势线则不能持久，往往容易很快转变趋势。

著名角度线大师江恩认为：45度角的趋势线非常可靠，也就是江恩所说的1×1角度线。

趋势线的使用方法非常简单，股价在支撑线上方向下突破支撑线时，应卖出股票，并到下一根支撑线的位置寻找买点；股价在压力线下方向上突破时，应买入股票，并到上一根压力线的位置寻找卖点。

支撑线和压力线是可以相互转化的，当股价从上向下突破一条支撑线后，原有的支撑线将可能转变为压力线；而当股价从下向上突破一条压力线后，原有的压力线也将可能转变为支撑线。在某些时候我们可以发现，股价运行在两条相互平行的趋势线之间，上面的线为压力线，下面的线为支撑线，我们经常把这种情况称为箱型整理。一些投资者常根据支撑压力线搏取短线差价。趋势线常可以和成交量配合使用，股价从下向上突破压力线时，往往需要大成交量的支持，如果没有成交量支持的突破，在很多时候是假突破。

股价对趋势的突破一般以收盘价为标准，但很多时候投资者不一定要等到收盘，而应根据盘中实际突破情况，及时做出买卖决定，因为等到收盘时已经太晚了，第二天的跳高或跳低开盘将使你丢掉一大段行情或产生一大段损失。

许多人把收盘价穿越趋势线超过3%的幅度，作为有效突破，股价从下向上突破压力线时，可以参考这条原则；股价从上向下跌破支撑线时，应采取一破位就离场的原则，而不要教条地去等待3%。

总之，趋势线可以帮助投资者顺势而为，寻找价格运动趋势，在上升趋势时买入并持有，在下跌趋势时不买股票而持币，投资者应牢牢记住，永不确认市场转势，直到趋势线被打破为止。

（3）看时间选股票。

要在股票市场上赚钱，只有先学会看盘才能过渡到分析。目前受消息面影响是事实，但一切消息都在盘面上体现，因此盘面最真实。如果会看盘，就会买到低价，卖到高价，如果不会看就只能追涨杀跌，一买就跌，一卖就涨。

沪深股市交易日为每周一至周五，国家法定假日和本所公告的休市日，不进行任何交易。在交易日内的9：15～9：25为开盘集合竞价时间，9：30～11：30、13：00～15：00为连续竞价时间，开市期间停牌并复牌的证券除外。根据市场发展需要，经证监会批准，可以调整交易时间。

现有几种最基本的时间看盘方法供投资者参考：

①开盘9：00～9：15的准备。"要赚必抢占先机"，掌握开盘15分钟必为股市赢家。最重要的时间输赢都在一瞬间，请散户投资者多把握。

操作技巧如下：短线交易者，开盘后必须立即查看委托买进笔数与委托卖出笔数的多寡，研判大盘究竟会涨会跌。一般而言，如果一开盘委买单大于委卖单达2倍以上（如买单10万张，卖单5万张），则显示买气十分旺盛，做多胜算较大，短线进出者可考虑买进，待股价拉高后立即于高价抛出获利；相反，若卖单大于买单2倍以上，则代表空方卖盘十分强大，当日沽空比较有利，开盘立即卖出手中持股，逢低再补回。

观察大盘的气势强弱，可在涨跌幅榜上注意涨停板或跌停板家数的增减。由于国内股市常有追涨杀跌的投机风气，越涨越追涨、越跌越杀跌。因此，发现大盘涨停板家数由几家迅速增加至多家以上，代表大盘气势强劲，上涨有力，必须择机立即抢进；相反，如跌停家数有出现迅速增加数家以上，且卖单大于买单时，很快就会有多家甚至数十家以上下跌，则代表大盘气势极弱，必须立即抛出手中持股，以锁定利润或免遭套牢，并可有资金择机再行入市。

观察一开盘即涨停、跌停板的个股，并密切注意及追踪其量价变化。如果此时大盘买单大于卖单，上涨家数大于下跌家数，代表大盘偏多（买气较强），此时短线进出者可考虑以市价买进选中的个股，次日一拉高即抛出1/2，再拉高再抛余下的1/2，即可获利。

②9：15～9：25是集合竞价时间，也是每个交易日第一个买卖股票的时机，机构大户借集合竞价跳空高开拉高抛货，或跳空低开打压进货，这是经常有的现象。

开盘价一般受昨日收盘价影响。若昨日股指、股价以最高位报收，次日开盘往往跳空高开，即开盘股指、股价高于昨日收盘股指、股价，俗称跳空缺口；相反，若昨日股指、股价以最低报价，次日开盘价往往低开。跳空高开后，若高开低走，开盘价成为当日最高价，股民手中若有昨日收于最高价的"热门股"，有参加集合竞价抛货的机会，卖出价可大于或等于昨日收盘价或最高价。若热门股昨日收盘价低于最高价，已出现回落，可以略低于昨日收盘价抛货。

此外，若你准备以最低价抓一暴跌的热门股，抢反弹，也可以参加集合竞价。因为昨日暴跌的最低价收盘的股票，今日开盘价可能是今日最低价。当然，也可以集合竞价卖出热门股，买入超跌股。倘若热门股或超跌股仍有上（下）行空间配合，"利好"消息（或"利空"消息）及大成交量，可突破上挡阻力位（下挡支撑位），就不应参加集合竞价"抛货"（进货），待观察开盘后走势再行决定。但是，当9：25集合竞价出现时，你若发现手中热门股缺口很大（一般股票开盘价比前收盘高开5%以上时），且伴随成交量放大，应立即以低于开盘价卖出股票，以免掉入多头陷阱套牢。此时，一般不应追涨买入热门股。相反的，热门股集合竞价跳空缺口不大，成交量较大，经分析仍有上行，又有最新"利好"消息、传言配合，有可能冲破上挡阻力位，可考虑在冲破阻力位后"追涨"买入或回挡至"支撑"位时买入；若开盘价靠近"支撑"位，可立即买入。该"热门股"若随大盘涨跌，就应考虑开盘股指是靠近支撑位，还是阻力位，及股指上行时对此热门股的影响。

③9：30～10：00是第二次进出货时机。是要脱手热门股的一个时间，若股价开盘后高开高走，股价急剧上涨，最高价常出现于上午10：00以前，且成交量急剧放大，往往这个时间为热门股抛货的一个时机。假如股价平开高走，随成交量放大，股价平稳上涨，此时可用分时股价图（60分钟K线图）、分时成交量图分析"热门股"走势，判断是否买入。

另外，暴跌的股也往往在上午10：00以前出现最低价，因此可考虑买入抢反弹。是否买暴跌的股票，一要看是否跌过了头，跌到了支撑价位；二要看消息面、主力意图，即暴跌股能不能再炒起来。

④11：30，收盘前为买入卖出股票第三次时点。若热门股从趋势上发出抛货信号，上午走势，随着成交量放大，一浪高于一浪，应立即抛货。若"热门股"从趋势上发出买入信号，可能以最高价收市，随着成交量放大，一浪高于一浪，可考虑买入。注意上午收盘股指、热门股价，此为重要信号。若上午收盘股指、股价高于（或低于）当日开盘股指、股价，则预示多方（空方）将取胜。

因此，上午收盘前，下午开盘后的几分钟，为买入、卖出股票重要时机。高收者，下午可能高开高走；低收者，下午可能低开低走。中午，注意相关公告，一般临时的重要公告均为中午发布。

⑤13：00开盘，注意上午炒作的热门股走势。若成交量急剧放大，股价徘徊

不上，当心主力在抛货或会有较大的回调。

⑥14：00～14：30，是市场"T＋0平仓盘"时间。股指、股价往往出现当日最高价、次高价。这是因为上午T＋0买入的机构大户，要拉高抛货，此时为第四次抛货时机，要相当重视。因为若机构大户出完货很可能打压股价，不再护盘。

⑦14：45～15：00，是全日最后一次买卖股票时机。注意查询自己的买卖申报是否成交，该撤销的要撤销处理，防止误买入、误抛出。在高位或震荡时，这一时刻往往会发生相当大的变化。

收盘前，是买入强势股和卖出弱势股的最后机会。此时全日收盘时形势明朗，可预知第二天大盘、个股走势，若高收，次日必高开高走，故投机者纷纷"抢盘"。有的投机者只作隔夜差价，当日收盘前抢入强势股，次日开盘后抛掉，稳稳当当地获利，风险也小，短线者切勿在重要时刻擅自离开或分心，更不能委托他人处理，以免造成不如己愿的情形发生。

⑧收盘后要择时做好复习工作，从大单入手寻找大资金意图，把消息面、基本面理个思路。查看当日股市涨跌榜，分析大盘及个股情况，注意成交最大的个股榜及涨幅最大的股票群，看机构大户是在抛货还是进货。晚上在家做"功课"，尤其周末要阅读有关证券投资的报纸及刊物，分析宏观面、基本面及技术面，分析本周大盘与个股走势，预测未来走势，确定买卖或捂股方案。

⑨"星期一效应"与"星期五效应"。星期一收盘股指、股价收阳线还是阴线，对全周交易影响较大。因为多（空）方首战告捷，往往乘胜追击，连拉数根阳线（阴线），应予警惕。星期五收盘股指、股价也很重要，关系到周线的阴阳。它不仅反映当日的多空胜负，亦反映当周的多空胜负。除特大的"多空"外，星期五股指、股价常低收，即卖盘大于买盘。原因是股民担心周五收盘后，有关层面可能会发布"利空"消息，到周一跑就晚了，故卖了股票，图个假日踏实。

当然，如果有利多消息，周一开盘追入也不迟。周五弱市中，一些含权股往往表现坚挺，这是股民在搏公布送配方案。若某含权股有较好方案，周一股价高开高走，可获取差价。但若无消息，或消息不如传言的好，周一开盘后赶紧抛出。因为搏消息"失败"，股票价格会下跌，特别是空头市场中人们对后市不抱希望，不会花钱买配股。"熊市"中送配股曾有过公布一个，股价掉一个，不

"填权"反"贴权"的例子。

警惕机构大户借技术指标骗线，临收盘故意拉高或打压收盘股指、股价，次日跳空高开或低开，达到次日拉高抛货或压价进货的目的。识别方法：一看有无大成交量配合。无论抛货还是进货，均会通过骗线设置"陷阱"。二看利多或利空消息，是否有市场传言配合，并分析传言的真伪。结合大成交量，再研究其他技术指标，可初步确认为多头还是空头市场，再决定买入或卖出股票。但为防止上当，既不要完全满仓，也不要彻底空仓。

（4）看盘面选股票。

对一个普通投资者而言，看盘水平的高低会直接影响其短线赢亏，即使是中线投资者也不能忽视其存在价值。如果中线投资者在较高位介入，却不懂利用高抛低吸降低成本，即使获利，也不能称其为合格的投资者。

通过盘中的股指及个股走势，判断买卖双方力量的强弱，以此决定对股票的买卖节奏的把握，这是是否赢利或赢利高低的关键。职业投资者区别于普通投资者的最大之处在于他们往往能从变化莫测的股市交易细微处，洞察先机。而他们所以能看出盘中数字变化传递的信息，是一种经验的积累，亦即股市经历。积累往往是通过多年对其自身操作失败经历的反复总结而得到的，但现在许多投资者入市多年也没有收获，就是其不善于总结的缘故。因此，看盘水平是衡量一个投资者水平的重要依据。

看盘主要应着眼于股指及个股的未来趋向的判断，大盘的研判一般从以下三方面来考虑：

①股指与个股方面选择的研判（观察股指与大部分个股运行趋向是否一致）。

②盘面股指（走弱或走强）的背后隐性信息。

③掌握市场节奏，高抛低吸，降低持仓成本（这一点尤为重要）。尤其要对个股研判认真落实。

盘中个股走势是一天的交投产生的形态，能够清晰地反映当日投资者交易价格与数量，体现投资者买卖意愿。为了能更好地把握股价运行的方向，我们必须要看懂盘中走势，并结合其他因素做出综合判断。一般理解，看盘需要关注开盘、收盘、盘中走势、挂单价格、挂单数量、成交价格、成交数量与交投时间等，但这只是传统认知，在实战中其他因素也很重要，难以一一罗列，所以说股市是综合智力的竞技场。

根据长期看盘积累的经验，我们有如下判断：盘面上，长线股票的识别，配合基本面、业绩、股本大小、行业等。

短线好股票的识别：

①买入量较小，卖出量特大，股价不下跌的股票。

②买入量、卖出量均小，股价轻微上涨的股票。

③放量突破趋势线（均线）的股票。

④头天放巨量上涨，次日仍然放量强势上涨的股票。

⑤大盘横盘时微涨，以及大盘下跌或回调时加强涨势的股票。

⑥遇个股利空，放量不下跌的股票。

⑦有规律且长时间小幅上涨的股票。

⑧无量（缩量）大幅急跌的股票（指在技术调整范围内）。

⑨送红股除权后又涨的股票，此类股票的市场形象和股性都是当时最好的。

短线差股票的识别：

①买入量巨大，卖出量较小，股价不上涨的股票。

②买入、卖出量均较小，股价不上涨的股票。

③放量突破下挡重要趋势线的股票。

④前日放巨量下跌，次日仍下跌的股票。

⑤遇个股利好但放量不涨的股票。

⑥大盘上涨而个股不涨的股票。

⑦流通盘大，而成交量很小的股票。

⑧经常有异动，而股价没有明显上涨的股票。

⑨除权送红股后放量下跌的股票。

天天观盘，用心观察，不难找出符合自己心愿而又能赢利的好股票，避开导致亏损的差股票。

（5）看资讯选股票。

股市是市场经济的窗口，经济的晴雨表，经济活动中最敏感的市场。宏观经济政策、国家经济现状、利率、汇率、物价、货币供给、水旱灾、国家颁布的政策法令等，各行业原材料与产品价格的变动，以及各上市公司形象、业绩、获利能力、财务结构、送红配股、董监事改选、处理资产、扩大生产、外资介入等，都会影响股价的涨跌。

投资者必须随时掌握股价变动和上述资讯，以决定最佳买卖时间和买卖价格。要获得足够的股票资讯，就必须从股票专业类报纸、杂志、刊物、广播电台、电视、网络等大众传播媒体着手。

目前国内证券专业类报纸、杂志很多，大到全国性证券专业类报刊、杂志，小到地方性的证券报刊、杂志、股市讯息传真件等，还有一些非法出版物，讯息俯拾皆是。在这样一个真假难辨的讯息市场里，什么样的证券讯息才是比较权威可靠的呢？

①报纸：由于股票投资者大幅增加，证券专业报纸应运而生，这其中，由中国证监会指定的信息披露报刊最具权威性。例如《证券时报》、《中国证券报》、《上海证券报》、《金融时报》等，另外许多经济类大报、地方报设有证券版，专门刊登有关证券方面的行情信息。投资者可从这些报纸即时获取上市公司的信息公告，以及与上市公司经营及未来发展息息相关的各种经济消息、产业动态、上市公司变动等信息、证券专业人士每日市评，还可看到交易所发布的每日行情信息。

②杂志：《证券市场周刊》、《股市动态分析》、《股市导报》等周刊，刊登每周证券市场行情、市况、股评、各种经济分析、上市公司经营分析的文章。还有如深交所主办的证券理论研究刊物《证券市场导报》月刊、上交所发展研究中心主办的《上市公司》、中国证券业协会主办的《证券业》等。

③广播电台：各地广播电台经济快讯等栏目定时播报最新股市信息，除即时播报股市行情，还请一些证券专业人士剖析行情。

④电视：中央电视台一些经济信息栏目，也播放股市信息。中央二台更设有专门栏目由专家对行情进行分析讲解，各省市电视台、有线电视台也有类似内容。

⑤声讯传真：一些地方设有声讯台，播放即时股市行情，还有股评人士对行情的解盘。一些投资咨询公司通过传真服务，即时对大势、个股点评。

⑥网络：通过家庭电脑上网获取即时股票资讯是目前获取信息最快的方式。随着电脑的日益普及，将有越来越多的投资者通过这种方式进行交易和取得信息。

投资者可获取信息的渠道很多。尽管如此，在大家都认为中国证券市场是"消息市"的情况下，新入市股民面对各种各样真假难辨的信息，往往盲从消息导致亏损。为规范证券咨询市场，1998年4月中国证监会批准了第一批获证券咨询从业资格的投资咨询机构和股评人士，一定程度上扼制了咨询市场的混乱局面。

因此，新入市股民，了解来自正规渠道的证券信息会更安全可靠，例如中国证监会指定信息披露的证券专业类报纸、杂志，通过对收集信息处理加以判断，做出投资决策，而不应该盲从报摊上非正式出版物推荐的所谓"黑马"。

（6）按计划选股票。

投资者进行股票买卖的实战操作，与其他实业投资一样，想与干之间总是有差距，甚至相逆。在实际操作中会经常出现"知道应该这样做，但却并没有这样做"的情况，主要是由于操作的随机性与希望碰好运所造成，而这正是股票投资中获胜的障碍。克服这种障碍的重要措施也有两点：一是在每一阶段中做好周密的操作计划，二是保持冷静理智的分析能力。能够做到第一点的人可以做解盘手与分析师，两点都能够做到的人才能做大赢家。上述两点正是区分合格的职业投资人与业余投资选手的重要标准，但要想在市场中获得长期收益，必须要在这方面多加努力。但由于人性的弱点，多数投资者往往梦想以随意的灵机一动或依靠别人获得几个涨停板获利，这些基本上全是痴心妄想和白日做梦。

目前多数投资者根本不会在行动时考虑风险和做长久打算，短线求利感特别强，即使是你告诉他前面有个陷阱，假如主力在陷阱后面放的是银子，多数投资者都会在没有任何保护措施的情况下徒手去抢，如果放块金子就会不要性命地去抢。职业投资者则不然，他也会去捡，但是会绕开陷阱，或借助工具，或等到众人都掉到陷阱填满后走过去也行。

制订计划时首先必须明确目的，主要目的有长线与短线、投机与投资、题材与成长性区分。计划是实施目的的手段，两者必须配合，如果两者发生矛盾，结果就会产生偏差。在实际情况中就经常有这种现象，比如说，某个投资者用技术分析某个股票可能要大涨，但因为这个股票的业绩不好，没有买，结果该股票真的大涨，后悔不已，这就是典型的用投资的方法去追求投机目的。或者看到某个股业绩好但买入后就是不涨，忍不住抛掉，之后该股大涨，又一次后悔不已。这更是典型的用投机的方法去追求投资目的，结果都是后悔。万般皆有药，唯独没有后悔药，投资投机两相宜才是全能投资人。

①投资计划的制订与实施：投资业绩成长性最好的两支股票。实施方法是：

在该股底部区域作第一次买进，以后每下跌一个区间均加倍买进一次，长线持有，只有在明显的顶部时减仓，但最少保持100股，以强迫自己注意，不至忘掉。在发现更好的品种时，可以增加一个品种。

②投机股价超跌的个股：超跌个股相比同价位的股票，业绩有明显的优势，但股价却相对较低，在它们出现连续放量时少量介入，只低位加仓，有20%以上利润出局，适当高抛低吸。

③题材计划的制订与实施：投资送红股的题材股，此类个股含多年滚存利润，未有大送股历史，有主力机构主持，流通盘子不宜太大，价格低。

④投机小盘股：此类股票价格应相对较低，流通盘小，业绩前景尚可。可在大盘发生急挫或中期见底时逐渐吸纳，中线持有并高抛低吸，但低位购买的筹码不应轻易全部出局。

投资者可以根据自己的资金情况和个人习惯参照上述思路制订适合自己的一种或组合数种计划实施。更建议操作经验不丰富的投资者以中长线投资为主，这样一年的买进机会并不多。拥有上亿资金投资者一年也只操作几支股票，几万块钱更没必要操作太多的股票，更不要企望战胜庄家，凭实力这是不可能的，但在某一阶段伏击几个庄家是完全可能的，不过要做到知己知彼。很多人在买卖时是又不知己，又不知彼，一旦被套牢，六神无主。

（7）按原则选股票。

许多投机者买入股票非常随便，只要有股评人士推荐，或有利好传闻，就买进。对于这些朋友来说，买股票比买菜还随意，买菜还要挑三拣四呢。随意的结果可想而知，买入后大多被套牢，然后抱回家睡觉，等待解套。如果买入股票时能掌握一些有效的原则并严格遵照执行，就可以大大减少失误而提高获利的机会。下面介绍几个有效的买入原则。

①趋势原则：在准备买入股票之前，首先应对大盘的运行趋势有个明确的判断。一般来说，绝大多数股票都随大盘趋势运行。大盘处于上升趋势时买入股票较易获利，而在顶部买入则好比虎口拔牙，下跌趋势中买入难有生还，盘局中买入机会不多。还要根据自己的资金实力制定投资策略，是准备中长线投资还是短线投机，以明确自己的操作行为，做到有的放矢。所选股票也应是处于上升趋势的强势股。

②分批原则：在没有十足把握的情况下，投机者可采取分批买入和分散买入

的方法，这样可以大大降低买入的风险。但分散买入的股票种类不要太多，一般以在 5 支以内为宜。另外，分批买入应根据自己的投资策略和资金情况有计划地实施。

③底部原则：中长线买入股票的最佳时机应在底部区域或股价刚突破底部上涨的初期，应该说这是风险最小的时候。而短线操作虽然天天都有机会，也要尽量考虑到短期底部和短期趋势的变化，并要快进快出，同时投入的资金量不要太大。

④风险原则：股市是高风险高收益的投资场所。可以说，股市中风险无处不在、无时不在，而且也没有任何方法可以完全回避。作为投机者，应随时具有风险意识，并尽可能地将风险降至最低程度，而买入股票时机的把握是控制风险的第一步，也是重要的一步。在买入股票时，除考虑大盘的趋势外，还应重点分析所要买入的股票是上升空间大还是下跌空间大、上挡的阻力位与下挡的支撑位在哪里、买进的理由是什么？买入后假如不涨反跌怎么办？等等。这些因素在买入股票时都应有个清醒的认识，就可以尽可能地将风险降低。

⑤强势原则：强者恒强，弱者恒弱，这是股票投资市场的一条重要规律。这一规律在买入股票时会对我们有所指导。遵照这一原则，我们应多参与强势市场而少投入或不投入弱势市场，在同板块或同价位或已选择买入的股票之间，应买入强势股和领涨股，而非弱势股或认为将补涨而价位低的股票。

⑥题材原则：要想在股市中特别是较短时间内获得更多的收益，关注市场题材的炒作和题材的转换是非常重要的。虽然各种题材层出不穷、转换较快，但仍具有相对的稳定性和一定的规律性，只要把握得当，定会有丰厚的回报。我们买入股票时，在选定的股票之间应买入有题材的股票，而放弃无题材的股票，并且要分清是主流题材还是短线题材。另外，有些题材是常炒常新，而有的题材则是过眼烟云，炒一次就完了，其炒作时间短，以后再难有吸引力。

⑦止损原则：投机者在买入股票时，都是认为股价会上涨才买入，但若买入后并非像预期的那样上涨而是下跌该怎么办呢？如果只是持股等待解套是相当被动的，不仅占用资金错失别的获利机会，更重要的是背上套牢的包袱后还会影响以后的操作心态，而且也不知何时才能解套。与其被动套牢，不如主动止损，暂时认赔出局观望。对于短线炒作来说更是这样，止损可以说是短线操作的法宝。股票投资回避风险的最佳办法就是止损、止损、再止损，别无他法。因此，我们

在买入股票时就应设立好止损位并坚决执行。短线炒作的止损位可设在5%左右，中长线投资的止损位可设得更高一点。只有学会了止损的股民才是成熟的投机者，也才会成为股市真正的赢家。

4. 选购新股有哪些技巧

（1）新股发行时的选择技巧。

在交易市场的资金投入量有限的前提下，新股的发行将会抽走一部分交易市场的资金去认购新股。如果同时公开发行股票的企业很多，将会有较多的资金离开交易市场而进入股票的发行市场，使交易市场的供求状况发生变化。但另一方面，由于发行新股的活动，一般都通过公众传播媒介进行宣传，从而又会吸引社会各界对于股票投资进行关注，进而使新股的申购数量大多超过新股的招募数量。这样，必然会使一些没有获得申购机会的潜在投资者转而将目光投向交易市场。如果这些潜在投资者经过仔细分析交易市场的上市股票后，发现某些股票具有投资价值，就可能转而在交易市场购买已上市股票，这样，又给交易市场注入了新的资金量。

虽然在直觉上可将新股发行与交易市场的关系做出上述简单分析和研判，但事实上，二者之间真正的相互影响到底是正影响还是负影响，要依股市的当时情况而定。

一般来讲，社会上的游资状况、交易市场的盛衰以及新股发行的条件，是决定发行市场与交易市场相互影响的主要因素。其具体表现是：

①社会上资金存量大、游资充裕、市况好时，申购新股者必然踊跃。

②市况疲软，但社会上资金较多时，申购新股者往往也较好。

③股票交易市场的状况好，而且属于强势多头市场时，资金拥有者往往愿将闲钱投入交易市场搏击，而不愿去参加新股申购碰运气。

④新股的条件优良，则不论市况如何，总会有很多人积极去申购。

在我国目前的市况下，投资者可根据新股发行与交易市场的关系，灵活地进行相应抉择。

（2）新股上市时的选择技巧。

新股上市一般指的是股份公司发行的股票在证券交易所挂牌买卖。新股上市的消息，一般要在上市前的十来天，经传播媒介公之于众。新股上市的时期不同，对股市价格走势就会产生不同的影响。投资者应根据不同的走势，来恰当地进行投资决策。

当新股在股市好景时上市，往往会使股价节节擎升，并带动大势进一步上扬。因为在大势走好时，新股上市容易激起股民的投资欲望，使资金进一步围拢股市，刺激股票需求。新股上市时，投资者还应密切注视新上市股票的价值调整，并掌握其调整规律。

一般来讲，新上市股票在挂牌交易前，股权较为分散，其发行价格多为按面额发行和中间价发行，即使是绩优股票，其溢价发行价格也往往低于其市场价，以便使股份公司通过发行股票顺利实现其筹资目标。因此，在新股票上市后，由于其价格往往偏低和需求较大，一般都会出现一段价值调整时期。其价位调整的方式，大体上会出现如下几种情况：

①股价调整一次进行完毕，然后维持在某一合理价值进行交易。此种调整价值方式，系一口气将行情做足，并维持其与其他股票的相对比价关系，逐渐让市场来接纳和认同。

②股价一次上涨过头，继而回跌，再维持在某一合理价值进行交易。将行情先做过头，然后让它回跌下来，一旦回落到与实质价位相配时，自然会有投资者来承接，然后依据自然供求状况进行交易。

③股价调整到合理价位后，滑降下来整理，再做第二段行情调回到原来的合理价位。这种调整方式，有涨有跌，可使申购股票中签的投资者卖出后获利再买进，以致造成股市上的热闹气氛。

④股价先调整至合理价位的一半或2/3的价值水平后，然后进行整理，让新的投资者或市场大户吸进足够的股票，再做二段行情。此种调整方式可能使心虚的投资者或心理准备不充分的股民减少盈利，但有利于富有股市实践经验的投资老手获利。

由此可见，有效掌握新股上市时的股价运动规律并把握价值调整方式，对于股市上的成功投资是不可或缺的。

5. 中短线选股有何技巧

中短线操作极具挑战性，对投资者是否敏感、决策是否果断有很高的要求。中短线选股的基本原则是要求被选股票（或股票组合）能够在相对较短的一段时期内（比如：1周到3个月）具有较高的涨幅预期，而对这一特定时期之后的远期股价趋势特征并不注重。因此，这就决定了中短线选股必须重势，以及追求投机性价差收益的特点，这与长线选股注重股票质地和追求稳健的投资收益有明显区别。根据过往的经验并结合目前我国股市特点，我们认为中短线选股应参照如下基本原则：

（1）积极参与市场热点。

中短线操作不能以长线的价值投资为理念去选择个股，因为那些具备长线投资价值的股票在短期并不会一定上涨，甚至还有可能下跌。

（2）重点抓强势板块中的龙头股。

在2006年的股市中，大盘的许多龙头股上涨幅度可观，尤其是那些金融类的龙头股，像工商银行、中国银行、招商银行等，另外像贵州茅台、中信证券等行业龙头股也涨势喜人。

（3）上市公司公告蕴藏一定的个股机会。

不仅上市公司每年定期发布的年报和中报经常有出人意料的惊喜，而且投资者可以从上市公司不定期的公告中发现不少有关该公司重大经营活动、股权重组等对个股价格有重大影响的信息内容。值得注意的是，投资者在决定是否根据相关信息买卖某一股票之前，必须结合相关股票最近一段时期的走势分析，因为不少个股的股价已经提前反映了公开公布的利好信息，这时就要相当谨慎。

（4）娴熟运用各种技术分析工具以帮助优化买卖时机。

虽然我国股市存在主力设置图表陷阱的现象，导致在某些情况下技术分析方法失灵，但真正领悟了技术分析的精髓之后就能具有识别技术陷阱的经验方法，在此基础上运用技术分析方法确定中短线个股的买卖时机，仍然不失为一种有效和可行的途径。如：组合移动平均线的运用、资金流向及成交量分析、形态理论运用等看似十分简单的分析方法，在实践中如能结合股票基本面的分析加以正确地运用，对投资者选股很有帮助。

（5）避开高风险的"地雷"股。

由于2004年以前我国股市的市场发育、市场监管体系尚不成熟，上市公司发布虚假信息、机构大户坐庄行为普遍，经常有股票突然"变脸"并引发股价大幅下跌，这些因素加大了投资者的选股风险。因此，仔细分析各种个股潜在的风险因素成为选股过程中最为重要的一环。此外，不少高价股已经进入超买阶段，当主力发现跟风的投资者达到一定规模时即有可能杀跌出货，使跟风的投资者高位深套其中。可见，要避开高风险股票不仅不能盲目跟风，而且不应仅看以往的业绩选股。

6. 长线选股有何技巧

股市变幻无常，莫测高深，操作难度大，因此，很多投资人都非常崇尚"长线是金"的格言。

长线操作应先注意介入的最佳点。如果你是在风口浪尖上买的股票，在茫茫的下跌途中，你将陷入"套牢"的境地，而不是长线投资。因此说，在合理的价位进行投资，是长线操作的关键性因素。其次是注意选股。长期投资是看重股票的成长性，预期未来的收益增长。如果一家上市公司盈利水平连年下降，且公司又没有改变这种状况的打算，即使你介入时是相对的低位，其未来的涨升空间也会是十分有限的。这时候，就应该对于上市公司的基本情况多加研究，选择一些成长性好，收入稳定的股票作为长线投资的品种。其三即是持有的时间，像当年的深发展那样，长线持有能获利数十倍的机会已经越来越少。当一支股票逐步向价值回归，直到市盈率高企股价走高时，就不应再继续持有，而应当选择一个适当的价位派发出去，并不是只要持有就能获利。

操作长线，也有高抛低吸的技巧，做波段行情，一波段持续约一年。一个长期趋势既包括上涨趋势的多头市场也包括下降趋势的空头市场，多头的每一个上升波平均水平较前一上升波的平均水平都高。这时尽可以放心地继续持有你的股票。在长期趋势中往往会出现波动，主要原因是股价连续上涨一段时间后，低价买进的投资者在落袋为安心理的驱使下，卖出股票获利了结，因而形成上档卖压，此时投资者最好暂时减仓出局，等待回调再行介入，一般来说回档的幅度可达到前一次上升幅度的1/3。长期操作时投资者应注意把握股价变动的长期趋势和中期趋势，不应过多注意短期趋势，这是因为长期及中期趋势相对容易预测。

进行长期投资时，在长期上涨趋势的底部和中部都可以买入，买入后持有到高位卖出即可获利，只要对长期趋势预测正确，不管在股价到达高位前有多少次中期性回档，都要坚信股价还会反弹，等到最后的卖出时机定会有丰厚的收益。

长线选股的关键在于下工夫研究上市公司基本面，选取有发展潜力的上市公司在低位建仓，长期持有，波段操作。一般来说，长线选股要注重以下几个方面：

（1）研究国际、国内市场中哪些行业的产品具有潜在大市场。从上述行业中挑选出相关上市公司，再相互对照比较，看谁最有发展潜力。

（2）国家及地方政府大力扶持的行业。

（3）选有垄断性的公司。垄断包括地理位置垄断、资源垄断、行政许可垄断、技术垄断等。排位靠前的垄断方式可靠性较高，垄断是超额利润的来源。

（4）研究上市公司的现有项目和投资项目与国家经济政策及市场需求间的关系，用投资项目的盈利预测来测算上市公司的潜在价值，进而推算其在二级市场可能达到的股价。

（5）要选股本结构合理，总股本较大，不易于主力操纵的个股。

凡上市公司有以下十种情况中任何一种，就一票否决。通过这种方法可以排除95%以上的公司。

（1）有信用污点的公司不选。包括：大股东掏空上市公司、虚假陈述、隐瞒应当披露的信息、内幕交易、提供虚假会计信息等等。

（2）整体不景气行业的公司不选。行业整体不景气，上市公司的经营就会受影响。

（3）母公司经营不善的公司不选。上市公司的母公司常被称为集团公司，如果集团公司经营不善，那么上市公司的经营能力往往也好不到哪里去，而且掏空上市公司的危险性也会上升。

（4）主业不突出，搞多元化经营的公司不选。

（5）企业规模过小的公司不选。规模过小的上市公司没有形成规模效应，经营成本高、抗风险能力弱。

（6）绩差绩平公司不选。

（7）5年内业绩大幅波动的公司不选。这一条同时排除了许多上市时间短的公司。公司业绩大幅波动说明公司经营不稳定，风险较高。要考察公司的稳定性，5年时间是必需的。

（8）无稳定现金分配的公司不选。稳定的现金分配证明了公司经营的稳定性和业绩的真实性。造假的公司只能造出账面利润而不能造出现金，只能通过送转股分配红利而不能通过现金分配红利。

（9）被媒体质疑的公司不选。

（10）累计涨幅巨大的公司不选。

7. 如何挑选成长股

（1）成长股的特征。

真正的成长股与其他股票有很大差别。如果某一股票的纯收益和股利成长确实优良，在成长率和成长时期两方面均超出投资者的预计，该股票即可能长期提供优厚的投资收益。在短期内，优良的成长股可能在特定的股市循环里更吸引投资者的兴趣。

挑选盈利成长可能超过平均水平的股票，是否有一些指导原则呢？在证券投资学里，充满了一般性的指导原则，但其中有些是不能运用的，有些是不能定义的，但是它有助于制定一般性的投资方针。考虑到这种情况，我们将注意力转移到所谓"可证实的成长"概念上。许多股市专家为投资者提供投资指导纲要，以协助人们研究股票发行公司是否真正有纯效益和股利成长，以适合或超出投资者的期望。有一家投资公司形容成长股是"积极进取、成长性公司的股票"；这种公司在充满机会的沃土上运营，并且从可辨识的技术、社会和经济趋势加上有能力的管理上获得补益。"积极进取"一词意味着公司方面的某种进取性，从新趋势中获取利润的意愿，以及在股东要求下转变经营的意愿，"充满机会的沃土"指的是产品的范围是动态的，并且能够迅速转变，并非封锁在传统的静态类型下。这一颇有名气的投资公司特别强调有能力的管理。因为只有最佳的公司经理才能够在变革的趋势中筹集资金，并使其公司成长。

许多热衷于成长股的人，列举了很多具有成长潜力的公司的相关标准。对于公司产品超过一般平均水准的需求增长，这是判断公司是否具有成长潜力的基本标准。事实上，成长的基本定义是可辨识、可加以管理的，是落后于需求与供给的。因为一家要以超过平均水准持续成长的公司，需求必定持续成长，经过数年之后，超过供给。

成长股的支持者们也偏爱那些劳动成本占适当比例的公司。具有高劳动成本的公司更易受劳动力供给困难的影响，更会受工资膨胀的影响。同理，能源和原料也必须加以考虑。一家依赖稀有资源的公司，将会成为原料成本上涨的牺牲品。那些供给稀有资源的公司——或者生产必需的基建设备者，则处于较优势的位置。

产品价格是否具有弹性也是关键性的因素之一，特别是在经济不景气的环境下更为重要。在通货膨胀时期，几乎每一家厂商都必须经常提高售价，以跟得上日渐上升的成本。在高度竞争市场里的公司，将难以提高自己产品的售价，并且将发现其经营利润处于同业的压力之下，而主宰市场的公司则可以轻而易举地将所增加的成本转嫁给顾客，以维持其利润。

最低限度的政府法规限制，是成长股的另一特性。一家每当做出重大经营管理决策都必须克服政府法规限制的公司，其成长必然面临诸多障碍。在政府法规严格限制下的公司，必然较难获得超过平均水准的增长，并且较不易吸引投资者的强烈兴趣。

简单地说，成长股大体上属于那些能够控制自己命运的公司。注定要受政府法规限制、要受经济波动影响或强有力的工会左右的公司，比其他不受这些限制的公司更难以决定自己的命运。当然，在现代企业界里，没有任何公司是绝对自由的。现代经济环境较为复杂，以至于任何公司都无法完全控制自己的未来。公司对这些问题的态度以及克服这些问题的技巧，将决定其是否具备成长空间。

（2）判断公司会持续成长的标准。

"持续成长"的概念包括两种经常用以界定成长性公司的标准：财务状况和收益力。持续成长是一家公司本身再投资比率的一种衡量，也就是说，它可以借助自己的财务资源以支持成长的程度。这一概念将公司的保留盈余与全部股东权益作比较（保留盈余，即总盈余中不作为股利分配给股东，而保留在公司里以支援成长的部分），假如公司的再投资，即保留盈余，与公司目前的规模（即全部股东权益）相比，其数额相当大，例如：再投资为股东权益的3%~5%，则该公司就无法按照股东期望用其将来成长的速率来作再投资。

以美国某电话公司为例：该公司是一个盈余达其资本总额9%的强劲公司。然而，该公司将其盈余的65%作为股利分配，也就是9%的投资收益中的65%分配到股东手上了，只有该投资收益中的35%即9%的约1/3留作企业扩充之用。这样经过长时间之后，美国电话公司的每股盈余可能就无法达到这一比率。

（3）发现未来的成长股。

成长股对大多数投资者来说是一件关键性的投资武器。但是，在人们的头脑中，有许多关于成长股的本质与表现的错误观念存在。

①当大多数投资者讨论成长股时，他们指的是业已成长的股票，而不是那些

将来会成长的股票。几乎所有成长股名单所列的都是近年来已大获成功的成长股，但任何人都不能保证这些股票将来会继续成长。

②投资者经常忘记自己手中的成长股，就像其他投资对象一样，投资于成长股需要做好两项决策：何时买进与何时卖出。

③成长股的投资需要强烈的市场时机感。持有成长股绝不是一种可以避免市场趋势判断的方法。成长股在股市循环的许多阶段波动得特别激烈，甚至过去10年中业绩最佳的成长股，也常常在几个月之内跌落40%。次等成长股波动更为剧烈，它们在股市上升的早期上涨得十分迅速；在股市回跌时，比绩优成长股下跌得更早、更激烈。

但这当然不是说成长股比其他股票更没有投资价值。财务理论与股市理论都证明了它们的价值。投资者对于那些纯益和股利在未来可预期超过一般比率成长的股票，应该愿意付出较高的本益比，并且接受其目前较低的股利利润率。但是，除非投资者能够从广泛的范围选择那些在以后几年期间盈余会比其他投资者预测更迅速成长的股票，否则，投资者不应该期望持有成长股会获得更优厚的投资报酬。而这种选择是一种艰巨的任务。

要注意的是，我们并不认为成长性公司源于某些特定的经济部门。最近几年，成长股大多出现在消费品生产领域，如：可口可乐公司、柯达公司、宝洁公司等。此外，还有科技和计算机领域，如IBM等。

成长股评估标准如下：

①管理技巧。公司的管理方面是否以其杰出的专业管理能力闻名。

②产品销售成长。公司的产品单位销售成长率是不是在稳步提高，这一需求成长率是否在将来能够继续。

③低廉的劳动成本。劳动成本是否占生产成本的低比率或适度比率，劳务纠纷是否会阻碍盈余的成长。

④稀有资源。公司是否能控制其本身所需的原料，公司所依赖的供应者是否对稀有资源可能大幅度加价。

⑤产品定价。公司是否能主宰它所服务的市场，因而在必要时能够提高产品价格，或者该公司在其关键市场上只是一个小因素，必须跟随其他厂商来调整步伐。

⑥管理控制。公司管理当局能否控制公司本身的命运，公司是否能够受惠于

经济形势、银行、供应商、竞争者或政府等环境因素。

⑦持续成长率。公司能否以满意的比率支持其本身的成长，由于这一比率对每家公司来说都不相同，所以，通常视公司所服务的市场的成长率而定。对于大公司的经验法则是：真正的成长股，亦即盈余和股利在未来将迅速成长的公司股票，是极佳的投资对象。历史上确实成长良好的公司，会对其有耐心的股东提供优厚的投资报酬率。这种股票相当难寻找，但是很值得寻找，发现它们，买进它们，但是必须要有耐心，一定要在它们相对便宜的时候买进。更重要的是，当它们高价时，别犹豫，赶紧卖出，因为有一天，这些股票还会再度便宜。那时候，投资者就会拥有将这些自己心爱的股票再度买回的机会。

8. 什么样的股票才可能成为黑马

一般来说，能成为黑马的股票必须符合这几个条件：

（1）公司的流通股本较小。主力机构要想对某支股票进行炒作的话，必须投入大量的资金，如果流通盘过大，这些机构往往会放弃对该股的炒作；流通盘较小的话，被选中的机会会更大。

（2）从以往市场表现来看，股票的股性比较活跃，表明该股长期受市场主力所关注，因而进行炒作的可能性也就越大。

（3）该股近期的走势表现为低位震荡格局，以箱体震荡最为常见。因为，主力要进行炒作，必须持有大量的廉价筹码。主力建仓的手法较多，在震荡、洗盘以及初步拉升过程中都可以得到大量的筹码。当主力所持的筹码累计到一定份额时，便会对股价进行拉升。在整个炒作过程的初期，主力可能对股价进行试探性的拉升。对该股各价位上的阻力进行确认，从而制定投资计划。也就是说，在出现股价飙升的阶段之前，该股可能会对前期的阻力位形成几次假突破。总的来说，上市公司的基本面、财务状况、机构主力的操盘手法等因素也很大方面地决定着股票的走势，投资者面对不同的个股，应区别对待，从而把握盈利机会。

9. 如何在上涨行情中选股

（1）在快速上涨行情中寻找潜力股。

所谓"涨时重势，跌时重质"，快速上涨行情中，个股的基本面分析不再是最重要的，选股票应重视三大效应：板块效应、资金效应、题材效应，要选择上涨趋势明显的强势股。

在快速上涨行情的初期，绝大多数股票都会轮番上涨，但是，随着行情的进一步深化，强势股就会逐渐脱颖而出，持有强势股的投资者的收益也会超越大盘的涨幅。

对于强势股的投资有两种方法：一种是在涨升行情初期根据板块、资金、题材三大效应进行选择；另一种是如果在行情初期选股不当，也可以在涨升中期针对逐渐明朗化的强势股进行换股操作。

（2）在缓慢上涨行情中寻找潜力股。

①选股时要注意成交量的变化，关注在底部成交量温和放大的个股。在涨升初期成交量应伴随着股价的盘升而逐渐放大，当上涨至前期密集成交区之时，在较大成交量的配合下应能顺利冲过。这类有量配合的个股是盘升行情中最佳选择对象。

②选择均线系统已呈多头排列的股票。个股的 5 日、10 日、20 日、30 日等多条移动平均线向上运行，如果均线系统仍处于不断下跌的个股，不予考虑。

③选择个股要重视大势，大盘运行平稳，成交量保持均衡的，说明持股者心态平稳，股市的上涨趋势仍然可以延续，投资者可以积极选股参与盘升行情。

10. 如何寻找蓝筹潜力股

从历史行情分析，蓝筹股行情一旦启动，往往能成为当时市场中最有影响力和号召力的领涨板块和龙头股。由于蓝筹股具有一定的资金凝聚力，该板块的市场容量非常适宜于大型主流资金进出，因而能吸引不少主流资金入驻其中。

投资蓝筹股首先要关注其业绩情况，最简单的方法是通过市盈率、净资产收益率、分股收益等指标进行衡量。此外，还要考虑流通市值、成交金额、净利润总额及市场代表性和行业代表性等几个要素，这些都将影响蓝筹股在市场中的走势。

其次是蓝筹股的业绩持久性。蓝筹股不仅要有良好的业绩，更要能长久保持，即使是巴菲特也是靠投资长期业绩优良的公司来获取高额收益的。至于蓝筹股业绩是否能持久，关键是研究该上市公司的业绩是否具有较强的稳定性和可持续发展能力，这种能力主要依赖于上市公司的品牌优势、技术优势与规模优势等。

除了分析蓝筹股的投资价值以外，还要重视其投机价值。为什么有的投资者投资蓝筹股不仅不能盈利，却反而亏损呢？原因可能有多方面，但不重视蓝筹股的投机价值也是其中重要的一个因素。

对于蓝筹股的投资要注意把握时机，蓝筹股同市场中的其他热点股票一样有涨跌起落，投资者需要根据蓝筹投资整体板块的涨跌节奏，进行波段操作。

由于蓝筹股的范围较大，能够归属于蓝筹股范围的股票数量也比较多，其中可以细分为多个板块，包括有钢铁、石化、医药、科技、汽车、金融、能源等，这些细分板块往往会产生轮动的规律。投资者需要借助蓝筹股中不同的细分板块轮动特点，把握蓝筹股内部板块轮动的节奏，顺势而为地在不同板块之间实施套利操作。

此外，对于蓝筹股还需要仔细鉴别，股权分置改革之后，大型蓝筹股越来越多，蓝筹股已经不再是市场中的稀缺品种，即使出现蓝筹股行情，也不可能是所有蓝筹股都出现上涨，投资者要从众多的蓝筹股中筛选出真正值得投资参与的蓝筹股。选股时要考虑的因素有：是否是一些具有竞争优势行业的龙头公司；是否是今年刚刚上市的次新类蓝筹股；是否有基金等大型主力的积极参与等。

投资蓝筹股同样要重视风险控制。我们说蓝筹股有投资价值，并不表示投资者在任何时间和任何价位上买进都是可以盈利的。同样一支蓝筹股，在不同的时间段中有不同的价值，在不同的价位上也有不同的价值，只有股价较为合理的蓝筹股才是值得投资。理解了这一点，将有助于投资者控制风险，能够提示投资者避免在高价位盲目追涨蓝筹股。事实上，价值投资是一个长期的过程，当蓝筹股受到市场过度追捧，股价高时，就会出现价值高估的风险，这时投资者必须注意规避蓝筹股的投资风险。

9.6　其他技术类问题解答

1. 如何能在股市长期生存

（1）资金的使用量：将你的资金分成10等份，永不在一次交易中使用超过十分之一的资金。

（2）用止损价。永远在离你成交价的 3 至 5 点处设置止损价，以保护投资。

（3）永不过度交易。这会搞破你的资金使用规则。

（4）永不让盈利变成损失。一旦你获得了 3 点或更多的利润，请立即使用止损价，这样你就不会有资本的损失。

（5）永不要逆势而为。如果你根据走势图，无法确定趋势何去何从，就不要买卖。

（6）看不准行情的时候就退出，也不要在看不准行情的时候入市。

（7）买进交易活跃的股票。避免介入那些运动缓慢、成交稀少的股票。

（8）平均分摊风险。如果可能的话，交易 4 支或 5 支股票。避免把所有的资金投到一支股票上。

（9）若没有好的理由，就不要平仓。用止损价保护你的利润。

（10）累积盈余。如果你进行了一系列成功的交易，请把部分资金划入盈余账户，以备在紧急情况之下，或市场出现恐慌之时使用。

（11）永不要为了获得一次分红而买进股票。

（12）永不平均分配损失。这是交易者犯下的最糟糕的错误之一。

（13）永不因为失去耐心而出市，也不要因为急不可耐而入市。

（14）避免赢小利而亏大钱。

（15）避免出入市过于频繁。

（16）愿卖的同时也要愿买。让你的目的与趋势保持一致并从中获利。

（17）永不因为股价低而买人，或因为股份高而卖出。

（18）小心在错误的时候加码。

（19）若没有好的理由，就不在市场中变换多空位置。在你进行交易时，必须有某种好的理由，或依照某种明确的计划；然后，不要在市场未出现明确的转势迹象前离场。

（20）避免在长期的成功或赢利后增加交易。

2. 牛市里为什么赚不到钱

投资者在牛市中不赚钱的原因主要有以下几种：

（1）饥不择食型。

部分股民发现牛市行情降临，股指大幅上涨时，手中却没有多少股票，由于担心错失机会，慌忙买进，结果不是买的股票有问题，就是买的时机出差错，有时甚至在强势股的阶段性顶部位置介入，因而很难获利。

建议：股市中机会是无限的，资金是有限的，不要用有限的资金去博无限的机会。

（2）追涨杀跌型。

这类投资者惯性思维比较严重，股价上升的时候全力追涨，股价下跌的时候急忙割肉，结果使得市值在反反复复的操作中不断缩水。

建议：要在不利的情况下看市场的有利因素，在有利的情况下看市场的不利因素。

（3）死捂股票型。

牛市确实需要捂股才能获取丰厚的利润，但要看捂的是什么股，很多投资者捂的是在熊市中被深度套牢的股票，而这些股票大多不是当前行情的主流热点，自然很难解套扭亏了。

建议：换一次股票会增加不足1%的税费成本，而强势股的涨幅是弱势股涨幅的 N 倍，要分清轻重优劣。

（4）模仿基金型。

很多投资者资金不多，但操作手法却模仿基金，一个账户中有数十支股票，全面撒网，广种薄收，就算是选中了两支龙头股，但由于买的数量少，也很难获取较多收益。而且，持股数量太多，无暇全面顾及，问其持股的公司基本面情况，常常一问三不知，这样如何能把握个股的波动规律。

建议：好好清理自己的账户，轻装再上阵。

（5）熊市思维型。

在经历了熊市后，许多投资者已经被熊市"洗脑"，往往稍有获利就急忙卖出，然后指望着股价再重新跌回来，但等来的却是股价继续一路高走，自己却被远远地甩在后面。

建议：让自己的头脑清醒些，灌输些牛市思维。

（6）卖涨留跌型。

行情走好时，投资者的持股中会有部分个股是获利的，还有部分是仍然被套的，大多数投资者会选择将获利的卖出，将被套的仍然继续捂着。结果，获利卖出的股票仍在继续上涨，而捂在手中的被套股票却依然在低位徘徊。

建议：强者愈强、弱者愈弱的"马太效应"一直在股市中盛行，正确的方法是越能涨的股票越是要捂紧，对于涨不动的股票要及早卖出，盘活资金，重新选择机会。

3. 怎样才能判断好卖出时机呢

我们认为以下情况出现时可以考虑卖出股票。

（1）连续放量冲高，换手率突然放大。

上升行情中股价上涨到一定阶段，累计涨幅超过 40% 时出现连续放量冲高，有时是连续 3~5 个交易日连续放量，有时是连续 2 个交易日放量，每日的换手率都在 3% 以上，而当最大成交量出现时其换手率往往超过 10%，这意味着主力在拉高出货。如果收盘时出现长上影线，表明冲高回落。而次日股价又不能收复前日的上影线，成交开始萎缩，表明后市将调整，遇到此情况要坚决卖出。

（2）当日放量过急，而次日成交量锐减。

主要指股价出现急拉使得成交量成倍放大，次日成交量急剧减少 50% 以上，可判断为机构为减仓或为洗盘而拉高股价。不管是在上升行情还是下跌调整过程中，只要出现这种情况就应坚决卖出。

4. 想做短线有什么好方法

（1）每个板块都有自己的领头者，看见领头的动了。就马上看第二个以后的股票。如看到鑫茂科技就要想到清华同方和东软股份。

（2）密切关注成交量。成交量小时分步买，成交量在低位放大时全部买，成交量在高位放大时全部卖。

（3）回档缩量时买进，回档量增卖出。一般来说回档量增在主力出货时，第二天会高开。开盘价大于第一天的收盘价，或开盘不久会高过昨天的收盘价，跳空缺口也可能出现，但这样更不好出货。

（4）RSI 在低位徘徊三次时买入。在 RSI 小于 10 时买，在 RSI 高于 85 时卖出，RSI 在高位徘徊三次时卖出。股价创新高，RSI 不能创新高一定要卖出。KDJ 可以做参考。但主力经常在尾市拉高达到骗线的目的，专整技术人士。故一定不能只相信 KDJ。在短线中，WR% 指标很重要，一定要认真看。长线多看TRIX。

（5）心中不必有绩优股与绩差股之分，只有强庄和弱庄之分。股票也只有强势股和弱势股之分。

（6）均线交叉时一般有一个技术回调。交叉向上回档时买进，交叉向下回档时卖出。5日和10日线都向上，且5日在10日线上时买进，只要不破10日线就不卖。这一般是在做指标技术修复。如果确认破了10日线，5日线调头向下卖出。因为10日线对于坐庄的人来说很重要，这是他们的成本价，他们一般不是让股价跌破。但也有特强的庄在洗盘时会跌破10线，可20日线一般不会破，否则大势不好他无法收拾。

（7）追涨杀跌有时用处很大。强者恒强，弱者恒弱。

（8）大盘狂跌时最好选股。就把钱全部买成涨得第一或跌得最少的股票。

（9）高位连续三根长阴快跑，亏了也要跑，低位三根长阳买进，这是通常回升的开始。

（10）在涨势中不要轻视冷门股，这通常是一支大黑马。在涨势中也不要轻视问题股，这也可能是一支大黑马。但这种马不是胆大有赌性的人，心理素质不好的人不要骑。

（11）设立止损位。这是许多人都不愿做的，但这是许多人亏的原因。一般把止损点设在跌10%的位置为好。跌破止跌点要认输，不要用压它几个月当存款的话来骗自己。

5. 换股有什么诀窍

换股是一种主动性的解套策略，运用得当的话，可以有效降低成本，增加解套机会。但换股也是风险对大的解套手法，如果一旦操作失误就会赔了夫人又折兵。所以投资者在换股时要非常慎重，实际应用中要掌握换股的规律。

（1）留小换大。小盘股因资产重组成本低等原因容易被更多的庄家选中控盘，从而使小盘股股性较活，走势常常强于大盘。所以，小盘股是跑赢大势和手中滞涨股的首选品种。

（2）留低换高。低价股一般容易被市场忽视，投资价值往往被市场低估，而且低价股由于绝对价位低，进一步下跌空间有限，风险较低。如果是从高位深跌下来的低价股，因为离上档套牢密集区较远，具有一定涨升潜力。而高价股本身的价格就意味着高风险，使高价股面临较大调整压力，所以，换股时要换出高价股，留住低价股。

（3）留新换老。新股、次新股由于未经过扩容，流通盘偏小，容易被主力控盘。而且上市时间不长、没有被疯炒过的次新股，上档套牢盘轻。加上次新股刚刚上市募集了大量现金，常具有新的利润增长点。这些因素都很容易引起主流资金的炒作热情。

（4）留强换弱。弱势股的特征：如果大盘调低，弱势股就随着大盘回落，幅度往往超过大盘；如果大盘反弹，弱势股即使跟随大盘反弹，其力度也较大盘弱。所以，投资者一旦发现自己手中持有的是这类弱势股，无论是被套还是获利都要及时清仓，另选强势股。这样才能有效保证资金的利用率。

（5）留有庄股换无庄股。有庄股是指有主力介入的股票，介入的主力凭借雄厚的资金往往不管大盘的起落，不断推高价，股价呈现出强者恒强的走势。无庄股由于缺乏主力资金关照，里面大多是一些小散户在苦苦支撑，如果持有这些股，就只能和其他散户一起苦撑了。

（6）留新庄股换老庄股。因为老庄股无论以前是否有过巨幅拉升，或无论是否有获利的时间及空间，只要在长期的时间成本压制下，老庄股都非常容易考虑到如何择路而逃，所以，老庄股的上升空间和上升力度都值得怀疑。新庄股指的是主力介入时间没有超过1年的个股。由于新资金刚刚介入，其爆发力往往超过老庄股。

（7）留底部放量股换底部无量股。换股是要换能涨的、涨得快的。凡是在底部跟随大盘起伏时也会弱于大盘整体走势，即使将来被庄家选中，主力在临建仓前也会把它打下去吸筹。如果已经有庄的股而在底部不放量，只能说明主力早已吸了一肚子货，正想着怎么派发，将来的上升空间可想而知。所以，换股时要尽量关注底部放量股。

（8）留主流板块股换冷门股。有些冷门股，每天仅在几分钱里波动，全天成交稀少，如果手中有这类个股，应该及早把它抛出，换入现在属于主流板块但涨幅还不大的个股。

（9）留有潜在题材股换题材明朗股。市场中经常传一些朦胧题材，至于是否真实并不重要，只要能得到投资大众的认同，股价常有喜人的表现。可是题材一旦明朗，炒作便宣告结束了。所以，换股时，要注意选择一些有潜在朦胧题材的个股，不必选利好已经兑现的个股。

6. 怎样玩好超短线

所谓超级短线，当天买当天卖（手中已有股票，T＋0 交易）或今天买明天卖就是它的形象写照。选超级短线股的原则就是要选择市场的强势股龙头股，做超短线不考虑个股的基本面，属纯技术分析。

（1）要有敏锐的市场洞察力和充分的看盘时间。

（2）能够及时发现市场的短期热点所在。事实上总有少数个股不理会大盘走势走出出色的短线行情，同时带动整个板块。短线操作的对象就是要选择这类被市场广泛关注而大部分人还在犹豫中不敢介入的个股。

（3）在热门板块中挑选个股的时候一定要参与走势最强的龙头股，而不要出于资金安全的考虑去参与补涨或跟风的个股。

（4）从技术上分析，超短线候选股必须是 5 日线向上且有一定斜率的才考虑，买入的时机是在中长阳线放量创新高后无量回抽 5 日线企稳的时候。但有的时候遇到连续放量的个股，尤其是低位放量起来的个股，次日量比又放大数倍乃至数十倍的可以追涨进场。还有当你持有某只个股的底仓时，该股走势刚启动，这时可以大胆介入做 T＋0。

（5）超短线操作最重要的是要设定止损点。要牢记短线就是投机，投机一旦失败就要有勇气止损出局，这是铁的纪律。

（6）做超级短线更要设立目标位。原则上有 3% 或 5% 的利润就出局，积少可以成多嘛！如果红色的 K 线在你眼里变成了黄金无限延长，这时恰恰是你最需要出局的时候。

（7）超级短线出局的原则是个股涨势一旦逆转就出局，跌破 5 日线或股价小于前两天（2 日均线走平）或前三天（三日均线走平）的收盘价时就跑，这是比较好的办法。如果想跑在更好一点的价位上，则可以在先确定了日线形态不大好的情况下，在盘中以 30 分钟均线跌破 10 分钟均线时为出局信号。

（8）一旦你选好了超短线个股，就应该按照预定计划坚决地去做。在做决定的时候更多地应该相信自己事先比较细致和系统的分析，而不要让报纸和网站上所谓的股评家随意改变你的意志。

7. 如何真正识别量价齐升

经常看盘的人都有这一经验：看某支股票突然放巨量上扬，价升量增，特别是当许多技术指标都开始发出买入信号时，你生怕一会儿封住涨停后无法买到，于是赶紧冲进去，然而收盘后的结果总是让你非常失望，你追进去后股价只略为上涨，然后就在附近震荡，到尾市收盘价往往和你追进去的价位差不多。第二天，如果是遇上良庄，或许会高开让你有几分钟微利或平本出局的机会；若你遇上是恶庄，低开低走套你没商量，让你割也不是，守也不是，恰似鸡肋在手，食之无味，弃之可惜，左右为难。

见放量上涨就跟进或许每个股民都曾有过此经历，在历经数次被套之后不得不反复深思庄家的行为：是正常洗盘？还是昨日的放量已经是在对敲出货？

然而庄在暗处，跟庄的散户在明处，盘面的真真假假确实不是普通散户能够看出和分析清楚的。买入过后最终的结果不是在上涨前夕被清理出门户，就是在大跌初期还死死抱住，不懂得止损出局，最后被牢牢套在高位。更要命的是一般股民眼见放量长阳（特别是在逆市时），就总控制不了自己，一错再错！

多数的放量长阳，庄家都有对敲作量吸引跟风的行为，首先你在跟进之前要先做个分析，回避以下这两类股票：

首先是大幅炒作过的股票在高位缩量横盘有一段时间，之后突然放量启动的股票。（这类股票通常来说是最危险，常常作假突破）

其二是经过高比例的股本扩张在除权后横盘相当长一段时间的股票，如果突然在底部对敲作量制造换庄或底部回补等假象，特别是在盘面上有大手笔买单出现时更不能轻易介入。

从反复总结经验得出的结论是：放量长阳有80%左右不能跟进，那么剩下那20%是什么情况呢？

第一种是底部放量上扬的情况，注意这是在月线、周线图上观察的底部，而不是日线图上的假底部。

第二种是大型突破上扬的情况，也要注意是在月线、周线图上观察到的突破，而不是日线上的假突破。即使遇到以上两种情况也只能分两至三次介入，因为量大肯定会吸引许多短线跟风盘，而庄家肯定不会让这些跟风者轻易获利，所以我们可以在放量拉长阳当天买入部分筹码，如果出现真正走强，等缩量回调到支撑位后再分批介入。

第三种是在高位横盘较长时间后突破的情况（但这种情况也常有假象，乃庄家引诱短线客的诱饵），通常这类股票都会运行在一个较窄的箱体当中，跟进这类股票应尽量选择一些流通盘较小、相对价位不高且想象空间较大，在拉升前周K线阴阳相结，量能略有放大且股价涨幅较小的品种。对于这类放量长阳相对而言跟进的获利机会最大。

8. 个股涨停后能否买入

涨停板，尤其是底部涨停往往意味着趋势反转，阶段底部来临。人人向往涨停板，但追涨停实在是高风险的操作方法，不成功就成仁。上涨初期你很难判断出是否能够涨停；到了封停之时也很难确认是否能够封得住。很多高手都是因为追涨停判断失误后而在当天就深度套牢损失惨重的。

通过长期观察，我们发现不如在第一个涨停之后再择机介入，这样成功的机会就大了许多。

涨停后的第二天股价一般有两种走势（如图9-6所示）：

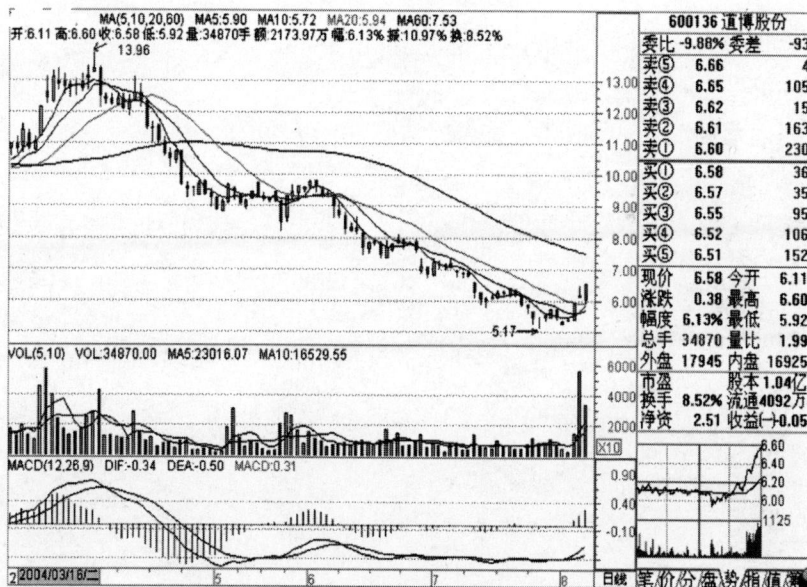

图9-6

（1）继续高开拉升。

（2）开盘后一路探底，然后股价就在均线附近窄幅波动。这就是我们要关注并且耐心等待的图形。一旦股价突破均线并伴随成交量的放大，则是我们追入的时机。

技术分析不是绝对的，任何事情都有例外。所以在操作时还要大家多多总结自己的经验，一旦做错了，就要在自己设定的止损价位出局。

所以投资者只能储备足够的股市操练知识，相机而动，最后愿各位朋友都能成为股市中的长青树。

附录

投资新手法：股指期货

投资新机遇——全新股指期货带来的赢利新视角

股指期货有"期货皇冠上的宝石"之美称。1982 年产生于美国，现为全球最大的期货品种，成为规避股票市场系统性风险和投资者进行投资理财的绝佳工具。我国即将推出的股指期货，一方面将为我国股市健康发展提供保障，更主要的是为投资者提供了又一投资理财工具。

1. 股指期货即将隆重登场

2006 年 9 月 8 日，中国金融期货交易所（简称中金所）宣告成立，标志着我国期货市场突破了商品期货时代，金融期货登上舞台。中金所 2006 年 10 月下旬公开征求《沪深 300 指数期货合约》等四个征求意见稿的意见，股指期货推出进入实质进展阶段。随后召开的衍生品大会，证监会主席尚福林透露了股指期货将择机推出。

股指期货推出已是必然，离投资者也越来越近，当前讨论的已经不是可行性、必要性的问题了，更多的是投资者如何利用这一资本市场的金融工具进行投资理财。对于广大投资者，特别是参与过股票投资的大众投资者而言，了解股指期货这一新型投资理财工具的特点，熟悉其与股票投资的异同，分析其投资风险及发现投资机会成为当务之急。

在国外，有这样一种所谓的理财方程式：即将除消费外的可支配收入分为三个部分进行投资理财。1/3 用于银行存款、国债、保险等，目标是保障；1/3 用于波动幅度较小、收益率较稳定的理财产品，如混合型基金、大型蓝筹股等，目标是保值增值，追求一定风险下的收益率；另外的 1/3 用于高风险高收益理财产品，如成长型股票、股票型基金、期货等。股指期货作为高风险高收益的理财产品成为投资者投资理财组合中的一部分。

2. 玩股指期货，不能仅靠勇气

股票投资实质上是现货投资，而股指期货首先是期货，是对股指未来涨跌的判断。作为高风险高收益的理财产品，对于股指期货投资的高风险性投资者也应该有一个清醒的认识。

股指期货的双向交易机制能够保证投资者买空卖空，看对方向就赚钱，同时如果投资者做多做空方向判断失误的话两个方向都是赔钱的。有可能一买就跌而一卖就涨。实践上来看，因为期货市场的做多做空均可获利的特性，很多投资者入场交易时没有明确的方向性，也就是不对大势有一个清晰的判断后再进行投资，而是多空均做，频繁交易，往往是踏错节拍，两边挨耳光。

股指期货投资的保证金所致的以小博大杠杆效应令投资者的风险与收益均被同步放大。对于全额交易的股票投资而言，股价涨跌30%~40%并不会令投资者陷入困境。而对于股指期货而言，满仓操作的话10%的涨跌就会将保证金损失殆尽。

此外保证金追加和强行平仓的风险也不能忽视。股指期货实行的是每日无负债结算制度，也就是投资者当天的盈亏实行无负债结算，当天赚的打入投资的账户而赔的直接打出账户。保证金不够时期货公司会要求投资者追加保证金，而未能及时追加保证金时会对投资者的持仓实行强行平仓。

在上述风险中，投资者，尤其是从股市进入的投资者会经常遇到。我们看到，股指期货是期货投资，应该以期货的交易策略进行规避。投资者掌握了股指期货投资的特性，上述大部分风险可以进行有效规避。

首先，对于做多做空都可能赔钱的双向交易机制而言，投资者要杜绝多空都想赚而频繁交易。在交易时，要对影响股票指数走势的因素进行分析，准确判断大势的走向。一般而言，个股的走势影响因素众多而复杂，而对于股指来说，作为经济的晴雨表，通过宏观经济走势更能够判断股指的未来走势，也就是说投资者可以通过股指期货分享到宏观经济的成果，而不像投资股票时经常是"赚了指数赔了个股"。同时投资者在判断好大势后，不要频繁在反弹时做多而在回调时做空，抓小波段而失去大行情。

其次，保证金的风险与收益同步放大的杠杆效应，投资者要合理正确应用这一杠杆，满仓操作是股指期货投资的大忌。满仓操作使得投资者在谋取高收益的同时，方向做错的话损失也很大，甚至可能本金很快全部损失。我国股票投资由于全额交易，有的投资者在20元价位买的股票跌至5元，看似股票还在，实质上要解套需要上涨300%，难度可想而知，股票投资者在被套的过程中是"温水煮青蛙"般深度套牢，股指期货保证金交易的放大效应，使得投资者资金来去匆匆，这样对于投资者来说止损更加重要，也就是说方向做错在不伤及筋骨的时候赶快认错，甚至反手，这样就有了翻本获利的机会。

再次，股指期货投资的追加保证金和强行平仓制度对于投资者资金管理和风险控制提了更高的要求。很多股票投资者买入被套后继续持有，甚至在下跌过程中不断买进摊平成本，这一操作策略在股指期货投资中是投资者失败最大的风险，因为大多数股市投资者根本就没有资金管理和风险控制的意识，一般都是满仓操作。股指期货投资中，保证金不足时需要追加，这样要求投资者所持仓位不能太重，一般而言以不超过 30% 为宜，这样在市场正常波动的情况下，投资者的持仓无强行平仓之虞。同时如果需要追加保证金，那就说明投资者先前的持仓方向是错误的，可以先行止损出来甚至是反手，做好资金管理和风险控制。

3. 股指期货影响之境外路径

大部分指数在股指期货上市之前上涨，在股指期货上市之后下跌，但指数的长期趋势并没有因为股指期货上市而改变。大多数国家和地区的历史经验表明，股指期货上市前后，对股票市场的波动率有影响，这也就是人们所说的助涨助跌效应。处于牛市阶段时，股指期货推出后波动率有较大可能升高；处于熊市阶段之时，股指期货推出后波动率有较大可能降低。具体影响见表附录1。

表附录1　　　　　　　　　　　　　**股指期货影响之境外路径**

美国：推出前涨、推出后跌，随即进入牛市	美国股指期货的推出虽然在短期内造成的指数的下跌，但并没有对当时美国股市的长期上涨趋势产生影响。股市仍然依托于美国国民经济的发展，在长期展现出稳步上扬走势。
日本：牛市途中，推出前无征兆，推出后小跌	从长期趋势来看，从广场协议签订开始，日本股市就形成了一个明显的长期上涨趋势，这种趋势并没有因为股指期货的推出而改变。
韩国：熊市途中，推出前涨，推出后大跌	韩国的股指期货是在指数长期下跌的趋势中推出的。股指期货上市后，指数又恢复下跌趋势。
中国台湾地区：熊市途中，推出前涨，推出后大跌	虽然股指期货推出之前指数被拉高，但股指期货推出之后立即又恢复了原本的下跌行情，也就是说，股指期货的推出也并没有影响台湾综合指数的长期走势。
中国香港地区：牛市途中，推出前涨，推出后跌	在股指期货推出之前，香港恒生指数就突破新高。到股指期货上市时，恒生指数便创下了 1 865.6 点的历史性高点，接下来就开始了两个月的回调。在这之后，恒生指数又恢复了上涨趋势。

对即将推出股指期货的初步了解

　　股指期货的全称是股票价格指数期货（也可称为股价指数期货、期指），是指以股价指数为标的物的标准化期货合约，双方约定在未来的某个特定日期，可以按照事先确定的股价指数的大小，进行标的指数的买卖。作为期货交易的一种类型，股指期货交易与普通商品期货交易具有基本相同的特征和流程。

　　股票市场是一个具有相当风险的金融市场，股票投资人面临着两类风险：第一类是由于受到特定因素影响的特定股票的市场价格波动，给该股票持有者带来的风险，称为非系统性风险；另一类是在作用于整个市场因素的影响下，市场上所有股票一起涨跌所带来的市场价格风险，称为系统风险。对于非系统风险，投资者用增加持有股票种数，构造投资组合的方法来消除；对于后一种风险，投资者单靠购买一种或几种股票期货合约很难规避，因为一种或几种股票的组合不可能代表整个市场的走势，而一个人无法买卖所有股票的期货合约。在长期的股票实践中，人们发现，股票价格指数基本上代表了全市场股票价格变动的趋势和幅度。如果把股票价格指数改造成一种可买卖的商品，便可以利用这种商品的期货合约对全市场进行保值。利用股票价格指数对股票进行保值的根本原因在于股票价格指数和整个股票市场价格之间的正相关关系。

　　股指期货的基本特征：

1. 股指期货与其他金融期货、商品期货的共同特征

　　（1）合约标准化。

　　期货合约的标准化是指除价格外，期货合约的所有条款都是预先规定好的，具有标准化特点。期货交易通过买卖标准化的期货合约进行。

　　（2）交易集中化。

　　期货市场是一个高度组织化的市场，并且实行严格的管理制度，期货交易在期货交易所内集中完成。

　　（3）对冲机制。

　　期货交易可以通过反向对冲操作结束履约责任。

　　（4）每日无负债结算制度。

　　每日交易结束后，交易所根据当日结算价对每一个会员的保证金账户进行调

整，以反映该投资者的盈利或损失。如果价格向不利于投资者持有头寸的方向变化，每日结算后，投资者就须追加保证金，如果保证金不足，投资者的头寸就可能被强制平仓。

（5）杠杆效应。

股指期货采用保证金交易。由于需交纳的保证金数量是根据所交易的指数期货的市场价值来确定的，交易所会根据市场的价格变化，决定是否追加保证金或是否可以提取超额部分。

2. 股指期货自身的独特特征

股指期货的标的物为特定的股票指数，报价单位以指数点计。

合约的价值以一定的货币乘数与股票指数报价的乘积来表示。

股指期货的交割采用现金交割，不通过交割股票而是通过结算差价用现金来结清头寸。

3. 股指期货与商品期货交易的区别

（1）标的指数不同。

股指期货的标的物为特定的股价指数，不是真实的标的资产；而商品期货交易的对象是具有实物形态的商品。

（2）交割方式不同。

股指期货采用现金交割，在交割日通过结算差价用现金来结清头寸；而商品期货则采用实物交割，在交割日通过实物所有权的转让进行清算。

（3）合约到期日的标准化程度不同。

股指期货合约到期日都是标准化的，一般到期日在 3 月、6 月、9 月、12 月等几种；而商品期货合约的到期日根据商品特性的不同而不同。

（4）持有成本不同。

股指期货的持有成本主要是融资成本，不存在实物贮存费用，有时所持有的股票还有股利，如果股利超过融资成本，还会产生持有收益；而商品期货的持有成本包括贮存成本、运输成本、融资成本。股指期货的持有成本低于商品期货。

（5）投机性能不同。

股指期货对外部因素的反应比商品期货更敏感，价格的波动更为频繁和剧烈，因而股指期货比商品期货具有更强的投机性。

另外，与其他期货合约相比，股票指数期货合约有如下特点：

（1）股票指数期货合约是以股票指数为基础的金融期货。

长期以来，市场上没有出现单种股票的期货交易，这是因为单种股票不能满足期货交易上市的条件。而且，利用它也难以回避股市波动的系统性风险。而股票指数由于是众多股票价格平均水平的转化形式，在很大程度上可以作为代表股票资产的相对指标。股票指数上升或下降表示股票资本增多或减少，这样，股票指数就具备了成为金融期货的条件。利用股票指数期货合约交易可以消除股市波动所带来的系统性风险。

（2）股票指数期货合约所代表的指数必须是具有代表性的权威性指数。

目前，由期货交易所开发成功的所有股票指数期货合约都是以权威的股票指数为基础。比如，芝加哥商业交易所的 S&P 500 指数期货合约就是以标准·普尔公司公布的 500 种股票指数为基础。权威性股票指数的基本特点就是具有客观反映股票市场行情的总体代表性和影响的广泛性。这一点保证了期货市场具有较强的流动性和广泛的参与性，是股指期货成功的先决条件。

（3）股指期货合约的价格是以股票指数的"点"来表示的。

世界上所有的股票指数都是以点数表示的，而股票指数的点数也是该指数的期货合约的价格。例如，S&P500 指数六月份为 260 点，这 260 点也是六月份的股票指数合约的价格。以指数点乘以一个确定的金额数值就是合约的金额。在美国，绝大多数的股指期货合约的金额是用指数乘以 500 美元，例如，在 S&P500 指数 260 点时，S&P 500 指数期货合约代表的金额为 $260 \times 500 = 13\ 000$ 美元。指数每涨跌一点，该指数期货交易者就会有 500 美元的盈亏。

（4）股票指数期货合约是现金交割的期货合约。

股票指数期货合约之所以采用现金交割，主要有两个方面的原因：第一，股票指数是一种特殊的股票资产，其变化非常频繁，而且是众多股票价格的平均值的相对指标，如果采用实物交割，势必涉及繁琐的计算和实物交接等极为麻烦的手续；第二，股指期货合约的交易者并不愿意交收该股指所代表的实际股票，他们的目的在于保值和投机，而采用现金交割和最终结算，既简单快捷，又节省费用。

对股票指数的全面认识

股票指数是用来度量股票市场行情的一种指标，一般由证券交易所或其他金融服务机构编制。不同股票市场有不同的股票指数，同一股票市场也可以有多个股票指数。

股票指数的作用在于为投资者提供一个衡量股市价值变化的参照系。借助股票指数，投资者可以观察和分析股市的发展动态，研究有关国家和地区的政治经济形势，拟定投资策略。股票指数是一种平均数或加权平均数，其涨跌反映了以样本股为代表的相关市场的波动趋势，有助于投资者形成对市场的综合判断，为中长期投资提供指导和借鉴。

1. 股票指数的编制

在编制股票指数时，首先需要从所有上市股票中选取一定数量的样本股票。样本股票的选择应遵循一定的原则，如行业代表性、市值规模、流动性、波动性等。其次需要选择计算方法，通常的计算方法有三种：算术平均法、加权平均法和几何平均法。早期的指数编制多用简单算术平均法，目前新开发的指数一般采用加权平均法。

加权股票指数是根据各期样本股票的相对重要性予以加权，其权数可以是成交股数、总股本等。按时间划分，权数可以是基期权数，也可以是报告期权数。以基期成交股数（或总股本）为权数的指数称为拉斯拜尔指数，其计算公式为：

$$加权股价指数 = \frac{\Sigma P_1 Q_0}{\Sigma P_0 Q_0} \times 基点$$

以报告期成交股数（或总股本）为权数的指数称为派许指数。其计算公式为：

$$加权股价指数 = \frac{\Sigma P_1 Q_1}{\Sigma P_0 Q_1} \times 基点$$

其中：

P_0——基期股价；

Q_0——基期成交股数（或总股本）；

P_1——报告期股价；

Q_1——报告期成交股数（或总股本）；

拉斯拜尔指数偏重基期成交股数（或总股本），而派许指数则偏重报告期的成交股数（或总股本）。目前世界上大多数股票指数都是派许指数。我国上海证券交易所的 10 个指数，比如上证综合指数、上证 180 、A 、B 股指数、沪深 300 指数等都是用派许指数来计算的，当然深圳交易所的股票指数计算用的也是这个方法。目前来看，世界上只有法兰克福交易所的股价指数为拉斯拜尔指数。

2. 影响股票指数波动的主要因素

影响股票指数的因素有很多，其中最主要的有以下因素：

（1）宏观经济及企业运行状况。

一般来说，在宏观经济运行良好的条件下，股票价格指数会呈现不断攀升的趋势，在宏观经济运行恶化的背景下，股票价格指数往往呈现出下滑的态势。同时，企业的生产经营状况与服票价格指数也密切相关，当企业经营效益不断提高时，会推动股票价格指数的上升，反之，则会导致股票价格指数的下跌。

（2）利率水平的高低。

通常来讲，利率水平越高，股票价格指数会越低。其原因是，在利率高的条件下，投资者投资于存款、债券等更有利可图，从而导致股票市场的需求减少，促使股票价格指数下跌；反之，利率水平越低，股票价格指数就会越高。因为利率太低使存款和购买债券无利可图，使越来越多的投资者转而投向股票市场，从而拉动股票价格指数的上升。

（3）资金供求状况。

当一定时期市场资金比较充裕时，股票市场的购买力比较旺盛，会推动股票价格指数的上升；否则，会促使股票价格指数的下跌。

（4）编制方法。

股票价格指数的波动虽然与宏观经济的变动紧密相关，但也与编制方法存在一定的联系，特别是成份指数的变动与所选择的样本公司关系十分密切。

（5）突发事件。

股票价格指数的波动，不仅受经济因素的影响，而且受许多突发事件，诸如战争、政变、金融危机、能源危机等的影响。与其他因素相比，突发事件对股票价格指数的影响有两个特点：一是偶然性。即突发事件往往是突如其来的，因此相当多的突发事件是无法预料的。二是非连续性。即突发事件不是每时每刻发生的，它对股票价格指数的影响不像其他因素那样连续和频繁。

3. 影响股票指数走势的经济因素

表附录2　　　　　　影响股票指数走势的经济因素分析

经济因素	指标升降	股票指数	解释
国内贸易收支	↑	↑	由于贸易收支上升，表示本国经济竞争力相对为强，同时货币供给量增加。
国内政局的稳定性	↑	↑	国家政局稳定使人民对国内经济发展有信心，并使国家国际形象提升，国家公债发售信用佳。
国内货币供给	↑	↑	国内货币供给增加，将使国内资金充裕，但也可能引发通货膨胀。
政府支出	↑	↑	由于政府支出增加，将使国内资金充裕，但也可能造成通货膨胀的危险，进而采取紧缩政策。
油价	↑	↓	由于石油为目前工业界最主要的能源，因此油价上升即反映工业界成本提高，获利率降低。
金价	↑	↓	一般来说股市下挫，金价上升。如投资者普遍对经济前景看好，资金大量流向股市，股市投资火暴，金价则下降。
实际可支配收入	↑	↑	实际可支配收入为经济成长指标，国内需求将随实际国民收入上升而增加；只要没有引发通货膨胀的压力，即是经济利多。
通货膨胀率	↑	↓	由于通货膨胀的压力，提高利率可能增加股票卖压。
经济领先指标	↑	↑	经济成长，民间对投资及消费性抵押财务需求上升。
存贷率	↑	↓	存贷率增加表示企业销售不佳，进而减少投资。
就业人口非农业	↑	↑	表示就业人口大都从事工业产业或服务业，象征经济景气活络。
零售销售额	↑	↑	经济景气活络，但将来政府可能采取紧缩政策。
失业率	↑	↓	代表经济成长缓慢或走下坡路，但政府将来可能采取宽松政策。

4. 股票指数期货的功能

（1）价格发现功能。

期货市场由于所需的保证金低和交易手续费便宜，因此流动性极好。一旦有信息影响大家对市场的预期，会很快地在期货市场上反映出来。并且可以快速地传递到现货市场，从而使现货市场价格达到均衡。

（2）风险转移功能。

股指期货的引入，为市场提供了对冲风险的途径，期货的风险转移是通过套期保值来实现的。如果投资者持有与股票指数有相关关系的股票，为防止未来下跌造成损失，他可以卖出股票指数期货合约，即股票指数期货空头与股票多头相配合时，投资者就避免了总头寸的风险。

（3）股指期货有利于投资人合理配置资产。

如果投资者只想获得股票市场的平均收益，或者看好某一类股票，如科技股，如果在股票现货市场将其全部购买，无疑需要大量的资金，而购买股指期货，则只需少量的资金，就可跟踪大盘指数或相应的科技股指数，达到分享市场利润的目的。而且股指期货的期限短（一般为三个月），流动性强，这有利于投资人迅速改变其资产结构，进行合理的资源配置。

另外，股指期货为市场提供了新的投资和投机品种；股指期货还有套利作用，当股票指数期货的市场价格与其合理定价偏离很大时，就会出现股票指数期货套利活动；股指期货的推出还有助于国企在证券市场上直接融资；股指期货可以减缓基金套现对股票市场造成的冲击。

股票指数期货为证券投资风险管理提供了新的手段。它从两个方面改变了股票投资的基本模式。一方面，投资者拥有了直接的风险管理手段，通过指数期货可以把投资组合风险控制在浮动范围内。另一方面，指数期货保证了投资者可以把握入市时机，以准确实施其投资策略。以基金为例，当市场出现短暂不景气时，基金可以借助指数期货，把握离场时机，而不必放弃准备长期投资的股票。同样，当市场出现新的投资方向时，基金既可以把握时机，又可以从容选择个别股票。正因为股票指数期货在主动管理风险策略方面所发挥的作用日益被市场所接受，所以近二十年来世界各地证券交易所纷纷推出了这一交易品种，供投资者选择。

股票指数期货的功能可以概括为四点：

①规避系统风险。

②活跃股票市场。

③分散投资风险。

④可进行套期保值。

与进行股指所包括的股票交易相比，股票指数期货还有重要的优势，主要表现在如下几个方面：

（1）提供较方便的卖空交易。

卖空交易的一个先决条件是必须首先从他人手中借到一定数量的股票。国外对于卖空交易的进行没有较严格的条件，这就使得在金融市场上，并非所有的投资者都能很方便地完成卖空交易。美国证券交易委员会规则 10A－1 规定，投资者借股票必须通过证券经纪人来进行，还得交纳一定数量的相关费用。因此，卖空交易也并非人人可做。而进行指数期货交易则不然。实际上有半数以上的指数期货交易中都包括拥有卖空的交易头寸。

（2）交易成本较低。

相对现货交易，指数期货交易的成本是相当低的。指数期货交易的成本包括：交易佣金、买卖价差、用于支付保证金的机会成本和可能的税项。如在英国，期货合约是不用支付印花税的，并且购买指数期货只进行一笔交易，而想购买多种（如 100 种或者 500 种）股票则需要进行多笔、大量的交易，交易成本很高。而美国一笔期货交易（包括建仓并平仓的完整交易）收取的费用只有 30 美元左右。有人认为指数期货交易成本仅为股票交易成本的 1/10。

（3）较高的杠杆比率。

在英国，对于一个初始保证金只有 2 500 英镑的期货交易账户来说，它可以进行的金融时报 100 种指数期货的交易量可达 70 000 英镑，杠杆比率为 28∶1。由于保证金交纳的数量是根据所交易的指数期货的市场价值来确定的，交易所会根据市场的价格变化情况，决定是否追加保证金或是否可以提取超额部分。

（4）市场的流动性较高。

有研究表明，指数期货市场的流动性明显高于现货股票市场。如在 1991 年，FTSE－100 指数期货交易量就已达 850 亿英镑。

从国外股指期货市场发展的情况来看，使用指数期货最多的投资人当属各类基金（如各类共同基金、养老基金、保险基金）的投资经理。另外其他市场参与者主要有：承销商、做市商、股票发行公司。

股指期货交易的基本制度

1. 保证金制度

投资者在进行期货交易时，必须按照其买卖期货合约价值的一定比例来缴纳资金，作为履行期货合约的财力保证，然后才能参与期货合约的买卖。这笔资金就是我们常说的保证金。例如：假设沪深 300 股指期货的保证金为 8%，合约乘数为 300，那么，当沪深 300 指数为 1 380 点时，投资者交易一张期货合约，需要支付的保证金应该是 $1\ 380 \times 300 \times 0.08 = 33\ 120$ 元。

2. 每日无负债结算制度

每日无负债结算制度也称为"逐日盯市"制度，简单说来，就是期货交易所要根据每日市场的价格波动对投资者所持有的合约计算盈亏并划转保证金账户中相应的资金。

期货交易实行分级结算，交易所首先对其结算会员进行结算，结算会员再对非结算会员及其客户进行结算。交易所在每日交易结束后，按当日结算价格结算所有未平仓合约的盈亏、交易保证金及手续费、税金等费用，对应收应付的款项同时划转，相应增加或减少会员的结算准备金。

交易所将结算结果通知结算会员后，结算会员再根据交易所的结算结果对非结算会员及客户进行结算，并将结算结果及时通知非结算会员及客户。若经结算，会员的保证金不足，交易所应立即向会员发出追加保证金通知，会员应在规定时间内向交易所追加保证金。若客户的保证金不足，期货公司应立即向客户发出追加保证金通知，客户应在规定时间内追加保证金。目前，投资者可在每日交易结束后上网查询账户的盈亏，确定是否需要追加保证金或转出盈利。

3. 价格限制制度

价格限制制度包括涨跌停板制度和价格熔断制度。

涨跌停板制度主要用来限制期货合约每日价格波动的最大幅度。根据涨跌停板的规定，某个期货合约在一个交易日中的交易价格波动不得高于或者低于交易所事先规定的涨跌幅度，超过这一幅度的报价将被视为无效，不能成交。

涨跌停板一般是以某一合约上一交易日的结算价为基准确定的，也就是说，合约上一交易日的结算价加上允许的最大涨幅构成当日价格上涨的上限，称为涨停板，而该合约上一交易日的结算价格减去允许的最大跌幅则构成当日价格下跌的下限，称为跌停板。

此外，价格限制制度还包括熔断制度，即在每日开盘之后，当某一合约申报价触及熔断价格并且持续一分钟，则对该合约启动熔断机制。熔断制度是启动涨跌停板制度前的缓冲手段，发挥防护栏的作用。

4. 持仓限制制度

交易所为了防范市场操纵和少数投资者风险过度集中的情况，对会员和客户手中持有的合约数量上限进行一定的限制，这就是持仓限制制度。限仓数量是指交易所规定结算会员或投资者可以持有的、按单边计算的某一合约的最大数额。一旦会员或客户的持仓总数超过了这个数额，交易所可按规定强行平仓或者提高保证金比例。

5. 强行平仓制度

强行平仓制度是与持仓限制制度和涨跌停板制度等相互配合的风险管理制度。当交易所会员或客户的交易保证金不足并未在规定时间内补足，或当会员或客户的持仓量超出规定的限额，或当会员或客户违规时，交易所为了防止风险进一步扩大，将对其持有的未平仓合约进行强制性平仓处理，这就是强行平仓制度。

6. 大户报告制度

大户报告制度是指当投资者的持仓量达到交易所规定的持仓限额时，应通过结算会员或交易会员向交易所或监管机构报告其资金和持仓情况。

7. 结算担保金制度

结算担保金是指由结算会员依交易所的规定缴存的，用于应对结算会员违约风险的共同担保资金。当个别结算会员出现违约时，在动用完该违约结算会员缴纳的结算担保金之后，可要求其他会员的结算担保金要按比例共同承担该会员的履约责任。结算会员联保机制的建立确保了市场在极端行情下的正常运作。

结算担保金分为基础担保金和变动担保金。基础担保金是指结算会员参与交易所结算交割业务必须缴纳的最低担保金数额。变动担保金是指结算会员随着结算业务量的增大，须向交易所增缴的担保金部分。

股指期货投资的四大特点

1. 股指期货买卖的是指数化设计的合约

与证券市场交易的是上市公司股票相类似，股指期货交易的是股票价格指数形成的合约。我国交易的是以沪深 300 指数为对象的期货合约，报价单位以指数点计，合约的价值以 300 作为乘数与股票指数报价的乘积来表示，也就是每份合约价值（与每手股票类似）是：股指 ×300，以沪深 300 某日 1 450 点为例，每份股指期货合约价值为 435 000 元（1 450×300）。

2. 股指期货投资的多空双向交易机制

与股票投资一个重大区别是，期货市场的"买空卖空"是双向交易机制，做多做空，也就是看涨时做多，看跌时做空，只要行情看对就可以赚钱。不像股票市场，投资者手上必须要有股票才能卖出。在期货市场，如果投资者判断未来价格下跌，可以提前卖出去，等价格真的下跌后再买入平仓即可。这对做股票的投资者来说是最大的福音，我国 2001 年股市一路下跌，广大投资者只能眼睁睁看着价格下跌，所持股票被深度套牢。股指期货这一做空机制使得从原来的买进待涨的单一模式转变为双向投资模式，使投资者在下跌的市场行情中也有获利的机会。

3. 股指期货以小博大的保证金交易机制

保证金交易使得股指期货投资具有高风险高收益的特性。保证金交易，也就是说投资者只要投入一定比例的保证金就可以完成股指期货的买卖，以交易所收取保证金 8%，一般期货公司加收 4% 至 12% 为例。投资买卖一手股指期货合约所需保证金为：52 200 元（1 450×300×12%），12% 的保证金水平使得投资者的盈亏放大了 8.3 倍（1/12%）。我们以 1 450 买入股指涨至 1 500 为例，投资者投入的保证金为 52 200 元，获利为 15 000 元 [（1 500－1 450）×300]，收益率达到 28.7%，指数 3.4% 的上涨就获得了 28.7% 的收益率，也就是有了以小博大的效应。

4. 股指期货灵活的"T＋0"交易

当前我国股票市场实行的是"T＋1"交易，也就是说当天买进的股票最早第二天才能获利卖出。而股指期货实行的是"T+0"交易，也就是当天买进当天就可以卖出，这样给了投资者机会，也就是进行交易后，如果发现做错，当天就能够认错出来。同时也给很多业余投资者更多的选择，也就是投资者有时间就做，没有时间就不做，当天进当天就可以出来，不像股票投资那样，很多投资者沉浸在里面，随着股票的涨跌心情起伏不定，往往股票进去了就不动，任其被套乃至深度套牢。

投资者如何参与股指期货交易

日前，中国金融期货交易所（中金所）就《沪深300指数期货合约》、《交易细则》、《结算细则》和《风险控制管理办法》等四项有关股指期货交易的相关细则公开向社会征求意见。征求意见稿的公布，意味着股指期货的推出离投资者又近了一步。

在征求意见稿中，中金所对投资者参与金融期货的条件和流程作了较为详细的说明。这里就投资者如何参与股指期货进行详细解读。

1. 开户：证券账户不能用

征求意见稿中明确规定，参与金融期货交易的投资者，需要与期货公司签署《风险揭示书》和《期货经纪合同》，并开立期货账户。这也意味着，股票市场的投资者如果想参与股指期货，现有的证券账户是不能进行交易的，必须去期货公司开立账户。

在开立账户时，中金所也进行了明确规定，即投资者必须以真实身份办理开户手续。对于普通投资者来说，开户时提供身份证原件即可。

2. 交易时间：与股市一致

沪深300指数期货的交易时间为上午9:15～11:30，下午13:00～15:15，与股票市场是一致的。集合竞价在开盘前5分钟内进行，其中前4分钟为买、卖指令申报时间，后1分钟为集合竞价撮合时间。集合竞价产生的成交价格为开盘价。

3. 交易方式：不设交易大厅

与股票市场有交易大厅不同，中金所不设交易大厅，交易席位都是远程交易。沪深300指数期货交易代码为IF，交易所收取的手续费为30元/手（含风险准备金），不过，期货公司一般会在此基础上适当提高。

沪深 300 指数期货合约的月份为当月、下月及随后的两个季月，共四个月份合约同时交易。假设 2006 年 9 月 8 日股指期货已上市，那么中金所可供交易的沪深 300 指数期货合约有 0609、0610、0612 与 0703 四个月份的合约可同时交易。期货合约的涨、跌停板为前一交易日结算价格的 10%，最小波动单位为 0.1 个指数点。

4. 资金门槛：至少 7 万 ~ 10 万

沪深 300 指数期货合约每点乘数为 300 元，按照某日沪深 300 指数 1 440 点收盘计算，当天该合约的价值为 1 440 点 × 300 元 = 43.2 万元。按照 8% 的交易保证金计算，投资者交易一手的保证金为 43.2 万元 × 8% = 3.456 万元。

不过，这并不是说投资者只要有了 3.5 万元即可交易。因为期货交易与现货交易最显著的区别就是保证金。仍以沪深 300 指数为例，假设投资者看多，在 1 440 点买入一手指数合约，而买入后恰好股指出现了下跌，那么，股指每下跌 1%，投资者都要追加约 4 320 元（43.2 万 × 1%）的保证金，否则将被强行平仓。而股指下跌一旦达到 8%，投资者最初买入的一手指数合约将全部亏掉，如果想继续交易，还要追加约 3.5 万元的资金。

因此，股指期货交易并不主张满仓操作，一般 30% ~ 50% 的仓位较为合理，这样，即便每次只交易一手，投资者也至少要准备 7 万 ~ 10 万元。同时，股指期货交易属于高风险品种，初学者和风险承受能力低的投资者不建议入市操作。